あなたの予想と馬券を変える
革命競馬

京大式
純正3ハロン

久保和功

はじめに

２０２３年の日本の競馬界を最も牽引し、盛り上げてきたのは間違いなくイクイノックスです。

春にはドバイシーマクラシックをレコードで圧勝し、帰国初戦かつ初の関西遠征となった宝塚記念を差し切り勝ち。

秋には天皇賞を１分55秒２の驚異の世界レコードで制すると、続くジャパンＣもリバティアイランドを寄せつけず、国内レースで最高の「１３３ポンド」のレーティングを獲得しました。

史上最多タイのＧⅠ出走機会６連勝を達成して、歴代１位となる「22億１５４４万６１００円」の賞金を獲得するなど、輝かしい戦績を残してのスタッドイン。この２年で残した功績は日本競馬界にとって相当に大きなものです。

そして、このイクイノックスに23年、最も迫ったのが６月宝塚記念での牝馬スルーセブンシーズでした。

●スルーセブンシーズの成績

年月日	レース	クラス	場		距離	人気	着順	走破時計	上がり3F	順位
20200919	2歳新馬	新馬	中山	芝	1800	1	1	1分52秒5	34.9	1
20210105	3歳1勝クラス	1勝	中山	芝	2000	3	3	2分1秒5	35.3	1
20210328	ミモザ賞	1勝	中山	芝	2000	1	1	2分3秒4	35.7	1
20210523	オークス	OP	東京	芝	2400	9	9	2分25秒2	34.9	8
20210911	紫苑S	OP	中山	芝	2000	4	2	1分58秒5	34.3	6
20211017	秋華賞	OP	阪神	芝	2000	7	11	2分2秒3	37.1	13
20220306	湾岸S	3勝	中山	芝	2200	2	3	2分12秒5	35.2	1
20220619	マーメイドS	GⅢ	阪神	芝	2000	2	10	1分59秒6	35.3	5
20220820	日本海S	3勝	新潟	芝	2200	3	2	2分14秒4	34.5	2
20230121	初富士S	3勝	中山	芝	2000	2	1	2分1秒0	35.1	2
20230311	中山牝馬S	GⅢ	中山	芝	1800	2	1	1分46秒5	33.8	1
20230625	宝塚記念	GⅠ	阪神	芝	2200	10	2	2分11秒2	34.6	1
20231001	凱旋門賞	GⅠ	仏国	芝	2400	4	4	2分26秒0	ー	ー
20231224	有馬記念	GⅠ	中山	芝	2500	3	12	2分31秒8	35.4	12

※アミ部分が成長著しかった1年

彼女のそこまで1年の成長ぶりには、目を見張るものがありました（右下の表）。
　23年を迎えた時点では３勝クラスの身でしたが、１月の初富士Ｓを勝ってオープン入り。牝馬限定のGⅢ中山牝馬Ｓで重賞初制覇を飾ると、続く宝塚記念では10番人気ながら、並み居る強豪牡馬勢に先着したばかりか、イクイノックスにクビ差まで迫る惜しい２着。
　さらに秋には、フランスの凱旋門賞で世界の強豪に混じっての４着。有馬記念後に骨折が判明して引退となり、ＧⅠこそ勝つことはできませんでしたが、宝塚記念、凱旋門賞で見せたパフォーマンスはまさにＧⅠ級といえるものでした。

　実はこの馬の急成長ぶり、宝塚記念の激走を予感させていたのが、重賞初制覇となった中山牝馬Ｓのラップ。勝ち時計の１分46秒５、上がり最速33秒８は優秀とはいえ、条件戦でもマークされることもあり「他に例を見ない」とまではいえない数字です。

　では、秀逸といえる理由は何か？

　ひとつは、上がり２位の２着馬ストーリアの上がりが34秒４なので、34秒４－33秒８＝０秒６も抜けていた点。そして、最大の根拠はラスト２ハロンの「11秒２↓11秒３」で、急坂の中山のものとしては破格の数値だったのです。
　ラスト３ハロン目が12秒０と遅かったので、この間のラップが速ければ、おそらく上がりは33秒台前

2023年3月11日・中山11R中山牝馬S（GⅢ、芝1800m）のスルーセブンシーズ（「ハイブリッド競馬新聞」より）。右下の太枠が上がり3ハロンのラップ。

1着⑧スルーセブンシーズ（2番人気）
2着⑫ストーリア（6番人気）
3着⑤サトノセシル（5番人気）
単勝370円
馬連2150円
3連複5920円
3連単25320円

下の予想をご覧の通り、23年・宝塚記念は◎⑤イクイノックス（1番人気）－〇⑥イクイノックス（10番人気）の枠連2280円を3000円、ワイド970円を8000円的中！

【阪神11R】宝塚記念（G1）

過去10年、上がり最速馬が6勝、2着4回と全て連対。同じ阪神内回りの大阪杯よりも、ペースが速くなりやすく、差し届くケースが多い。ここは「推定後半3ハロン」1位イクイノックスの末脚を信頼する。

日本ダービー（2着）の上がり最速33秒6、天皇賞・秋（1着）の32秒7など、国内では6戦中で上がり最速を4回。

3歳で昨年の有馬記念を0秒4差V。2019年の宝塚記念の勝ち馬リスグラシュー、20年、21年のクロノジェネシスなど、同じ直線が短く急坂の中山2500㍍の有馬記念と連動性は高い。初めての阪神内回りも問題ないはずだ。

相手で注目したいのは「推定後半3ハロン」2位のスルーセブンシーズ。中山1800㍍の中山牝馬Sで重賞初制覇。上がり最速33秒8は2位に0秒6差で断トツ。特に、レースラップのラスト2ハロンが11秒2－11秒3と素晴らしい。

「推定後半3ハロン」3位ヴェラアズールはジャパンC（1着）を含めて、芝では7戦中で上がり最速が6回。阪神コースは2戦2勝。外回りとはいえ、京都大賞典（1着）の上がり2位に0秒5差。巻き返しを期待したい。

◎イクイノックス
○スルーセブンシーズ
▲ヴェラアズール
注ジャスティンパレス
☆ジェラルディーナ

「ハイブリッド競馬新聞」に掲載された著者の23年・宝塚記念予想。

半だったと推測できます。

このラストの２ハロン「11秒２→11秒３」の優秀さを示せてこそ、正確なラップ理論と呼べるもの。その考えを元にして生まれたのが新ラップ理論「純正３ハロン」です。

右ページには、その新理論から浮上した穴馬スルーセブンシーズ（10番人気）とイクイノックスによる、23年・宝塚記念の的中馬券も掲載しています。

本理論は、23年秋から月刊誌「競馬の天才！」で連載しているので、もうご存知の方もいらっしゃるかもしれませんが、連載の集大成、そして馬券的な実践編や未公開のデータ集を加味したのが本書です。24年春以降の競馬を攻略する一助として活用していただければ幸いです。

それでは、第１章から実践例を交えながら解説していきますので、おつき合いくださいませ。

2024年3月　久保和功

京大式純正３ハロン——目次

装丁●橋元浩明（sowhat.Inc.）　本文 DTP ●オフィスモコナ

写真●武田明彦　馬柱●ハイブリッド競馬新聞

※名称、所属は一部を除いて 2024 年3月 15 日時点のものです。

※成績、配当、日程は必ず主催者発行のものと照合してください。

馬券は必ず自己責任において購入お願いいたします。

第1章

なぜ純正3ハロンなのか

これまでの「上がり３ハロン」の嘘を暴く！

過去の名馬に共通する「上がりの速さ」に注目しよう

競馬を予想するためのファクターは、調教、血統、展開、パドック、騎手&調教師など、数えればキリがないほど無数に存在します。その中で、最もメジャーなひとつに挙げられるのが「ラップ」です。

ただ、ひと口にラップといっても、走破時計を始めとして、予想に使えるものはたくさんありますし、そんなラップの中でも「上がり3ハロン（ラスト3ハロン）」を活用して予想している方は多いのではないでしょうか。

世の中には多くのラップ理論が存在しています。そんなラップの中でも「上がり3ハロン（ラスト3ハロン）」を活用して予想している方は多いのではないでしょうか。

2005年の三冠馬ディープインパクトを筆頭にブエナビスタ、オルフェーヴル、アーモンドアイ、グランアレグリアなど、近年の名馬の多くは圧倒的な瞬発力、末脚を武器として活躍してきました。

2023年の年度代表馬のイクイノックスも、素晴らしい瞬発力を発揮して、天皇賞秋、有馬記念、そして先の宝塚記念を制したことに異論はないでしょう。

下の表に示した通り、ディープインパクトは国内で出走した13戦すべてで上がり最速をマークしており、その〝上がり最速率〟は100％とパーフェクトでした。また、その他の名馬たちの〝上がり最速率〟も軒並み50％を超えており、「上がり最速率50％超え＝強い馬」と言い換えても決して過言ではないでしょう。

●過去の名馬の上がり最速率

馬名	キャリア（国内）	上がり最速	上がり最速率
ディープインパクト	13	13	100%
ブエナビスタ	21	13	62%
オルフェーヴル	17	10	59%
アーモンドアイ	14	8	57%
グランアレグリア	15	8	53%
イクイノックス	9	5	56%
リバティアイランド	7	3	43%

31秒4の上がりで新馬戦を快勝したリバティアイランドは、牝馬三冠を達成した。2023年の「純正3ハロン」3強の一角でもある。

以前は重賞でさえ上がり33秒台が珍しい時代がありました。しかし、近年では条件戦でも上がり33秒台が散見されるように、もはや当たり前になっています。

記憶に新しいところでは、23年の牝馬三冠を圧倒的なパフォーマンスで制したリバティアイランド。同馬が２歳新馬でマークした上がりは、なんと31秒４でした。この時点で桜花賞を勝つと思われた方も少なくなかったと思います。

もちろん、図抜けた上がりを叩き出したリバティアイランドは特殊過ぎるケースでしょう。

とはいえ、上がりの速い馬、すなわち瞬発力レベルの高い馬をマークすることが、ＧⅠに勝つ強い馬を見つけ出し、ひいては美味しい馬券を仕留めるための近道になると断言していいはずです。

ＪＲＡの公式の「上がり3ハロン」に価値はあるのか？

ただその一方で、当たり前のように用いられる上がり３ハロンについて、以前から大いに疑問に思っていた点があります。

というのも、上がり33秒台を使ったからといって、そのすべてが価値のある時計ではありません。距離やコースの違いによって一律に比較できるものではありませんし、ペースや馬場状態に影響される部分が大きいのは、いうまでもないことでしょう。これらは普通に考えてもわかり得る部分だと思います。

加えて、それに以上に気になるのは、**公式発表される上がり3ハロンは、正しく価値を表しているか、**という部分です。

具体的に説明していきましょう。

当然ながら「上がり３ハロン」とは、ゴール前６００ｍの地点からゴール板までの３ハロンに要した時計です。もっとかみ砕いていえば、ラスト３ハロン目（残り６００～４００ｍ）＋ラスト２ハロン目（残り４００～２００ｍ）＋ラスト１ハロン（残り２００ｍ～ゴール）の合計タイムを指しています。

最も気になるのがラスト３ハロン目（残り６００～４００ｍ）で、筆者の疑問もここに起因します。

というのも、直線の短い小回りコースの場合、ラスト３ハロン目が計測される区

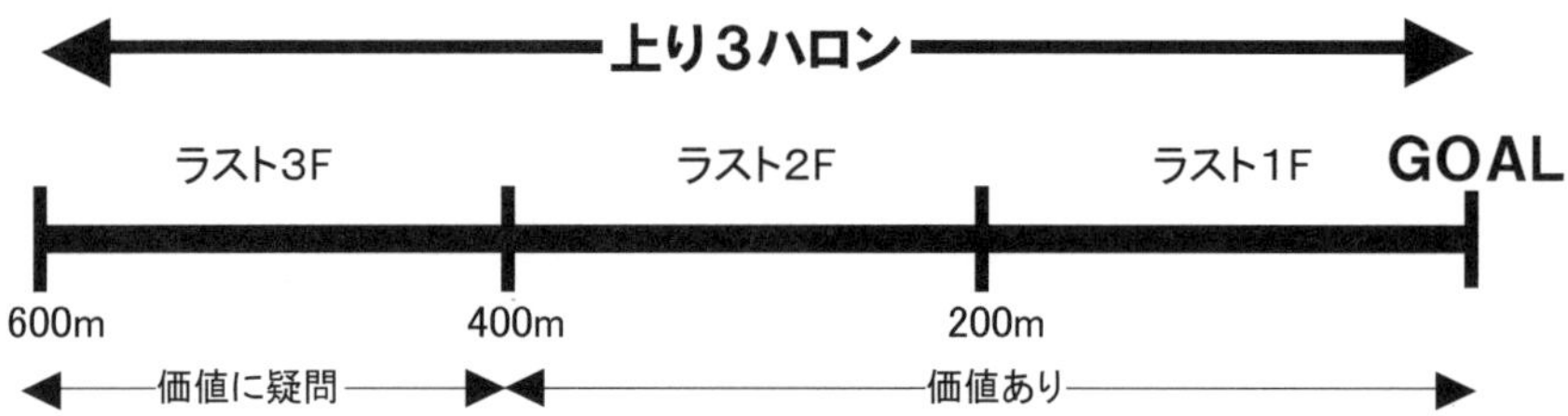

間は３～４コーナーの部分にあたります。よって、差し馬は外を回るコースロスが生じて、それが３ハロン目の時計に大きく影響してしまいます。

例えば、ＪＲＡ全10場で最も直線の短い函館では、残り６００ｍの地点は３コーナーの中ほどで、ラスト３ハロン目はちょうど３～４コーナーの中間地点にあたります。勝負どころではあるものの、遠心力によってスピードに乗りにくい部分であり、この区間の時計を含めることが適当かどうかは議論の余地がありそうです（次ページにコースイラスト）。

一方、大回りコースの場合はどうでしょうか。

東京を例に取ると、残り６００ｍの地点は４コーナーの出口に近い部分にあり、直線が５２５・９ｍもあります。３～４コーナーでマクリを打つ馬など稀で、馬群の隊列はそのままで直線へ向くケースがほとんど。

つまり、必然的にラスト３ハロン目のラップは逃げ馬が刻んだものであることが多く、差し馬がその後ろでもの凄い脚を繰り出していたとしても、上がり３ハロンの時計には反映されません。

たとえラスト１ハロンを10秒台で走破したとしても、ラスト３ハロン目が遅ければ、上がり３ハロンも平凡な数値に成り下がってしまう恐れがあります。

要するに、小回りコースにしても大回りにコースしても、**ラスト3ハロン目は大して重要な意味を持っていないにも関わらず、レースの上がり3ハロン、各馬の上がり3ハロンに与える影響が大き過ぎるのです。**

逆に、ラスト１ハロンは過小評価されているといわざるを得ません。最も勝ち馬のラップが反映され

【函館】

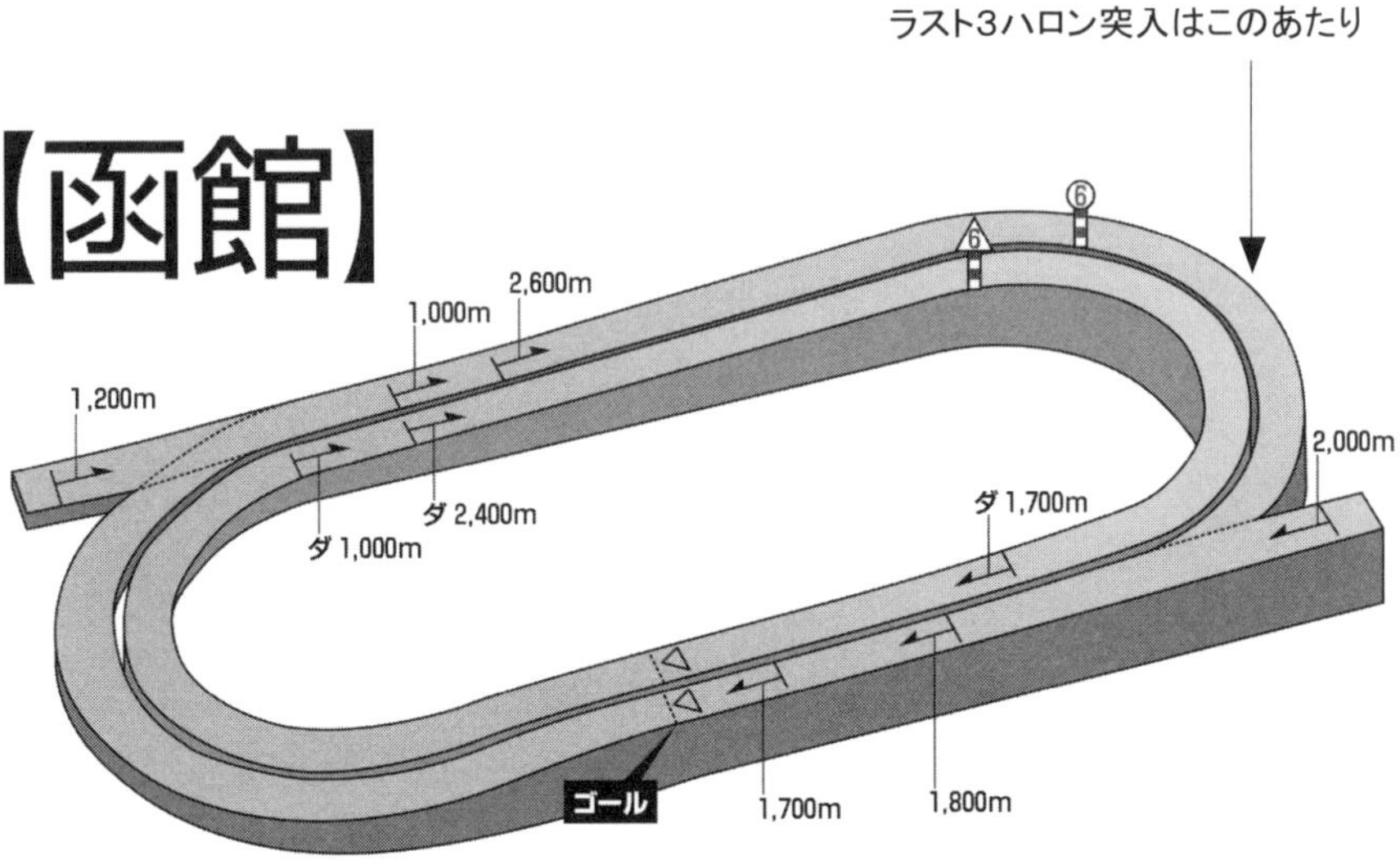
ラスト3ハロン突入はこのあたり
⑥
6
2,600m
1,000m
1,200m
ダ 2,400m
ダ 1,000m
2,000m
ダ 1,700m
ゴール
1,700m
1,800m

【東京】

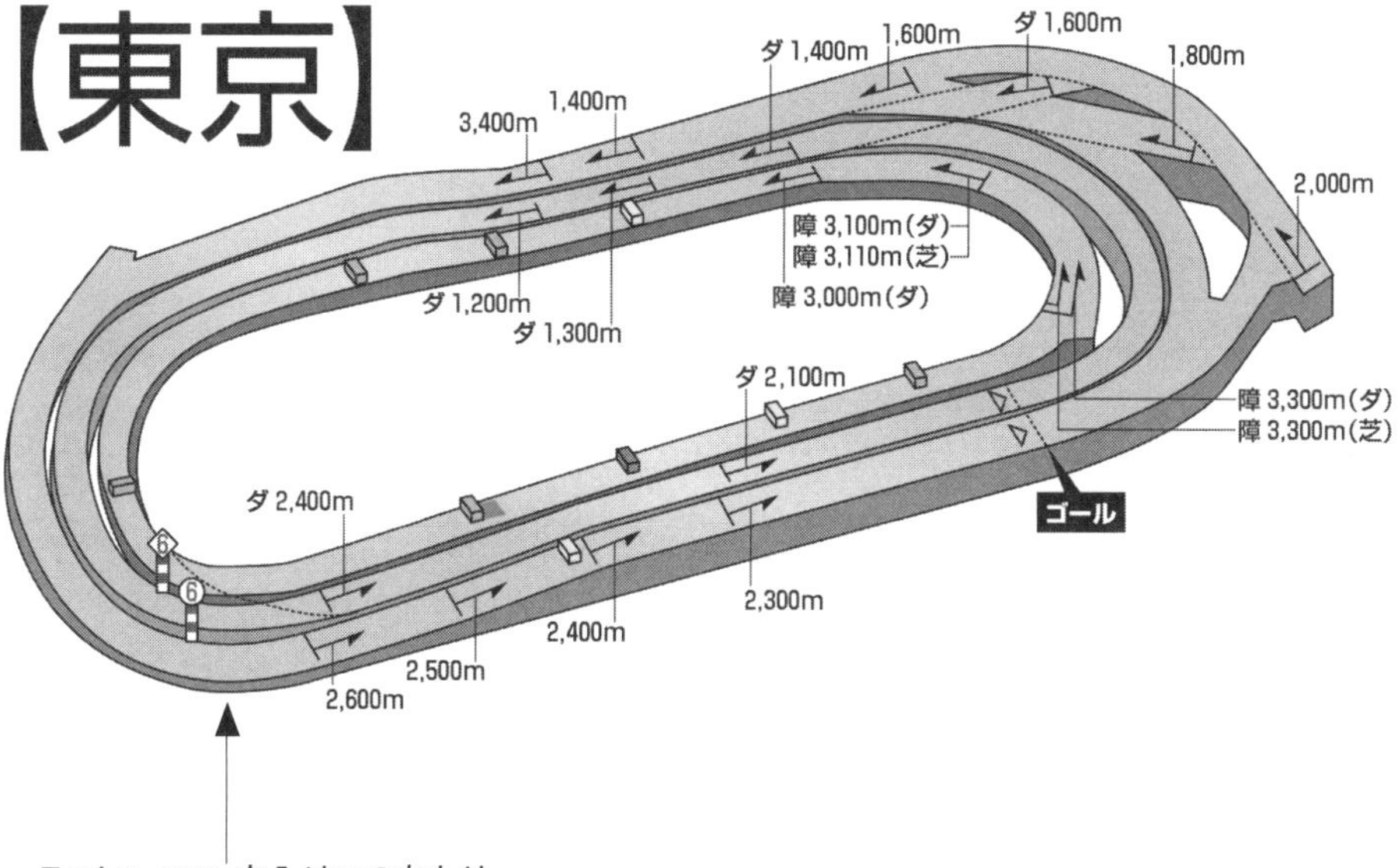

ラスト3ハロン突入はこのあたり

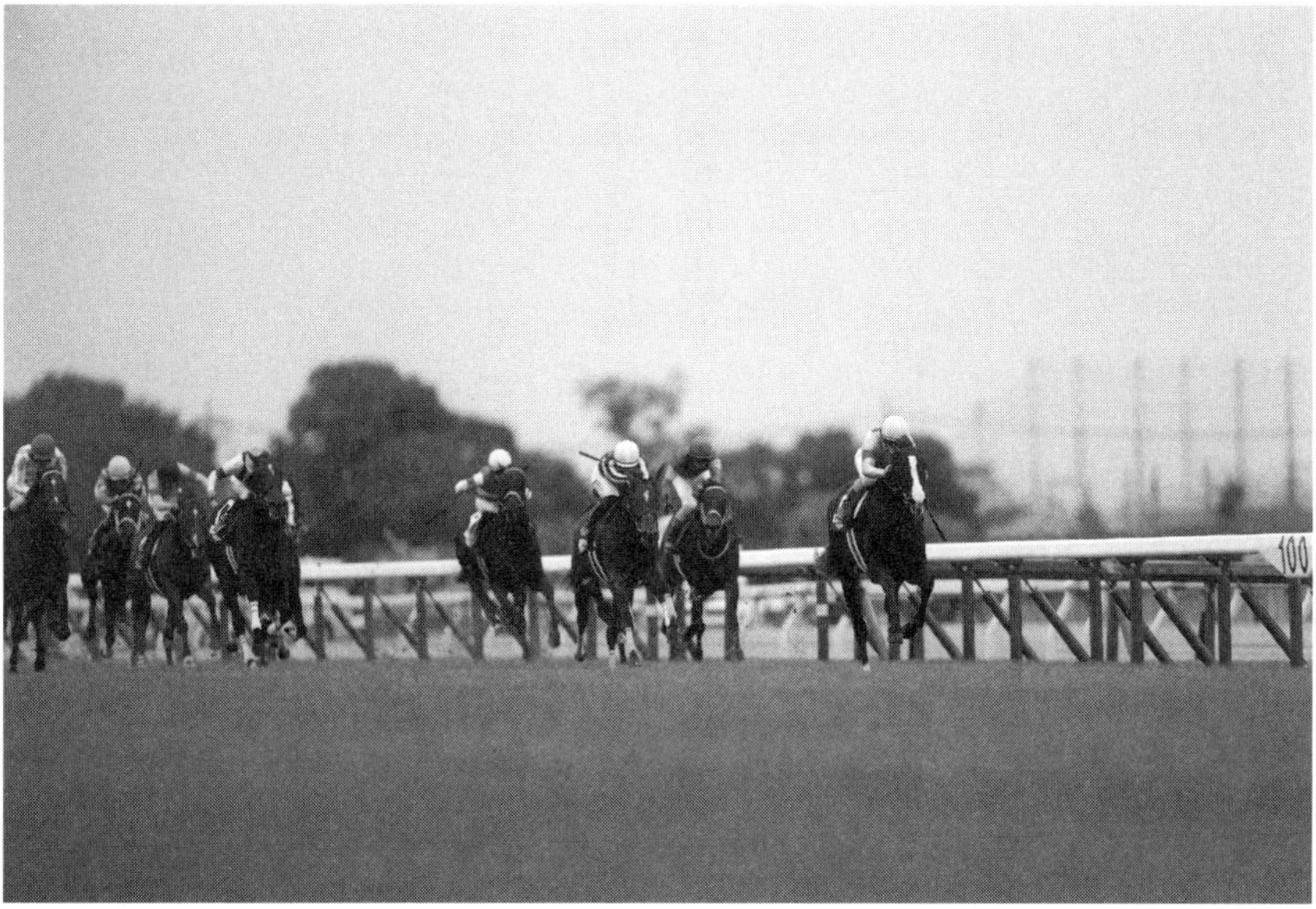

やすい区間であるにも関わらず、上がり３ハロンにおける影響は重要度の低いラスト３ハロン目と同等でしかないからです。

この矛盾点を解消するためには、どうすればいいのか――そこで提案したいのが「純正３ハロン」という考え方になります。

レースの上がり3ハロン「35秒0」が優秀か否か？

まずは、左上に示したポイントをご覧ください。

パターンＡとパターンＢ、どちらのレースも上がり３ハロンは「35秒０」と同じタイムをマークしました。しかしながら、ラップの刻み方を精査してみると、その価値は大きく異なります。

パターンＡは、ラスト３ハロン目と２ハロン目が「11秒５」とやや速めで、ラスト１ハロンは失速とはいわないまでも、ラップが落ち「12秒０」を要しました。

一方でパターンＢは、ラスト３ハロン目が「12秒５」とペースアップせず、２ハロン目で「11秒５」と急加速を見せ、ラスト１ハロンでは「11秒０」とさらに脚を伸ばすという素晴らしいラップでフィニッシュしています。

この２パターンを比較した場合、価値が高いのは間違いなく後者、パターンＢのほうです。これは同じような事例をいくつも検証すればわかる通り、その後の好走率に大きな差が生じており、優位性は明らかといっていいでしょう。

同タイムの上がりでも、価値は大きく異なる！

(例)レースの上がり3ハロン＝35秒0

パターンA：11秒5→11秒5→12秒0

パターンB：12秒5→11秒5→11秒0

より価値があるのは、Aか、それともBか!?

つまり、レースの上がり3ハロンの時計が等しい場合、**ラスト3ハロン目が遅く、ラスト1ハロンが速いほど優秀**と言い換えることができるのです。

上がり3ハロンというマクロの視点では「35秒0」と同じ評価しかできない2つのレースは、ラップ構成を精査するミクロの視点をもってすれば、ハッキリと優劣をつけることができます。

であれば、これを馬券に活かさない手はありません。

この比較でも明らかであるように、真に重要なのはゴール前のラスト2ハロンです。特にラスト1ハロンが「11秒0」前後と速いラップを記録しているレースは、間違いなく〝瞬発力レベル〟が高いといえます。

逆に、ラスト3ハロン目はそれほど大きな価値を持ちません。こうした事実を抜きに上がりの正しい価値は測れないのです。

正しい「上がり3ハロン」(=「純正3ハロン」)を導く方法

そこで、従来の「上がり3ハロン」を次ページ上のポイントのように修正し、「純正3ハロン」として正しく定義しようという考えに至りました。

すなわち、ラスト3ハロン目を削ってしまって、そのぶん、ラスト1ハロンの比重を2倍にするのです。このほうが、より正確で、真に瞬発力レベルの高いレ

「上がり3ハロン」と「純正3ハロン」はココが違う！

パターンA：11秒5→11秒5→12秒0

「純正３ハロン」：11秒5＋（12秒0×２）＝35秒5

パターンB：12秒5→11秒5→11秒0

「純正３ハロン」：11秒5＋（11秒0×２）＝33秒5

どちらも上がり3ハロンは35秒0だが、

純正3ハロンではパターンBが2秒も速い！

ースを判断できると思いませんか。先ほどの例で見てみましょう。

パターンＡの場合、「11秒５＋12秒０×２＝35秒５」となり、これが「純正３ハロン」になります。実際の上がり３ハロンである「35秒０」と比較すると、「０秒５」も見劣りします。

一方のパターンＢの「純正３ハロン」は「11秒５＋11秒０×２＝33秒５」となり、実際より「１秒５」も優れている計算です。

これまでは「上がり３ハロンが35秒０のレース」と判断されていた両レースですが、「純正３ハロン」というモノサシをもってすれば「２秒０」もの差があると見なすことができます。

これこそがラスト３ハロンのラップ構成を考慮した、正しい３ハロンの判断方法だと考えたのです。

とはいえ、机上の計算ばかりでは、その真偽がつかないでしょう。そこで、具体的なレースを例に挙げながら説明していきたいと思います。

23年上半期重賞の「純正3ハロン」を速い順に並べて驚いた！

次ページの表をご覧ください。これは２０２３年の上半期に行なわれた重賞レースの上がり３ハロンを「純正３ハロン」に置き換え、その上位10

純正3ハロンの算出式はP 35に改めて掲載しているので、ご確認ください

競走をランキング形式でピックアップしたものです。

ハイレベルだった23年・ダービー卿CT

最も速い「純正3ハロン」をマークしたのは、4月1日に中山競馬場で行なわれたダービー卿CTになります（P22〜23）。ベレヌスの単騎逃げで1000m通過は59秒1。重賞にしては遅めの流れでしたが、レースの上がり3ハロン＝34秒1は、上がりを要す中山としては速いものであり、勝ち時計＝1分33秒2も悪くはありません。

しかし、ラスト3ハロンのラップの刻み方に注目し、「純正3ハロン」を求めると、このレースの優秀さがより理解できます。

■23年・ダービー卿CTの上がり3ハロン

ラスト3ハロン目：11秒6
ラスト2ハロン目：11秒3
ラスト1ハロン：11秒2
上がり3ハロン：34秒1

●2023年上半期・重賞の「純正3ハロン」ランキング

	場	距離	レース名	レース3F	→	純正3F	上がり最速馬	着順
1位	中山	1600m	ダービー卿CT	34.1		33.7	レッドモンレーヴ	7
2位	中山	1800m	中山牝馬S	34.5		33.8	スルーセブンシーズ	1
2位	東京	1400m	京王杯SC	33.7		33.8	アヴェラーレ	4
2位	東京	1600m	ヴィクトリアマイル	33.7		33.8	ディヴィーナ	4
5位	京都	1200m	葵S	33.2		33.9	タツダイヤモンド	13
6位	中京	1200m	シルクロードS	33.5		34.0	ナムラクレア	1
6位	京都	2200m	京都新聞杯	33.9		34.0	マイネルラウレア	5
8位	中山	1200m	オーシャンS	34.0		34.1	タイムトゥヘヴン	11
9位	東京	1600m	安田記念	33.8		34.2	シュネルマイスター	3
10位	東京	1800m	共同通信杯	34.1		34.3	ダノンザタイガー	3

ラスト3ハロン目は11秒6とやや速い程度ですが、ラスト2ハロン目で11秒3とさらに加速し、ラスト1ハロンでは11秒2という強烈なフィニッシュを見せました。このラスト1ハロンは、23年の中山芝1600mにおける最速タイムです。

これを先に掲げた計算式に当てはめ、「純正3ハロン」に置き換えます。

■23年・ダービー卿CTの「純正3ハロン」

ラスト2ハロン目：11秒3

ラスト1ハロン：11秒2

【計算式】 11秒3＋（11秒2×2）

純正3ハロン：33秒7

繰り返しになりますが、実際のレース上がり3ハロン＝34秒1も速いものでしたが、「純正3ハロン」に置き換えると、その価値はさらに上昇します。

そして、このレースで「負けて強し」だったのが、7着のレッドモンレーヴです。

1番人気の支持を集めましたが、スタートで大きく出遅れてしまい、本来の先行策ではなく、後方からのレースを余儀なくされます。

そのため、4角を14番手で通過、直線は大外という苦しいコース取り。さすがに0秒4差まで追い上げるのが精一杯でしたが、自身の上がりはメンバー中で最速の33秒0を記録しました。

中山コースでは秀逸な上がりであるうえ、ラップ構成を考慮した「純正３ハロン」に置き換えれば、実際には32秒台の価値があったと考えていいはずです。

優秀な純正3ハロン・レースの上がり最速馬を追え！

それを証明したのが、レッドモンレーヴの次走、京王杯スプリングCです（P24〜25）。

このレースでも出遅れはしたものの、前走よりは遥かにマシ。中団より後方を追走して、４角10番手のポジションを進んだ同馬は、直線半ばで仕掛けられると弾けるように伸びて、上がり32秒６の瞬発力を発揮します。大外一気の差し切り勝ちを収め、見事に重賞初制覇を飾りました。

その後、中２週の厳しいローテーションながらも、安田記念で初ＧⅠに挑戦したレッドモンレーヴは僅差の６着に大健闘します。まだキャリアの浅い５歳馬であることを考えれば、２０２４年はＧⅠでも通用する可能性が十分にあります。

このレッドモンレーヴが示す通り、「純正３ハロン」を用いて瞬発力レベルが高いレースを炙り出せば、今後の活躍が約束された強い馬を見つけ出すことができます。

レース映像を確認すれば、さらに精度の高い分析も可能ですが、単純にそのレースで上がり最速をマークした馬を追いかけるだけでも、美味しい配当にありつけるはずです。

同4 1 0 11 短0 0 0 0 長2 1 1 7 東2 1 0 7 中1 0 0 5	3/12 2中山 6 東風S L 11 1週 1600 芝外 良 ○ 11ト ⑪ 武士沢 58 1350 8枠11 +2.0 ラインベック 37.1 M -0.4 9 9 9 中 B 34.5 ⑩ 美坂 21 472k(-2) 48	2/26 2中山 2 中山記念 G2 13 16 1800 芝 良 - 14ト ⑬ 武士沢 57 1491 2枠2 +2.0 ヒシイグアス 37.8 M +1.0 12 12 12 内 Ⓐ 36.3 ⑬ 美坂 22 474k(-13) 51	11/3 5 3週 6 6 盛岡 1700 良	10/9 1 3週 3 1 盛岡 1600 稍	9/12 1 3週 2 2 盛岡 1700 良
同2 0 1 3 短3 1 3 7 長0 0 0 1 東0 0 0 2 中0 0 1 1	2/26 1阪神 6 阪急杯 G3 6 8週 1400 芝 良 ○ 16ト ④ 横山典 57 1201 8枠16 +0.6 アグリ 36.6 M -0.4 15 15 最 Ⓐ 32.5 ① CW 53 502k(0) 65	12/24 6阪神 7 阪神カップ G2 13 7週 1400 芝 良 - 18ト ⑥ 武 豊 57 1208 8枠16 +0.6 ダイアトニック 35.2 H -2.1 18 18 最 B 34.6 ❷ CW 53 502k(+2) 64	10/29 3 8週 16 16 阪神 M ① 1400 良 ○ 70	8/28 1 12 18 18 新潟 M ① 1400 良 ○ 68	5/29 3 11 9 6 中京 M ① 1400 良 ○ 65
同3 1 0 0 短0 0 0 0 長1 1 0 1 東2 1 0 1 中2 0 0 0	1/29 1東京 2 節分S 3C 1 9週 1600 芝 良 ○ 12ト ❶ 川田将 57 1336 4枠4 -0.2 ルーカス 36.3 S +2.4 4 4 中 Ⓐ 33.1 ① 南W 33 510k(+6) 66	11/19 5東京 5 秋色S 3C 2 2週 1600 芝 良 ◎ 16ト ❷ 戸崎圭 56 1320 4枠8 0.0 ジャスティンスカ 35.4 M +0.6 6 6 外 Ⓐ 33.4 ④ 南W 29 504k(-2) 63	10/30 1 34 8 8 東京 M ① 1600 良 ◎ 61	2/27 1 1週 5 3 中山 M ❷ 1600 良 △ 52	2/13 6 6週 2 2 東京 S ⑨ 1800 稍 - 53
同4 2 1 3 短0 0 0 0 長0 2 0 1 東1 1 1 2 中0 0 0 0	2/5 1東京 4 東京新聞杯 G3 4 10 1600 芝 良 ○ 16ト ❶ 福永祐 57 1319 2枠3 +0.1 ウインカーネリア 35.8 M -0.3 12 13 内 Ⓐ 33.3 ① CW 43 502k(+4) 71	11/20 5阪神 6 マイルCS G1 6 5週 1600 芝外 良 ○ 17ト ⑦ 福永祐 57 1329 4枠7 +0.4 セリフォス 36.7 S +1.1 15 15 内 Ⓐ 33.2 ❷ CW 32 498k(0) 72	10/9 2 16 9 8 東京 M ① 1800 良 ◎ 73	6/12 4 4週 12 12 東京 S ① 1800 重 - 68	5/8 1 7週 15 15 東京 M ① 1600 良 ○ 68
同2 0 0 3 短0 0 0 0 長3 2 1 12 東0 0 0 1 中0 1 0 2	3/5 1阪神 8 大阪城S L 1 2週 1800 芝外 良 ○ 16ト ⑧ 西村淳 56 1448 8枠16 -0.1 エアファンディタ 35.9 M +0.5 7 7 中 Ⓐ 33.9 ❸ 栗坂 21 464k(-2) 69	2/12 1阪神 2 京都記念 G2 8 5週 2200 芝 良 ○ 13ト ⑬ 岩田康 57 2122 8枠13 +1.3 ドウデュース 36.7 M +0.1 12 11 12 最 Ⓢ 34.9 ❸ 栗坂 35 466k(+4) 64	1/5 11 2週 17 17 中山 M ① 2000 良 - 60	12/18 10 14 16 15 中山 H ① 1800 稍 △ 60	9/4 11 6週 12 12 新潟 S ⑩ 2000 良 - 58
同2 0 0 3 短0 0 1 1 長4 1 3 7 東0 0 0 2 中4 0 1 2	2/18 1阪神 3 京都牝馬S G3 9 8週 1400 芝 良 ○ 18ト ⑦ Mデム 56 1210 7枠14 +0.6 ララクリスティー 36.8 S +1.2 17 16 大 Ⓐ 33.3 ❷ CW 36 478k(+6) 64	12/17 5中山 5 ターコイズS G3 1 13 1600 芝外 良 - 16ト ❷ Mデム 55 1335 7枠13 0.0 ウインシャーロッ 35.9 M +0.3 9 9 8 大 B 34.1 ❸ CW 48 472k(+4) 70	9/11 4 6週 6 5 中山 S ❷ 1600 良 ○ 67	7/24 4 9週 9 6 小倉 S ⑤ 1800 良 ◎ 67	5/15 10 8週 11 11 東京 M ⑥ 1600 良 ○ 67
同2 1 0 2 短0 0 0 0 長2 0 0 2 東0 0 0 1 中1 1 0 1	12/17 5中山 5 ターコイズS G3 7 5週 1600 芝外 良 - 16ト ❸ マーカ 56 1337 3枠6 +0.2 ミスニューヨーク 36.0 M +0.3 9 6 6 中 B 34.5 ⑦ 南W 35 494k(-2) 68	11/3 1盛岡 3 JBCLクラ 7 27 1800 ダ 良 12ト ⑦ 川田将 55 1520 5枠6 +1.9 ヴァレーデラルナ 9 8 8 0 496k(+2) 53	4/23 1 13 14 9 福島 H ① 1800 良 △ 69	1/15 8 12 6 7 中京 S ⑨ 2000 良 - 63	10/17 7 10 7 7 阪神 M ⑦ 2000 良 - 62
同2 0 0 2 短0 0 0 0 長1 1 0 1 東1 1 0 2 中2 0 0 1	2/5 1東京 4 東京新聞杯 G3 7 5週 1600 芝 良 ○ 16ト ⑤ 戸崎圭 57 1323 3枠5 +0.5 ウインカーネリア 35.8 M -0.3 10 10 内 Ⓐ 33.9 ⑤ 南W 40 506k(+2) 67	12/28 5中山 9 カウントDS 3C 1 27 1600 芝外 良 △ 16ト ❶ 戸崎圭 56 1347 3枠6 -0.1 ダンテスヴュー 36.1 M -0.3 9 10 10 外 Ⓐ 34.8 ❷ 美坂 21 504k(+14) 65	6/19 13 5週 13 13 東京 H ⑪ 1600 良 ○ 50	5/8 5 8週 10 8 東京 M ⑤ 1600 良 ○ 63	3/6 5 8週 9 8 中山 M ① 2000 良 △ 57
同1 3 0 3 短1 0 0 1 長0 0 0 0 東0 1 0 2 中0 1 0 0	2/5 1東京 4 東京新聞杯 G3 6 4週 1600 芝 良 ○ 16ト ⑧ 横山典 57 1322 3枠6 +0.4 ウインカーネリア 35.2 M -0.3 6 6 内 Ⓐ 34.2 ⑩ CW 40 484k(-2) 68	1/5 1中京 1 スポ京都金杯 G3 13 6週 1600 芝 良 ○ 16ト ❶ 横山典 57 1341 5枠10 +1.4 イルーシヴパン 37.9 M -0.4 16 16 16 大 B 34.6 ⑤ 栗坂 26 486k(+2) 57	11/20 10 2週 11 12 阪神 S ⑦ 1600 良 ○ 68	10/29 7 21 18 17 阪神 M ① 1400 良 ○ 65	5/29 17 2週 17 17 東京 M ⑯ 2400 良 ◎ 32
同3 0 0 11 短0 0 0 0 長5 0 1 17 東1 0 1 10 中4 0 0 6	2/26 2中山 2 中山記念 G2 14 32 1800 芝 良 - 14ト ⑫ 原優介 57 1492 5枠8 +2.1 ヒシイグアス 37.3 M +1.0 9 8 11 中 Ⓐ 36.8 ⑭ 南W 21 472k(+10) 50	7/10 2福島 4 七夕賞 G3 16 3週 2000 芝 良 ○ 16ト ⑮ 原優介 575 2011 7枠14 +3.3 エヒト 34.7 M -0.9 2 2 5 最 Ⓐ 38.3 ⑯ 南W 37 462k(-2) 41	6/12 11 9週 1 1 東京 S ⑫ 1800 重 - 61	4/2 12 2週 2 2 中山 M ⑭ 1600 良 - 63	3/16 8 2週 7 8 高知 1400 良 45
同2 6 4 8 短0 0 0 1 長1 0 1 4 東1 2 2 3 中1 1 2 4	2/19 2小倉 4 小倉大賞典 G3 8 5週 1800 芝 重 △ 16ト ⑤ 松岡正 57 1505 6枠12 +0.8 ヒンドゥタイムズ 38.5 M -0.5 6 4 4 大 B 36.7 ⑩ 南W 46 506k(-6) 61	1/7 1中山 2 ニューイヤー L 1 2週 1600 芝外 良 - 13ト ❷ 松岡正 57 1332 1枠1 0.0 サクラトゥジュー 35.5 S +1.2 1 1 1 最 B 34.3 ④ 南W 39 512k(+2) 68	12/18 3 6週 6 4 中山 H ⑤ 1800 稍 △ 65	10/29 1 5週 3 3 東京 S ⑥ 1600 良 ◎ 64	9/18 5 2週 5 4 中山 M ⑤ 1800 重 △ 62
同3 3 2 11 短1 1 2 13 長1 1 0 0 東0 0 0 2 中1 2 0 4	3/11 1阪神 9 コーラルS L 16 1週 1400 ダ 良 - 16ト ⑬ 和田竜 575 1264 7枠14 +2.4 タガノビュー 35.0 H -3.3 4 4 外 B 39.6 ⑯ 栗坂 27 478k(-2) 43	2/26 1阪神 6 阪急杯 G3 8 7週 1400 芝 良 ○ 16ト ⑫ 和田竜 57 1201 6枠12 +0.6 アグリ 34.8 M -0.4 7 7 外 Ⓐ 34.1 ⑦ 栗坂 30 480k(+2) 65	1/5 9 1週 14 13 中京 M ⑤ 1600 良 ○ 65	12/24 7 7週 10 9 阪神 H ⑧ 1400 良 - 68	10/29 15 6週 2 2 阪神 M ⑱ 1400 良 ○ 56
同1 1 1 8 短0 0 1 1 長1 1 0 4 東0 0 2 8 中2 2 0 6	3/4 2中山 3 オーシャンS G3 11 3週 1200 芝外 良 ○ 16ト ⑦ 大野拓 57 1081 6枠12 +0.7 ヴェントヴォー 35.0 M -0.6 14 15 大 Ⓐ 33.1 ① 南W 29 494k(+2) 65	2/5 1東京 4 東京新聞杯 G3 10 4週 1600 芝 良 ○ 16ト ⑬ 大野拓 58 1324 4枠7 +0.6 ウインカーネリア 36.0 M -0.3 14 13 中 Ⓐ 33.7 ❸ 南W 40 492k(+8) 67	1/5 7 5週 14 13 中京 M ① 1600 良 ○ 69	11/26 8 4週 15 12 東京 M ④ 1600 良 ○ 65	10/22 7 18 12 15 東京 M ④ 1600 良 ◎ 66
同0 1 0 5 短0 0 0 0 長4 1 2 5 東0 0 0 1 中0 0 0 2	1/5 1中京 1 スポ京都金杯 G3 16 7週 1600 芝 良 ○ 16ト ⑧ 西村淳 58 1347 1枠1 +2.0 イルーシヴパン 34.7 M -0.4 1 1 1 最 B 37.1 ⑯ CW 48 530k(+10) 52	11/13 3福島 4 福島記念 G3 9 8週 2000 芝 良 △ 16ト ⑤ 西村淳 57 2011 4枠8 +0.9 ユニコーンライオ 34.8 H -2.0 3 3 2 最 Ⓐ 36.8 ⑭ 栗坂 27 520k(+4) 65	9/11 5 6週 2 2 中山 S ⑫ 1600 良 ○ 67	7/24 1 10 1 1 小倉 S ⑦ 1800 良 ◎ 70	5/7 2 7週 1 1 新潟 S ⑩ 1600 良 - 66
同1 1 2 2 短0 0 0 0 長5 3 2 3 東0 0 1 1 中1 0 0 1	2/5 1東京 4 東京新聞杯 G3 9 10 1600 芝 良 ○ 16ト ⑨ 吉田隼 58 1323 4枠8 +0.5 ウインカーネリア 34.6 M -0.3 2 2 中 Ⓐ 35.1 ⑭ 栗坂 31 472k(-2) 68	11/20 5阪神 6 マイルCS G1 13 9週 1600 芝外 良 ○ 17ト ⑬ 池添謙 57 1336 8枠17 +1.1 セリフォス 35.1 S +1.1 2 1 最 Ⓐ 35.1 ⑰ 栗坂 29 474k(+8) 65	9/11 1 6週 3 2 中山 S ⑦ 1600 良 ○ 70	7/24 3 12 6 2 小倉 S ⑤ 1800 良 ◎ 69	4/24 3 3週 4 3 阪神 H ❸ 1600 稍 - 70
同1 3 0 1 短0 0 0 0 長3 0 1 3 東0 0 0 1 中2 2 0 0	3/12 2中山 6 東風S L 2 8週 1600 芝外 良 ○ 11ト ❶ 菅原明 57 1331 5枠5 +0.1 ラインベック 36.3 M -0.4 5 5 5 外 B 33.4 ① CW 32 472k(-4) 66	1/8 1中山 3 若潮S 3C 1 6週 1600 芝外 良 - 12ト ❶ 菅原明 57 1327 7枠10 0.0 ジネストラ 36.1 M +1.0 6 6 5 外 B 33.8 ① 栗坂 28 476k(+16) 66	11/19 5 3週 6 6 東京 M ⑥ 1600 良 ◎ 62	10/23 2 2週 3 4 阪神 S ❸ 1600 良 ◎ 64	10/1 2 10 8 9 中山 H ❷ 1600 良 - 64

単⑧ 810円
複⑧ 250円
④ 170円
⑯ 240円
枠連2－4 580円
馬連④－⑧ 1800円
ワイド④―⑧ 740円
⑧―⑯ 1060円
④－⑯ 690円
馬単⑧→④ 4060円
3連複④⑧⑯ 4760円
3連単⑧→④→⑯ 29210円

本書での出馬表は、著者が発行している「ハイブリッド競馬新聞」の馬柱を、紙幅の関係から一部を略し掲載しています。「ハイブリッド競馬新聞」の詳細は巻末をご覧ください。

2023年4月1日
中山11R

ダービー卿CT

（GⅢ、芝1600m良）

1着⑧インダストリア
（3番人気、8.1 倍）
上がり3ハロン＝ 33 秒 4
2着④ジャスティンカフェ
（2番人気、3.6 倍）
上がり3ハロン＝ 33 秒 4
3着⑯ゾンニッヒ
（5番人気、9.5 倍）
上がり3ハロン＝ 33 秒 7
・・・・・・・・・・・
7着③レッドモンレーヴ
上がり3ハロン＝ 33 秒 0
（1番人気、2.8 倍）

レース上がり3ハロン
＝ 34 秒 1
（11 秒 6 － 11 秒 3 － 11 秒 2）
★純正3ハロン＝ 33 秒7

1	1	：：：	229 16	10.4	55	-17.0 16	367 12	353 12	ディープスカイ	アグネスタキオン	㊞ 青鹿 牡 8	ソロフレーズ	×	パラフレーズ	ピヴォタル	松谷 翔太	ダーレー・ジャパ	53.0	追	東 C 武士沢 - 位	美 C 佐藤吉 - 位	2週 美坂 31 B	全 7 3 1 25	芝 4 2 1 17	ク 0 0 0 6
1	2	：△：	29.8 10	14.0	68	-4.0 10	368 14	341 2	ロードカナロア	キングカメハメハ	鹿毛 セ 7	ルプリュフォール		マイノチカラ	サンデーサイレンス	名古屋友豊	社台F	57.0	追	栗 C 石橋脩 48 位	栗 B 松永幹 25 位	4週 CW 42 A	全 5 1 4 11	芝 5 1 4 11	ク 1 0 2 2
2	3	○☆注	3.3 1	17.6	69	-2.8 4	356 4	344 4	ロードカナロア	キングカメハメハ	鹿毛 昇 牡 4	レッドモンレーヴ		ラストグルーヴ	ディープインパクト	東京HR	ノーザンF	56.0	差	西 S 川田将 1 位	美 C 蛯名正 - 位	8週 南W 45 A	全 4 2 0 1	芝 4 2 0 1	ク 0 0 0 1
2	4	◎○◎	3.4 2	17.9	72	1.9 1	368 13	340 1	エピファネイア	シンボリクリスエス	鹿毛 牡 5	ジャスティンカフェ	△	カジノブギ	ワークフォース	三木 正浩	社台F	58.0	追	西 S ルメー 2 位	栗 A 安田翔 45 位	7週 栗坂 50 S	全 4 4 1 4	芝 4 4 1 4	ク 0 1 0 4
3	5	：：▲	38.1 12	12.2	70	-2.0 3	369 16	346 7	ハーツクライ	サンデーサイレンス	鹿毛 牡 7	スカーフェイス	△	スプリングサンダー	クロフネ	永井商事	グランド牧場	57.0	追	東 B 横山和 10 位	栗 A 中竹和 35 位	3週 栗坂 36 B	全 5 3 1 18	芝 5 3 1 18	ク 1 1 1 9
3	6	△注△	10.6 6	13.3	69	-2.9 5	364 8	345 5	キングズベスト	キングマンボ	青鹿 牝 6	ミスニューヨーク	○	マンハッタンミート	マンハッタンカフェ	高昭牧場	高昭牧場	56.0	差	西 A Mデム 21 位	栗 A＊ 杉山晴 6 位	5週 CW 45 A	全 6 1 4 12	芝 6 1 4 12	ク 2 0 3 11
4	7	：：：	26.0 9	11.5	68	-3.8 8	365 10	347 11	リオンディーズ	キングカメハメハ	鹿毛 牝 5	アナザーリリック		アンソロジー	サクラバクシンオー	シルクレーシング	ノーザンF	56.0	差	東 B 津村明 17 位	美 B 林 徹 78 位	14週 南W 30 B	全 4 1 0 5	芝 4 1 0 4	ク 2 0 0 4
4	8	注：○	9.3 4	16.8	70	-1.9 2	364 9	346 9	リオンディーズ	キングカメハメハ	鹿毛 牡 4	インダストリア		インダクティ	ハーツクライ	サンデーR	ノーザンF	56.0	差	東 A 戸崎圭 6 位	美 A 宮田敬 70 位	7週 南W 33 B	全 3 1 0 4	芝 3 1 0 3	ク 1 0 0 3
5	9	☆：☆	10.0 5	9.7	69	-3.0 6	368 15	347 10	ダイワメジャー	サンデーサイレンス	黒鹿 牡 4	マテンロウオリオン		パルテノン	キングカメハメハ	寺田 千代乃	ムラカミF	58.0	差	東 B 横山典 20 位	栗 A 昆 貢 - 位	7週 CW 41 A	全 2 3 0 5	芝 2 3 0 5	ク 1 2 0 5
5	10	：：：	163 15	12.9	60	-12.0 15	354 2	365 16	キングズベスト	キングマンボ	鹿毛 牡 7	トーラスジェミニ	○	エリモエトワール	マンハッタンカフェ	柴原 榮	川上牧場	58.0	先	東 C 佐藤翔 - 位	美 C 小桧山 - 位	4週 南W 30 B	全 8 0 1 30	芝 8 0 1 29	ク 4 0 1 21
6	11	：▲：	15.4 7	10.4	68	-3.9 9	361 6	346 8	スクリーンヒーロー	グラスワンダー	栗毛 牡 6	ウイングレイテスト	△	グレートキャティ	サクラユタカオー	ウイン	コスモヴューF	57.0	差	東 C 松岡正 58 位	美 C 畠山吉 - 位	5週 南W 48 A	全 3 6 5 13	芝 3 6 5 13	ク 1 1 2 4
6	12	：：：	56.8 14	8.6	66	-6.5 14	362 7	358 14	ディープブリランテ	ディープインパクト	鹿毛 牡 7	ミッキーブリランテ		エピックラヴ	ダンジリ	野田 みづき	ノーザンF	57.5	差	西 B 坂井瑠 7 位	栗 B 矢作芳 4 位	2週 栗坂 29 B	全 5 5 4 26	芝 5 5 4 24	ク 1 3 3 20
7	13	：：：	40.1 13	11.1	67	-5.0 13	365 11	346 6	ロードカナロア	キングカメハメハ	鹿毛 牡 5	タイムトゥヘヴン	×	キストゥヘヴン	アドマイヤベガ	DMMドリームC	オリオンF	58.0	追	東 C 大野拓 33 位	美 C 戸田博 - 位	3週 南W 35 B	全 2 2 2 15	芝 2 2 2 15	ク 1 2 2 13
7	14	：：：	31.4 11	13.3	67	-4.9 12	353 1	361 15	タートルボウル	ダイムダイヤモンド	鹿毛 牡 6	ベレヌス	○	カフヴァール	デュランダル	キャロットF	ノーザンF	58.0	逃	西 B 西村淳 8 位	栗 A＊ 杉山晴 6 位	11週 CW 55 S	全 5 2 3 14	芝 4 2 2 12	ク 1 1 0 9
8	15	：：：	20.8 8	11.5	68	-4.5 11	354 3	357 13	ディープインパクト	サンデーサイレンス	鹿毛 牡 6	ファルコニア	○	カンビーナ	ホークウイング	社台レースホース	社台F	58.5	先	東 B 吉田隼 16 位	栗 A 高野友 33 位	7週 栗坂 32 B	全 6 4 5 6	芝 6 4 5 6	ク 2 1 5 6
8	16	▲◎：	5.8 3	9.0	68	-3.7 7	360 5	344 3	ラブリーデイ	キングカメハメハ	鹿毛 牡 5	ゾンニッヒ		エンドレスノット	ディープインパクト	金子真人H	坂東牧場	56.0	差	東 B 菅原明 22 位	栗 A 池江寿 16 位	2週 栗坂 37 B	全 4 3 1 7	芝 4 3 1 4	ク 0 1 0 0

12/11 0 香港 0 香港マイル G1 6 2週 1600 芝 良 0ト ビュイ 565 1347 0#10 +1.3 CALIFORNIA 0 458k(-2)	11/20 5 阪神 6 マイルCS G1 11 3週 1600 芝外 良 ○ 17ト ④ 川田将 56 1333 8#15 +0.8 セリフォス 35.9 S +1.1 6 6 外 A 67 34.2 ⑪ 栗坂 39 460k(-2)	10/22 3 23 東京 5 8 1600 M ④ 良 ◎ 72	5/8 1 2週 東京 7 6 1600 M ④ 良 ○ 67	4/16 1 8週 阪神 10 10 1600 M ❷ 良 ○ 65
3/4 2 中山 3 オーシャンS G3 6 2週 1200 芝外 良 ○ 16ト ⑩ 団野大 57 1081 2#4 +0.7 ヴェントヴォー 34.5 M -0.6 12 12 内 A 65 33.6 ⑧ CW 5 442k(-8)	2/12 2 小倉 2 北九州短距離 OP 6 23 1200 芝 稍 - 18ト ⑥ 団野大 58 1084 7#13 +0.2 ヴァトレニ 33.8 H -2.0 11 11 外 B 65 34.6 ⑤ CW 24 450k(+6)	8/28 13 1週 札幌 10 12 1200 M ⑫ 良 △ 59	8/14 1 5週 札幌 10 7 1200 H ① 稍 △ 68	7/3 7 9週 函館 12 12 1800 M ① 良 - 61
1/5 1 中京 1 スポ京都金杯 G3 12 2週 1600 芝 良 ○ 16ト ⑪ 団野大 57 1339 4#8 +1.2 イルーシヴパン 35.2 M -0.4 5 5 5 中 B 59 35.8 ⑬ 栗坂 20 492k(+8)	12/18 5 中山 6 ディセンバー L 7 6週 1800 芝 稍 △ 16ト ⑬ 戸崎圭 57 1491 6#11 +0.7 ショウナンマグマ 37.6 H -1.4 7 8 8 中 B 61 36.5 ⑦ CW 45 484k(-2)	10/30 5 26 阪神 2 2 1800 S ⑪ 良 ○ 65	4/24 14 15 阪神 2 3 1600 H ⑭ 稍 - 49	1/5 13 10 中山 8 6 2000 S ⑬ 良 △ 59
4/1 3 中山 3 ダービーCT G3 3 2週 1600 芝外 良 - 16ト ⑤ 菅原明 56 1334 8#16 +0.2 インダストリア 36.2 S +1.3 3 4 4 外 A 68 33.7 ⑧ 栗坂 37 472k(0)	3/12 2 中山 6 東風S L 2 8週 1600 芝外 良 ○ 11ト ❶ 菅原明 57 1331 5#5 +0.1 ラインベック 36.3 M -0.4 5 5 5 外 B 66 33.4 ① CW 32 472k(-4)	1/8 1 6週 中山 6 5 1600 M ① 良 - 66	11/19 5 3週 東京 6 6 1600 M ⑥ 良 ◎ 62	10/23 2 2週 阪神 3 4 1600 S ❸ 良 ◎ 64
4/1 3 中山 3 ダービーCT G3 14 11 1600 芝外 良 - 16ト ⑫ 西村淳 58 1345 7#14 +1.3 インダストリア 35.4 S +1.3 1 1 1 最 A 59 35.4 ⑮ CW 55 524k(-6)	1/5 1 中京 1 スポ京都金杯 G3 16 7週 1600 芝 良 ○ 16ト ⑧ 西村淳 58 1347 1#1 +2.0 イルーシヴパン 34.7 M -0.4 1 1 1 最 B 52 37.1 ⑯ CW 48 530k(+10)	11/13 9 8週 福島 3 2 2000 H ⑭ 良 △ 65	9/11 5 6週 中山 2 2 1600 S ⑫ 良 ○ 67	7/24 1 10 小倉 1 1 1800 S ⑦ 良 ◎ 70
4/16 3 中山 8 春雷S L 11 6週 1200 芝外 重 △ 16ト ⑦ 三浦皇 57 1096 1#2 +0.8 マッドクール 35.1 H -1.6 16 16 内 A 60 34.5 ❸ 美坂 34 508k(-2)	2/26 1 阪神 6 阪急杯 G3 14 6週 1400 芝 良 ○ 16ト ⑦ 幸英明 57 1205 2#4 +1.0 アグリ 35.4 M -0.4 10 9 外 A 61 34.2 ⑩ 美坂 36 510k(0)	1/9 1 48 中京 8 8 1200 M ① 良 ○ 68	1/30 4 2週 中京 13 14 1200 M ❷ 良 - 65	1/10 9 3週 中京 11 11 1200 M ④ 良 ○ 62
4/22 2 東京 1 晩春S 3C 1 4週 1400 芝 良 ◎ 18ト ⑮ 田辺裕 54 1202 4#7 0.0 アルトシュタット 35.5 M -0.5 15 15 外 B 63 33.3 ① 南W 32 516k(-4)	3/19 2 中山 8 スピカS 3C 7 4週 1800 芝 重 × 16ト ⑮ 岩田康 58 1493 1#2 +0.7 ノースザワールド 38.5 H -2.0 11 11 11 外 A 57 36.0 ⑤ 南W 25 520k(-2)	2/11 14 2週 東京 15 15 1400 M ⑥ 稍 ○ 47	1/21 13 3週 中山 10 10 2000 S ⑫ 稍 △ 48	12/28 7 6週 中山 16 12 1600 M ① 良 △ 60
3/26 2 中京 6 高松宮記念 G1 3 12 1200 芝 不 × 18ト ⑬ 丹内祐 58 1117 1#1 +0.2 ファストフォース 36.5 M -0.3 10 11 最 B 72 35.3 ❸ 栗坂 33 484k(-12)	12/24 6 阪神 7 阪神カップ G2 8 7週 1400 芝 良 - 18ト ⑤ 鮫島駿 57 1204 2#4 +0.2 ダイアトニック 34.6 H -2.1 14 15 大 B 68 34.8 ④ 栗坂 35 496k(+4)	10/29 4 3週 阪神 13 11 1400 M ❸ 良 ○ 70	10/2 7 26 中山 11 11 1200 H ④ 良 - 71	3/27 4 3週 中京 12 11 1200 H ⑤ 重 △ 71
3/26 2 中京 6 高松宮記念 G1 13 66 1200 芝 不 × 18ト ⑧ 戸崎圭 58 1129 6#11 +1.4 ファストフォース 36.6 M -0.3 13 11 大 B 60 36.4 ⑪ 栗坂 39 530k(+2)	12/12 0 香港 0 香港スプリン G1 0 9週 1200 芝 良 0ト 福永祐 57 中止 0#2 SKY FIELD 0 528k(-10)	10/3 1 2週 中山 3 2 1200 M ❷ 良 - 77	9/12 2 9週 中京 6 6 1200 H ⑦ 良 ◎ 72	7/4 2 7週 小倉 7 6 1200 H ❷ 良 ◎ 66
3/26 2 中京 6 高松宮記念 G1 10 7週 1200 芝 不 × 18ト ⑥ 松山弘 58 1125 8#18 +1.0 ファストフォース 36.0 M -0.3 7 5 大 B 64 36.5 ⑫ 南W 35 474k(-6)	1/29 1 中京 10 シルクロード G3 7 16 1200 芝 良 ○ 15ト ④ 松山弘 59 1083 8#14 +1.0 ナムラクレア 34.6 M +0.3 10 8 外 A 63 33.8 ⑨ 南W 33 480k(+12)	10/2 2 4週 中山 8 9 1200 H ❸ 良 - 72	8/28 2 12 札幌 5 2 1200 M ❸ 良 △ 68	5/28 1 2週 中京 8 8 1200 H ❷ 良 ○ 64
4/1 3 中山 3 ダービーCT G3 6 2週 1600 芝外 良 - 16ト ⑭ 坂井瑠 575 1336 6#12 +0.4 インダストリア 35.6 S +1.3 2 2 2 内 A 68 34.2 ⑫ 栗坂 29 470k(-8)	3/11 1 阪神 9 コーラルS L 16 1週 1400 ダ 良 - 16ト ⑬ 和田竜 575 1264 7#14 +2.4 タガノビュー 35.0 H -3.3 4 4 外 B 43 39.6 ⑯ 栗坂 27 478k(-2)	2/26 8 7週 阪神 7 7 1400 M ⑦ 良 ○ 65	1/5 9 1週 中京 14 13 1600 M ⑤ 良 ○ 65	12/24 7 7週 阪神 10 9 1400 H ⑧ 良 - 68
4/1 3 中山 3 ダービーCT G3 7 8週 1600 芝外 良 - 16ト ❶ 川田将 56 1336 2#3 +0.4 インダストリア 37.5 S +1.3 15 14 14 大 A 66 33.0 ① 南W 45 510k(0)	1/29 1 東京 2 節分S 3C 1 9週 1600 芝 良 ○ 12ト ❶ 川田将 57 1336 4#4 -0.2 ルーカス 36.3 S +2.4 4 4 中 A 66 33.1 ① 南W 33 510k(+6)	11/19 2 2週 東京 6 6 1600 M ④ 良 ◎ 63	10/30 1 34 東京 8 8 1600 M ① 良 ◎ 61	2/27 1 1週 中山 5 3 1600 M ❷ 良 △ 52
2/12 1 東京 6 バレンタイン OP 16 10 1400 ダ 重 ◎ 16ト ⑨ 津村明 58 1252 4#8 +3.2 ハセドン 35.3 H -3.3 10 10 内 A 38 38.9 ⑮ CW 37 496k(+4)	11/26 5 東京 7 キャピタルS L 12 3週 1600 芝 良 ○ 18ト ⑦ 横山武 56 1332 4#7 +0.7 ララクリスティー 35.3 M 0.0 9 10 外 B 60 34.4 ⑪ 栗坂 38 492k(0)	10/29 17 1週 阪神 11 11 1400 M ⑮ 良 ○ 54	10/15 1 32 東京 12 10 1400 M ① 良 ◎ 65	2/26 1 2週 阪神 2 2 1400 M ❸ 良 ○ 61
3/25 0 ア首 0 ゴドルフィン G2 11 3週 1600 ダ 良 0ト ムルザ 57 0000 0#9 0.0 ISOLATE 0 0 k(0)	2/25 0 サウ 0 1351TS G3 9 8週 1351 芝 良 0ト ムルザ 57 1184 0#4 +1.0 バスラットレオン 0 0 k(0)	12/24 3 8週 阪神 16 15 1400 H ① 良 - 69	10/22 8 7週 東京 3 5 1600 M ⑩ 良 ◎ 63	8/25 12 14 佐賀 2 7 1400 不 25
3/26 2 中京 6 高松宮記念 G1 11 3週 1200 芝 不 × 18ト ⑪ 秋山真 58 1126 2#4 +1.1 ファストフォース 35.8 M -0.3 3 2 内 B 63 36.8 ⑮ CW 26 512k(-2)	2/26 1 阪神 6 阪急杯 G3 2 4週 1400 芝 良 ○ 16ト ⑬ 浜中俊 57 1195 3#5 0.0 アグリ 34.4 M -0.4 4 4 最 A 71 33.8 ⑤ CW 36 514k(-12)	1/21 6 13 中京 6 6 1600 S ❷ 良 ○ 63	10/16 1 4週 新潟 8 7 1400 H ④ 良 ○ 70	9/11 4 14 中京 6 6 1200 H ⑥ 良 ◎ 69
3/18 2 中京 3 豊橋S 3C 1 6週 1600 芝 重 △ 12ト ❷ 菅原明 56 1372 7#10 -0.1 メイショウホシア 37.7 S +1.9 5 5 5 外 A 64 34.6 ① 美坂 31 450k(0)	1/29 1 東京 2 節分S 3C 4 9週 1600 芝 良 ○ 12ト ❷ ルメー 56 1339 6#7 +0.3 レッドモンレーヴ 36.5 S +2.4 5 5 外 A 62 33.3 ⑤ 南W 37 450k(+8)	11/19 3 8週 東京 8 8 1600 M ❸ 良 ◎ 64	9/18 3 16 中京 10 10 1600 S ① 良 ◎ 63	5/22 8 8週 東京 16 17 1400 M ① 良 ○ 58
4/1 3 中山 3 ダービーCT G3 9 3週 1600 芝外 良 - 16ト ⑪	3/4 2 中山 3 オーシャンS G3 11 3週 1200 芝外 良 ○ 16ト ⑦	2/5 10 4週	1/5 7 5週	11/26 8 4週

単⑫ 520 円

複⑫ 200 円　⑩ 310 円　⑮ 310 円

枠連5－6　1230 円

馬連⑩－⑫ 2720 円

ワイド⑩―⑫ 1120 円

⑫―⑮ 1040 円

⑩－⑮ 1230 円

馬単⑫→⑩ 4720 円

3連複⑩⑫⑮ 8090 円

3連単⑫→⑩→⑮ 38140 円

単勝・枠連・3連複の総獲りで5万170円を払い戻し！

式別	馬／組番	購入金額	的中／返還	払戻単価	払戻／返還金額
単勝	12	3,000円	12	520円	15,600円
3連複軸1頭ながし	軸：12 01,04,08,09,10,15	各 300円 計4,500円	10－12－15	8,090円	24,270円
枠連ながし	軸： 6 1, 2, 5	各1,000円 計3,000円	5－ 6	1,230円	12,300円
ワイド	04－12	2,000円	－	－	0円
ワイド	05－12	1,000円	－	－	0円

2023年5月13日
東京11R

京王杯スプリングC

（GⅡ、芝1400m良）

1着⑫レッドモンレーヴ
（2番人気、5.2倍）
上がり3ハロン＝32秒6
2着⑩ウインマーベル
（7番人気、10.1倍）
上がり3ハロン＝33秒2
3着⑮ダディーズビビッド
（6番人気、10.0倍）
上がり3ハロン＝33秒5

レース上がり3ハロン
＝33秒7
（11秒3－11秒0－11秒4）
★純正3ハロン＝33秒8

1	1	12.4		◎◎▲	4.2 1	71	-0.9	3	364	11	332	2	ロードカナロア	キングカメハメハ	鹿毛	牡4	ダノンスコーピオン		レキシールー	スライゴベイ	ダノックス	ケイアイF	58.0	先	西 S	川田将	1位	栗 B	安田隆	10位	21週	栗坂 29 B	全4 0 2 3	芝4 0 2 2	ク3 0 2 2	同0 0 0 0	短0 0 0 0	長4 0 2 3	中0 0 0 0	東1 0 1 1
1	2	14.0		: : :	106 17	66	-6.0	11	364	12	340	13	ディープインパクト	サンデーサイレンス	鹿毛	牡5	ロードマックス	○	パーフェクトトリビュ	ドバウィ	ロードHC	ケイアイF	57.0	差	西 B	団野大	26位	栗 A	藤原英	27位	9週	CW 44 A	全3 1 0 11	芝3 1 0 11	ク1 1 0 10	同1 1 0 2	短1 0 0 3	長1 0 0 6	中0 0 0 1	東1 1 0 2
2	3	8.5	ブ	: : :	95.8 16	64	-8.1	17	358	7	346	15	ハーツクライ	サンデーサイレンス	鹿毛	セ5	ヴィクティファルス	×	ヴィルジニア	ガリレオ	G1レーシング	ノーザンF	57.0	先	東 C	石川裕	54位	栗 A	池添学	41位	17週	栗坂 39 B	全2 1 0 9	芝2 1 0 9	ク1 1 0 9	同0 0 0 0	短0 0 0 0	長2 1 0 4	中1 0 0 4	東0 1 0 1
2	4	8.5		▲☆☆	6.1 3	69	-2.9	6	356	4	333	4	ラブリーデイ	キングカメハメハ	鹿毛	牡5	ゾンニッヒ		エンドレスノット	ディープインパクト	金子真人H	坂東牧場	57.0	差	A	レーン	27位	栗 A	池江寿	16位	5週	CW 39 B	全4 3 2 7	芝4 3 2 4	ク0 1 1 0	同0 0 0 0	短0 0 0 0	長1 3 1 1	中2 2 1 0	東0 0 0 1
3	5	8.5	初	: : :	46.6 12	64	-7.9	15	352	1	355	18	タートルボウル	ダイムダイヤモンド	鹿毛	牡6	ベレヌス	○	カフヴァール	デュランダル	キャロットF	ノーザンF	57.0	逃	西 B	西村淳	8位	栗 A	杉山晴	3位	5週	CW 42 A	全5 2 3 15	芝4 2 2 13	ク1 1 0 10	同0 0 0 0	短0 0 0 0	長1 1 0 7	中0 0 0 3	東0 0 0 1
3	6	10.9	ブ	: : :	118 18	66	-6.1	12	369	17	339	12	モンテロッソ	ドバウィ	黒鹿	牡7	ホープフルサイン	×	ステラーホープ	グラスワンダー	アドバンス・サッポ	日進牧場	57.0	差	東 B	北村宏	51位	美 C	本間忍	-位	3週	美坂 32 B	全5 1 3 24	芝4 1 3 20	ク1 1 1 11	同1 1 1 7	短3 0 2 11	長0 0 0 2	中1 0 1 5	東1 1 1 2
4	7	10.1	ブ	: : :	80.9 14	64	-8.0	16	373	18	339	11	マツリダゴッホ	サンデーサイレンス	鹿毛	昇 牡7	カルリーノ	△	アイリスモレア	ショウナンカンプ	Gリビエール・R	松栄牧場	57.0	追	東 B	田辺裕	12位	美 B	高橋裕	-位	2週	南W 35 B	全4 5 6 34	芝4 5 6 32	ク0 1 2 2	同2 4 2 16	短1 0 1 1	長1 1 3 14	中0 1 2 12	東2 4 3 15
4	8	13.2		☆○◯	15.8 8	72	-0.1	2	359	8	333	3	ドリームジャーニー	ステイゴールド	鹿毛	牡8	トゥラヴェスーラ	×	ジャジャマーチャン	アドマイヤコジーン	吉田 照哉	社台F	57.0	差	東 B	丹内祐	33位	栗 C	高橋康	62位	6週	栗坂 35 B	全4 5 1 17	芝4 5 1 17	ク2 4 1 15	同0 2 0 2	短3 3 1 11	長1 0 0 4	中0 0 0 2	東0 1 0 0
5	9	7.8		:▲◎	11.9 6	72	0.1	1	353	2	341	14	モーリス	スクリーンヒーロー	鹿毛	牡5	ピクシーナイト		ピクシーホロウ	キングヘイロー	*シルクレーシング	ノーザンF	58.0	先	東 A	戸崎圭	6位	栗 B	音無秀	39位	6週	CW 50 S	全3 2 1 4	芝3 2 1 3	ク2 2 0 3	同1 0 1 0	短1 2 0 2	長1 0 0 2	中1 0 0 0	東0 0 0 1
5	10	13.2	ブ	注:注	8.8 5	71	-1.0	4	357	5	337	8	アイルハヴアナザー	フラワーアレイ	栗毛	牡4	ウインマーベル	△	コスモマーベラス	フジキセキ	ウイン	コスモヴューF	57.0	差	西 B	松山弘	5位	美 B	深山雅	47位	6週	南W 25 B	全4 3 3 5	芝4 3 3 4	ク3 3 0 3	同1 0 0 1	短3 3 3 2	長0 0 0 1	中0 1 0 0	東0 0 0 0
6	11	10.9		: : :	82.9 15	69	-3.1	8	358	6	347	16	ディープブリランテ	ディープインパクト	鹿毛	牡7	ミッキーブリランテ		エピックラヴ	ダンシリ	野田 みづき	ノーザンF	57.0	先	東 B	菅原明	14位	栗 B	矢作芳	2位	5週	CW 17 C	全5 5 4 27	芝5 5 4 25	ク1 3 3 21	同1 1 1 9	短0 0 1 4	長4 4 2 12	中1 2 0 5	東0 0 0 2
6	12	10.9		○△:	4.3 2	67	-5.1	10	363	10	331	1	ロードカナロア	キングカメハメハ	鹿毛	牡4	レッドモンレーヴ		ラストグルーヴ	ディープインパクト	東京HR	ノーザンF	57.0	差	東 B	横山和	16位	美 B	蛯名正	-位	5週	南W 35 B	全4 2 0 2	芝4 2 0 2	ク0 0 0 2	同0 0 0 0	短0 0 0 0	長4 1 0 2	中2 0 0 1	東2 1 0 1
7	13	8.5		: : :	41.7 11	63	-9.1	18	365	14	351	17	ヴィクトワールピサ	ネオユニヴァース	鹿毛	牡5	レイモンドバローズ		レッドレイチェル	メダグリアドーロ	猪熊 広次	社台F	57.0	差	東 A	横山武	3位	栗 A	上村洋	4位	12週	CW 36 B	全4 1 2 6	芝4 1 2 5	ク0 0 1 3	同3 1 0 1	短0 0 0 0	長1 0 2 3	中0 0 0 0	東2 1 0 2
7	14	13.2		: : :	21.7 9	69	-3.0	7	360	9	339	10	リアルインパクト	ディープインパクト	鹿毛	牡6	ラウダシオン	◎	アンティフォナ	ソングアンドプレイヤー	*シルクレーシング	社台C白老F	58.0	追	西 B	岩田康	28位	栗 A	斉藤崇	17位	6週	CW 37 B	全5 2 3 14	芝5 2 3 9	ク4 2 3 9	同3 1 1 2	短1 0 2 5	長1 1 0 5	中0 0 0 0	東3 1 0 4
7	15	10.1		△注△	13.9 7	71	-1.1	5	355	3	338	9	キズナ	ディープインパクト	鹿毛	牡5	ダディーズビビッド	×	ケイティーズギフト	フレンチデピュティ	田島 大史	上水牧場	57.0	先	西 B	浜中俊	18位	栗 B	千田輝	49位	6週	CW 31 B	全4 5 2 10	芝4 5 2 10	ク2 5 2 10	同2 2 2 1	短0 2 0 5	長2 1 0 4	中0 0 0 1	東0 0 0 2
8	16	16.3		: : :	8.6 4	65	-7.0	13	367	16	336	5	ドゥラメンテ	キングカメハメハ	鹿毛	昇 牝5	アヴェラーレ	○	アルビアーノ	ハーランズホリデイ	*シルクレーシング	ノーザンF	55.0	差	西 S	ルメール	2位	美 S	木村哲	23位	7週	美坂 37 B	全4 2 2 4	芝4 2 2 4	ク0 0 0 1	同2 1 0 1	短0 1 0 0	長2 0 2 3	中0 0 0 1	東3 1 1 2
8	17	14.7		: : :	39.3 10	68	-4.1	9	365	13	337	7	ロードカナロア	キングカメハメハ	鹿毛	牡5	タイムトゥヘヴン	×	キストゥヘヴン	アドマイヤベガ	DMMドリームC	オリオンF	57.0	追	東 C	大野拓	38位	美 C	戸田博	-位	5週	南W 42 A	全2 2 2 16	芝2 2 2 16	ク1 2 2 14	同0 0 1 0	短0 0 0 1	長1 1 1 11	中2 2 0 7	東0 0 2 8
8	18	9.3		: : :	63.6 13	65	-7.1	14	366	15	337	6	サトノアラジン	ディープインパクト	黒鹿	牝4	グラスミヤラビ		グラスケリー	ジャングルポケット	半沢	飛渡牧場	55.0	追	東 C	柴田善	82位	美 C	杉浦宏	-位	9週	南W 29 B	全4 2 1 10	芝4 2 1 10	ク0 0 0 1	同2 0 0 3	短2 2 1 7	長0 0 0 0	中0 1 0 3	東2 0 0 2

スルーセブンシーズの激走が証明した中山牝馬Ｓの瞬発力レベル

先に掲載した２０２３年上半期重賞の「純正３ハロン」ベスト10をご覧いただくと、10レース中３レースが１２００ｍ戦であることに気づくでしょう。このことからもわかる通り、道中もある程度のペースで流れる重賞レベルになると、短距離戦のほうが「純正３ハロン」は速くなりやすい傾向にあります。裏を返せば、「純正３ハロン」が同じ数値ならば、中～長距離戦のほうがより価値があるという判断も可能です。

そこで注目したいのが、ダービー卿ＣＴに続いて２番目に速い「純正３ハロン」をマークした３レースの中で、唯一、中距離の１８００ｍ戦である中山牝馬Ｓになります。

そう、本書の「はじめに」でも紹介した、あのレースです。

１０００ｍ通過が60秒１と、重賞としては遅めの流れ。いかにも前が残りそうな展開でしたが、ルメール騎手のスルーセブンシーズは中団追走からマクリ気味に進出、４角５番手で直線に向くと、あっさりと突き抜けてみせました。

■23年・中山牝馬Ｓの上がり３ハロン

ラスト３ハロン目：12秒０
ラスト２ハロン目：11秒２
ラスト１ハロン：11秒３

上がり3ハロン　：　34秒5

ラスト3ハロン目こそ12秒0と遅いものの、ラスト2ハロン目からは11秒2→11秒3と、ゴール前に急坂の待ち構える中山の中距離戦としては圧巻のラップ構成であることがわかります。

このレースの上がり3ハロンを「純正3ハロン」に置き換えます。

■23年・中山牝馬Sの「純正3ハロン」

ラスト2ハロン目：　11秒2
ラスト1ハロン　：　11秒3

【計算式】 11秒2＋（11秒3×2）

純正3ハロン：33秒8

スルーセブンシーズがマークした上がり3ハロンも33秒8で、これは次位に0秒6もの差をつけるダントツの速さでした。

とはいえ、走破タイムも通常の上がり3ハロンも、見た目には特筆すべき点がなく、ましてや牝馬限定戦。この勝利にどこまでの価値を見出せるかと問われれば、答えに窮する方は多いはずです。

しかし、「純正3ハロン」にかかればハイパフォーマンスであったのは明白。同馬はこの主張の正当性を、次走で早くも証明してくれました。それが、宝塚記念における2着激走です（P28～29）。

5/28 2 東京 12 目黒記念 G2 9 8週 2500 芝 良 ◎ 18ト ⑤ Mデム 56 2314 2 4 +0.6 ヒートオンビート 38.2 S +1.7 14 13 14 大 B 34.1 ④ 南W 39 438k(+4) 65	3/25 3 中山 1 日経賞 G2 4 18 2500 芝 不 × 12ト ❸ Mデム 54 2383 4 4 +1.5 タイトルホルダー 39.8 M +0.2 12 11 7 大 S 36.9 ❷ 南W 36 434k(-4) 65	11/13 2 3週 阪神 14 13 H ❷ 2200 重 × 70	10/16 10 4週 阪神 16 16 M ❷ 2000 良 ○ 63	9/10 3 15 中山 10 6 M ❷ 2000 良 ○ 58
6/3 3 阪神 1 鳴尾記念 G3 9 3週 2000 芝 良 ◎ 15ト ④ 菅原明 57 1596 2 2 +0.5 ボッケリーニ 36.2 M +0.2 4 4 5 最 A 35.8 ⑫ 栗坂 29 538k(+4) 65	5/7 1 新潟 4 新潟大賞典 G3 1 22 2000 芝外 不 × 16ト ⑤ 菅原明 59 2038 1 2 -0.1 セイウンハーデス 36.6 M -0.6 5 5 最 A 36.0 ① 栗坂 22 534k(-2) 72	11/27 8 3週 東京 7 7 S ⑨ 2400 良 ○ 68	10/30 6 7週 東京 7 9 H ⑤ 2000 良 ◎ 70	9/4 1 12 新潟 7 7 S ❷ 2000 良 - 72
4/30 0 香港 0 QE2世C G1 5 3週 2000 芝 良 0ト ホー 57 2027 0 3 +0.8 ROMANTIC 0 534k(+4)	4/2 2 阪神 4 大阪杯 G1 3 4週 2000 芝 良 ◎ 16ト ⑩ 横山和 58 1574 7 13 0.0 ジャックドール 36.2 M +0.2 4 4 3 中 A 35.0 ⑤ 栗坂 30 530k(+6) 75	2/26 11 10 中山 4 5 M ⑫ 1800 良 - 60	12/11 2 2週 香港 2000 良	11/20 2 5週 阪神 7 9 S ❸ 1600 良 ○ 74
6/3 3 阪神 1 鳴尾記念 G3 1 9週 2000 芝 良 ◎ 15ト ⑤ 浜中俊 57 1591 7 12 -0.1 フェーングロッテ 36.9 M +0.2 9 4 3 外 A 35.3 ④ CW 33 468k(+2) 71	3/25 3 中山 1 日経賞 G2 2 12 2500 芝 不 × 12ト ⑤ 浜中俊 58 2381 5 6 +1.3 タイトルホルダー 38.2 M +0.2 7 7 5 外 S 37.0 ❸ CW 29 466k(-2) 69	12/25 11 3週 中山 6 6 M ⑫ 2500 良 △ 59	11/27 17 6週 東京 5 4 S ⑱ 2400 良 ○ 55	10/10 2 18 阪神 6 7 S ❸ 2400 稍 ○ 72
3/25 0 ア首 0 ドバイシーマ G1 1 12 2410 芝 良 0ト ルメー 565 2256 0 7 0.0 WESTOVER 0 0 k(0)	12/25 5 中山 8 有馬記念 G1 1 7週 2500 芝 良 △ 16ト ❶ ルメー 55 2324 5 9 -0.4 ボルドグフーシュ 37.1 M +0.1 9 6 3 外 A 35.4 ❷ 南W 48 492k(+4) 79	10/30 1 21 東京 10 9 H ① 2000 良 ◎ 76	5/29 2 5週 東京 16 14 M ① 2400 良 ◎ 72	4/17 2 20 中山 4 3 M ⑧ 2000 良 △ 68
3/11 2 中山 5 中山牝馬S G3 1 6週 1800 芝 良 ○ 14ト ❷ ルメー 54 1465 5 8 -0.2 ストーリア 37.5 S +2.2 9 8 5 外 A 33.8 ① 南W 36 448k(+4) 74	1/21 1 中山 7 初富士S 3C 1 21 2000 芝 稍 △ 14ト ❷ Tパシ 56 2010 4 6 -0.2 ルドヴィクス 38.0 S +1.3 8 8 6 外 A 35.1 ❷ 南W 32 444k(-10) 67	8/20 2 8週 新潟 5 6 M ❷ 2200 稍 - 63	6/19 10 14 阪神 14 12 M ⑤ 2000 良 ◎ 55	3/6 3 19 中山 11 8 M ① 2200 良 △ 62
5/28 2 東京 12 目黒記念 G2 5 14 2500 芝 良 ◎ 18ト ❷ 池添謙 57 2311 3 6 +0.3 ヒートオンビート 37.0 S +1.7 8 9 7 中 B 34.3 ⑥ 栗坂 31 464k(-2) 67	2/12 1 阪神 2 京都記念 G2 3 3週 2200 芝 良 ○ 13ト ④ 池添謙 57 2115 6 8 +0.6 ドウデュース 35.3 M +0.1 5 3 2 内 S 34.9 ❸ CW 38 466k(+2) 71	1/15 3 11 中京 8 10 M ① 2200 稍 △ 70	10/23 7 3週 阪神 10 12 H ⑥ 3000 良 ◎ 60	9/25 8 16 中京 8 7 M ⑧ 2200 良 ◎ 58
3/25 0 ア首 0 ドバイWC G1 13 12 2000 ダ 良 0ト デムー 57 0000 0 15 0.0 ウシュバテソーロ 0 0 k(0)	12/25 5 中山 8 有馬記念 G1 10 3週 2500 芝 良 △ 16ト ④ 松山弘 57 2341 3 6 +1.7 イクイノックス 37.5 M +0.1 11 11 9 外 A 36.8 ⑧ CW 35 518k(0) 63	11/27 1 6週 東京 10 10 S ① 2400 良 ○ 77	10/10 1 16 阪神 11 10 S ① 2400 稍 ○ 75	6/11 1 3週 東京 8 6 S ① 2400 良 ○ 66
4/30 1 京都 4 天皇賞（春） G1 1 5週 3200 芝外 稍 ○ 17ト ❷ ルメー 58 3161 1 1 -0.4 ディープボンド 36.6 M -0.3 7 7 4 外 A 34.9 ① CW 41 472k(0) 78	3/19 1 阪神 12 阪神大賞典 G2 1 11 3000 芝 良 - 14ト ⑫ ルメー 57 3061 3 3 -0.3 ボルドグフーシュ 39.0 S +4.2 3 2 2 内 A 34.2 ① CW 36 472k(+16) 75	12/25 7 8週 中山 4 5 M ⑦ 2500 良 △ 67	10/23 3 3週 阪神 6 4 H ❷ 3000 良 ◎ 71	9/25 1 16 中京 4 3 M ❷ 2200 良 ◎ 69
4/30 1 京都 4 天皇賞（春） G1 2 5週 3200 芝外 稍 ○ 17ト ⑤ 和田竜 58 3165 4 7 +0.4 ジャスティンパレ 36.4 M -0.3 4 3 2 中 A 35.6 ⑤ CW 45 504k(-10) 74	3/19 1 阪神 12 阪神大賞典 G2 5 11 3000 芝 良 - 14ト ⑬ 和田竜 58 3066 8 13 +0.5 ジャスティンパレ 38.8 S +4.2 2 2 2 中 A 34.7 ⑤ CW 40 514k(+10) 69	12/25 8 11 中山 2 2 M ⑧ 2500 良 △ 68	10/2 18 13 フラ 2400 重	6/26 4 7週 阪神 3 3 H ⑦ 2200 良 ◎ 74
4/30 0 香港 0 QE2世C G1 6 3週 2000 芝 良 0ト デムー 555 2027 0 7 +0.8 ROMANTIC 0 463k(-9)	4/2 2 阪神 4 大阪杯 G1 6 13 2000 芝 良 ◎ 16ト ⑤ 岩田望 56 1580 1 1 +0.6 ジャックドール 36.9 M +0.2 12 11 11 最 A 34.9 ❷ CW 38 472k(+2) 69	12/25 3 5週 中山 11 12 M ❸ 2500 良 △ 73	11/13 1 6週 阪神 11 9 H ① 2200 重 × 75	9/25 1 5週 中山 5 6 M ① 2200 良 - 72
4/30 1 京都 4 天皇賞（春） G1 11 4週 3200 芝外 稍 ○ 17ト ④ 横山武 58 3180 3 6 +1.9 ジャスティンパレ 35.4 M -0.3 3 5 6 内 A 36.7 ⑫ 南W 44 482k(0) 59	3/25 3 中山 1 日経賞 G2 9 21 2500 芝 不 × 12ト ❶ 田辺裕 58 2394 7 9 +2.6 タイトルホルダー 38.6 M +0.2 9 9 9 大 S 38.2 ⑧ 南W 39 482k(+6) 56	10/23 1 4週 阪神 2 1 H ④ 3000 良 ◎ 73	9/19 2 15 中山 3 2 M ❷ 2200 稍 △ 69	
3/25 0 ア首 0 ドバイWC G1 11 3週 2000 ダ 良 0ト ルメー 57 0000 0 7 0.0 ウシュバテソーロ 0 0 k(0)	2/25 0 サウ 0 サウジカップ G1 4 10 1800 ダ 良 0ト ルメー 57 1510 0 5 +0.2 パンサラッサ 0 0 k(0)	12/11 6 5週 香港 2000 良	10/30 9 21 東京 7 7 H ⑩ 2000 良 ◎ 67	
4/30 1 京都 4 天皇賞（春） G1 4 5週 3200 芝外 稍 ○ 17ト ⑦ 松山弘 58 3169 6 12 +0.8 ジャスティンパレ 36.9 M -0.3 9 9 6 中 A 35.5 ④ CW 43 496k(+2) 70	3/19 1 阪神 12 阪神大賞典 G2 3 11 3000 芝 良 - 14ト ⑤ 松山弘 58 3064 5 7 +0.3 ジャスティンパレ 39.2 S +4.2 5 4 5 外 A 34.3 ❷ CW 40 494k(-10) 71	12/25 16 6週 中山 2 12 M ⑯ 2500 良 △ 42	11/6 1 3週 東京 3 3 M ⑪ 2500 良 ○ 70	
4/8 0 オー 0 QES G1 5 7週 2000 芝 重 0ト レーン 59 0000 0 7 0.0 DUBAI HONOUR 0 0 k(0)	2/12 1 阪神 2 京都記念 G2 7 10 2200 芝 良 ○ 13ト ⑤ 坂井瑠 57 2121 5 6 +1.2 ドウデュース 34.6 M +0.1 1 1 1 最 S 35.7 ⑪ CW 38 540k(+6) 65	11/27 16 1週 東京 1 1 S ⑰ 2400 良 ○ 59	11/13 1 4週 福島 1 1 H ⑫ 2000 良 △ 73	
6/3 3 阪神 1 鳴尾記念 G3 6 3週 2000 芝 良 ◎ 15ト ⑨ 幸英明 57 1594 3 5 +0.3 ボッケリーニ 37.0 M +0.2 10 12 12 最 A 35.1 ❷ 栗坂 29 496k(+4) 67	5/7 1 新潟 4 新潟大賞典 G3 4 4週 2000 芝外 不 × 16ト ⑧ 角田大 575 2056 4 8 +1.8 カラテ 37.3 M -0.6 8 7 内 A 37.6 ⑦ 栗坂 31 492k(-6) 53	4/2 12 4週 阪神 14 14 M ❷ 2000 良 ◎ 67	2/26 10 60 中山 12 12 M ⑤ 1800 良 - 61	
5/28 2 東京 12 東京優駿 G1 0 8週 2400 芝 良 ◎ 18ト ⑧ 坂井瑠 57 中止 8 17 タスティエーラ M 0.0 S CW 36 512k( )	3/25 0 ア首 0 UAダービー G2 2 12 1900 ダ 良 0ト デムー 55 0000 0 6 0.0 デルマソトガケ 0 0 k(0)	12/28 1 5週 中山 2 2 S ⑨ 2000 良 △ 60	11/19 4 12 東京 1 2 M ⑧ 1800 良 ◎ 53	

単⑤ 130 円

複⑤ 110 円　⑥ 560 円　⑨ 170 円

枠連3－3　2280 円

馬連⑤－⑥ 2340 円

ワイド⑤—⑥ 970 円

⑤—⑨ 240 円

⑥－⑨ 2930 円

馬単⑤→⑥ 2660 円

3連複⑤⑥⑨ 4030 円

3連単⑤→⑥→⑨ 13630 円

純正３ハロンで
⑥スルーセブンシーズ
を狙い撃ち！
コスパ抜群の
14万6000円奪取!!

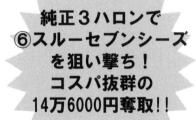

2023年６月25日
京都11Ｒ
宝塚記念
（ＧⅠ、芝2200m良）

1着⑤イクイノックス
（1番人気、1.3 倍）
上がり3ハロン＝ 34 秒 8
2着⑥スルーセブンシーズ
（10 番人気、55.7 倍）
上がり3ハロン＝ 34 秒 6
3着⑨ジャスティンパレス
（2番人気、8.5 倍）
上がり3ハロン＝ 35 秒 1

レース上がり3ハロン
＝ 35 秒 5
（11 秒 7 ― 12 秒 0 ― 11 秒 8）
★純正3ハロン＝ 35 秒 6

1 1 0.0	：：：	61.5 13	68 -11.0 14 375 17 352 8	オルフェーヴル　ステイゴールド 鹿毛　牝4 ライラック ヴィーヴァブーケ　キングカメハメハ 芹澤 精一　杵臼牧場	56.0 追 西A Mデム 20位 美C 相沢郁 75位	3週 南W 38 B 全2 1 1 6 芝2 1 1 6 ク1 1 1 6	同0 1 0 0 短1 0 1 2 長0 0 0 3 京0 0 0 0 阪0 1 0 3
1 2 0.0	：：：	64.1 15	71 -8.0 10 367 9 355 12	トゥザグローリー　キングカメハメハ 黒鹿　牡7 カラテ　△ レディーノパンチ　フレンチデピュティ 小田切 光　中地 康弘	58.0 先 栗B 菅原明 11位 栗A 辻野泰 12位	2週 栗坂 24 B 全8 2 1 25 芝8 2 1 23 ク4 2 1 8	同0 0 0 1 短3 1 0 15 長0 0 0 1 京0 0 0 0 阪0 0 0 2
2 3 25.0	：：△	28.8 7	74 -4.9 5 361 4 356 15	ジャスタウェイ　ハーツクライ 鹿毛　牡5 ダノンザキッド　○ エピックラヴ　ダンシリ ダノックス　ノーザンF	58.0 先 西C 北村友 55位 栗B 安田隆 14位	7週 栗坂 28 B 全3 2 5 6 芝3 1 5 5 ク2 1 5 5	同0 0 0 0 短3 1 3 4 長0 0 0 0 京0 0 0 0 阪1 1 2 0
2 4 25.0	☆：：	35.9 9	71 -7.9 9 371 13 357 16	キングカメハメハ　キングマンボ 栗毛　牡7 ボッケリーニ　◎ ポップコーンジャズ　ダンスインザダーク 金子真人H　ノーザンF	58.0 差 西B 浜中俊 21位 栗A 池江寿 21位	2週 栗坂 28 B 全7 8 2 8 芝7 8 2 8 ク3 7 1 5	同0 0 1 0 短5 5 0 3 長1 3 0 2 京2 1 0 1 阪1 3 1 1
3 5 50.0	◎○◎	1.7 1	79 1.0 1 369 12 341 1	キタサンブラック　ブラックタイド 青鹿　牡4 イクイノックス シャトーブランシュ　キングヘイロー シルクレーシング　ノーザンF	58.0 差 西S ルメー 2位 美S* 木村哲 25位	12週 CW 51 S 全5 2 0 0 芝4 2 0 0 ク3 2 0 0	同0 0 0 0 短3 1 0 0 長2 1 0 0 京0 0 0 0 阪0 0 0 0
3 6 0.0	：：注	33.5 8	74 -4.8 4 373 15 343 2	ドリームジャーニー　ステイゴールド 鹿毛　牝5 スルーセブンシーズ　◎ マイティースルー　クロフネ *キャロットF　ノーザンF	56.0 差 西B 池添謙 41位 美B 尾関知 55位	14週 CW 50 S 全4 2 2 3 芝4 2 2 3 ク1 1 0 3	同0 1 1 0 短4 1 1 2 長0 0 0 1 京0 0 0 0 阪0 0 0 2
4 7 0.0	：：：	82.3 16	70 -8.9 11 366 8 352 7	ディープインパクト　サンデーサイレンス 鹿毛　牡4 プラダリア シャッセロール　クロフネ 名古屋友豊　オリエント牧場	58.0 先 西B 菱田裕 17位 栗A* 池添学 23位	3週 CW 34 B 全2 2 2 4 芝2 2 2 4 ク1 0 2 4	同0 0 2 1 短0 2 0 0 長2 0 0 2 京0 0 0 0 阪1 0 1 1
4 8 0.0	△：▲	22.4 6	75 -4.0 3 373 14 344 3	エイシンフラッシュ　キングズベスト 青毛　牡6 ヴェラアズール ヴェラブランカ　クロフネ *キャロットF　社台C白老F	58.0 差 西B 松山弘 5位 栗A 渡辺薫 -位	12週 CW 48 A 全6 4 5 9 芝4 0 2 1 ク2 0 0 1	同0 0 0 0 短0 0 0 0 長4 0 2 1 京0 0 0 0 阪2 0 0 0
5 9 50.0	○◎○	5.7 2	78 -1.0 2 363 6 345 4	ディープインパクト　サンデーサイレンス 青鹿　牡4 ジャスティンパレス パレスルーマー　ロイヤルアンセム 三木 正浩　ノーザンF	58.0 差 西B 鮫島駿 8位 栗A 杉山晴 2位	7週 CW 46 A 全5 1 1 3 芝5 1 1 3 ク3 1 1 3	同1 0 0 0 短2 1 0 1 長0 0 0 2 京1 0 0 0 阪2 0 1 0
5 10 0.0	注▲☆	12.5 4	74 -5.0 6 361 5 356 14	キズナ　ディープインパクト 青鹿　牡6 ディープボンド　◎ ゼフィランサス　キングヘイロー 前田 晋二　村田牧場	58.0 先 西B 和田竜 26位 栗B 大久龍 18位	7週 CW 46 A 全5 5 1 11 芝4 5 1 9 ク3 4 0 8	同1 0 0 2 短1 0 1 3 長1 2 0 4 京2 1 1 2 阪2 3 0 2
6 11 0.0	▲△：	10.0 3	72 -7.0 7 369 11 346 5	モーリス　スクリーンヒーロー 鹿毛　牝5 ジェラルディーナ　○ ジェンティルドンナ　ディープインパクト *サンデーR　ノーザンF	56.0 追 西B 武 豊 10位 栗A 斉藤崇 24位	7週 CW 35 B 全6 2 3 8 芝6 2 3 7 ク2 1 2 6	同2 0 0 1 短4 1 1 4 長0 0 1 0 京0 0 0 0 阪3 0 0 6
6 12 0.0	：☆：	22.2 5	71 -7.8 8 360 3 355 10	ディープインパクト　サンデーサイレンス 鹿毛　牡4 アスクビクターモア　△ カルティカ　レインボークエスト 廣崎利洋HD　社台F	58.0 先 東A 横山武 3位 美B 田村康 41位	7週 南W 45 A 全4 1 3 3 芝4 1 3 3 ク2 1 2 3	同0 1 0 0 短3 0 2 1 長0 0 1 1 京0 0 0 1 阪1 0 0 0
7 13 0.0	：：：	41.2 10	67 -11.9 16 364 7 355 11	ドレフォン　ジオポンティ 栗毛　牡4 ジオグリフ アロマティコ　キングカメハメハ *サンデーR　ノーザンF	58.0 差 西B 岩田望 4位 美S* 木村哲 25位	12週 CW 44 A 全3 1 0 6 芝3 1 0 3 ク2 1 0 3	同0 0 0 0 短3 1 0 2 長0 0 0 1 京0 0 0 0 阪0 0 0 1
7 14 0.0	：：：	43.0 12	70 -9.0 12 367 10 351 6	ノヴェリスト　モンズーン 栗毛　牡5 ブレークアップ　○ リトルジュン　クロフネ 阿部 東亜子　谷川牧場	58.0 先 西S 川田将 1位 栗C 吉岡辰 32位	7週 CW 35 B 全5 3 4 8 芝5 3 4 8 ク1 0 1 3	同3 0 1 4 短0 1 0 2 長2 2 2 1 京0 0 0 1 阪0 0 1 0
8 15 0.0	：：：	62.3 14	69 -10.0 13 359 1 364 17	ノーネイネヴァー　スキャットダディ (外)　黒鹿　牡7 ユニコーンライオン　△ ムラフカ　ハイシャパラル ライオンRH　Desert Star	58.0 逃 西B 坂井瑠 7位 栗B 矢作芳 3位	10週 CW 41 A 全6 3 1 16 芝6 3 1 12 ク2 1 0 8	同0 1 0 1 短6 1 0 5 長0 0 0 3 京1 2 0 2 阪0 1 1 6
8 16 50.0	：：：	160 17	67 -12.0 17 375 16 354 9	ディープブリランテ　ディープインパクト 鹿毛　牡7 モズベッロ　△ ハーランズルビー　ハーランズホリデイ キャピタル・システ　村田牧場	58.0 差 西C 角田河 27位 栗C 森田直 -位	2週 栗坂 17 C 全4 4 1 18 芝4 4 1 18 ク1 3 1 16	同1 0 1 5 短1 3 0 7 長2 1 0 5 京3 1 0 2 阪0 2 1 6
8 17 0.0	：注：	42.5 11	67 -11.8 15 359 2 355 13	ドゥラメンテ　キングカメハメハ 黒鹿　牡3 ドゥラエレーデ マルケッサ　オルフェーヴル スリーエイチR　ノーザンF	53.0 先 西B 幸英明 14位 栗A* 池添学 23位	3週 CW 51 S 全2 2 0 3 芝1 1 0 3 ク1 0 0 2	同0 0 0 0 短1 1 0 2 長0 0 0 1 京0 0 0 0 阪0 0 0 1

一線級の牡馬相手で単勝55・7倍の10番人気とまったくの人気薄でしたが、最後方追走から上がり最速をマークしての2着。直線で挟まれる不利がありながらも、世界ナンバー1のイクイノックスをクビ差まで追い詰めてみせたのです。断然人気馬との組み合わせでも、枠連の3―3は22・8倍、ワイドの⑤=⑥は9・7倍をつけ、14万6000円の払い戻しに成功しました。

「純正3ハロン」の有用性が証明された一戦であり、馬券的にもきわめて美味しいレースだったのは間違いありません。

価値あるスプリント戦がそのままGⅠに直結！

「重賞レベルでは短距離戦のほうが純正3ハロンは速くなりやすい」と指摘しましたが、古馬のスプリント戦ではシルクロードSが6位にランクインしました。

■23年・シルクロードSの上がり3ハロン

ラスト3ハロン目：11秒1
ラスト2ハロン目：10秒8
ラスト1ハロン：11秒6
上がり3ハロン：33秒5

ラスト２ハロンは10秒８↓11秒６。ナムラクレアが上がり最速32秒９をマークして、上がり２位のファストフォースを差し切りました。

■23年・シルクロードSの「純正3ハロン」

ラスト２ハロン目：　10秒８
ラスト１ハロン：　11秒６

【計算式】10秒8＋（11秒6×2）

純正３ハロン：34秒０

すると、次走の高松宮記念では１着ファストフォース、２着ナムラクレアと、着順こそ入れ替わったものの再度のワン・ツー決着に。２頭の馬連は７９２０円の好配当となりました。シルクロードSでの馬連は８０１０円でしたから、メンバーが強化されたとはいえ配当は横這い。いかに多くのファンが見逃していたかが如実にわかる結果といえるでしょう。

のちのダービー馬を生んだ共同通信杯

さらに見ていきましょう。10位にランクインしたのが共同通信杯です。

■23年・共同通信杯の上がり3ハロン

ラスト3ハロン目：11秒3
ラスト2ハロン目：11秒3
ラスト1ハロン：11秒5
上がり3ハロン：34秒1

ファントムシーフが制したこのレースのラスト2ハロンは、11秒3→11秒5というものでした。これを「純正3ハロン」に置き換えてみましょう。

■23年・共同通信杯の「純正3ハロン」

ラスト2ハロン目：11秒3
ラスト1ハロン：11秒5
【計算式】11秒3＋（11秒5×2）
純正3ハロン：34秒3

ここでキャリア1戦のタスティエーラは、上がり3位タイの脚で0秒2差の4着に食い込みます。その後、弥生賞を勝って、皐月賞で2着。そして、ダービーを制して世代の頂点へ立ったのは記憶に新しいところです。

また、クビ差で惜しくも掲示板を逃して６着だったシーズンリッチも次走で毎日杯を制しており、やはりハイレベルな一戦だったのは間違いありません。

23年下半期の重賞ランキングで、24年の活躍馬を炙り出せ！

ここまでで説明した通り、23年上半期の重賞の「純正３ハロン」ランキングのベスト10では、ダービー卿ＣＴのレッドモンレーヴが京王杯スプリングＣで１着、中山牝馬Ｓのスルーセブンシーズは宝塚記念で２着。さらに夏競馬でも、京王杯スプリングＣのアヴェラーレが関屋記念、シルクロードＳのナムラクレアがキーンランドＣを勝ち、ヴィクトリアＭのディヴィーナが中京記念で２着。次走で半数の５頭が連対しています。

「純正３ハロン」が速いレースにおける、上がり最速をマークする事の有用性を証明してくれたと思います。

さて、上半期の重賞の「純正３ハロン」ランキングがあるなら、当然、気になるのは下半期の重賞の「純正３ハロン」ランキングではないでしょうか。次ページの表をご覧ください。

堂々の１位は古馬、牡馬を押さえて、２歳の牝馬限定GⅢ・アルテミスＳ。

１０００ｍ通過が60秒０の遅めの流れにも関わらず、勝ち時計１分33秒６は同レース史上最速。チェルヴィニアが好位追走から、上がり最速33秒３をマークして差し切り。ラスト２ハロンが11秒２→11秒

●2023年下半期・重賞の「純正３ハロン」ランキング

	場	距離	レース名	レース3F	→	純正3F	上がり最速馬	着順
1位	東京	1600m	アルテミスS	33.6		33.2	チェルヴィニア	1
2位	中山	2200m	セントライト記念	34.4		33.7	レーベンスティール	1
3位	東京	1600m	サウジアラビアRC	34.2		33.8	ゴンバデカーブース	1
3位	京都	2000m	秋華賞	34.0		33.8	マスクトディーヴァ	2
5位	京都	1600m	マイルCS	34.3		33.9	ナミュール	1
6位	東京	1800m	府中牝馬S	33.9		34.0	フィアスプライド	5

０ですから、「純正３ハロン」は11秒２＋11秒０×２＝33秒２。なんと１レースだけ33秒台前半と抜けて速いレースでした。

実はチェルヴィニアの前走・未勝利戦もラスト２ハロンが10秒６↓11秒３で、「純正３ハロン」は10秒６＋11秒３×２＝33秒２。２走連続して素晴らしいフィニッシュを決めているわけです。阪神ＪＦの回避は残念でしたが、すでにＧⅠ級の瞬発力を証明済みです。

そして、２位が菊花賞トライアルのセントライト記念。皐月賞馬のソールオリエンスをレーベンスティールが破って重賞初制覇を決めたレースです。ラスト２ハロンが11秒７↓11秒０とラストで大きく加速しており、「純正３ハロン」は11秒７＋11秒０×２＝33秒７。直線が急坂の中山としては非常に優秀。レーベンスティールは国内の全６戦はすべて上がり最速をマーク。国際ＧⅠ・香港ヴァーズこそ８着に敗れましたが、初めての海外遠征など条件が厳しかっただけで、本来の瞬発力を発揮すれば国内のＧⅠでも通用するはずです。

その他、３位・サウジアラビアＲＣのゴンバデカーブース、４位・秋華賞のマスクトディーヴァら、「純正３ハロン」が33秒台のレースの「上がり最速馬」は、24年のＧⅠでの活躍が期待できます。

コレは必ず覚えておこう！

純正3ハロンの算出式

ラスト２Ｆ目＋（ラスト１Ｆ×２）

⇒純正３ハロン

例：レースの上がり3F＝11.7→11.4→11.2の場合

「上がり3ハロン」：11.7＋11.4＋11.2＝34.3

「純正３ハロン」：11.4＋(11.2×2)＝33.8

2023 年の「純正3ハロン」3強の中でもエースとして君臨したイクイノックス。

第2章

純正3ハロンでクラシック攻略

2歳戦からターゲット
春の上位馬か？夏の上がり馬か？

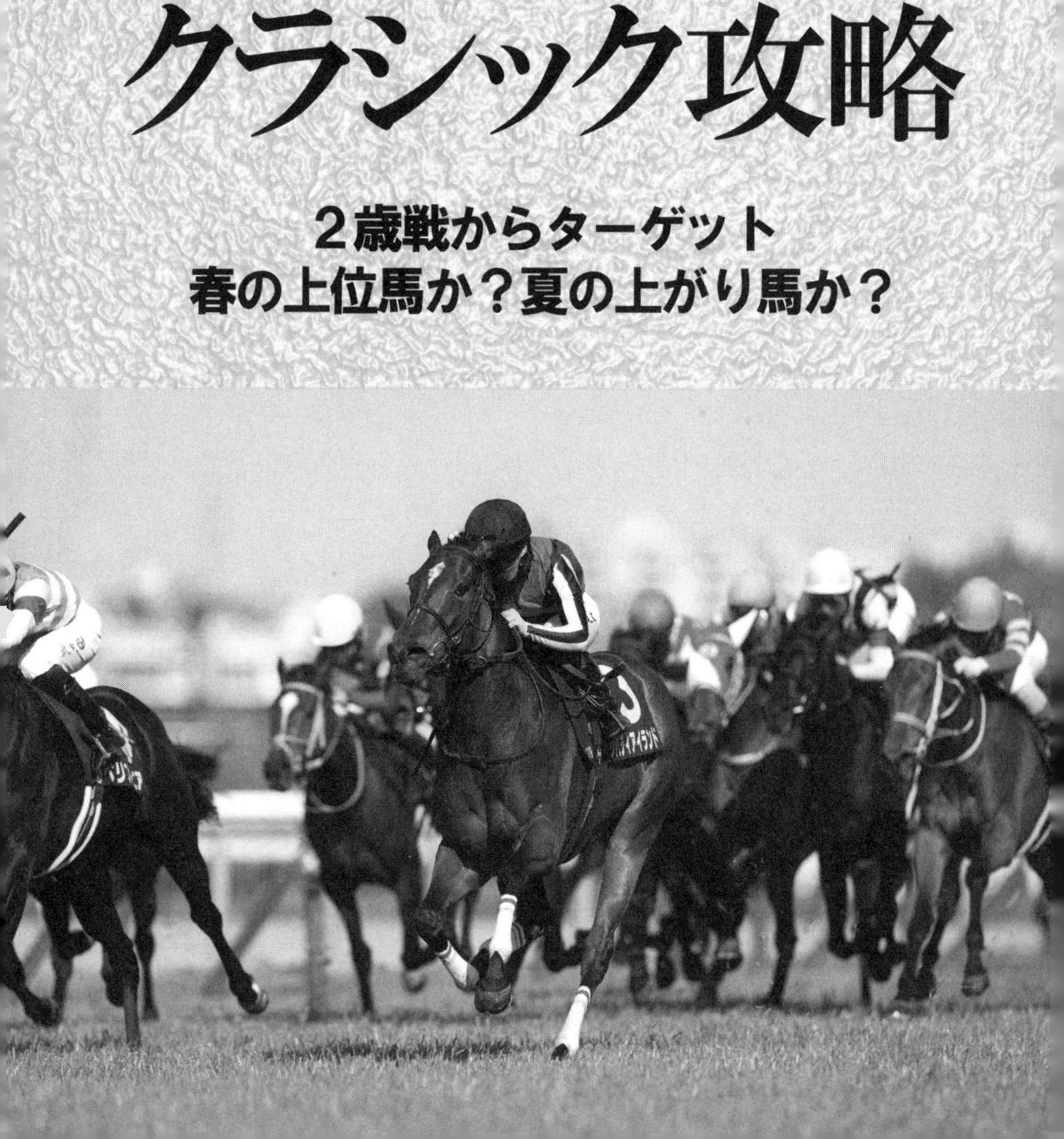

22年の新馬ベスト9は2頭がＧⅠホース、5頭が重賞ウィナーに！

第１章で記した通り、ＧＩを含めた重賞シーンで強力な武器となる「純正３ハロン」ですが、何も重賞専用の馬券術というわけではありません。

ぜひともご活用いただきたいのが、キャリアの浅い２歳戦です。

特に新馬戦はスローペースになりやすく、正味、ラスト２ハロンだけの競馬になりがち。まさに「純正３ハロン」の算出に用いる部分であり、勝ち馬の〝器〟を推し量るには打ってつけなのです。

論より証拠。まずは、２０２２年の２歳新馬の「純正３ハロン」ランキングをまとめた左上の表をご覧ください。

１位はリバティアイランドが勝った新潟芝１６００ｍの新馬戦で、レースラップのラスト２ハロンは10秒２→10秒９と10秒台を連発。「純正３ハロン」は10秒２＋10秒９×２＝32秒０と、驚きの数字を叩き出しました。

これは22年の２歳新馬戦だけでなく、歴代の新馬戦の中でもナンバー１。リバティアイランド自身の上がり31秒４は、古馬も含めたＪＲＡ史上最速タイの上がりタイムでした。

阪神ＪＦであっさりとＧＩ制覇を成し遂げて、翌年は史上７頭目となる牝馬三冠を達成。ジャパンＣはイクイノックスには完敗でしたが、並み居る強豪の年長馬を相手に２着と大健闘。24年のさらなる飛躍が期待できます。

●2022年・２歳新馬「純正３ハロン」ランキング（いずれも芝）

	月日	場	距離	勝ち馬	性別	ラスト2F	ラスト1F	純正3F	その後の主な重賞実績
1位	7月30日	新潟	1600m	リバティアイランド	牝	10.2	10.9	32.0	阪神JF、桜花賞、オークス
2位	10月29日	東京	1400m	ルミノメテオール	牝	11.1	10.9	32.9	チューリップ賞（4着）
3位	11月13日	東京	1800m	ソールオリエンス	牡	11.0	11.0	33.0	皐月賞、日本ダービー（2着）、京成杯
3位	10月22日	阪神	1600m	シングザットソング	牝	11.0	11.0	33.0	フィリーズR
3位	8月21日	新潟	1800m	ロードプレイヤー	牡	10.4	11.3	33.0	
6位	11月19日	東京	1600m	モズメイメイ	牝	10.9	11.1	33.1	チューリップ賞、葵S
6位	7月31日	新潟	1800m	ダノントルネード	牡	10.3	11.4	33.1	京都新聞杯（2着）
8位	6月5日	東京	1600m	モリアーナ	牝	11.0	11.1	33.2	紫苑S、クイーンC（3着）
8位	10月10日	東京	1600m	シンリョクカ	牝	11.0	11.1	33.2	阪神JF（2着）

その他のベスト10位以内の勝ち馬を見ても、３位のソールオリエンスが皐月賞を勝って、ダービーで２着。シングザットソング、モズメイメイ、モリアーナと計５頭も重賞を制していたのです。

瞬発力レベルが超高かった23年の新馬ベストレース

続いて、２０２３年の２歳新馬戦も見てみましょう。24年の３歳の重賞、ＧⅠを占う意味においても、非常に興味深いランキングとなるはずです。

次ページの表をご覧になればわかるように、リバティアイランドの「純正３ハロン」32秒０に匹敵するレースはありませんでしたが、32秒台が２レース。そのひとつが東京芝１６００ｍのノーブルロジャーでした。

１０００ｍ通過が63秒４と遅く、勝ち時計は１分36秒４と平凡だったものの、ラスト２ハロンは10秒７→11秒１、「純正３ハロン」は10秒７＋11秒１×２＝32秒９となります。

すでにご存知かと思いますが、キャリア１戦で参戦の年明けのシンザン記念を３番人気で快勝。目前に迫った３歳のマイルＧⅠ・ＮＨＫマイルＣでも期待が持てます。

３位タイのタガノエルピーダは、牝馬ながらも牡馬混合の朝日杯ＦＳで３

●2023年・2歳新馬「純正3ハロン」ランキング（いずれも芝）

	月日	場	距離	勝ち馬	性別	ラスト2F	ラスト1F	純正3F	その後の主な重賞実績
1位	11月12日	東京	1600m	ノーブルロジャー	牡	10.7	11.1	32.9	シンザン記念
1位	9月17日	中山	1600m	シュシュトディエス	牝	11.3	10.8	32.9	
3位	10月8日	東京	2000m	シャンパンマーク	牡	11.0	11.0	33.0	
3位	10月14日	東京	1800m	ルカランフィースト	牡	11.0	11.0	33.0	
3位	10月14日	京都	1600m	タガノエルピーダ	牝	11.0	11.0	33.0	朝日杯FS（3着）
3位	12月3日	中京	1400m	アルトゥーム	牡	11.2	10.9	33.0	
7位	11月4日	東京	1800m	シンエンペラー	牡	11.1	11.0	33.1	京都2歳S、ホープフルS（2着）
8位	11月11日	京都	1800m	オスカーブレーヴ	牡	11.0	11.1	33.2	
8位	6月4日	東京	1600m	ボンドガール	牝	11.0	11.1	33.2	サウジアラビアRC（2着）
8位	8月12日	新潟	1600m	ガルサブランカ	牡	10.8	11.2	33.2	

着。7位のシンエンペラーは京都2歳Sを勝って、ホープフルSで2着とGⅠでも好走しています。

そして、9月以降が7位までを独占する中において、6月4日の東京開幕週の牝馬限定の新馬戦がランクイン。2歳の夏前としては「純正3ハロン」33秒2は破格の数字です。

勝ち馬ボンドガールは次走のサウジアラビアRCで牡馬相手に2着。2着チェルヴィニアがアルテミスSを快勝。3着コラソンビートは京王杯2歳Sをレコードで制して、阪神JFでも3着。2月末時点で1～8着馬までが、すべて勝ち上がっています。

「純正3ハロン」ベスト10位の勝ち馬の中から、すでに4頭が重賞でも馬券に絡んでいます。3位タイのルカランフィーストは次走の京都2歳Sで13着と大敗したものの、自己条件の若竹賞（1勝クラス）で4番人気と人気を落としながら、大外から豪快に差し切り勝ち。

3位タイのシャンパンマーク、アルトゥームはキャリア1戦で参戦の重賞で敗れていますが、その敗戦だけで見限るのは早計。馬券的には人気落ちで狙い目です。

狙い目！「純正３ハロン」が直結しやすい札幌２歳Ｓ

７月の函館２歳Ｓからスタートする２歳重賞。各場で「２歳ステークス」が組まれている中、最も的中しやすいのが札幌芝１８００ｍの札幌２歳Ｓ。

新潟芝１６００ｍの新潟２歳Ｓは新潟、阪神、東京デビューなど、さまざまなコースでデビューした馬がおり、コース替わりで新馬戦と同じパフォーマンスが発揮できないケースが多々あります。

その点、札幌２歳Ｓは札幌、函館の洋芝の勝ち上がり馬が、そのまま結果を残しやすく、新馬戦の「純正３ハロン」が直結しやすいのです。

２０２２年の札幌２歳Ｓの本命は◎ドゥーラ（Ｐ44〜45）。

新馬戦はほぼ最後方から追い込むも届かず、０秒１差の４着。２戦目の未勝利戦を勝ち上がり、「純正３ハロン」は11秒３＋11秒７×２＝34秒７。札幌の２歳中距離戦で34秒台は優秀。札幌２歳Ｓでも３戦連続の上がり最速で大外から差し切りを決めました。

最終的には１番人気でしたが、人気は割れ気味で３連単は２万６５４０円の好配当。その後の３戦は大敗が続きましたが、オークスでは15番人気で３着、同じ舞台のクイーンＳで年長馬を相手に勝利しており、２歳時の走りがフロックではなかったことを証明したかたちです。

当時の予想の詳細は、次ページに掲載したコラムを再録しているので、そちらをご覧ください。

●2022年・札幌２歳Ｓの見解

【札幌11Ｒ・札幌２歳Ｓ（Ｇ３）】

１戦１勝の牡馬勢が人気を集めそうだが、過去５年で牝馬も２勝をあげている。「推定後半３ハロン」１位の牝馬ドゥーラの末脚に期待する。

新馬戦は1000m通過が63秒９と遅く、先行勢が上位を占めたレース。直線も馬群をさばくのに手間取りながら、ラスト100mで猛追して０秒１差の４着。

２戦目の未勝利戦は４コーナー２番手から、上がり最速34秒５をマークして０秒３差の完勝。上がりは２位に０秒５差で抜けて速かったほど。

勝ち時計１分49秒１は今年の同舞台の２歳戦の10レースのなかでは抜けて速い。しかも、馬場状態の違いはあるにせよ、昨年の札幌２歳Ｓのジオグリフと同タイム、近９年では２年前のソダシのレースレコードに次いで速い。

札幌1800mで２戦ともに上がり最速をマークしており、コース経験も大きな強みになるはず。

強敵は前後半５傑入りのシャンドゥレール。初戦が４コーナー２番手から、上がり最速をマークして０秒３差Ｖ。レースラップのラスト２ハロンも11秒３－11秒６と優秀。

「推定前半３ハロン」１位のフェアエールングは新馬戦で逃げて、上がりも最速をマーク。単にペースに恵まれたわけではない。

◎ドゥーラ
○シャンドゥレール
▲フェアエールング
注ダイヤモンドハンズ
△ブラストウェーブ
△ドゥアイズ

●ドゥーラの札幌２歳Ｓまでの成績

（2022年）

月日	場	距離	レース名	人気	着順	ラスト2F	ラスト1F	純正3F	上がり順位&3F
7月24日	札幌	1800m	新馬	7	4	11.6	12.3	36.2	①35.4
8月6日	札幌	1800m	未勝利	3	1	11.3	11.7	34.7	①34.5
9月3日	札幌	1800m	札幌2歳S	1	1	11.9	12.1	36.1	①35.7

2023 年オークスでは 15 番人気で3着に食い込んだドゥーラ。

●2023年・札幌２歳Ｓの見解

【札幌11Ｒ】札幌２歳Ｓ（Ｇ３）

近３年の勝ち馬は2020年ソダシ、21年ジオグリフがクラシックを制し、22年ドゥーラもオークスで３着。今年も将来性のある馬が多そうだが、そのなかでも「推定前半３ハロン」４位、「推定後半３ハロン」１位パワーホールに注目したい。

札幌・芝1800mの新馬戦は楽に先手を奪って、1000m通過が64秒台の逃げ。４コーナーで２着馬に並びかけられてから、直線は逆に突き放しての０秒７差Ｖだった。

レース全体のラスト２ハロンは11秒２－11秒１と速く、ラスト１ハロンは今年の同舞台の最速タイム。着差がつきにくいスローペースながら、２着以下が離されたのも無理はない。

初戦とは異なる最終週の荒れ馬場、控える形が課題となるが、初戦の内容から単なる逃げ馬ではなく、重賞でもヒケを取らない瞬発力を感じる。

強敵は「推定後半３ハロン」２位ギャンブルルーム。阪神・芝1800mの新馬戦を０秒９差Ｖ。上がり最速33秒７は２位に１秒１差で断トツ。２着馬、５着馬、６着馬も次走で勝ち上がっている。

◎パワーホール
○ギャンブルルーム
▲ガイアメンテ
注セットアップ
△ウールデュボヌール
△マーゴットソラーレ

●パワーホールの札幌２歳Ｓまでの成績

（2023年）

月日	場	距離	レース名	人気	着順	ラスト2F	ラスト1F	純正3F	上がり順位&3F
7月30日	札幌	1800m	新馬	6	1	11.2	11.1	33.4	①34.5
9月2日	札幌	1800m	札幌2歳S	4	2	12.0	12.9	37.8	②36.8

そして、23年は◎パワーホール（Ｐ46〜47）。札幌芝１８００ｍの新馬戦は１０００ｍ通過が64秒台で、上がりも最速をマークして０秒７差Ｖ。ラスト２ハロンは11秒２→11秒１なので、「純正３ハロン」は11秒２＋11秒１×２＝33秒４。

札幌でマークした33秒台ですから価値は非常に高く、23年の札幌の全レースを含めても最速。次走の札幌２歳Ｓでは４番人気の支持に留まりましたが、２番手からしぶとく踏ん張って２着を確保しました。

次走の京都２歳Ｓでは12着に大敗して、共同通信杯では単勝１５１・２倍のブービー人気で３着に入り、３連単11万馬券を演出。新馬戦の「純正３ハロン」33秒台からすれば、東京の瞬発力勝負に対応できたのも驚きではないのです。

このように、「純正３ハロン」で優秀な脚力を示した馬は追いかけて損はないのです。

こちらも23年当時の予想コラムを上に掲載しているので、参考になさってください。

成績	1走前	2走前	3走前
同0 0 0 0 短1 0 0 0 長0 0 0 0 函0 0 0 0 札0 0 0 0	6/4 4中京 1 2歳新 1 1600 芝 良 ○ 9ト ❶ 福永祐 54 1354 6枠6 -0.2 スズカダブル 36.5 S +1.5 3 3 3 中 B 34.3 ① CW 37 498k(0) 38		
同0 0 1 0 短0 0 0 0 長1 0 0 0 函0 0 0 0 札1 0 1 0	8/13 2札幌 1 コスモス賞 OP 3 1週 1800 芝 良 △ 9ト ❷ 鮫島駿 54 1503 1枠1 +0.3 モリアーナ 37.9 M +0.6 5 5 4 外 B 36.0 ① 函W 0 514k(+2) 45	7/31 1札幌 4 2歳新 1 2000 芝 良 - 6ト ④ 鮫島駿 54 2034 2枠2 -0.5 ライツオブキング 37.7 S +1.7 3 3 3 外 B 35.4 ① 函W 28 512k(0) 40	
同1 0 0 0 短0 0 0 0 長0 0 0 0 函0 0 0 0 札0 0 0 0	6/25 3東京 7 2歳新 1 1800 芝 良 ◎ 16ト ❷ Mデム 54 1500 4枠7 -0.3 エバーハピネス 37.9 S +3.0 1 2 2 内 A 34.5 ① 南W 39 500k(0) 40		
同0 0 0 0 短1 0 0 0 長0 0 0 0 函0 0 0 0 札1 0 0 0	8/13 2札幌 1 2歳新 1 1500 芝 良 △ 14ト ④ 小林凌 52 1311 4枠5 0.0 シャルラハロート 36.6 M 0.0 1 1 1 最 C 36.5 ⑧ 函W 11 442k(0) 33		
同1 0 0 0 短0 0 0 0 長0 0 0 0 函0 0 0 0 札0 0 0 0	7/24 3小倉 8 2歳新 1 1800 芝 良 ◎ 10ト ④ 松山弘 54 1501 3枠3 -0.1 ショウナンアキド 38.4 S +3.3 1 1 1 最 C 35.1 ❸ 栗坂 27 494k(0) 36		
同1 0 0 0 短0 0 0 0 長0 0 0 0 函1 0 0 0 札0 0 0 0	7/10 1函館 10 2歳新 1 1800 芝 良 △ 6ト ❶ 横山和 54 1509 4枠4 0.0 イッツオンリー 37.5 S +1.7 2 2 2 中 B 35.5 ❷ 函芝 27 538k(0) 39		
同1 1 0 1 短0 0 0 0 長0 0 0 0 函0 0 0 1 札1 1 0 0	8/13 2札幌 1 2歳未 1 2週 1800 芝 稍 △ 12ト ④ 横山武 54 1510 6枠8 -0.3 ジェモロジー 37.5 M +0.6 4 3 2 最 B 35.9 ❷ 札ダ 0 454k(+4) 38	7/23 1札幌 1 2歳未 2 連闘 1800 芝 稍 △ 5ト ❸ 横山武 54 1536 3枠3 +0.1 アンテロース 38.7 S +2.2 2 3 4 内 C 35.8 ① 連闘 450k(-6) 30	7/17 6 函館 10 10 1800 M ❷ 重 × 21
同1 0 0 2 短0 0 0 0 長0 0 0 0 函0 0 0 0 札1 0 0 1	8/13 2札幌 1 コスモス賞 OP 4 2週 1800 芝 良 △ 9ト ④ 武 豊 54 1510 5枠5 +1.0 モリアーナ 38.3 M +0.6 8 7 6 中 B 36.2 ❸ 札ダ 0 440k(+4) 36	7/23 1札幌 1 2歳未 1 3週 1800 芝 稍 △ 5ト ❶ 武 豊 54 1535 1枠1 -0.1 トーセンウォルト 38.6 S +2.2 2 2 2 中 C 35.9 ❷ 札ダ 21 436k(0) 33	6/26 4 阪神 3 3 1800 S ④ 良 ◎ 32
同1 0 0 0 短0 0 0 0 長0 0 0 0 函0 0 0 0 札0 0 0 0	7/16 2福島 5 2歳新 1 1800 芝 重 △ 13ト ❸ 柴田大 54 1525 5枠7 -0.4 ナンヨークリスタ 38.7 S +4.1 1 1 2 最 B 34.6 ① 南W 33 428k(0) 40		
同1 0 0 0 短0 0 0 0 長0 0 0 0 函0 0 0 0 札1 0 0 0	8/14 2札幌 2 2歳新 1 1800 芝 稍 △ 11ト ❷ 吉田隼 54 1533 8枠10 0.0 エンライトメント 38.5 M +1.0 5 5 5 最 C 36.3 ❸ 函芝 18 484k(0) 34		
同1 0 1 0 短0 0 0 0 長0 0 0 0 函0 0 0 0 札1 0 1 0	8/20 2札幌 3 2歳未 1 1週 1800 芝 稍 △ 10ト ❸ 浜中俊 54 1543 3枠3 -0.3 ブラックヴァール 38.7 S +2.4 1 1 1 内 C 36.3 ❷ 札ダ 0 478k(-2) 36	8/7 1札幌 6 2歳新 3 1800 芝 良 ○ 9ト ❸ 浜中俊 54 1513 8枠9 +0.1 エイトスターズ 38.0 S +1.7 4 3 2 中 B 35.4 ❷ 札芝 21 480k(0) 32	
同1 0 0 1 短0 0 0 0 長0 0 0 0 函0 0 0 0 札1 0 0 1	8/6 1札幌 5 2歳未 1 1週 1800 芝 良 ○ 10ト ❸ 斎藤新 54 1491 7枠7 -0.3 ドゥラエレーデ 37.2 S +1.9 3 3 2 中 S 34.5 ① 函W 0 464k(-12) 48	7/24 1札 1800 斎藤新 5 39.6 S +2 35.4 ①	
同1 1 0 0 短0 0 0 0 長0 0 0 0 函0 0 0 0 札1 1 0 0	8/13 2札幌 1 コスモス賞 OP 2 2週 1800 芝 良 △ 9ト ❸ 吉田隼 54 1503 4枠4 +0.3 モリアーナ 37.6 M +0.6 4 3 2 中 B 36.2 ❸ 札芝 0 448k(0) 45	7/24 1札 1800 吉田隼 5 39.2 S +2 35.6 ❷	
同0 0 0 0 短1 0 1 1 長0 0 0 0 函0 0 0 0 札0 0 1 0	8/21 2札幌 4 クローバー賞 OP 3 1週 1500 芝 良 △ 11ト ⑦ 藤岡佑 54 1317 2枠2 +0.1 ジョリダム 36.7 M -0.1 5 4 4 最 C 36.4 ④ 札芝 0 458k(-2) 41	8/6 2新 8週 1400 藤岡康 5 34.7 H -1 36.1 ⑦	
(中～週) 指数 評価 同距離 比較短距離 比較長距離 近競馬場 同競馬場	1走前 日付 回 場 日 レース名 ク ローテ 距離 芝ダ 馬場 レ 騎手名 斤量 タイム 枠 前3F ペース 前後差 通過順 後3F タイム順 追切りコース・指数 馬体重(増減)		レベル HB指数

単⑫ 420円

複⑫ 170円

⑬ 310円

① 200円

枠連7－8 1380円

馬連⑫－⑬ 2040円

ワイド⑫—⑬ 610円

①—⑫ 650円

①－⑬ 1240円

馬単⑫→⑬ 3780円

3連複①⑫⑬ 5620円

3連単⑫→⑬→① 26540円

混戦模様でも
強い馬は明らか
楽勝の３連単
２万馬券！

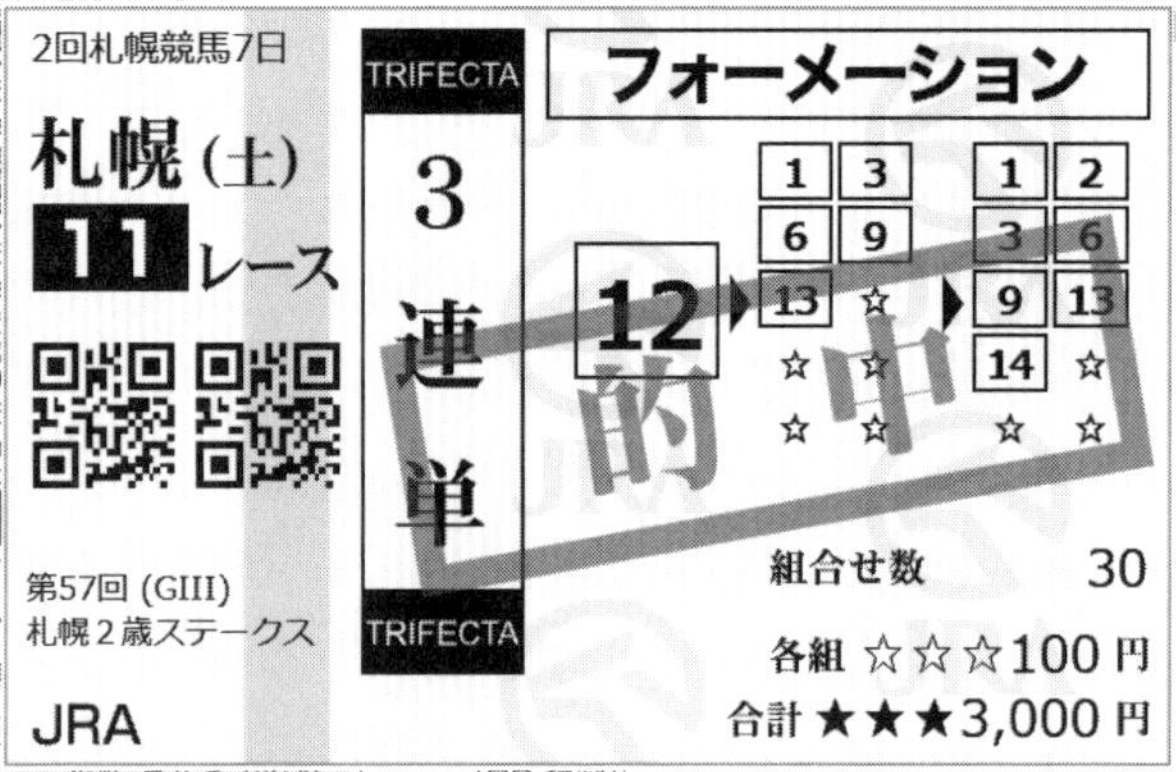

2022年9月3日
札幌11R

札幌2歳S

（GⅢ、芝1800m良）

1着⑫ドゥーラ
（1番人気、4.2倍）
上がり3ハロン＝35秒7
2着⑬ドゥアイズ
（6番人気、14.6倍）
上がり3ハロン＝36秒0
3着①ダイヤモンドハンズ
（4番人気、6.1倍）
上がり3ハロン＝35秒7

レース上がり3ハロン
＝36秒3
（12秒3－11秒9－12秒1）
★純正3ハロン＝36秒1

1	1	○：注	4.2	2	10.5	46	-3.7	4	375	14	355	3
2	2	☆注：	10.7	6	13.2	46	-4.0	7	371	8	356	4
3	3	▲○◯	6.7	4	18.4	48	-2.0	2	369	5	353	2
3	4	：：：	26.7	11	13.2	38	-12.0	14	367	2	368	14
4	5	：☆：	33.2	13	23.7	44	-6.0	8	370	6	357	6
4	6	◎：▲	3.2	1	13.2	47	-3.0	3	368	3	363	13
5	7	：：：	35.2	14	5.3	43	-7.0	10	375	13	360	11
5	8	：：：	25.6	10	13.2	39	-11.0	13	372	9	357	7
6	9	：◎△	17.3	9	10.5	46	-3.8	5	364	1	358	8
6	10	：：：	13.3	8	15.8	42	-8.0	11	373	12	360	12
7	11	：：：	33.1	12	13.2	40	-10.0	12	372	10	359	10
7	12	注▲◎	6.4	3	15.8	50	2.0	1	373	11	352	1
8	13	：△☆	10.1	5	23.7	46	-3.9	6	369	4	359	9
8	14	△：：	12.2	7	10.5	43	-6.9	9	370	7	357	5

1	1	サトノダイヤモンド	ディープインパクト	鹿毛	昇	牡 2	ダイヤモンドハンズ		メチャコルタ	エルコレドール	サンデーR	ノーザンF
2	2	サトノアラジン	ディープインパクト	黒鹿		牝 2	ウェイビー		パルストリーナ	メダグリアドーロ	フジワラ・F	フジワラフアーム
3	3	エピファネイア	シンボリクリスエス	鹿毛	昇	牡 2	シャンドゥレール		マジェスティッククオ	クォリティロード	DMMドリームC	社台F
3	4	サトノクラウン	マルジュ	鹿毛	昇	牝 2	アースビート		タイキマロン	ファスリエフ	大樹ファーム	ビクトリーホース
4	5	ドレフォン	ジオポンティ	鹿毛	昇	牡 2	レッドソリッド		ステレオグラム	ローエングリン	東京HR	社台F
4	6	ハービンジャー	ダンジグ	鹿毛	昇	牡 2	ブラストウェーブ		ツルマルワンピース	キングカメハメハ	シルクレーシング	ノーザンF
5	7	トーセンレーヴ	ディープインパクト	鹿毛	昇	牡 2	トーセンウォルト	○	ベンネドゥビー	タイガーヒル	島川 隆哉	エスティF
5	8	モーリス	スクリーンヒーロー	鹿毛		牡 2	アンテロース		シャプリ	ディープインパクト	インゼルR	桑田牧場
6	9	ゴールドシップ	ステイゴールド	芦毛	昇	牝 2	フェアエールング		マイネポリーヌ	スペシャルウィーク	ラフィアン	ビッグレッドF
6	10	ロードカナロア	キングカメハメハ	鹿毛	昇	牡 2	アスクメークシェア		ディープインアスク	ディープインパクト	廣崎 利洋	ASK STUD
7	11	ビーチパトロール	レモンドロップキッド	鹿毛	昇	牡 2	ビキニボーイ		エバーアンドエバー	ハーツクライ	小林 祥晃	谷岡牧場
7	12	ドゥラメンテ	キングカメハメハ	黒鹿	昇	牝 2	ドゥーラ		イシス	キングヘイロー	サイプレスH	グランデF
8	13	ルーラーシップ	キングカメハメハ	鹿毛		牝 2	ドゥアイズ		ローズマンブリッジ	ディープインパクト	G1レーシング	ノーザンF
8	14	ミッキーロケット	キングカメハメハ	鹿毛		牡 2	ジョウショーホープ		スターフォーユー	アグネスデジタル	熊田 義孝	福岡 駿弥

1	1	54.0	先	西	A	福永祐	6位	栗	A	池江寿	1位	12週	CW 37 B	全1 0 0 0	芝1 0 0 0	ク0 0 0 0
2	2	54.0	差	西	B	鮫島駿	12位	栗	B	西村真	31位	2週	札芝 13 C	全1 0 1 0	芝1 0 1 0	ク0 0 1 0
3	3	54.0	逃	西	A	Mデム	17位	美	A	国枝栄	11位	9週	札ダ 16 C	全1 0 0 0	芝1 0 0 0	ク0 0 0 0
3	4	54.0	逃	西	B	菱田裕	23位	美	A	伊藤圭	48位	2週	札芝 15 C	全1 0 0 0	芝1 0 0 0	ク0 0 0 0
4	5	54.0	逃	東	B	横山和	11位	栗	B	音無秀	19位	5週	札芝 12 C	全1 0 0 0	芝1 0 0 0	ク0 0 0 0
4	6	54.0	先	西	S	川田将	1位	美	B	大竹正	80位	7週	札芝 18 C	全1 0 0 0	芝1 0 0 0	ク0 0 0 0
5	7	54.0	差	東	A	横山武	2位	美	C	小桧山	-位	2週	札ダ 3 C	全1 1 0 1	芝1 1 0 1	ク0 0 0 0
5	8	54.0	先	西	A	武 豊	10位	栗	B	岡田稲	66位	2週	札ダ 11 C	全1 0 0 2	芝1 0 0 2	ク0 0 0 1
6	9	54.0	逃	東	B	丹内祐	14位	美	B	和田一	-位	6週	札芝 16 C	全1 0 0 0	芝1 0 0 0	ク0 0 0 0
6	10	54.0	差	西	B	藤岡佑	24位	栗	A	藤原英	3位	2週	札ダ 6 C	全1 0 0 0	芝1 0 0 0	ク0 0 0 0
7	11	54.0	逃	西	B	浜中俊	26位	栗	C	梅田智	70位	1週	札芝 - -	全1 0 1 0	芝1 0 1 0	ク0 0 0 0
7	12	54.0	先	西	C	斎藤新	40位	栗	C	高橋康	-位	3週	札芝 15 C	全1 0 0 1	芝1 0 0 1	ク0 0 0 0
8	13	54.0	差	東	B	吉田隼	8位	栗	C	庄野靖	95位	2週	札芝 12 C	全1 1 0 0	芝1 1 0 0	ク0 1 0 0
8	14	54.0	先	西	S	ルメー	7位	栗	C	新谷功	21位	1週	札芝 17 C	全1 0 1 1	芝1 0 1 1	ク0 0 1 1

枠番 馬番
ブリンカー
情報 展開 HB
予想オッズ 人気
頭数・馬番別連対率
HB指数 指数差 順位
推定3F タイム
前半 順位
後半 順位
父名 父父名
毛色 格上挑戦 昇級初戦印 性齢
馬名 重適性
母名 母父名
馬主名 生産者名
（特定名の時は背景色）
斤量 脚質
SABC順
所属 ランク
騎手名 今年順位
所属 ランク
厩舎名 今年順位
ローテ
追切り コース
着度数
全成績 芝ダ別 クラス

成績	1走前	2走前	3走前	4走前	5走前
同0 0 0 0 短0 0 0 0 長0 0 0 0 函0 0 0 0 札0 0 0 0	8/26 2 札幌 5 2歳新 1 - 1700 ダ 良 - 13ト ⑦ 浜中俊 55 1489 4枠5 -1.0 サンダーユニバン 38.3 M -0.6 4 2 2 中 B 37.7 ① 札ダ 15 458k(0) 36				
同0 0 0 0 短0 1 0 0 長0 0 0 0 函0 0 0 0 札0 1 0 0	8/20 2 札幌 4 クローバー賞 OP 2 3週 1500 芝 稍 × 9ト ⑦ 落合玄 55 1330 7枠7 +0.2 コスモディナー 37.9 M +0.4 3 3 2 中 B 37.0 ❷ 門因 458k(-6) 41	7/27 8 門別 3 サッポロクラ 3 3週 1200 ダ 良 12ト ❶ 落合玄 54 1152 3枠3 +1.0 オスカーブレイン 7 4 0 464k(+6)	6/28 1 4週 門別 4 3 1200 稍	5/25 2 1週 門別 3 2 1200 良	5/10 3 - 門別 5 3 1100 良
同1 0 0 0 短0 0 0 0 長0 0 0 0 函1 0 0 0 札0 0 0 0	7/16 2 函館 6 2歳新 1 1800 芝 稍 △ 14ト ⑤ 西村淳 55 1510 3枠3 -0.2 スパークリシャー 36.6 M +0.4 1 1 1 最 A 36.2 ① 函芝 31 440k(0) 41				
同1 1 0 0 短0 0 0 0 長0 0 0 0 函0 1 0 0 札1 0 0 0	8/19 2 札幌 3 2歳未 1 5週 1800 芝 良 △ 12ト ❶ 横山武 55 1485 8枠11 -0.3 スパークリシャー 36.3 M +0.7 1 1 1 最 S 35.6 ❷ 函W 30 472k(+2) 45	7/9 2 函館 4 2歳新 2 1800 芝 良 ○ 9ト ⑤ 横山武 55 1500 2枠2 +0.2 レガレイラ 37.5 S +2.6 1 1 1 最 A 35.1 ❷ 函W 13 470k(0) 38			
同1 0 0 0 短0 0 0 0 長0 0 0 0 函0 0 0 0 札0 0 0 0	7/2 2 福島 2 2歳新 1 1800 芝 良 ○ 16ト ❷ 西村淳 55 1516 4枠8 0.0 ティンク 38.2 S +2.2 4 5 4 内 C 35.3 ① 南W 28 438k(0) 35				
同0 0 0 0 短0 0 0 0 長1 0 0 0 函0 0 0 0 札1 0 0 0	8/20 2 札幌 4 2歳新 1 2000 芝 稍 × 9ト ❷ 川田将 55 2083 2枠2 0.0 ウインマクシマム 39.1 S +2.6 1 2 2 中 B 36.5 ④ 函芝 16 482k(0) 37				
同1 0 0 0 短0 0 0 0 長0 0 0 0 函0 0 0 0 札0 0 0 0	6/25 3 阪神 8 2歳新 1 1800 芝外 良 ○ 7ト ④ 松山弘 55 1488 6枠6 -0.9 ブルーミンデザイ 36.8 S +1.9 6 7 最 S 33.7 ① 栗坂 16 492k(0) 44				
同1 0 0 0 短0 0 0 0 長0 0 0 0 函0 0 0 0 札1 0 0 0	7/30 1 札幌 4 2歳新 1 1800 芝 良 ◎ 12ト ⑥ 横山和 55 1516 7枠10 -0.7 キャプテンシー 37.9 S +3.4 1 1 1 最 A 34.5 ① 函W 26 468k(0) 44				
同1 0 0 0 短0 0 0 0 長0 0 0 0 函0 0 0 0 札1 0 0 0	8/6 1 札幌 6 2歳新 1 1800 芝 重 △ 7ト ❶ 武 豊 55 1524 4枠4 -0.4 コルレオニス 38.5 S +1.3 2 2 2 中 A 36.8 ① 函芝 34 482k(0) 41				
同1 0 0 1 短0 0 0 0 長0 0 0 0 函0 0 0 0 札0 0 0 0	7/16 2 福島 6 2歳未 1 2週 1800 芝 良 - 13ト ❶ 戸崎圭 55 1515 7枠11 0.0 ニシノコイゴコロ 36.8 H -1.1 5 5 5 大 C 37.1 ❸ 南W 25 506k(-8) 35	6/24 3 東京 7 2歳新 5 1800 芝 良 ◎ 11ト ④ 戸崎圭 55 1500 8枠10 +0.7 ヴェロキラプトル 38.8 S +4.0 7 6 7 外 B 33.5 ❷ 南W 32 514k(0) 29			

(中～週)	1走前	2走前	3走前 4走前 5走前
指数 評価 同距離 比較短距離 比較長距離 近競馬場 同競馬場	日付 回 場 日 レース名 クラス ローテ 距離 芝ダ 馬場 レベル 頭数 人気 騎手名 斤量 タイム 枠 馬番 勝ち馬名 前 3F ペース 前後差 通過順 4角位置 レース レベル 後 3F タイム順 追切りコース・指数 馬体重（増減）	着順 タイム差 HB 指数	日付 ローテ 場 距離 馬場 レベル 着順 通過 ペース 後 HB

単④ 680 円

複④ 180 円

⑧ 200 円

⑦ 150 円

枠連4－7　830 円

馬連④－⑧ 2060 円

ワイド④—⑧ 590 円

④—⑦ 440 円

⑦－⑧ 470 円

馬単④→⑧ 4050 円

3連複④⑦⑧ 2370 円

3連単④→⑧→⑦ 16700 円

2年連続の
3連単万馬券！
押さえの
ワイドも的中！

式別	馬／組番	購入金額	的中／返還	払戻単価	払戻／返還金額
単勝	08	3,000円	－	－	0円
3連単 フォーメーション	1着：08 2着：03,04,06,07,09 3着：01,02,03,04,06,07,09	各 100円 計3,000円	－	－	0円
3連単 フォーメーション	1着：03,04,06,07,09 2着：08 3着：01,02,03,04,06,07,09	各 100円 計3,000円	04→08→07	16,700円	16,700円
馬連	07－08	1,000円	－	－	0円
ワイド	07－08	2,000円	07－08	470円	9,400円

2023年９月２日
札幌11Ｒ
札幌2歳S
（ＧⅢ、芝1800m稍重）

１着④セットアップ
（3番人気、6.8 倍）
上がり3ハロン＝ 36 秒 5
2着⑧パワーホール
（4番人気、6.9 倍）
上がり3ハロン＝ 36 秒 8
3着⑦ギャンブルルーム
（2番人気、3.9 倍）
上がり3ハロン＝ 37 秒 3

レース上がり3ハロン
＝ 36 秒 5
（11 秒 6 － 12 秒 0 － 12 秒 9）
★純正3ハロン＝ 37 秒 8

枠番	馬番	頭数・馬番別連対率	情報・展開・HB	予想オッズ	人気	HB指数	指数差	順位	推定3F 前半	順位	推定3F 後半	順位	父名	父父名	毛色	格上挑戦・昇級初戦印	性齢	馬名	重適性	母名	母父名	馬主名	生産者名	斤量	脚質	騎手 所属	ランク	騎手名	今年順位	厩舎 所属	ランク	厩舎名	今年順位	ローテ	追切り コース・指数	全成績	芝ダ別	クラス
1	1	38.9	：△：	24.6	8	44	-8.1	8	372	7	354	4	ダンカーク	アンブライドルズソン	鹿毛	昇	牡2	グランルーチェ		グランシェリー	アルデバラン2	間宮　秀直	カナイシスタッド	55.0	先	西	B	浜中俊	21位	栗	C	庄野靖	76位	連闘	連闘 -　-	全1000	初芝	ク0000
2	2	22.2	：▲：	44.3	10	44	-8.0	7	365	2	359	8	スクリーンヒーロー	グラスワンダー	黒鹿	地	セ2	カイコウ		トウカイクルーク	エンパイアメーカー	二風谷ファーム	二風谷F	55.0	先		C	落合玄	-位		S	田中正	-位	1週	門別 -　-	全1220	芝0100	ク0100
3	3	16.7	☆注注	16.0	7	49	-3.0	4	369	3	354	5	ノヴェリスト	モンズーン	栗毛	昇	牡2	マーゴットソラーレ		インクレセント	アグネスタキオン	前田　良平	社台C白老F	55.0	逃	東	B	佐々大	14位	美	C	伊坂重	-位	6週	札ダ 36 B	全1000	芝1000	ク0000
4	4	11.1	注：△	7.1	5	49	-3.1	5	363	1	365	10	デクラレーションオブウ	ウォーフロント	青鹿	昇	牡2	セットアップ		スリーアロー	アルデバラン2	嶋田　賢	フジワラファアーム	55.0	逃	東	A	横山武	3位	美	A	鹿戸雄	47位	1週	札芝 -　-	全1100	芝1100	ク0000
5	5	0.0	：☆：	25.6	9	41	-11.1	9	372	6	356	6	リアルインパクト	ディープインパクト	鹿毛	昇	牝2	トレミニョン		トレラピッド	アナバーブルー	社台レースホース	社台F	55.0	先	西	B	西村淳	10位	美	B	和田勇	50位	8週	函W 28 B	全1000	芝1000	ク0000
6	6	33.3	△：☆	5.8	4	45	-7.1	6	371	5	362	9	キタサンブラック	ブラックタイド	鹿毛	昇	牡2	ウールデュボヌール		サンクボヌール	ハービンジャー	G1レーシング	社台C白老F	55.0	逃	西	S	ルメー	2位	栗	A＊	須貝尚	12位	1週	札芝 16 C	全1000	芝1000	ク0000
7	7	38.9	○○◎	4.8	2	52	0.1	1	372	9	350	2	キズナ	ディープインパクト	青鹿	昇	牡2	ギャンブルルーム		シャンデリアハウス	ヴァーミリアン	＊サンデーR	ノーザンF	55.0	追	西	B	松山弘	6位	栗	B	大久龍	24位	9週	札ダ 40 A	全1000	芝1000	ク0000
7	8	0.0	▲◎○	5.7	3	52	-0.1	2	370	4	349	1	スワーヴリチャード	ハーツクライ	青鹿	昇	牡2	パワーホール		ストロベリーズ	コマンズ	NICKS	平野牧場	55.0	逃	東	B	横山典	31位	栗	A	昆　貢	-位	4週	札ダ 8 C	全1000	芝1000	ク0000
8	9	22.2	◎：▲	2.7	1	49	-2.9	3	378	10	353	3	ドゥラメンテ	キングカメハメハ	栗毛	昇	牡2	ガイアメンテ		ミュージカルロマンス	コンコルドズチューン	＊サンデーR	ノーザンF	55.0	差	西	B	武　豊	9位	栗	A＊	須貝尚	12位	3週	札芝 19 C	全1000	芝1000	ク0000
8	10	16.7	：：：	14.3	6	39	-13.1	10	372	8	356	7	ルーラーシップ	キングカメハメハ	黒鹿	昇	牡2	ロジルーラー		シェリール	サンデーサイレンス	久米田　正明	ノーザンF	55.0	先	東	B	菅原明	11位	美	C	稲垣幸	75位	6週	札芝 31 B	全1001	芝1001	ク0000

枠番 馬番	ブリンカー 情報　展開　HB 予想オッズ 人気 頭数・馬番別連対率	HB指数　指数差 順位 推定3F タイム 前半 順位 後半 順位	父名　父父名 毛色　格上挑戦 昇級初戦印　性齢 馬名　重適性 母名　母父名 馬主名　生産者名 （特定名の時は背景色）	斤量　脚質 SABC順 所属　ランク 騎手名　今年順位 所属　ランク 厩舎名　今年順位	ローテ（ 追切り コース 指 着度数 全成績 芝ダ別 クラス

「春のクラシック上位馬」か?「夏の上がり馬」か?

２０２３年はリバティアイランドの独壇場だった３歳牝馬クラシック。桜花賞は４角16番手から、上がり最速32秒９をマークしての差し切り。上がり３ハロンは２位に０秒７差をつける断トツの速さでした。

続く、オークスも上がり最速の34秒０をマークして、レース史上最大着差となる６馬身差Ｖを飾ります（Ｐ50～51）。ハイレベルな勝ち方だったのは誰しもがわかり得るところですが、「純正３ハロン」的にはどうだったでしょうか。

オークスのラップも並べてみると、12秒３→10秒５→12秒３→12秒６→12秒３→12秒０→12秒０→12秒０→12秒０→12秒０→**11秒６→11秒５**。

１０００ｍ通過は60秒０とダービーより０秒４速く、６ハロン目からも12秒０が５回とペースも緩んでいません。しかも、ラスト２ハロンは11秒台中盤のフィニッシュ。レース上がりは過去５年で４位止まりですが、**「純正３ハロン」は11秒６＋11秒×５＝34秒６で第１位**のものでした。

勝ち時計２分23秒１は19年ラヴズオンリーユーに０秒３及ばなかったものの、「純正３ハロン」は１秒６も上回っています。

つまり、仮にペースが速くなっていれば、２分22秒台前半～中盤で走破でき

●過去５年のオークス「純正３ハロン」

年	勝ち馬	勝ち時計	ラスト2F	ラスト1F	レース上がり3F	純正3F	勝ち馬の上がり順位＆3F
2019年	ラヴズオンリーユー	2分22秒8	11.6	12.3	35.3	36.2	①34.5
2020年	デアリングタクト	2分24秒4	11.2	11.8	34.2	34.8	①33.1
2021年	ユーバーレーベン	2分24秒5	11.7	11.9	34.9	35.5	④34.4
2022年	スターズオンアース	2分23秒9	11.7	11.8	34.8	35.3	①33.7
2023年	リバティアイランド	2分23秒1	11.6	11.5	35.1	34.6	①34.0

たと考えられます。勝ち時計と「純正３ハロン」の双方を踏まえて考えれば、近年の３歳牝馬で最も優秀。それは、離された３着馬のドゥーラが、クイーンＳで年長馬相手に勝利していることからも伺えます。

世代レベルが高いにも関わらず、その中でも図抜けた力を持っているのがリバティアイランドだったわけです。

そして、迎えたラスト一冠の秋華賞（Ｐ52～53）。単勝支持率67・３％＝１・１倍の圧倒的人気に応えて、早目先頭から危なげなく押し切り。同世代の牝馬同士なら一枚上の実力をまざまざと見せつけ、史上７頭目となる牝馬三冠を達成しました。

ちなみに改修前の京都施行の秋華賞の勝ち時計、「純正３ハロン」を比較したのが下の表です。勝ち時計が最も遅かったのは、１０００ｍ通過が61秒９と未勝利並みに遅かったためです。

●過去の秋華賞の勝ち時計&「純正３ハロン」比較

年	勝ち馬	勝ち時計	馬場	ラスト2F	ラスト1F	純正3F	勝ち馬の上がり順位&3F
2016年	ヴィブロス	1分58秒6	良	11.3	11.7	34.7	①33.4
2017年	ディアドラ	2分0秒2	重	12.1	12.4	36.9	①35.7
2018年	アーモンドアイ	1分58秒5	良	11.8	11.9	35.6	①33.6
2019年	クロノジェネシス	1分59秒9	稍重	12.3	12.1	36.5	②36.1
2020年	デアリングタクト	2分0秒6	稍重	11.9	12.1	36.1	②35.8
2023年	リバティアイランド	2分1秒1	稍重	11.0	11.4	33.8	②33.6

●リバティアイランドの成績

年月日	レース名（クラス）		レース条件			人気	着順	走破時計	純正3F	上がり3F（順位）
20220730	2歳新馬	新馬	新潟	芝	1600m	1	1	1分35秒8	32.0	31.4（1）
20221029	アルテミスS	GⅢ	東京	芝	1600m	1	2	1分33秒9	33.8	33.3（2）
20221211	阪神JF	GⅠ	阪神	芝	1600m	1	1	1分33秒1	37.5	35.5（3）
20230409	桜花賞	GⅠ	阪神	芝	1600m	1	1	1分32秒1	34.9	32.9（1）
20230521	オークス	GⅠ	東京	芝	2400m	1	1	2分23秒1	34.6	34.0（1）
20231015	秋華賞	GⅠ	京都	芝	2000m	1	1	2分1秒1	33.8	33.6（2）
20231126	ジャパンC	GⅠ	東京	芝	2400m	2	2	2分22秒5	35.8	33.9（5）

同 0 0 0 0 短 0 0 0 0 長 0 0 0 0 中 0 0 0 0 東 1 0 0 0	4/9 2阪神 6 桜花賞 G1 11 16 1600 芝外 良 ○ 18ト ⑩ 坂井瑠 55 1330 8枠17 +0.9 リバティアイラン 35.9 M -0.5 13 15 内 S 33.9 ④ 栗坂 25 446k(-2) 59	12/11 6阪神 4 阪神JF G1 11 5週 1600 芝外 良 - 18ト ④ 坂井瑠 54 1348 8枠18 +1.7 リバティアイラン 36.0 H -2.4 17 17 大 A 36.1 ⑦ CW 27 448k(-4) 44	10/29 1 15 東京 9 9 S ① 1600 良 ◎ 54	7/10 1 小倉 6 6 S ❷ 1800 良 ○ 40	
同 0 0 0 0 短 0 0 0 0 長 0 0 0 0 中 0 0 0 0 東 1 0 0 0	4/9 2阪神 6 桜花賞 G1 8 12 1600 芝外 良 ○ 18ト ❷ 武 豊 55 1329 1枠2 +0.8 リバティアイラン 35.0 M -0.5 8 8 内 S 34.3 ⑪ CW 14 428k(0) 60	1/8 1中京 3 シンザン記念 G3 1 7週 1600 芝 良 ○ 7ト ❷ 武 豊 54 1337 2枠2 -0.1 ペースセッティン 36.3 M -0.8 5 5 5 外 B 34.6 1 栗坂 20 428k(+2) 56	11/12 1 東京 1 1 S ❷ 1600 良 ○ 42		
同 0 0 0 0 短 0 0 0 0 長 0 0 0 0 中 1 0 0 0 東 0 0 0 0	4/9 2阪神 6 桜花賞 G1 12 4週 1600 芝外 良 ○ 18ト ⑫ 杉原誠 55 1330 4枠8 +0.9 リバティアイラン 36.3 M -0.5 16 17 最 S 33.6 ❷ CW 35 432k(0) 59	3/4 1阪神 7 チューリップ G2 7 7週 1600 芝外 良 ○ 17ト ⑤ 杉原誠 54 1343 1枠2 +0.3 モズメイメイ 36.4 S +1.1 13 11 内 B 33.5 ❷ CW 5 432k(0) 52	1/9 1 3週 中山 15 9 H ① 1600 良 - 55	12/11 14 14 阪神 5 4 H ⑮ 1600 良 - 42	8/28 1 新潟 10 8 S ① 1600 良 ○ 52
同 0 0 0 0 短 0 1 1 2 長 0 0 0 0 中 0 1 0 1 東 0 0 0 1	4/23 2東京 2 フローラS G2 11 3週 2000 芝 良 ◎ 15ト ⑥ 鮫島良 54 1599 4枠6 +1.0 ゴールデンハイン 36.4 S +2.0 3 2 2 外 A 35.0 ⑬ CW 27 492k(+2) 47	3/25 2阪神 1 君子蘭賞 1C 1 10 1800 芝外 良 ○ 10ト ❶ 松山弘 54 1470 7枠7 -0.5 ランスオブサウン 36.3 S +1.3 2 3 中 S 34.5 1 CW 26 490k(+4) 56	1/5 2 3週 中山 4 4 M ❷ 2000 良 - 51	12/10 3 9週 阪神 2 2 M ⑦ 2000 良 - 47	10/1 5 10 中山 7 5 S ❷ 2000 良 - 41
同 0 0 0 0 短 0 0 0 0 長 0 0 0 0 中 0 0 0 0 東 0 1 0 0	4/9 2阪神 6 桜花賞 G1 1 16 1600 芝外 良 ○ 18ト ❶ 川田将 55 1321 2枠3 -0.2 コナコースト 36.1 M -0.5 15 16 大 S 32.9 1 CW 25 466k(+4) 70	12/11 6阪神 4 阪神JF G1 1 5週 1600 芝外 良 - 18ト ❶ 川田将 54 1331 5枠9 -0.4 シンリョクカ 34.7 H -2.4 8 8 大 A 35.5 ❸ CW 41 462k(-6) 61	10/29 2 12 東京 6 6 S ❷ 1600 良 ◎ 52	7/30 1 新潟 7 7 S ① 1600 良 ◎ 46	
同 0 0 0 0 短 1 1 0 0 長 0 0 0 0 中 0 2 0 1 東 1 0 0 1	4/23 2東京 2 フローラS G2 1 4週 2000 芝 良 ◎ 15ト ⑦ 菅原明 54 1589 4枠7 -0.2 ソーダズリング 36.1 S +2.0 1 1 1 内 A 34.1 ⑦ 南W 36 486k(+10) 59	3/18 2中山 7 フラワーC G3 4 2週 1800 芝 不 × 16ト ⑦ 丹内祐 54 1536 6枠12 +0.4 エミュー 38.1 M -0.1 4 3 2 中 B 37.9 ⑧ 南W 30 476k(+4) 50	2/26 2 17 中山 3 3 S ❷ 1800 良 - 49	10/22 4 2週 東京 4 4 M ❷ 1800 良 ◎ 48	10/1 2 9週 中山 1 1 S ④ 2000 良 - 46
同 0 0 0 0 短 0 0 0 0 長 0 0 0 0 中 1 1 0 1 東 0 1 0 0	3/18 2中山 7 フラワーC G3 2 9週 1800 芝 不 × 16ト ⑧ 津村明 54 1533 8枠16 +0.1 エミュー 39.3 M -0.1 11 8 6 大 B 36.9 ❷ 南W 38 490k(-2) 53	1/9 1中山 4 フェアリーS G3 11 5週 1600 芝外 良 - 16ト ❶ 松山弘 54 1351 3枠5 +0.8 キタウイング 35.0 H -1.6 7 7 6 大 B 36.3 ⑨ 南W 24 492k(-8) 45	11/27 2 9週 東京 2 2 S ❸ 1600 良 ○ 50	9/19 1 中山 3 3 S ① 1600 稍 △ 40	
同 0 0 0 0 短 1 0 0 1 長 0 0 0 0 中 0 0 0 0 東 0 0 0 0	3/4 1阪神 7 チューリップ G2 16 3週 1600 芝外 良 ○ 17ト ⑬ 荻野極 54 1352 3枠6 +1.2 モズメイメイ 36.8 S +1.1 14 15 中 B 34.1 ⑩ 栗坂 24 428k(-8) 41	2/5 1中京 12 きさらぎ賞 G3 5 7週 2000 芝 良 ○ 8ト ❸ 荻野極 54 2008 4枠4 +1.1 フリームファクシ 36.2 S +1.9 1 1 1 最 A 35.4 ⑥ 栗坂 20 436k(+2) 47	12/10 1 2週 阪神 1 1 M ⑤ 2000 良 - 51	11/19 1 13 福島 4 3 M ⑤ 1800 良 △ 37	8/14 12 小倉 13 13 S ⑨ 1800 良 ◎ 16
同 0 0 0 0 短 0 0 0 0 長 0 0 0 0 中 0 0 0 0 東 0 0 0 0	4/9 2阪神 6 桜花賞 G1 2 4週 1600 芝外 良 ○ 18ト ⑥ 鮫島駿 55 1323 5枠9 +0.2 リバティアイラン 34.3 M -0.5 2 2 内 S 34.5 ⑫ CW 36 454k(-4) 66	3/4 1阪神 7 チューリップ G2 2 3週 1600 芝外 良 ○ 17ト ⑥ 鮫島駿 54 1340 7枠13 0.0 モズメイメイ 35.9 S +1.1 6 6 外 B 33.7 ④ 栗坂 27 458k(-4) 55	2/4 2 22 中京 5 5 S ❷ 1600 良 ○ 50	8/28 1 小倉 4 5 S ① 1800 良 ○ 40	
同 0 0 0 0 短 0 1 0 0 長 0 0 0 0 中 0 0 0 0 東 0 1 0 0	4/23 2東京 2 フローラS G2 2 4週 2000 芝 良 ◎ 15ト ❶ 戸崎圭 54 1591 2枠2 +0.2 ゴールデンハイン 36.4 S +2.0 3 4 4 内 A 34.0 ⑤ 栗坂 40 470k(0) 56	3/19 1阪神 12 3歳未 1 4週 1800 芝外 稍 △ 17ト ❶ 武 豊 54 1474 5枠9 -0.4 エルトンバローズ 35.9 M +0.5 6 6 外 S 34.1 1 栗坂 35 470k(-2) 48	2/12 2 阪神 7 7 S ① 1800 良 ○ 39		
同 0 0 0 0 短 1 0 0 0 長 0 0 0 0 中 1 0 0 0 東 0 0 0 0	4/8 3中山 5 3歳1C 1 6週 1800 芝 稍 - 10ト ❶ 戸崎圭 54 1495 7枠7 -0.2 アップトゥミー 38.1 S +2.2 3 2 3 外 A 35.0 1 CW 36 436k(-4) 53	2/19 2小倉 4 3歳未 1 2000 芝 重 △ 18ト ❶ 斎藤新 54 2042 5枠10 -0.8 フォーチュンコー 37.6 M -0.8 5 4 1 内 A 36.7 1 栗坂 28 440k(0) 44			
同 0 0 0 0 短 0 1 0 0 長 0 0 0 0 中 0 0 0 0 東 1 0 0 0	4/9 2阪神 6 桜花賞 G1 4 7週 1600 芝外 良 ○ 18ト ⑬ ルメー 55 1326 3枠5 +0.5 リバティアイラン 34.9 M -0.5 6 6 中 S 34.2 ⑨ CW 34 462k(-4) 63	2/11 1東京 5 クイーンC G3 1 7週 1600 芝 稍 ○ 16ト ⑥ 川田将 54 1331 5枠9 0.0 ドゥアイズ 35.0 M -0.6 6 5 中 A 34.5 ⑥ CW 49 466k(-12) 59	12/18 1 2週 阪神 2 2 S ④ 1600 良 - 42	11/27 2 阪神 3 2 S ⑤ 2000 良 ○ 35	
同 0 0 0 0 短 0 0 0 0 長 0 0 0 0 中 0 0 0 0 東 0 0 0 0	4/9 2阪神 6 桜花賞 G1 14 4週 1600 芝外 良 ○ 18ト ⑧ 戸崎圭 55 1332 7枠13 +1.1 リバティアイラン 36.1 M -0.5 16 12 大 S 34.2 ⑨ 栗坂 45 472k(-4) 57	3/4 1阪神 7 チューリップ G2 15 11 1600 芝外 良 ○ 17ト ❶ 戸崎圭 54 1350 4枠8 +1.0 モズメイメイ 36.4 S +1.1 11 11 外 B 34.2 ⑭ 栗坂 25 476k(+6) 43	12/11 6 13 阪神 17 17 H ① 1600 良 - 54	9/3 1 3週 札幌 5 4 M ① 1800 良 △ 54	8/6 1 1週 札幌 3 2 S ① 1800 良 ○ 48
同 0 0 0 0 短 0 0 0 0 長 0 0 0 0 中 1 0 0 0 東 0 0 0 0	4/9 2阪神 6 桜花賞 G1 3 4週 1600 芝外 良 ○ 18ト ⑤ 横山武 55 1323 7枠14 +0.2 リバティアイラン 34.7 M -0.5 4 4 中 S 34.1 ⑦ 美坂 42 490k(-6) 66	3/4 1阪神 7 チューリップ G2 3 9週 1600 芝外 良 ○ 17ト ❷ 横山武 54 1340 8枠17 0.0 モズメイメイ 35.5 S +1.1 4 3 中 B 33.9 ⑦ 南W 30 496k(0) 55	12/25 1 中山 5 3 M ① 1600 良 △ 41		
同 0 0 0 0 短 0 0 0 0 長 0 0 0 0 中 3 0 0 2 東 0 0 0 1	4/9 2阪神 6 桜花賞 G1 10 2週 1600 芝外 良 ○ 18ト ⑮ 松山弘 55 1329 5枠10 +0.8 リバティアイラン 35.8 M -0.5 13 12 内 S 33.9 ④ CW 15 418k(+4) 60	3/18 2中山 7 フラワーC G3 1 2週 1800 芝 不 × 16ト ❷ Mデム 54 1532 2枠4 -0.1 ヒップホップソウ 39.8 M -0.1 16 14 11 大 B 36.3 1 南W 20 414k(-2) 56	2/26 1 5週 中山 7 6 S ① 1800 良 - 52	1/14 8 5週 中山 6 7 M ④ 1600 良 △ 44	12/3 1 3週 中山 7 6 M ❷ 1600 良 ○ 41
同 0 0 0 0 短 0 0 0 0 長 0 0 0 0 中 0 0 0 0 東 0 1 0 0	4/9 2阪神 6 桜花賞 G1 5 7週 1600 芝外 良 ○ 18ト ④ 吉田隼 55 1327 2枠4 +0.6 リバティアイラン 35.1 M -0.5 9 8 最 S 34.1 ⑦ CW 37 448k(+2) 62	2/11 1東京 5 クイーンC G3 2 8週 1600 芝 稍 ○ 16ト ❷ 吉田隼 54 1331 4枠7 0.0 ハーパー 34.8 M -0.6 3 3 中 A 34.7 ⑨ CW 28 446k(-2) 58	12/11 3 13 阪神 12 12 H ❷ 1600 良 - 57	9/3 2 2週 札幌 4 2 M ❸ 1800 良 △ 52	8/13 2 2週 札幌 3 2 M ❸ 1800 良 △ 45
同 0 0 0 0 短 0 0 0 0 長 0 0 0 0 中 0 0 0 0 東 1 0 0 0	4/9 2阪神 6 桜花賞 G1 6 16 1600 芝外 良 ○ 18ト ⑨ 吉田豊 55 1327 6枠11 +0.6 リバティアイラン 35.4 M -0.5 11 11 外 S 33.8 ❸ 南W 31 434k(-6) 62	12/11 6阪神 4 阪神JF G1 2 8週 1600 芝外 良 - 18ト ⑫ 木幡初 54 1335 2枠3 +0.4 リバティアイラン 34.6 H -2.4 8 8 最 A 35.9 ④ 南W 32 440k(0) 57	10/10 1 東京 5 5 S ① 1600 稍 ◎ 41		
同 0 0 0 0 短 1 0 0 1 長 0 0 0 0 中 0 0 0 0 東 0 0 0 2	4/23 2東京 2 フローラS G2 4 9週 2000 芝 良 ◎ 15ト ⑬ 横山和 54 1594 8枠14 +0.5 ゴールデンハイン 37.9 S +2.0 14 14 14 外 A 33.4 1 栗坂 36 432k(+6) 52	2/11 1東京 5 クイーンC G3 4 10 1600 芝 稍 ○ 16ト ⑦ 横山和 54 1332 3枠6 +0.1 ハーパー 35.5 M -0.6 10 10 内 A 34.3 ❸ CW 26 426k(-6) 57	11/27 1 阪神 6 6 S ④ 2000 良 ○ 37		

単⑤ 140 円

複⑤ 110 円

⑫ 180 円

⑬ 1090 円

枠連3－6　490 円

馬連⑤－⑫ 590 円

ワイド⑤—⑫ 300 円

⑤—⑬ 2610 円

⑫－⑬ 8810 円

馬単⑤→⑫ 680 円

3連複⑤⑫⑬ 16840 円

3連単⑤→⑫→⑬ 34140 円

2023年5月21日
東京11R
オークス
（ＧⅠ、芝2400m良）

1着⑤リバティアイランド
（1番人気、1.4 倍）
上がり3ハロン＝ 34 秒 0
2着⑫ハーパー
（2番人気、8.8 倍）
上がり3ハロン＝ 34 秒 8
3着⑬ドゥーラ
（15 番人気、103.4 倍）
上がり3ハロン＝ 34 秒 1

レース上がり3ハロン
＝ 35 秒 1
（12 秒 0 － 11 秒 6 － 11 秒 5）
★純正3ハロン＝ 34 秒 6

1	1	13.3	△：：	31.5 9	59	-10.9	10	377	15	344	7	キタサンブラック	鹿毛	牝 3	ラヴェル	サンブルエミューズ	ダイワメジャー	＊キャロットF	ノーザンF	55.0	差	西 B	坂井瑠	7 位	栗 B	矢作芳	2 位	5週	栗坂 36	B	全2002	芝2002	ク1002
1	2	16.7	：：：	35.5 10	60	-10.0	9	370	8	345	12	ディープインパクト	青鹿	牝 3	ライトクオンタム	イルミナント	クォリティロード	＊社台レースホース	社台F	55.0	差	東 B	田辺裕	12 位	栗 B	武幸四	17 位	5週	栗坂 33	B	全2001	芝2001	ク1001
2	3	10.0	：：：	109 16	59	-11.0	11	381	18	340	2	ダノンバラード	黒鹿	牝 3	キタウイング	キタノリツメイ	アイルハヴアナザー	ミルファーム	ミルF	55.0	追	東 C	杉原誠	53 位	美 B	小島茂	- 位	5週	南W 35	B	全3004	芝3004	ク2003
2	4	10.0	：：：	127 17	56	-14.0	16	369	6	352	16	ハービンジャー	栗毛	牝 3	キミノナハマリア	シャドウマリア	ヴィクトワールピサ	浦野　和由	社台F	55.0	先	東 B	三浦皇	21 位	栗 B	千田輝	55 位	3週	CW 13	C	全2112	芝2112	ク0002
3	5	13.3	◎○◎	1.4 1	70	3.9	1	374	12	337	1	ドゥラメンテ	鹿毛	牝 3	リバティアイランド	ヤンキーローズ	オールアメリカン	＊サンデーR	ノーザンF	55.0	差	西 [S]	川田将	1 位	栗 [S]	中内田	1 位	5週	CW 38	B	全3100	芝3100	ク2100
3	6	10.0	☆：：	21.2 5	60	-9.8	7	362	1	355	17	ゴールドシップ	芦毛	牝 3	ゴールデンハインド	オレゴンレディ	シャマーダル	ラフィアン	ビッグレッドF	55.0	先	東 B	菅原明	13 位	美 C	武市康	99 位	3週	南W 38	B	全2203	芝2203	ク1102
4	7	16.7	：：：	49.6 13	54	-16.0	17	377	14	348	15	キタサンブラック	鹿毛	牝 3	ヒップホップソウル	ダンスファンタジア	ファルブラヴ	＊社台レースホース	社台F	55.0	追	東 B	津村明	16 位	美 [S]	木村哲	22 位	8週	美坂 38	B	全1201	芝1201	ク0101
4	8	3.3	：：：	226 18	50	-20.0	18	364	2	361	18	キズナ	青毛	牝 3	レミージュ	バイコースタル	ゴーンウェスト	ノースヒルズ	ノースヒルズ	55.0	逃	西 C	荻野極	58 位	栗 B	松永幹	20 位	10週	CW 28	B	全2003	芝2003	ク0002
5	9	10.0	▲△○	10.4 3	66	-3.9	2	365	3	344	5	キタサンブラック	青鹿	牝 3	コナコースト	コナブリュワーズ	キングカメハメハ	＊サンデーR	ノーザンF	55.0	先	[A]	レーン	23 位	栗 B	清水久	13 位	5週	CW 43	[A]	全1300	芝1300	ク0300
5	10	6.7	注☆：	21.9 6	57	-13.0	13	370	7	345	11	ハーツクライ	黒鹿	牝 3	ソーダズリング	ソーマジック	シンボリクリスエス	＊社台レースホース	社台F	55.0	先	西 [A]	武　豊	8 位	栗 B	音無秀	37 位	3週	栗坂 37	B	全1200	芝1200	ク0100
6	11	6.7	：：：	23.1 7	56	-13.8	14	380	17	345	9	ミッキーロケット	黒鹿	昇 牝 3	ミッキーゴージャス	ミッキークイーン	ディープインパクト	野田　みづき	ノーザンF	55.0	先	東 [A]	戸崎圭	6 位	栗 B	安田隆	4 位	5週	CW 39	B	全2000	芝2000	ク0000
6	12	20.0	○▲注	9.0 2	64	-6.0	4	369	5	343	4	ハーツクライ	鹿毛	牝 3	ハーパー	セレスタ	ジャンプスタート	エムズレーシング	ノーザンF	55.0	先	西 [S]	ルメール	2 位	栗 [A]	友道康	9 位	5週	CW 26	B	全2101	芝2101	ク1001
7	13	16.7	：：：	53.3 15	58	-12.0	12	378	16	345	10	ドゥラメンテ	黒鹿	牝 3	ドゥーラ	イシス	キングヘイロー	サイプレスH	グランデF	55.0	追	西 C	斎藤新	36 位	栗 C	高橋康	66 位	5週	CW 38	B	全2004	芝2004	ク1003
7	14	3.3	：◎▲	16.8 4	66	-4.0	3	365	4	344	6	モーリス	青鹿	上 牝 3	ペリファーニア	ケイティーズハート	ハーツクライ	＊キャロットF	ノーザンF	55.0	先	東 [A]	横山武	4 位	美 [A]	鹿戸雄	60 位	5週	美坂 39	B	全1020	芝1020	ク0020
7	15	6.7	：：：	51.5 14	60	-9.9	8	372	10	346	14	ハービンジャー	鹿毛	牝 3	エミュー	スーリール	スペシャルウィーク	前田　幸治	ノースヒルズ	55.0	差	西 [A]	Mデム	22 位	美 B	和田一	- 位	5週	南W 40	[A]	全3004	芝3004	ク1001
8	16	6.7	：：△	23.1 8	63	-7.0	5	373	11	346	13	ルーラーシップ	鹿毛	牝 3	ドゥアイズ	ローズマンブリッジ	ディープインパクト	Ｇ1レーシング	ノーザンF	55.0	差	東 B	吉田隼	20 位	栗 C	庄野靖	81 位	5週	CW 36	B	全1311	芝1311	ク0311
8	17	10.0	：注☆	36.8 11	62	-8.0	6	372	9	341	3	サトノダイヤモンド	鹿毛	牝 3	シンリョクカ	レイカーラ	キングカメハメハ	由井　健太郎	下河辺牧場	55.0	差	東 C	吉田豊	56 位	美 C	竹内正	- 位	5週	南W 34	B	全1101	芝1101	ク0101
8	18	20.0	：：：	43.0 12	56	-13.9	15	376	13	345	8	キングマン	(外) 鹿毛	上 牝 3	イングランドアイズ	ヌーヴォレコルト	ハーツクライ	原　禮子	Hara Reiko	55.0	追	東 B	横山和	14 位	栗 [A]	安田翔	51 位	3週	栗坂 29	B	全1002	芝1002	ク0002

単⑥ 110 円

複⑥ 100 円

⑦ 230 円

② 170 円

枠連3－4　390 円

馬連⑥－⑦ 560 円

ワイド⑥―⑦ 310 円

②―⑥ 240 円

②－⑦ 1090 円

馬単⑥→⑦ 700 円

3連複②⑥⑦ 1210 円

3連単⑥→⑦→② 3240 円

「競馬の天才！」
連載の分析も
本命⑥－対抗⑦
ズバリ！

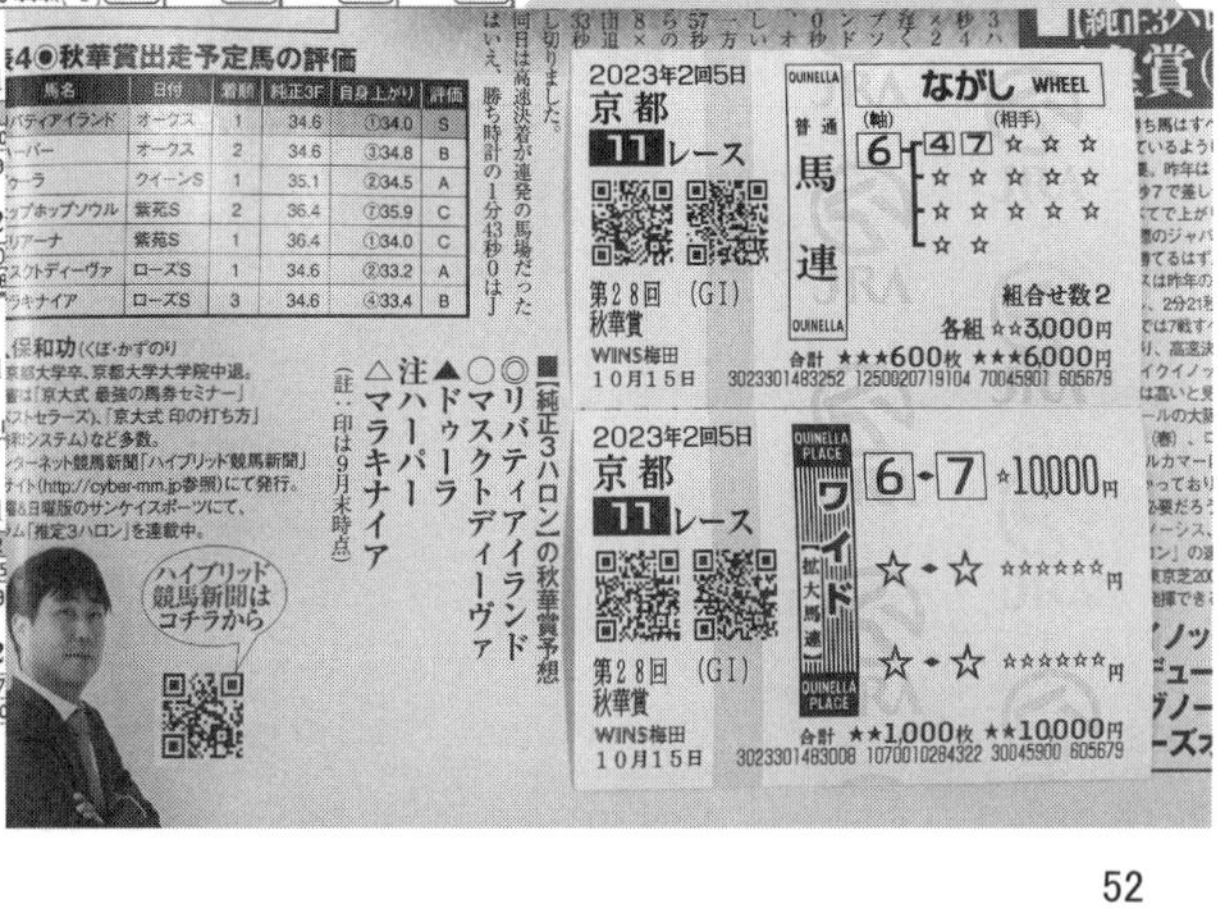

2023年10月15日
京都11R
秋華賞
（ＧⅠ、芝2000m稍重）

1着⑥リバティアイランド
（1番人気、1.1 倍）
上がり3ハロン＝ 33 秒 6
2着⑦マスクトディーヴァ
（3番人気、13.0 倍）
上がり3ハロン＝ 33 秒 5
3着②ハーパー
（2番人気、12.9 倍）
上がり3ハロン＝ 34 秒 3

レース上がり3ハロン
＝ 34 秒 0
（11 秒 6 － 11 秒 0 － 11 秒 4）
★純正3ハロン＝ 33 秒 8

1	1	8.3	：：：	213	18	61	-14.0	13	370	7	348	17	キズナ	ディープインパクト	鹿毛 上	牝 3	フェステスバント	○	フィオドラ	ロードオブイングランド	吉田 照哉	社台F	55.0	先	西 C	酒井学	54 位	栗 B	藤岡健	45 位	6週	CW 29 B	全 3 1 0 5	芝 3 1 0 5	ク 0 0 0 0
1	2	8.3	▲☆☆	14.8	3	64	-10.9	6	369	5	339	4	ハーツクライ	サンデーサイレンス	鹿毛	牝 3	ハーパー		セレスタ	ジャンプスタート	エムズレーシング	ノーザンF	55.0	差	西 S	ルメー	1 位	栗 S	友道康	13 位	20週	CW 25 B	全 2 2 0 1	芝 2 2 0 1	ク 1 1 0 1
2	3	8.3	：：：	72.2	11	63	-11.8	8	369	6	340	6	ジャスタウェイ	ハーツクライ	黒鹿 上	牝 3	マラキナイア		カウアイレーン	キングカメハメハ	＊社台レースホース	社台F	55.0	差	西 B	池添謙	39 位	栗 B	吉岡辰	12 位	3週	CW 30 B	全 2 1 1 3	芝 2 1 1 3	ク 0 0 1 2
2	4	0.0	：○注	22.4	5	66	-8.9	4	360	2	342	10	キタサンブラック	ブラックタイド	青鹿	牝 3	コナコースト		コナブリュワーズ	キングカメハメハ	＊サンデーR	ノーザンF	55.0	先	西 B	鮫島駿	9 位	栗 B ＊	清水久	5 位	20週	CW 54 S	全 1 3 0 1	芝 1 3 0 1	ク 0 3 0 1
3	5	16.7	注：▲	28.9	7	69	-6.0	3	380	17	338	3	ドゥラメンテ	キングカメハメハ	黒鹿	牝 3	ドゥーラ		イシス	キングヘイロー	サイプレスH	グランデF	55.0	差	西 C	斎藤新	34 位	栗 B	高橋康	91 位	10週	CW 32 B	全 3 0 1 4	芝 3 0 1 4	ク 2 0 1 3
3	6	8.3	◎◎◎	1.4	1	75	5.0	1	372	9	332	1	ドゥラメンテ	キングカメハメハ	鹿毛	牝 3	リバティアイランド		ヤンキーローズ	オールアメリカン	＊サンデーR	ノーザンF	55.0	先	西 S	川田将	2 位	栗 S	中内田	2 位	20週	CW 43 A	全 4 1 0 0	芝 4 1 0 0	ク 3 1 0 0
4	7	25.0	○注○	14.0	2	70	-5.0	2	375	14	337	2	ルーラーシップ	キングカメハメハ	黒鹿	牝 3	マスクトディーヴァ		マスクオフ	ディープインパクト	＊社台レースホース	社台F	55.0	差	西 B	岩田望	5 位	栗 A	辻野泰	35 位	3週	栗坂 20 B	全 3 0 0 1	芝 3 0 0 1	ク 1 0 0 1
4	8	16.7	：：△	24.3	6	66	-9.0	5	375	15	339	5	エピファネイア	シンボリクリスエス	鹿毛	牝 3	モリアーナ	○	ガルデルスリール	ダイワメジャー	高橋 文男	ノーザンF	55.0	差	東 B	横山典	32 位	美 B	武藤善	- 位	4週	南W 38 B	全 3 0 1 3	芝 3 0 1 3	ク 2 0 1 3
5	9	16.7	：：：	133	15	59	-16.0	18	374	13	340	8	ダノンバラード	ディープインパクト	鹿毛 上	牝 3	ミシシッピテソーロ	×	ハピネスフォーユー	エーピーインディ	了徳寺健二H	リョーケンF	55.0	差	東 C	石川裕	38 位	美 C	畠山吉	- 位	4週	南W 39 B	全 3 0 0 8	芝 3 0 0 8	ク 1 0 0 7
5	10	8.3	：：：	38.9	8	59	-15.9	17	371	8	344	14	キズナ	ディープインパクト	鹿毛 上	牝 3	グランベルナデット		ラブリーベルナデット	ウィルバーン	DMMドリームC	社台F	55.0	先	西 B	松山弘	6 位	美 B	大竹正	29 位	4週	美坂 39 B	全 2 0 0 3	芝 2 0 0 3	ク 1 0 0 2
6	11	8.3	：：：	177	17	63	-12.0	10	382	18	347	16	ダノンバラード	ディープインパクト	黒鹿	牝 3	キタウイング		キタノリツメイ	アイルハヴアナザー	ミルファーム	ミルF	55.0	差	東 C	江田照	- 位	美 B	小島茂	- 位	10週	栗坂 25 B	全 3 0 0 6	芝 3 0 0 6	ク 2 0 0 5
6	12	16.7	：：：	63.0	10	62	-13.0	12	373	12	340	7	ルーラーシップ	キングカメハメハ	鹿毛	牝 3	ドゥアイズ		ローズマンブリッジ	ディープインパクト	G1レーシング	ノーザンF	55.0	差	西 B	西村淳	10 位	栗 C	庄野靖	73 位	20週	CW 40 A	全 1 3 1 2	芝 1 3 1 2	ク 0 3 1 2
7	13	16.7	☆：：	45.9	9	62	-12.9	11	361	3	348	18	キタサンブラック	ブラックタイド	鹿毛	牝 3	ラヴェル		サンブルエミューズ	ダイワメジャー	キャロットF	ノーザンF	55.0	差	西 B	坂井瑠	7 位	栗 B	矢作芳	3 位	3週	CW 32 B	全 2 0 0 4	芝 2 0 0 4	ク 1 0 0 4
7	14	16.7	フ ：▲：	77.4	13	63	-11.9	9	358	1	346	15	キズナ	ディープインパクト	黒鹿 上	牝 3	コンクシェル		ザナ	ガリレオ	前田 晋二	ノースヒルズ	55.0	逃	西 B	幸英明	14 位	栗 B ＊	清水久	5 位	3週	CW 53 S	全 3 2 1 6	芝 3 2 1 6	ク 0 1 0 2
7	15	8.3	△：：	20.5	4	64	-11.0	7	373	11	341	9	キタサンブラック	ブラックタイド	鹿毛	牝 3	ヒップホップソウル	◎	ダンスファンタジア	ファルブラヴ	＊社台レースホース	社台F	55.0	先	東 A	横山武	3 位	美 S	木村哲	10 位	4週	美坂 40 A	全 1 3 0 2	芝 1 3 0 2	ク 0 2 0 2
8	16	8.3	：：：	126	14	60	-14.9	14	372	10	342	11	モーリス	スクリーンヒーロー	黒鹿 上	牝 3	ピピオラ		スルージエアー	ダンスインザダーク	ストレートR	ノーザンF	55.0	先	西 B	藤岡康	12 位	栗 A	武幸四	6 位	6週	CW 30 B	全 3 0 0 3	芝 3 0 0 2	ク 0 0 0 0
8	17	0.0	：△：	76.8	12	60	-15.0	15	365	4	342	12	スクリーンヒーロー	グラスワンダー	鹿毛 上	牝 3	ソレイユヴィータ	○	スターベスミツコ	カーネギー	杉山 忠国	鎌田 正嗣	55.0	先	西 B	武 豊	8 位	栗 A	杉山晴	1 位	4週	CW 28 B	全 3 1 0 2	芝 3 1 0 2	ク 0 0 0 1
8	18	8.3	：：：	138	16	59	-15.8	16	379	16	344	13	ハービンジャー	ダンジグ	鹿毛	牝 3	エミュー	△	スーリール	スペシャルウィーク	前田 幸治	ノースヒルズ	55.0	差	西 B	Mデム	19 位	美 B	和田一	97 位	4週	南W 25 B	全 3 0 0 6	芝 3 0 0 6	ク 1 0 0 3

その分、ラスト２ハロンは11秒０→11秒４となって、「純正３ハロン」は11秒０＋11秒４×２＝33秒８。稍重馬場ながらも、良馬場の16年ヴィブロス、18年アーモンドアイを遥かに凌ぐもの。

超スローペースで着差がつきにくいレースにも関わらず、３着ハーパー以下とは０秒５以上の差。勝ち時計は遅くとも、いかに瞬発力が抜けていたかが「純正３ハロン」からは理解できます。

オークス２着のハーパーが３着、同３着のドゥーラが４着でしたが、２着は前哨戦のローズSをレコード勝ちの上がり馬マスクトディーヴァでした。オークスの上位３頭に割って入ったばかりか、リバティアイランドに０秒１差まで迫ったのには少々、驚かされました。

いずれにせよ、23年の**３歳牝馬路線は「春のクラシック上位馬」＞「夏の上がり馬」**だったわけです。

「夏の上がり馬」が優勢だった23年の３歳牡馬路線

一方、２０２３年の牡馬路線はどうだったでしょうか。

第１弾の皐月賞はソールオリエンスが大外から豪快に差し切り、３戦３勝の無敗での戴冠となりました。対照的に、ハイペースを先行して粘ったタスティエーラが２着を確保します。

第２弾の日本ダービーでは、タスティエーラが直線で早めに抜け出すと、今度はソールオリエンスの追撃を封じて勝利。見事、牡馬の頂点に輝きました（Ｐ56～57）。２頭で春二冠の１、２着を分け合ったかたちですが、そのレベルは例年と比較してどうでしょうか。

ダービーのラップタイムを並べると、12秒6→10秒7→12秒0→12秒6→12秒5→12秒4→12秒8→12秒4→11秒9→11秒6→**11秒9→11秒8**。

前半1000mは60秒4と、ダービーとしては標準的な流れでしたが、その後の3ハロンでもペースは上がりませんでした。ラスト3ハロンも一度として11秒台前半に突入せず、勝ち時計は2分25秒2というもの。過去5年では飛び抜けて遅いタイムで、前週のオークスの2分23秒1に2秒1も劣っています。

ラスト2ハロンが11秒9→11秒8ですから、**「純正3ハロン」は11秒9＋11秒8×2＝35秒5**。

下の表に示す通り、過去5年では21年の34秒0が最も速く、2番目に速い20年に次ぐ3位止まり。勝ち時計が抜けて遅かったことも含めて考えれば、レベルが低かったといわざるを得ません。

つまり、前哨戦や本番の菊花賞では、別路線組の台頭する可能性が十分にあったわけです。

重賞以外の「純正3ハロン」から「夏の上がり馬」を炙り出す

そこで、P58の表は2023年の春の重賞以外（1勝クラス～オープン）の

●過去5年のダービー「純正3ハロン」

年	勝ち馬	勝ち時計	ラスト2F	ラスト1F	レース上がり3F	純正3F	勝ち馬の上がり順位＆3F
2019年	ロジャーバローズ	2分22秒6	11.9	12.0	35.9	35.9	⑪35.1
2020年	コントレイル	2分24秒1	11.3	11.7	34.3	34.7	①34.0
2021年	シャフリヤール	2分22秒5	10.8	11.6	33.9	34.0	①33.4
2022年	ドウデュース	2分21秒9	11.7	12.0	35.2	35.7	②33.7
2023年	タスティエーラ	2分25秒2	11.9	11.8	35.3	35.5	⑨33.5

同0000 短0001 長0000 中1001 東1000	4/16 3中山 8 皐月賞 G1 10 3週 2000 芝 重△ 18ト ③ 田辺裕 57 2024 7 15 +1.8 ソールオリエンス 35.4 H -2.1 2 3 4 中S 49 38.7 ⑫ CW32 496k(-4)	3/19 2中山 8 スプリングS G2 1 6週 1800 芝 重× 16ト ❷ 横山武 56 1489 2 4 -0.2 ホウオウビスケッ 37.2 H -1.8 7 7 5 外A 61 35.7 ① CW34 500k(-4)	1/29 1 9週 2 2 東京 S ⑤ 1800 良○ 51	11/20 1 2 2 阪神 S ① 1800 稍○ 40	
同2000 短1100 長0000 中0000 東3100	4/29 2東京 3 青葉賞 G2 1 11 2400 芝 良◎ 15ト ❶ ルメー 56 2239 6 11 -0.1 ハーツコンチェル 37.0 M +0.6 8 11 11 大S 63 34.1 ① 南W40 524k(0)	2/5 1東京 4 ゆりかもめ賞 1C 1 10 2400 芝 良○ 10ト ❶ ルメー 56 2248 7 8 -0.5 サヴォーナ 37.2 M +0.5 9 7 7 外S 58 34.0 ① 南W41 524k(0)	11/19 1 4週 11 11 東京 S ① 2000 良◎ 45	10/15 2 東京 5 5 S ❷ 2000 良◎ 39	
同0000 短1001 長0000 中1101 東1000	4/16 3中山 8 皐月賞 G1 17 3週 2000 芝 重△ 18ト ⑦ 横山和 57 2037 5 9 +3.1 ソールオリエンス 35.7 H -2.1 6 6 4 中S 36 39.6 ⑰ 南W42 494k(0)	3/19 2中山 8 スプリングS G2 2 3週 1800 芝 重× 16ト ❸ 横山和 56 1491 5 10 +0.2 ベラジオオペラ 36.0 H -1.8 3 2 2 最A 57 36.9 ⑨ 南W42 494k(-2)	2/18 1 9週 1 1 東京 S ❷ 2000 良○ 54	12/10 1 中山 1 1 M ❸ 1600 良○ 41	
同0000 短1302 長0000 中0201 東0000	4/16 3中山 8 皐月賞 G1 7 5週 2000 芝 重△ 18ト ⑨ 横山典 57 2015 4 8 +0.9 ソールオリエンス 37.6 H -2.1 16 15 16 大S 58 36.4 ❷ CW30 488k(+4)	3/5 2中山 4 ディープ記念 G2 2 9週 2000 芝 良○ 10ト ❶ 横山典 56 2006 4 4 +0.2 タスティエーラ 36.2 M +0.9 2 3 4 内A 56 34.9 ⑦ CW16 484k(-10)	12/28 2 4週 1 1 中山 S ⑨ 2000 良△ 59	11/26 2 3週 5 6 阪神 M ❷ 2000 良○ 56	10/29 1 4週 2 2 阪神 S ❷ 1800 良○ 56
同0000 短2000 長0000 中2000 東1000	4/16 3中山 8 皐月賞 G1 1 12 2000 芝 重△ 18ト ❷ 横山武 57 2006 1 1 -0.2 タスティエーラ 37.4 H -2.1 15 15 17 大S 69 35.5 ① 南W48 462k(0)	1/15 1中山 6 京成杯 G3 1 8週 2000 芝 良 - 9ト ❷ 横山武 56 2022 4 4 -0.4 オメガリッチマン 38.5 S +2.2 5 5 5 外A 58 34.5 ① 南W39 462k(+2)	11/13 1 東京 3 3 S ❷ 1800 良○ 42		
同0000 短2101 長0000 中0001 東0000	4/16 3中山 8 皐月賞 G1 5 3週 2000 芝 重△ 18ト ⑫ Mデム 57 2013 2 4 +0.7 ソールオリエンス 37.1 H -2.1 13 10 4 中S 60 36.7 ⑥ 栗坂32 498k(+2)	3/18 1阪神 11 若葉S L 1 2週 2000 芝 稍△ 8ト ❷ 川田将 56 2027 8 8 0.0 ラスハンメル 39.0 S +4.4 3 2 2 中A 55 34.0 ① CW35 496k(-6)	2/25 2 5週 2 2 阪神 S ❷ 2200 良○ 55	1/14 1 3週 2 2 中京 S ① 2200 重△ 53	12/18 1 3週 5 4 阪神 M ① 1800 良 - 44
同0000 短3101 長0000 中0001 東0100	4/16 3中山 8 皐月賞 G1 9 9週 2000 芝 重△ 18ト ④ レーン 57 2020 3 5 +1.4 ソールオリエンス 36.4 H -2.1 10 10 10 外S 53 37.4 ⑨ 栗坂29 506k(+4)	2/5 1中京 12 きさらぎ賞 G3 1 4週 2000 芝 良○ 8ト ❶ 川田将 56 1597 2 2 -0.1 オープンファイア 36.6 S +1.9 2 2 2 中A 58 34.2 ❷ 栗坂24 502k(-4)	1/5 1 8週 5 4 中京 M ❷ 2000 良○ 55	11/6 1 3週 4 4 阪神 S ① 2000 良○ 45	10/9 2 東京 1 1 S ④ 2000 良◎ 40
同0000 短0001 長0000 中2022 東0010	4/16 3中山 8 皐月賞 G1 4 3週 2000 芝 重△ 18ト ⑬ 津村明 57 2011 8 17 +0.5 ソールオリエンス 36.2 H -2.1 9 8 8 大S 62 36.7 ⑥ 南W44 504k(0)	3/19 2中山 8 スプリングS G2 3 1週 1800 芝 重× 16ト ⑧ 津村明 56 1492 1 2 +0.3 ベラジオオペラ 37.3 H -1.8 7 7 8 内A 56 36.1 ❸ 南W41 504k(-4)	3/5 1 8週 4 3 中山 H ❸ 1600 良○ 51	1/5 1 2週 5 3 中山 H ① 1600 良 - 45	12/18 3 9週 5 3 中山 H ⑤ 1600 稍△ 36
同0000 短1013 長0000 中0003 東1010	4/16 3中山 8 皐月賞 G1 11 5週 2000 芝 重△ 18ト ⑯ 石川裕 57 2028 2 3 +2.2 ソールオリエンス 35.4 H -2.1 4 3 3 内S 45 39.1 ⑭ 南W30 480k(-4)	3/5 2中山 4 ディープ記念 G2 8 9週 2000 芝 良○ 10ト ⑥ Mデム 56 2009 8 10 +0.5 タスティエーラ 36.9 M +0.9 8 8 6 大A 51 34.7 ④ 南W0 484k(+10)	12/28 11 4週 6 4 中山 S ⑮ 2000 良△ 51	11/26 1 3週 1 1 阪神 M ⑧ 2000 良○ 57	10/29 1 2週 2 2 東京 H ❸ 1800 良◎ 45
同0000 短2001 長0000 中0001 東0000	4/16 3中山 8 皐月賞 G1 6 6週 2000 芝 重△ 18ト ⑧ 岩田望 57 2013 6 11 +0.7 ソールオリエンス 36.8 H -2.1 12 14 10 大S 60 36.4 ❷ 栗坂35 500k(+4)	2/25 1阪神 5 すみれS L 1 5週 2200 芝 良○ 6ト ❶ 岩田望 56 2155 3 3 -0.1 ショウナンバシッ 39.0 S +3.9 6 6 6 中A 57 33.1 ① CW35 496k(+6)	1/15 1 23 2 2 中京 S ① 2000 重△ 47	7/31 2 新潟 1 1 S ❸ 1800 良◎ 38	
同0100 短1002 長0000 中0001 東0110	4/29 2東京 3 青葉賞 G2 2 5週 2400 芝 良◎ 15ト ❷ 松山弘 56 2240 3 4 +0.1 スキルヴィング 37.2 M +0.6 11 11 12 中S 60 34.1 ① 栗坂39 498k(-10)	3/18 1阪神 11 若葉S L 4 11 2000 芝 稍△ 8ト ❶ 松山弘 56 2030 2 2 +0.3 ショウナンバシッ 39.1 S +4.4 5 5 4 外A 51 34.2 ❸ 南W36 508k(+12)	12/28 7 5週 11 11 中山 S ❷ 2000 良△ 54	11/19 3 8週 8 10 東京 M ① 1800 良◎ 53	9/18 1 中京 2 3 S ① 2000 良◎ 45
同0000 短1100 長0000 中1100 東1001	4/16 3中山 8 皐月賞 G1 2 5週 2000 芝 重△ 18ト ⑤ 松山弘 57 2008 7 14 +0.2 ソールオリエンス 35.7 H -2.1 6 6 4 外S 66 36.6 ⑤ 南W40 478k(-6)	3/5 2中山 4 ディープ記念 G2 1 2週 2000 芝 良○ 10ト ❸ 松山弘 56 2004 6 6 -0.2 トップナイフ 36.4 M +0.9 4 3 2 外A 59 34.7 ④ 南W23 484k(-2)	2/12 4 10 5 5 東京 S ❸ 1800 良○ 56	11/27 1 東京 2 2 S ❷ 1800 良○ 46	
同0000 短0001 長0000 中0000 東1002	3/25 2阪神 1 毎日杯 G3 1 5週 1800 芝外 良○ 13ト ⑤ 角田河 56 1466 3 3 -0.1 ノッキングポイン 35.8 M -0.6 5 5 内A 59 35.1 ❸ 南W37 492k(-8)	2/12 1東京 6 共同通信杯 G3 6 13 1800 芝 良○ 12ト ⑪ 吉田隼 56 1475 4 4 +0.5 ファントムシーフ 35.9 S +1.2 2 3 3 外A 51 34.2 ⑧ 南W39 500k(+6)	11/6 4 3週 3 5 東京 S ⑤ 2000 良○ 45	10/10 1 9週 3 3 東京 S ❷ 1800 稍◎ 40	7/31 4 新潟 7 7 S ① 1800 良◎ 34
同0000 短1011 長0000 中0011 東1000	4/16 3中山 8 皐月賞 G1 3 8週 2000 芝 重△ 18ト ❶ ルメー 57 2011 4 7 +0.5 ソールオリエンス 36.5 H -2.1 10 10 10 大S 62 36.4 ❷ CW42 494k(-8)	2/12 1東京 6 共同通信杯 G3 1 6週 1800 芝 良○ 12ト ❸ ルメー 56 1470 6 8 -0.2 タッチウッド 35.5 S +1.2 3 2 2 中A 59 34.0 ⑥ CW45 502k(0)	12/28 4 13 7 6 中山 S ❷ 2000 良△ 57	9/24 1 13 3 3 中京 S ① 2000 良◎ 56	6/18 1 阪神 3 2 S ① 1600 良◎ 39
同0000 短0000 長0000 中0001 東2001	3/25 2阪神 1 毎日杯 G3 2 4週 1800 芝外 良○ 13ト ❷ 藤岡佑 56 1467 6 8 +0.1 シーズンリッチ 35.8 M -0.6 5 7 中A 58 35.0 ① 南W45 484k(-2)	2/19 1東京 8 3歳1C 1 6週 1600 芝 良◎ 12ト ❶ ルメー 56 1329 4 4 -0.3 バルサムノート 35.6 M -0.2 6 6 外S 58 33.9 ① 南W33 486k(+4)	1/5 6 12 6 5 中山 M ⑨ 1600 良 - 46	10/8 4 17 7 6 東京 M ❷ 1600 良◎ 43	6/4 1 東京 5 5 S ① 1600 良○ 43
同0000 短2101 長0000 中1102 東1000	5/6 2東京 5 プリンシパル L 1 6週 2000 芝 良○ 7ト ❷ 田辺裕 56 2012 3 3 -0.1 アヴニールドブリ 37.4 S +3.8 1 1 1 最A 57 33.6 ❷ 南W31 476k(-4)	3/19 2中山 8 スプリングS G2 5 7週 1800 芝 重× 16ト ⑥ 田辺裕 56 1496 7 14 +0.7 ベラジオオペラ 37.6 H -1.8 10 9 5 大A 52 36.3 ⑥ 南W25 480k(+2)	1/22 1 6週 1 1 中山 M ④ 1800 良△ 54	12/3 6 6週 1 1 中山 M ⑫ 2000 良○ 46	10/16 1 3週 1 1 新潟 M ① 2000 良○ 43
同0000 短1000 長0000 中1000 東0001	3/25 0ア首 0 UAダービー G2 2 12 1900 ダ 良 0ト デムー 55 0000 0 6 0.0 デルマソトガケ 0 0 k(0)	12/28 5中山 9 ホープフルS G1 1 5週 2000 芝 良△ 18ト ⑭ ムルザ 55 2015 6 11 0.0 トップナイフ 36.3 S +1.1 2 2 2 内B 60 35.0 ⑨ 栗坂22 508k(+4)	11/19 4 12 1 2 東京 M ⑧ 1800 良◎ 53	8/20 1 1週 1 1 札幌 H ❷ 1700 稍○ 45	8/6 2 5週 1 1 札幌 S ❷ 1800 良○ 42
同1000 短1100 長0000 中0000 東0100	5/6 1京都 5 京都新聞杯 G2 1 7週 2200 芝外 良○ 12ト ❶ 川田将 56 2141 5 6 0.0 ダノントルネード 38.7 S +3.8 5 6 5 内B 58 33.3 ❷ CW51 494k(+4)	3/11 1阪神 9 ゆきやなぎ賞 1C 1 12 2400 芝外 良○ 12ト ❷ 坂井瑠 56 2259 7 10 -0.1 サヴォーナ 38.8 S +3.0 3 3 3 中A 54 34.6 ❸ CW26 490k(+8)	12/11 1 3週 4 4 阪神 M ① 1800 良 - 42	11/12 2 2週 3 3 東京 S ❸ 2000 良○ 43	10/23 8 阪神 6 6 S ⑥ 1800 良◎ 29

単⑫ 830 円

複⑫ 200 円

⑤ 120 円

⑪ 380 円

枠連3－6　560 円

馬連⑤－⑫ 690 円

ワイド⑤－⑫ 360 円

⑪－⑫ 1970 円

⑤－⑪ 820 円

馬単⑫→⑤ 2330 円

3連複⑤⑪⑫ 4700 円

3連単⑫→⑤→⑪ 29810 円

2023年5月28日
東京11R
日本ダービー
（GⅠ、芝2400m良）

1着⑫タスティエーラ
（4番人気、8.3倍）
上がり3ハロン＝33秒5
2着⑤ソールオリエンス
（1番人気、1.8倍）
上がり3ハロン＝33秒3
3着⑪ハーツコンチェルト
（6番人気、25.6倍）
上がり3ハロン＝33秒4

レース上がり3ハロン
＝35秒3
（11秒6－11秒9－11秒8）
★純正3ハロン＝35秒5

1	1	12.9	：：☆	36.3	10	61	-8.6	6	361	2	354	14	ロードカナロア	キングカメハメハ	鹿毛	牡3	ベラジオオペラ	○	エアルーティーン	ハービンジャー	林田 祥来	社台F	57.0	先	東 B	横山和	13位	栗 A	上村洋	7位	5週	CW 36	B	全3 0 0 1	芝3 0 0 1	ク1 0 0 1
1	2	16.1	▲：▲	4.9	2	64	-6.0	3	376	16	339	3	キタサンブラック	ブラックタイド	黒鹿	牡3	スキルヴィング		ロスヴァイセ	シンボリクリスエス	*キャロットF	ノーザンF	57.0	差	西 S	ルメー	2位	美 S*	木村哲	28位	3週	南W 29	B	全3 1 0 0	芝3 1 0 0	ク1 0 0 0
2	3	9.7	：：：	90.7	17	57	-13.0	17	362	3	356	16	マインドユアビスケッツ	ポッセ	鹿毛	牡3	ホウオウビスケッツ		ホウオウサブリナ	ルーラーシップ	小笹 芳央	岡田スタッド	57.0	先	東 C	丸田恭	77位	美 B	奥村武	11位	5週	南W 35	B	全2 1 0 1	芝2 1 0 1	ク0 1 0 1
2	4	9.7	：：：	27.4	8	59	-10.9	13	373	13	344	10	デクラレーションオブウ	ウォーフロント	青鹿	牡3	トップナイフ		ビーウインド	スピニングワールド	安原 浩司	杵臼牧場	57.0	追	東 B	横山典	24位	栗 A	昆 貢	-位	5週	CW 38	B	全2 3 1 3	芝2 3 1 3	ク1 3 0 2
3	5	16.1	◎○◎	2.7	1	70	3.0	1	375	15	336	1	キタサンブラック	ブラックタイド	鹿毛	牡3	ソールオリエンス		スキア	モティヴェイター	社台レースホース	社台F	57.0	追	東 A	横山武	4位	美 A	手塚貴	57位	5週	南W 45	A	全3 0 0 0	芝3 0 0 0	ク2 0 0 0
3	6	9.7	：：：	60.0	15	61	-8.9	9	371	11	345	11	シルバーステート	ディープインパクト	鹿毛	牡3	ショウナンバシット	◎	ギエム	メダグリアドーロ	国本 哲秀	ノーザンF	57.0	先	西 A	Mデム	19位	栗 B*	須貝尚	36位	5週	CW 34	B	全3 1 1 1	芝3 1 1 1	ク1 1 0 1
4	7	16.1	☆☆：	37.2	11	58	-11.9	15	370	7	344	9	ルーラーシップ	キングカメハメハ	青鹿	牡3	フリームファクシ		ライツェント	スペシャルウィーク	*金子真人H	ノーザンF	57.0	差	東 B	吉田隼	20位	栗 B*	須貝尚	36位	5週	CW 42	A	全3 1 0 1	芝3 1 0 1	ク1 0 0 1
4	8	3.2	：：△	52.7	13	63	-7.0	5	370	8	346	12	シルバーステート	ディープインパクト	黒鹿	牡3	メタルスピード	○	マイビビアーヌ	シャマーダル	Him Rock	タバタF	57.0	差	東 B	津村明	17位	美 A	斎藤誠	4位	5週	南W 48	A	全2 0 3 3	芝2 0 3 3	ク0 0 1 1
5	9	9.7	：：：	184	18	51	-19.0	18	372	12	347	13	ラブリーデイ	キングカメハメハ	栗毛	牡3	グリューネグリーン		レディーダービー	スペシャルウィーク	斎藤 光政	本間牧場	57.0	先	東 C	石川裕	54位	美 C	相沢郁	76位	5週	南W 30	B	全2 0 1 3	芝2 0 1 3	ク1 0 0 3
5	10	6.5	△注：	15.3	5	61	-8.8	8	374	14	338	2	ロードカナロア	キングカメハメハ	鹿毛	牡3	シャザーン		クイーンズリング	マンハッタンカフェ	*金子真人H	社台F	57.0	差	西 B	岩田望	3位	栗 A*	友道康	14位	5週	CW 53	S	全2 1 0 1	芝2 1 0 1	ク1 0 0 1
6	11	6.5	：：：	23.8	7	61	-9.0	10	377	17	344	6	ハーツクライ	サンデーサイレンス	鹿毛	牡3	ハーツコンチェルト		ナスノシベリウス	アンブライドルズソング	グリーンファーム	ハシモトフアーム	57.0	追	西 B	松山弘	5位	美 A	武井亮	48位	3週	南W 43	A	全1 1 1 2	芝1 1 1 2	ク0 1 1 2
6	12	22.6	○◎○	8.3	4	67	-3.0	2	367	4	343	5	サトノクラウン	マルジュ	鹿毛	牡3	タスティエーラ		パルティトゥーラ	マンハッタンカフェ	*キャロットF	ノーザンF	57.0	先	A	レーン	18位	美 S	堀宣行	22位	5週	南W 39	B	全2 1 0 1	芝2 1 0 1	ク1 1 0 1
7	13	16.1	：：：	49.2	12	60	-10.0	11	369	6	356	17	ドゥラメンテ	キングカメハメハ	鹿毛	牡3	シーズンリッチ		エバーシャルマン	ハーツクライ	宇田 豊	ノーザンF	57.0	先	東 A	戸崎圭	6位	美 A*	久保田	10位	8週	南W 38	B	全2 0 0 3	芝2 0 0 3	ク1 0 0 1
7	14	3.2	注▲注	6.0	3	63	-6.9	4	370	9	341	4	ハービンジャー	ダンジグ	鹿毛	牡3	ファントムシーフ		ルパン2	メダグリアドーロ	ターフ・スポート	谷川牧場	57.0	差	西 A	武 豊	9位	栗 A	西村真	32位	5週	CW 43	A	全3 0 1 1	芝3 0 1 1	ク2 0 1 1
7	15	6.5	：：：	55.2	14	59	-11.0	14	378	18	344	7	モーリス	スクリーンヒーロー	栗毛	牡3	ノッキングポイント		チェッキーノ	キングカメハメハ	サンデーR	ノーザンF	57.0	先	東 B	北村宏	41位	美 S*	木村哲	28位	8週	美坂 38	B	全2 1 0 2	芝2 1 0 2	ク0 1 0 2
8	16	6.5	：：：	82.6	16	58	-12.0	16	368	5	357	18	ヴィクトワールピサ	ネオユニヴァース	鹿毛	牡3	バクスオトマニカ		ディープラヴ	ディープインパクト	窪田 芳郎	ノーザンF	57.0	逃	東 B	田辺裕	12位	美 A*	久保田	10位	2週	南W 35	B	全3 1 0 2	芝3 1 0 2	ク1 0 0 1
8	17	9.7	：△：	29.8	9	61	-8.7	7	360	1	354	15	ドゥラメンテ	キングカメハメハ	黒鹿	牡3	ドゥラエレーデ		マルケッサ	オルフェーヴル	スリーエイチR	ノーザンF	57.0	先	西 B	坂井瑠	7位	栗 A	池添学	33位	8週	CW 36	B	全2 2 0 2	芝1 1 0 2	ク1 0 0 1
8	18	19.4	：：：	22.3	6	59	-10.8	12	370	10	344	8	サトノダイヤモンド	ディープインパクト	鹿毛	牡3	サトノグランツ		チェリーコレクト	オラトリオ	里見 治	ノーザンF	57.0	先	西 S	川田将	1位	栗 A*	友道康	14位	2週	栗坂 27	B	全3 1 0 1	芝3 1 0 1	ク1 0 0 0

「純正３ハロン」のランキングです。

１位は東京芝１８００ｍの１勝クラスを制したレーベンスティール。ラスト２ハロンが10秒８→10秒９ですから、「純正３ハロン」は10秒８＋10秒９×２＝32秒６でした。レースの上がり３ハロンは33秒３、レーベンスティール自身の上がりはメンバー中最速の33秒０でしたが、「純正３ハロン」をもってすれば、実際にはそれ以上の価値があったことがわかります。

そして、３位エルトンバローズ、４位シルトホルンも１勝クラスの勝ち上がり時にハイレベルな「純正３ハロン」をマークしていました。

鋭い方はこれらの馬名でピンと来たかもしれませんが、この３頭は揃ってラジオＮＩＫＫＥＩ賞に出走し、見事にワン・ツー・スリーを決めています（Ｐ60～61）。

その勝ち時計の１分46秒９も近５年では昨年に次ぐ第２位のもので、23年のラジオＮＩＫＫＥＩ賞はハイレベルな争いだったと断言できました。実際、勝ち馬エルトンバローズは次走の

●2023年の重賞以外の「純正３ハロン」ランキング

	日付	コース	距離	レース名（条件）	勝ち馬	性	齢	2F	1F	純正3F
1位	5月14日	東京	1800m	3歳1勝クラス	レーベンスティール	牡	3	10.8	10.9	32.6
2位	8月5日	新潟	2000m	月岡温泉特別（2勝）	コスモサガルマータ	牡	3	10.8	11.2	33.2
3位	5月6日	京都	1600m	3歳1勝クラス	エルトンバローズ	牡	3	11.1	11.2	33.5
4位	5月21日	東京	1600m	3歳1勝クラス	シルトホルン	牡	3	11.0	11.3	33.6
4位	6月4日	東京	2000m	ホンコンJCT（2勝）	ドゥレッツァ	牡	3	11.2	11.2	33.6
6位	5月13日	京都	2000m	あずさ賞（1勝）	リミットバスター	牡	3	11.1	11.3	33.7
6位	5月6日	東京	2000m	プリンシパルS（L）	パクスオトマニカ	牡	3	11.1	11.3	33.7
6位	4月30日	東京	1800m	スイートピーS（L）	ウヴァロヴァイト	牝	3	11.1	11.3	33.7
6位	1月7日	中京	1200m	3歳1勝クラス	プロトポトス	牡	3	11.1	11.3	33.7
10位	6月10日	東京	1600m	芦ノ湖特別（2勝）	ミカッテヨンデイイ	牝	3	11.0	11.4	33.8
参考	5月20日	東京	1800m	カーネーションC（1勝）	アンリーロード	牝	3	11.1	11.4	33.9
参考	7月30日	札幌	1800m	3歳上1勝クラス	ココナッツブラウン	牝	3	11.7	11.4	34.5

毎日王冠でソングライン、シュネルマイスターの2頭の年長GI馬を負かしています。

ラジオNIKKEI賞で1番人気だったのがレーベンスティールです。4角10番手から直線は馬群を捌くのに手間取って、ゴール前で猛迫するもソールオリエンスを寄せつけませんでした。

先に触れたように、ラスト2ハロンが11秒7→11秒0とラストで大きく加速しており、「純正3ハロン」は11秒7＋11秒0×2＝33秒7。直線が急坂の中山としては非常に優秀でした。

同馬は菊花賞を見送って、国際GIの香港ヴァーズに出走。結果、8着に敗れましたが、1勝クラス、ラジオNIKKEI賞、セントライト記念の「純正3ハロン」から、すでにGI級の瞬発力を証明済みです。

そして、秋初戦に選択したのが菊花賞の前哨戦であるセントライト記念（P62～63）。

レースは1000m通過が60秒1の平均ペースを中団追走。4角を抜群の手応えで回ってきて、上がり最速33秒9の末脚で豪快に突き抜けて、皐月賞

4角10番手から直線は馬群を捌くのに手間取って、ゴール前で猛迫するも0秒1差の3着まで。このレースまで5戦すべて上がり最速をマークしています。

●レーベンスティールの成績

年月日	レース名（クラス）		レース条件			人気	着順	走破時計	純正3F	上がり3F（順位）
20221113	2歳新馬	新馬	東京	芝	1800m	2	2	1分50秒8	33.0	33.2（1）
20221210	2歳未勝利	未勝利	中山	芝	1800m	1	1	1分48秒4	35.2	35.6（1）
20230325	3歳1勝クラス	1勝	中山	芝	1800m	1	2	1分54秒6	35.2	35.7（1）
20230514	3歳1勝クラス	1勝	東京	芝	1800m	1	1	1分47秒4	32.6	33.0（1）
20230702	ラジオNIKKEI賞	GⅢ	福島	芝	1800m	1	3	1分47秒0	35.7	34.4（1）
20230918	セントライト記念	GⅡ	中山	芝	2200m	2	1	2分11秒4	33.7	33.9（1）

1走前	2走前	3走前	4走前	5走前
2/12 1東京 6 共同通信杯 G3 7 9週 1800 芝 良 ○ 12ト ⑧ 松山弘 56 1476 2人2 +0.6 ファントムシーフ 36.5 S +1.2 5 6 8 中 A 33.7 ❸ 栗坂 31 472k(0) 50	12/4 6中京 2 こうやまき賞 1C 1 2週 1600 芝 良 ◎ 12ト ❷ 松山弘 55 1346 7人10 -0.2 サトノヴィレ 36.4 M -0.1 8 7 7 外 A 34.6 ① 栗坂 17 472k(0) 51	11/13 1 2週 東京 5 5 S ❸ 1800 良 ○ 40	10/23 3 阪神 6 7 S ❸ 1800 良 ◎ 33	
4/16 3中山 8 皐月賞 G1 12 3週 2000 芝 重 △ 18ト ⑰ 嶋田純 57 2029 7人13 +2.3 ソールオリエンス 35.1 H -2.1 1 1 2 最 S 39.5 ⑯ 南W 17 448k(-8) 44	3/19 2中山 8 スプリングS G2 4 8週 1800 芝 重 × 16ト ⑬ 嶋田純 56 1493 1人1 +0.4 ベラジオオペラ 35.4 H -1.8 1 1 1 最 A 37.6 ⑬ 南W 27 456k(-4) 55	1/15 8 3週 中山 1 1 S ⑨ 2000 良 - 46	12/18 10 9週 阪神 2 2 H ⑯ 1600 良 - 49	10/8 2 5週 東京 1 1 M ⑨ 1600 良 ◎ 48
5/28 1京都 12 白百合S L 6 5週 1800 芝外 良 ◎ 8ト ⑤ 鮫島駿 56 1465 5人5 +0.5 バルサムノート 36.0 M +1.0 8 6 最 A 34.1 ❸ 栗坂 33 448k(-12) 50	4/15 3中山 7 山藤賞 1C 1 6週 2000 芝 重 △ 12ト ⑩ 津村明 56 2042 1人1 0.0 シルバーティムー 38.4 H -1.7 9 10 8 大 B 36.7 ① 栗坂 29 460k(-4) 50	2/25 1 小倉 4 3 H ❷ 2000 稍 - 42	2/18 2 2週 小倉 9 8 M ① 2000 稍 - 37	1/29 2 2週 小倉 8 4 S ① 2000 重 △ 33
5/6 1京都 5 京都新聞杯 G2 6 5週 2200 芝外 良 ○ 12ト ⑤ 横山典 56 2145 1人1 +0.4 サトノグランツ 38.9 S +3.8 8 3 3 中 B 34.0 ⑧ CW 28 440k(0) 53	3/25 2阪神 1 毎日杯 G3 6 9週 1800 芝外 良 ○ 13ト ⑩ 石川裕 56 1471 4人4 +0.5 シーズンリッチ 36.0 M -0.6 8 9 最 A 35.2 ④ CW 30 440k(+6) 53	1/15 2 中山 5 5 S ❸ 2000 良 - 53	1/5 7 10 中山 7 8 M ⑦ 1600 良 - 43	10/23 1 2週 新潟 4 4 H ❸ 1800 良 ○ 42
4/8 3中山 5 NZT G2 10 2週 1600 芝外 稍 - 16ト ⑩ 武 豊 56 1345 8人16 +0.8 エエヤン 36.5 M -1.0 15 16 15 大 A 35.4 ❷ 南W 29 474k(-4) 52	3/19 2中山 8 スプリングS G2 10 8週 1800 芝 重 × 16ト ⑫ 柴田善 56 1498 6人12 +0.9 ベラジオオペラ 38.8 H -1.8 16 16 14 外 A 35.7 ① 南W 29 478k(+4) 50	1/15 7 2週 中山 3 3 S ⑦ 2000 良 - 48	12/28 9 12 中山 4 4 S ⑮ 2000 良 △ 53	10/1 1 4週 中山 3 3 S ① 2000 良 - 48
5/6 1京都 5 3歳1C 1 2週 1600 芝 良 ○ 8ト ❷ 西村淳 56 1336 6人6 -0.3 シルヴァーデュー 36.0 S +1.8 2 2 中 A 33.6 ❷ CW 25 502k(-6) 55	4/16 2阪神 8 3歳未 1 3週 1600 芝外 稍 - 18ト ❷ 西村淳 56 1337 3人6 -0.2 サンライズブルー 35.7 M -0.9 5 5 中 A 35.1 ① CW 29 508k(+4) 47	3/19 2 5週 阪神 5 4 M ❸ 1800 稍 △ 41	2/4 9 7週 中京 5 5 M ⑧ 2200 良 ○ 22	12/11 2 6週 阪神 6 4 M ① 1800 良 - 40
5/21 2東京 10 3歳1C 1 2週 1600 芝 良 ○ 11ト ❷ 大野拓 56 1331 6人6 -0.3 コンクシェル 35.8 S +2.3 1 1 最 S 33.5 ❷ 南W 21 458k(+6) 61	4/29 2東京 3 3歳1C 2 5週 1600 芝 良 ◎ 13ト ❸ 大野拓 56 1323 5人6 0.0 ニシノライコウ 34.4 M -0.5 3 2 中 S 34.4 ⑤ 南W 32 452k(-2) 55	3/19 9 3週 中山 2 2 H ⑭ 1800 重 × 50	2/19 4 8週 東京 5 4 M ⑤ 1600 良 ◎ 53	12/17 2 3週 中山 1 1 M ⑤ 1600 良 - 49
5/28 1京都 12 白百合S L 3 8週 1800 芝外 良 ◎ 8ト ❷ 松若風 56 1462 1人1 +0.2 バルサムノート 35.1 M +1.0 1 1 最 A 34.3 ⑤ CW 47 466k(-8) 53	3/25 3中山 1 3歳1C 1 3週 1800 芝 不 × 11ト ❸ 横山和 56 1546 6人6 0.0 レーベンスティー 39.9 S +4.2 1 1 1 最 A 35.7 ① 栗坂 32 474k(-2) 53	2/25 5 8週 阪神 2 2 S ④ 2200 良 ○ 47	12/24 1 2週 阪神 1 1 S ④ 2000 良 - 40	12/4 2 1週 阪神 5 4 S ❸ 2000 良 ◎ 38
4/30 2東京 4 スイートピー L 1 10 1800 芝 良 ◎ 13ト ❷ 菅原明 54 1476 8人13 -0.1 アリスヴェリテ 37.0 S +2.0 7 8 8 外 A 33.2 ❸ 南W 29 444k(0) 57	2/11 1東京 5 クイーンC G3 10 11 1600 芝 稍 ○ 16ト ④ 横山武 54 1342 3人5 +1.1 ハーパー 34.8 M -0.6 3 3 外 A 35.9 ⑫ 南W 46 444k(+4) 45	11/20 3 5週 東京 4 3 S ① 1600 良 ◎ 47	10/10 1 10 東京 4 6 M ❷ 1600 稍 ◎ 36	7/24 2 札幌 4 5 S ❷ 1800 良 - 34
5/28 1京都 12 白百合S L 1 9週 1800 芝外 良 ◎ 8ト ❸ 西村淳 56 1460 8人8 0.0 アイスグリーン 35.7 M +1.0 6 6 大 A 33.6 ① 栗坂 28 494k(+4) 57	3/19 2中京 4 Fウォーク賞 1C 3 3週 1600 芝 稍 △ 8ト ❶ 吉田隼 56 1363 2人2 +0.1 ティニア 37.4 S +2.6 3 3 3 最 A 34.3 ❷ 栗坂 31 490k(-6) 48	2/19 2 10 東京 4 4 M ⑥ 1600 良 ◎ 53	12/3 5 15 中山 4 4 M ⑨ 2000 良 ○ 46	8/14 1 小倉 3 2 S ① 1800 良 ◎ 39
4/30 2東京 4 スイートピー L 3 4週 1800 芝 良 ◎ 13ト ❸ 津村明 54 1477 5人7 +0.1 ウヴァロヴァイト 37.1 S +2.0 9 8 9 内 A 33.1 ① 栗坂 35 470k(-4) 54	3/26 3中山 2 ミモザ賞 1C 1 6週 2000 芝 不 × 11ト ❸ 津村明 54 2069 8人11 0.0 イージーオンミー 37.6 H -4.7 9 6 2 外 B 39.2 ❷ 栗坂 39 474k(+4) 50	2/5 1 1週 小倉 5 4 M ❷ 1800 良 - 39	1/21 2 6週 中京 5 5 M ① 2000 良 ○ 39	12/3 4 1週 阪神 8 7 M ⑥ 1800 良 ◎ 36
6/11 3東京 4 3歳以上1C 2 2週 1600 芝 稍 - 13ト ❶ 吉田豊 55 1350 6人9 +0.1 マルチャン 37.2 S +1.3 7 7 外 B 33.8 ❷ 南W 32 488k(-4) 52	5/21 2東京 10 3歳1C 3 2週 1600 芝 良 ○ 11ト ⑥ 吉田豊 56 1340 7人8 +0.9 シルトホルン 36.6 S +2.3 6 8 内 S 33.7 ④ 南W 32 492k(+6) 50	4/29 8 7週 東京 13 12 M ❸ 1600 良 ◎ 48	3/4 1 3週 中山 7 6 H ❷ 1600 良 ○ 42	2/5 2 2週 東京 4 4 M ④ 1600 良 ○ 38
5/28 1京都 12 白百合S L 2 9週 1800 芝外 良 ◎ 8ト ④ 幸英明 56 1460 7人7 0.0 バルサムノート 35.5 M +1.0 3 3 中 A 34.0 ❷ CW 33 474k(-6) 55	3/19 2中山 8 スプリングS G2 10 4週 1800 芝 重 × 16ト ⑤ 西村淳 56 1498 5人9 +0.9 ベラジオオペラ 37.7 H -1.8 9 10 10 外 A 36.4 ⑦ CW 32 480k(-6) 50	2/12 1 23 小倉 2 2 M ❸ 2000 稍 - 50	8/28 5 4週 新潟 2 3 S ⑥ 1600 良 ○ 42	7/23 1 4週 小倉 2 2 M ① 1800 良 ◎ 39
5/14 2東京 8 3歳1C 1 6週 1800 芝 良 ○ 13ト ❶ レーン 56 1474 3人3 -0.8 ワイドアラジン 36.3 S +2.6 3 3 3 最 S 33.0 ① 南W 41 476k(-4) 60	3/25 3中山 1 3歳1C 2 14 1800 芝 不 × 11ト ❶ 戸崎圭 56 1546 7人9 0.0 セオ 40.0 S +4.2 2 2 2 内 A 35.7 ① 南W 30 480k(+2) 51	12/10 1 3週 中山 3 2 M ① 1800 良 ○ 47	11/13 2 東京 3 4 S ① 1800 良 ○ 40	
3/25 2阪神 1 毎日杯 G3 5 4週 1800 芝外 良 ○ 13ト ⑨ 和田竜 56 1470 7人10 +0.4 シーズンリッチ 35.5 M -0.6 3 3 中 A 35.7 ⑧ 栗坂 38 484k(-12) 54	2/18 1阪神 3 つばき賞 1C 2 2週 1800 芝外 良 ○ 12ト ⑩ 和田竜 56 1473 3人3 +0.3 ロードデルレイ 35.8 S +2.0 1 1 最 A 34.1 ⑩ 栗坂 28 496k(-10) 48	1/28 5 8週 中京 3 4 S ⑥ 1600 良 ○ 38	11/27 6 5週 東京 10 10 S ❷ 1600 良 ○ 43	10/15 6 6週 阪神 2 2 S ⑦ 1800 良 ○ 41
6/18 3東京 6 3歳以上1C 1 23 1800 芝 良 ◎ 15ト ④ Mデム 55 1455 4人6 -0.1 トラマンダーレ 35.7 M +0.1 6 6 6 内 A 34.3 ❷ 南W 30 444k(+4) 57	1/5 1中山 1 3歳1C 0 4週 2000 芝 良 - 10ト Mデム 56 取消 6人6 アヴニールドブリ M -0.1 B 栗坂 34 0 k(0)	12/4 1 11 中山 4 2 M ① 2000 良 ○ 42	9/11 2 3週 中山 4 6 S ❷ 2000 良 ○ 38	8/14 2 新潟 10 10 S ❷ 1800 稍 - 34

日付 回 場 日 レース名 クラス 着順 日付 ローテ 着順

単⑥ 830 円

複⑥ 210 円 ⑦ 330 円 ⑭ 130 円

枠連3－4 4510 円

馬連⑥－⑦ 6460 円

ワイド⑥－⑦ 1780 円

⑥－⑭ 450 円

⑦－⑭ 660 円

馬単⑥→⑦ 13170 円

3連複⑥⑦⑭ 4690 円

3連単⑥→⑦→⑭ 50060 円

純正3ハロンランカー3頭の組み合わせで爆当たり！

式別	馬／組番	購入金額	的中／返還	払戻単価	払戻／返還金額
単勝	07	2,000円	–	–	0円
馬連	07－14	2,000円	–	–	0円
ワイド	07－14	4,000円	07－14	660円	26,400円
馬連ながし	軸：07 02,06,09,10,16	各 200円 計1,000円	06－07	6,460円	12,920円
ワイドながし	軸：07 02,06,09,10,16	各 600円 計3,000円	06－07	1,780円	10,680円

2023年7月2日
福島11R
ラジオNIKKEI賞
（GⅢ、芝1800m良）

1着⑥エルトンバローズ
（3番人気、8.3倍）
上がり3ハロン＝34秒9
2着⑦シルトホルン
（4番人気、13.7倍）
上がり3ハロン＝35秒2
3着⑭レーベンスティール
（1番人気、1.9倍）
上がり3ハロン＝34秒4

レース上がり3ハロン
＝35秒2
（11秒6－11秒5－12秒1）
★純正3ハロン＝35秒7

枠番	馬番	情報・展開・HB	予想オッズ	人気	頭数・馬番別連対率	HB指数	指数差	順位	前半	順位	後半	順位	父名	父父名	毛色	格上挑戦	性齢	馬名	重適性	母名	母父名	馬主名	生産者名	斤量	脚質	所属・ランク	騎手名	今年順位	所属・ランク	厩舎名	今年順位	ローテ	追切り	全	芝	ク	同	短	長	新	福
1	1	：：：	27.8	12	10.5	54	-11.9	15	361	11	346	8	ジャスタウェイ	ハーツクライ	栗毛	上	牡3	コレペティトール		ベガスナイト	コロナドズクエスト	加藤誠	社台F	55.0	差	東B	田辺裕	15位	栗A	中竹和	38位	19週	栗坂30 B	2011	2011	0001	1011	1000	0000	0000	0000
1	2	：：：	12.0	2	14.0	58	-7.9	7	349	1	362	16	ダノンバラード	ディープインパクト	鹿毛	上	牡3	グラニット		インティワタナ	フサイチコンコルド	ミルファーム	猿橋義昭	55.0	逃	東C	嶋田純	-位	美B	大和田	-位	10週	南W22 B	1115	1115	0105	1001	0112	0002	0001	1000
2	3	：：：	39.5	13	12.3	54	-12.0	16	361	12	346	9	ハービンジャー	ダンジグ	栗毛	上	牡3	スズカハービン	◎	スズカローラン	サンデーサイレンス	永井啓弍	辻牧場	54.0	差	西A	Mデム	24位	栗C	高橋忠	-位	4週	CW33 B	2205	2205	0001	0004	0000	2201	0000	0000
2	4	ブ ：：：	15.2	6	11.4	55	-10.9	13	361	10	347	10	イスラボニータ	フジキセキ	鹿毛	上	牡3	オメガリッチマン		エルカラファテ	ディープインパクト	原禮子	社台F	56.0	差	東B	横山典	32位	栗B	安田翔	54位	7週	栗坂40 A	1105	1105	0103	1001	0001	0102	1000	0000
3	5	：：：	80.8	15	14.0	55	-11.0	14	359	9	350	13	ビーチパトロール	レモンドロップキッド	鹿毛	上	牡3	シーウィザード		メリーウェザー	メジロベイリー	岡田牧雄	シンボリ牧場	55.0	追	東B	三浦皇	28位	美A	鹿戸雄	67位	11週	南W35 B	2014	2014	1014	1001	0011	1002	0010	0000
3	6	○：注	13.8	5	14.0	60	-6.0	4	359	8	345	4	ディープブリランテ	ディープインパクト	鹿毛	上	牡3	エルトンバローズ		ショウナンカラット	ブライアンズタイム	猪熊広次	桑田牧場	55.0	先	西B	西村淳	9位	栗A	杉山晴	2位	7週	CW42 A	2301	2301	0000	0300	2000	0001	0000	0000
4	7	：△◎	17.5	8	13.2	66	3.0	1	352	3	345	5	スクリーンヒーロー	グラスワンダー	黒鹿	上	牡3	シルトホルン		シンメイミヤビ	ラングフール	ディアレストC	飛渡牧場	54.0	先	東C	大野拓	36位	美C	新開幸	-位	5週	南W30 B	2205	2205	0002	1004	1201	0000	0000	0000
4	8	☆▲：	20.1	9	12.3	55	-10.8	12	352	2	351	15	スピルバーグ	ディープインパクト	鹿毛	上	牡3	セオ		ルーラ	オアシスドリーム	吉田千津	社台F	56.0	逃	西C	松若風	26位	栗A	上村洋	5位	4週	CW40 A	2213	2213	0011	1010	0000	1203	0000	0000
5	9	注：☆	21.5	10	12.3	59	-7.0	6	365	16	344	3	サトノクラウン	マルジュ	鹿毛	上	牝3	ウヴァロヴァイト		エイグレット	サンデーサイレンス	池谷誠一	ノーザンF	55.0	差	東B	菅原明	12位	美A	萩原清	57位	8週	南W36 B	2111	2111	1001	1100	1011	0000	0000	0000
5	10	▲注△	12.9	3	14.9	59	-6.9	5	363	15	342	2	モーリス	スクリーンヒーロー	黒鹿	上	牡3	バルサムノート		エピセアローム	ダイワメジャー	吉田勝己	ノーザンF	57.0	先	東C	松岡正	58位	栗A	高野友	16位	4週	栗坂28 B	2111	2111	1000	2000	0110	0001	0000	0000
6	11	：：：	27.4	11	9.6	56	-10.0	11	362	13	346	6	リアルスティール	ディープインパクト	鹿毛	上	牝3	アグラシアド		サラシー	テオフィロ	ライオンRH	矢野牧場	54.0	差	東B	津村明	20位	栗B	中村直	78位	8週	CW35 B	2112	2112	0010	1012	0000	1100	0000	0000
6	12	：：：	89.0	16	13.2	57	-9.0	10	362	14	350	14	ヤマカツエース	キングカメハメハ	栗毛	上	牡3	ダイシンヤマト		ダイシンパーティー	ブライアンズタイム	大八木信行	中原牧場	53.0	差	東C	吉田豊	59位	美C	戸田博	-位	2週	南W25 B	1212	1212	0000	0000	1212	0000	0000	0000
7	13	△☆：	15.9	7	12.3	57	-8.9	9	357	6	347	11	モーリス	スクリーンヒーロー	青鹿	上	牡3	アイスグリーン		グリューネワルト	スペシャルウィーク	シルクレーシング	ノーザンF	56.0	先	西B	幸英明	14位	栗A	池添学	21位	4週	栗坂24 B	2103	2103	0102	1101	0002	1000	0001	0000
7	14	◎◎○	2.5	1	12.3	63	-3.0	2	354	4	341	1	リアルスティール	ディープインパクト	鹿毛	上	牡3	レーベンスティール		トウカイライフ	トウカイテイオー	キャロットF	広富牧場	56.0	先	東A	戸崎圭	5位	美B	田中博	37位	6週	南W47 A	2200	2200	0000	2200	0000	0000	0000	0000
8	15	：○：	44.2	14	9.6	58	-8.0	8	354	5	347	12	ロードカナロア	キングカメハメハ	鹿毛	上	牡3	エマヌエーレ		エマノン	ハーツクライ	丸山担	ノーザンF	54.0	先	東C	石橋脩	53位	栗B	平田修	98位	13週	栗坂45 A	1114	1114	0001	0102	1012	0000	1010	0000
8	16	：：▲	13.4	4	14.0	61	-5.0	3	358	7	346	7	ゴールドシップ	ステイゴールド	芦毛	上	牡3	マイネルモーント		ゲッカコウ	ロージズインメイ	ラフィアン	ビッグレッドF	55.0	差	東C	石川裕	45位	美B	高木登	15位	1週	南P24 B	2200	2200	0000	1100	0000	1100	0100	0000

枠番 馬番　ブリンカー　情報 展開 HB　予想オッズ 人気　頭数・馬番別連対率
HB指数　指数差 順位　推定3F タイム　前半 順位　後半 順位
父名 父父名　毛色 格上挑戦 性齢 昇級初戦印　馬名 重適性　母名 母父名　馬主名 生産者名（特定名の時は背景色）
斤量 脚質　SABC順　所属 ランク　騎手名 今年順位　所属 ランク　厩舎名 今年順位
ローテ（中～週）　追切り　コース 指数 評価　着度数　全成績 芝ダ別 クラス　同距離 比較短距離 比較長距離 近競馬場 同競馬場

成績	1走前	2走前	3走前	4走前	5走前
同0000 短2021 長1000 東2000 中0010	6/18 3東京 6 町田特別 2C 1 11 2400 芝 良 ◎ 8ト ❶ ルメー 54 2264 8枠8 -0.1 マッハモンルード 39.2 S +4.9 2 4 3 内 A 60 33.7 ① 南W 34 480k (0)	3/25 2阪神 1 毎日杯 G3 12 12 1800 芝外 良 ○ 13ト ❶ 岩田康 56 1477 4枠5 +1.1 シーズンリッチ 36.8 M -0.6 12 12 中 A 47 35.2 ④ 南W 30 480k (-4)	12/28 3 7週 中山 11 11 S ① 2000 良 △ 57	11/6 1 9週 東京 6 3 S ❸ 2000 良 ○ 56	8/27 1 5週 札幌 3 3 S ❷ 1800 良 △ 37
同0000 短2112 長0000 東0000 中1012	8/12 3小倉 1 西部日刊スポ 2C 2 20 2000 芝 良 ◎ 11ト ❶ 西村淳 55 2000 5枠5 +0.1 ウィズユアドリー 37.2 S +2.6 5 5 5 中 B 56 33.5 ① 栗坂 15 488k (+2)	3/19 2中山 8 スプリングS G2 6 8週 1800 芝 重 × 16ト ❶ 戸崎圭 56 1498 8枠15 +0.9 ベラジオオペラ 38.1 H -1.8 13 11 10 大 A 50 36.2 ⑤ 栗坂 34 486k (+6)	1/15 3 2週 中山 7 7 S ❷ 2000 良 - 51	12/28 6 6週 中山 10 8 S ④ 2000 良 △ 55	11/13 1 5週 阪神 8 8 S ① 2000 重 × 52
同1001 短0002 長1001 東1000 中0000	8/20 3新潟 4 阿賀野川特別 2C 4 11 2200 芝 良 ◎ 18ト ⑥ 菱田裕 55 2118 5枠9 +0.5 リビアングラス 35.0 H -1.6 12 7 6 外 A 53 35.5 ❷ CW 50 480k (0)	5/27 2東京 11 3歳 1C 1 10 2400 芝 良 ◎ 8ト ⑦ 菅原明 56 2254 6枠6 -0.1 ティムール 37.3 S +3.2 1 1 1 最 S 58 34.1 ④ 栗坂 31 480k (-2)	3/11 8 8週 阪神 2 2 S ⑨ 2400 良 ○ 44	1/8 1 17 中京 4 4 M ❷ 2200 良 ○ 38	9/4 5 5週 新潟 6 8 M ④ 2000 良 - 29
同0000 短2210 長0000 東1100 中1100	7/2 2福島 2 ラジNIK賞 G3 3 6週 1800 芝 良 ○ 16ト ❶ 戸崎圭 56 1470 7枠14 +0.1 エルトンバローズ 36.9 M +0.3 10 10 10 内 A 63 34.4 ① 南W 47 474k (-2)	5/14 2東京 8 3歳 1C 1 6週 1800 芝 良 ○ 13ト ❶ レーン 56 1474 3枠3 -0.8 ワイドアラジン 36.3 S +2.6 3 3 3 最 S 60 33.0 ① 南W 41 476k (-4)	3/25 2 14 中山 2 2 S ① 1800 不 × 51	12/10 1 3週 中山 3 2 M ① 1800 良 ○ 47	11/13 2 東京 3 4 S ① 1800 良 ○ 40
同0001 短1102 長0001 東0002 中1000	6/25 3阪神 8 宝塚記念 G1 10 3週 2200 芝 良 ○ 17ト ⑦ 幸英明 53 2123 8枠17 +1.1 イクイノックス 34.1 H -1.5 2 2 2 内 A 60 36.5 ⑫ CW 51 506k (-6)	5/28 2東京 12 東京優駿 G1 0 8週 2400 芝 良 ◎ 18ト ⑧ 坂井瑠 57 中止 8枠17 タスティエーラ M 0.0 S CW 36 512k ( )	3/25 2 12 ア首 1900 良	12/28 1 5週 中山 2 2 S ⑨ 2000 良 △ 60	11/19 4 12 東京 1 2 M ⑧ 1800 良 ◎ 53
同1000 短1101 長0001 東0001 中0001	5/28 2東京 12 東京優駿 G1 9 5週 2400 芝 良 ◎ 18ト ⑤ 岩田望 57 2256 5枠10 +0.4 タスティエーラ 36.6 M 0.0 10 12 12 大 S 62 33.2 ④ CW 53 494k (-6)	4/16 3中山 8 皐月賞 G1 6 6週 2000 芝 重 △ 18ト ⑧ 岩田望 57 2013 6枠11 +0.7 ソールオリエンス 36.8 H -2.1 12 14 10 大 S 60 36.4 ❷ 栗坂 35 500k (+4)	2/25 1 5週 阪神 6 6 S ① 2200 良 ○ 57	1/15 1 23 中京 2 2 S ① 2000 重 △ 47	7/31 2 新潟 1 1 S ❸ 1800 良 ◎ 38
同0000 短1104 長0000 東2102 中0101	7/2 2福島 2 ラジNIK賞 G3 2 5週 1800 芝 良 ○ 16ト ④ 大野拓 54 1470 4枠7 +0.1 エルトンバローズ 35.7 M +0.3 2 2 2 内 A 61 35.2 ⑦ 南W 30 458k (0)	5/21 2東京 10 3歳 1C 1 2週 1600 芝 良 ○ 11ト ❷ 大野拓 56 1331 6枠6 -0.3 コンクシェル 35.8 S +2.3 1 1 最 S 61 33.5 ❷ 南W 21 458k (+6)	4/29 2 5週 東京 3 2 M ⑤ 1600 良 ◎ 55	3/19 9 3週 中山 2 2 H ⑭ 1800 重 × 50	2/19 4 8週 東京 5 4 M ⑤ 1600 良 ◎ 53
同0001 短1105 長0001 東0002 中0001	7/15 2福島 5 南相馬特別 1C 6 1週 2000 芝 稍 △ 10ト ⑧ 丸山元 55 2047 3枠3 +0.6 エイトキングゴッ 37.6 M -0.8 8 7 5 内 B 46 37.1 ❷ 南W 16 428k (-4)	7/1 2福島 1 開成山特別 1C 6 8週 2600 芝 稍 - 10ト ⑦ 丸山元 55 2430 8枠9 +1.2 ヒシシュシュ 40.0 S +1.5 7 6 6 中 B 39 36.7 ⑥ 南W 32 432k (-4)	4/29 1 1週 新潟 12 10 H ① 2000 良 ○ 43	4/16 9 2週 福島 7 8 H ⑫ 2000 稍 △ 26	3/26 2 2週 中京 8 8 H ④ 2000 不 × 37
同0010 短1002 長0101 東1101 中0012	6/3 3東京 1 稲城特別 1C 2 4週 2400 芝 不 △ 6ト ❶ 吉田豊 54 2292 1枠1 +0.1 ニシノレヴナント 38.6 S +3.1 3 3 4 内 B 53 34.6 ① 南W 32 458k (-2)	4/29 2東京 3 青葉賞 G2 5 3週 2400 芝 良 ◎ 15ト ⑥ 吉田豊 56 2248 3枠5 +0.9 スキルヴィング 37.0 M +0.6 11 7 7 外 S 52 35.2 ⑦ 南W 32 460k (+2)	4/2 3 3週 中山 5 2 S ❷ 2200 良 - 48	3/5 4 12 中山 9 8 M ① 2000 良 ○ 56	12/3 9 3週 中山 15 10 M ⑤ 2000 良 ○ 44
同0000 短3100 長0001 東0000 中0000	8/12 3小倉 1 西部日刊スポ 2C 1 5週 2000 芝 良 ◎ 11ト ❸ 松山弘 55 1599 6枠7 -0.1 セブンマジシャン 36.6 S +2.6 1 1 1 内 B 59 34.0 ❷ 栗坂 45 496k (0)	7/1 3中京 1 御在所特別 1C 1 9週 2000 芝 重 △ 8ト ❷ 松山弘 55 2017 6枠6 -0.6 スマートファント 36.8 S +1.9 1 1 1 内 A 57 34.9 ❷ CW 25 496k (+4)	4/22 1 2週 京都 1 1 M ⑩ 2000 良 ◎ 42	4/2 9 8週 阪神 5 4 M ⑨ 2400 良 ◎ 27	1/29 2 中京 2 2 S ❷ 2000 良 ○ 37
同0001 短10110 長1000 東0001 中0003	8/19 3新潟 3 3歳以上 1C 1 12 2400 芝 良 ◎ 8ト ⑤ 嶋田純 55 2272 8枠8 -0.1 トロピカルライト 37.3 M -0.2 3 3 3 中 B 54 34.5 ❷ 南W 29 452k (+6)	5/21 1新潟 8 3歳未 1 1週 2000 芝 良 △ 15ト ⑧ 嶋田純 56 2049 6枠11 -0.1 エンライトメント 38.9 S +1.4 7 7 7 外 B 40 35.6 ① 美坂 5 446k (-2)	5/7 4 1週 新潟 4 4 M ① 2000 不 × 34	4/22 7 8週 福島 9 7 M ⑤ 2000 良 - 27	2/18 8 連闘 小倉 10 12 M ❸ 2000 稍 - 32
同0000 短2001 長0000 東0000 中0000	8/5 2新潟 3 月岡温泉特別 2C 1 35 2000 芝外 良 ◎ 13ト ❷ 川田将 55 1599 7枠10 -0.2 マイネルモーント 36.9 S +2.6 6 6 外 A 61 32.7 ① 栗坂 24 494k (+6)	11/26 5阪神 7 京都2歳S G3 11 5週 2000 芝 良 ○ 15ト ❷ ムーア 55 2012 6枠10 +0.7 グリューネグリー 37.8 M +0.2 13 12 8 大 S 47 35.5 ⑥ 栗坂 32 488k (+12)	10/15 1 15 阪神 7 7 S ① 1800 良 ○ 49	6/25 1 1週 阪神 6 6 M ❸ 1600 良 ◎ 38	6/11 6 中京 8 8 M ⑥ 1600 良 ○ 24
同0100 短1003 長0000 東0001 中0001	8/20 3新潟 4 阿賀野川特別 2C 2 17 2200 芝 良 ◎ 18ト ❶ 三浦皇 55 2115 1枠1 +0.2 リビアングラス 35.3 H -1.6 12 5 3 中 A 56 35.5 ❷ 南W 39 478k (-4)	4/16 3中山 8 皐月賞 G1 8 8週 2000 芝 重 △ 18ト ⑮ 三浦皇 57 2019 3枠6 +1.3 ソールオリエンス 37.1 H -2.1 13 13 10 中 S 54 37.1 ⑧ 南W 36 482k (+8)	2/12 5 23 東京 9 8 S ① 1800 良 ○ 51	8/28 2 連闘 新潟 6 7 S ❷ 1600 良 ○ 48	8/21 1 2週 新潟 6 6 S ① 1800 稍 - 37
同0000 短3000 長0100 東1100 中2000	5/28 2東京 12 東京優駿 G1 2 5週 2400 芝 良 ◎ 18ト ❶ 横山武 57 2252 3枠5 0.0 タスティエーラ 36.1 M 0.0 6 6 6 中 S 67 33.3 ⑤ 南W 45 460k (-2)	4/16 3中山 8 皐月賞 G1 1 12 2000 芝 重 △ 18ト ❷ 横山武 57 2006 1枠1 -0.2 タスティエーラ 37.4 H -2.1 15 15 17 大 S 69 35.5 ① 南W 48 462k (0)	1/15 1 8週 中山 5 5 S ① 2000 良 - 58	11/13 1 東京 3 3 S ❷ 1800 良 ○ 42	
同0000 短2013 長0001 東1011 中0003	5/28 2東京 12 東京優駿 G1 15 5週 2400 芝 良 ◎ 18ト ⑱ 石川裕 57 2263 5枠9 +1.1 タスティエーラ 36.2 M 0.0 8 12 12 外 S 55 34.0 ⑪ 南W 30 482k (+2)	4/16 3中山 8 皐月賞 G1 11 5週 2000 芝 重 △ 18ト ⑯ 石川裕 57 2028 2枠3 +2.2 ソールオリエンス 35.4 H -2.1 4 3 3 内 S 45 39.1 ⑭ 南W 30 480k (-4)	3/5 8 9週 中山 8 6 M ④ 2000 良 ○ 51	12/28 11 4週 中山 6 4 S ⑮ 2000 良 △ 51	11/26 1 3週 阪神 1 1 M ⑧ 2000 良 ○ 57

(中～週)　1走前　2走前　3走前　4走前　5走前

指数 評価

同距離
比較短距離
比較長距離
近績馬場

日付 回 場 日 レース名 クラス 着順
ローテ 距離 芝ダ 馬場 レベル 頭数 人気 タイム差
騎手名 斤量 タイム 枠 馬番 勝ち馬名
前3F ペース 前後差 通過順 4角位置 レースレベル HB指数

日付 着順
ローテ
場 通過順
距離
ペース 後3順
馬場 HB指数

単④ 380円

複④ 130円

⑭ 110円

⑥ 190円

枠連3－8　280円

馬連④－⑭ 310円

ワイド④－⑭ 170円

④－⑥ 450円

⑥－⑭ 310円

馬単④→⑭ 750円

3連複④⑥⑭ 860円

3連単④→⑭→⑥ 4220円

影のＧⅠ馬
レーベン→
ソールの馬単
に価値あり

式別	馬／組番	購入金額	的中／返還	払戻単価	払戻／返還金額
3連単 フォーメーション	1着：04 2着：01,05,06,12,14 3着：01,05,06,07,10,12,13,14	各 100円 計3,500円	04→14→06	4,220円	4,220円
馬単	04→14	3,000円	04→14	750円	22,500円

2023年９月18日
中山11Ｒ
セントライト記念
（ＧⅡ、芝2200m良）

1着④レーベンスティール
（2番人気、3.8 倍）
上がり3ハロン＝ 33 秒 9
2着⑭ソールオリエンス
（1番人気、1.6 倍）
上がり3ハロン＝ 34 秒 0
3着⑥シャザーン
（3番人気、10.7 倍）
上がり3ハロン＝ 34 秒 6

レース上がり3ハロン
＝ 34 秒 4
（11 秒 7 ― 11 秒 7 ― 11 秒 0）
★純正3ハロン＝ 33 秒 7

枠番	馬番	頭数・馬番別連対率	情報	展開	HB	予想オッズ	人気	HB指数	指数差	順位	前半	順位	後半	順位	父名	父父名	毛色	格上挑戦	性齢	馬名	重適性	母名	母父名	馬主名	生産者名	斤量	脚質	所属	ランク	騎手名	今年順位	所属	ランク	厩舎名	今年順位	ローテ	追切りコース	評価	全成績	芝ダ別	クラス
1	1	0.0	▲	：	△	8.8	3	63	-6.9	5	381	15	339	5	ルーラーシップ	キングカメハメハ	鹿毛	上	牡3	キングズレイン		タッチングスピーチ	ディープインパクト	サンデーR	ノーザンF	56.0	追	西	S	ルメー	2位	美	A*	手塚貴	23位	12週	南W 48	A	3 0 2 1	3 0 2 1	0 0 1 1
2	2	0.0	：	：	：	18.8	7	58	-12.0	11	376	11	346	8	ジャスタウェイ	ハーツクライ	鹿毛	上	牡3	セブンマジシャン		ハピネスダンサー	メイショウサムソン	前迫 義幸	ノーザンF	56.0	差	西	B	西村淳	10位	栗	A	高野友	34位	4週	栗坂 24	B	2 1 1 2	2 1 1 2	0 0 1 2
2	3	8.3	：	：	：	68.1	12	60	-10.0	9	370	4	348	10	モーリス	スクリーンヒーロー	鹿毛	上	牡3	コレオグラファー		ソルトオブジアース	アグネスデジタル	大谷 正嗣	戸川牧場	56.0	差	東	B	菅原明	11位	栗	B	高柳大	29位	3週	CW 44	A	2 0 0 4	2 0 0 4	0 0 0 0
3	4	16.7	○	◎	○	4.9	2	65	-5.0	2	372	7	333	1	リアルスティール	ディープインパクト	鹿毛	上	牡3	レーベンスティール		トウカイライフ	トウカイテイオー	キャロットF	広富牧場	56.0	先		A	モレイ	61位	美	B	田中博	47位	10週	南W 50	S	2 2 1 0	2 2 1 0	0 0 1 0
3	5	25.0	△	注	：	11.3	4	62	-7.9	7	364	1	351	13	ドゥラメンテ	キングカメハメハ	黒鹿		牡3	ドゥラエレーデ		マルケッサ	オルフェーヴル	スリーエイチR	ノーザンF	56.0	先	西	B	坂井瑠	7位	栗	A	池添学	14位	11週	CW 28	B	2 2 0 4	1 1 0 4	1 0 0 3
4	6	8.3	注	▲	▲	11.3	5	64	-5.9	3	375	9	336	3	ロードカナロア	キングカメハメハ	鹿毛	上	牡3	シャザーン		クイーンズリング	マンハッタンカフェ	金子真人H	社台F	56.0	差	西	B	岩田望	4位	栗	S	友道康	11位	15週	CW 50	S	2 1 0 2	2 1 0 2	1 0 0 2
4	7	25.0	：	△	☆	28.9	9	63	-7.0	6	367	3	351	12	スクリーンヒーロー	グラスワンダー	黒鹿		牡3	シルトホルン		シンメイミヤビ	ラングフール	ディアレストC	飛渡牧場	56.0	先	東	C	大野拓	36位	美	C	新開幸	-位	10週	南W 38	B	2 3 0 5	2 3 0 5	0 1 0 2
5	8	16.7	：	：	：	209	15	48	-22.0	15	377	12	348	11	ハービンジャー	ダンジリ	鹿毛	上	牡3	ウイニングライブ	×	ナタリー	ディープインパクト	レッドマジック	グランド牧場	56.0	差	東	C	丸山元	56位	美	C	金成貴	-位	8週	南W 25	B	1 1 0 7	1 1 0 7	0 0 0 0
5	9	16.7	：	：	：	49.7	11	55	-15.0	14	375	10	345	7	キズナ	ディープインパクト	黒鹿	上	牡3	アームブランシュ		ソウルフルヴォイス	キングカメハメハ	古川 一弘	社台F	56.0	先	東	C	吉田豊	55位	美	B	竹内正	60位	14週	南W 32	B	1 1 1 4	1 1 1 4	0 0 0 2
6	10	0.0	☆	☆	：	18.5	6	62	-8.0	8	365	2	354	14	サトノダイヤモンド	ディープインパクト	鹿毛	上	牡3	ウィズユアドリーム		フラワーバレイ	ディスクリートキャット	小林英一H	出口牧場	56.0	逃	西	B	松山弘	6位	栗	B	吉岡辰	13位	4週	栗坂 20	B	3 1 0 1	3 1 0 1	0 0 0 0
6	11	33.3	：	：	：	106	14	56	-14.0	13	374	8	347	9	レッドファルクス	スウェプトオーヴァー	芦毛	上	牡3	シルバーブリペット	×	アウグスタ	エイシンフラッシュ	ミルファーム	松田牧場	56.0	先	東	C	嶋田純	-位	美	C	松山将	-位	3週	南W 25	B	2 0 1 12	2 0 1 12	0 0 0 0
7	12	8.3	：	：	注	27.3	8	64	-6.0	4	379	14	338	4	ヴィクトワールピサ	ネオユニヴァース	黒鹿	上	牡3	コスモサガルマータ		エーソングフォー	モアザンレディー	ビッグレッドF	岡田スタッド	56.0	差	東	C	松岡正	47位	栗	B	梅田智	-位	5週	栗坂 26	B	3 0 0 2	3 0 0 2	0 0 0 1
7	13	16.7	：	：	：	30.3	10	58	-11.9	10	377	13	345	6	エピファネイア	シンボリクリスエス	黒鹿	上	牡3	ウインオーディン		ビエナビーナス	フジキセキ	ウイン	コスモヴューF	56.0	差	東	B	三浦皇	25位	美	A	鹿戸雄	42位	3週	南W 31	B	1 2 0 3	1 2 0 3	0 1 0 2
8	14	8.3	◎	○	◎	1.8	1	70	5.0	1	370	5	334	2	キタサンブラック	ブラックタイド	鹿毛		牡3	ソールオリエンス		スキア	モティヴェイター	社台レースホース	社台F	56.0	先	東	A	横山武	3位	美	A*	手塚貴	23位	15週	南W 42	A	3 1 0 0	3 1 0 0	2 1 0 0
8	15	16.7	：	：	：	68.3	13	57	-13.0	12	372	6	354	15	ラブリーデイ	キングカメハメハ	栗毛		牡3	グリューネグリーン		レディーダービー	スペシャルウィーク	斎藤 光政	本間牧場	56.0	先	東	B	田辺裕	14位	美	C	相沢郁	80位	15週	南P 35	B	2 0 1 4	2 0 1 4	1 0 0 4

枠番 / 馬番	ブリンカー / 情報・展開・HB / 予想オッズ 人気 / 頭数・馬番別連対率	HB指数 / 指数差 / 順位 / 推定3F タイム / 前半 順位 / 後半 順位	父名 父父名 / 毛色 格上挑戦 性齢 / 昇級初戦印 / 馬名 重適性 / 母名 母父名 / 馬主名 生産者名 / （特定名の時は背景色）	斤量 脚質 / SABC順 / 所属 ランク / 騎手名 今年順位 / 所属 ランク / 厩舎名 今年順位	ローテ（ / 追切り / コース 扌 / 着度数 / 全成績 / 芝ダ別 / クラス

成績	前走	2走前	3走前	4走前	5走前
同0000 短0000 長0000 阪1100 京0000	8/20 2札幌 4 札幌記念 G2 2 11 2000 芝 稍 × 15ト ⑨ 横山和 55 2022 6 10 +0.7 プログノーシス 36.8 M -0.9 5 3 1 最 S 36.9 ⑤ 札芝 13 482k(-2) 69	5/28 2東京 12東京優駿 G1 14 5週 2400 芝 良 ◎ 18ト ⑩ 横山典 57 2262 2 4 +1.0 タスティエーラ 37.8 M 0.0 16 16 17 中 S 33.1 ❷ CW 38 484k(-4) 56	4/16 7 5週 中山 15 16 2000 H ❷ 重 △ 58	3/5 2 9週 中山 3 4 2000 M ⑦ 良 ○ 56	12/28 2 4週 中山 1 1 2000 S ⑨ 良 △ 59
同0000 短0000 長0000 阪0000 京0000	9/18 4中山 5 セントライト G2 6 3週 2200 芝外 良 ◎ 15ト ⑩ 三浦皇 56 2123 7 13 +0.9 レーベンスティー 37.2 M +0.8 12 11 12 大 S 34.3 ④ 南W 31 482k(+4) 58	8/20 3新潟 4 阿賀野川特別 2C 2 17 2200 芝 良 ◎ 18ト ❶ 三浦皇 55 2115 1 1 +0.2 リビアングラス 35.3 H -1.6 12 5 3 中 A 35.5 ❷ 南W 39 478k(-4) 56	4/16 8 8週 中山 13 10 2000 H ⑧ 重 △ 54	2/12 5 23 東京 9 8 1800 S ① 良 ○ 51	8/28 2 連闘 新潟 6 7 1600 S ❷ 良 ○ 48
同0000 短0000 長0000 阪1001 京0000	9/24 4阪神 7 神戸新聞杯 G2 10 16 2400 芝外 良 ◎ 13ト ⑦ 角田河 56 2245 7 11 R +1.0 サトノグランツ 37.2 S +3.3 2 2 2 内 S 34.6 ⑪ 南W 35 498k(+8) 57	5/28 2東京 12東京優駿 G1 7 8週 2400 芝 良 ◎ 18ト ⑭ 戸崎圭 57 2256 7 13 +0.4 タスティエーラ 35.6 M 0.0 3 3 3 内 S 34.1 ⑬ 南W 38 490k(-2) 62	3/25 1 5週 阪神 5 5 1800 M ❸ 良 ○ 59	2/12 6 13 東京 3 3 1800 S ⑧ 良 ○ 51	11/6 4 3週 東京 3 5 2000 S ⑤ 良 ○ 45
同0000 短0000 長0000 阪0100 京0100	8/19 3新潟 3 日本海S 3C 8 14 2200 芝 良 ◎ 13ト ❷ 西村淳 55 2125 2 2 +1.1 ドゥレッツァ 36.1 M +0.4 3 3 3 内 B 36.0 ⑨ CW 43 514k(0) 51	5/6 1京都 5 京都新聞杯 G2 2 16 2200 芝外 良 ○ 12ト ❷ 西村淳 56 2141 6 7 0.0 サトノグランツ 38.3 S +3.8 2 3 3 最 B 33.6 ④ CW 30 514k(-6) 57	1/5 2 11 中京 8 8 2000 M ① 良 ○ 52	10/15 2 10 阪神 3 4 1800 S ❷ 良 ○ 47	7/31 1 新潟 2 2 1800 S ① 良 ◎ 40
同0000 短0000 長0000 阪0000 京0000	8/6 2新潟 4 レパードS G3 15 9週 1800 ダ 良 - 15ト ⑥ 田辺裕 56 1571 6 10 +6.3 ライオットガール 37.6 H -1.9 11 13 14 最 A 42.4 ⑮ 南W 39 478k(+2) 5	5/28 2東京 12東京優駿 G1 13 2週 2400 芝 良 ◎ 18ト ⑰ 田辺裕 57 2260 8 16 +0.8 タスティエーラ 35.3 M 0.0 1 1 1 最 S 36.1 ⑯ 南W 35 476k(0) 58	5/6 1 6週 東京 1 1 2000 S ❷ 良 ○ 57	3/19 5 7週 中山 9 5 1800 H ⑥ 重 × 52	1/22 1 6週 中山 1 1 1800 M ④ 良 △ 54
同0000 短0000 長0000 阪1001 京0010	8/20 3新潟 4 阿賀野川特別 2C 1 14 2200 芝 良 ◎ 18ト ❷ 吉田豊 55 2113 4 7 -0.2 ウインオーディン 34.0 H -1.6 1 1 1 最 A 35.6 ④ 栗坂 33 500k(+12) 60	5/6 1京都 5 京都新聞杯 G2 3 2週 2200 芝外 良 ○ 12ト ⑦ 鮫島駿 56 2141 8 12 0.0 サトノグランツ 37.7 S +3.8 1 1 1 最 B 33.9 ⑥ 栗坂 29 488k(-6) 57	4/16 1 3週 阪神 1 1 2000 S ⑧ 稍 - 51	3/19 1 連闘 中京 3 5 2000 M ❷ 稍 △ 40	3/11 4 阪神 9 8 2000 M ❸ 良 ○ 35
同0000 短0000 長0000 阪0000 京0000	5/28 2東京 12東京優駿 G1 1 5週 2400 芝 良 ◎ 18ト ④ レーン 57 2252 6 12 0.0 ソールオリエンス 35.9 M 0.0 4 4 4 中 S 33.5 ⑨ 南W 39 478k(0) 68	4/16 3中山 8 皐月賞 G1 2 5週 2000 芝 重 △ 18ト ⑤ 松山弘 57 2008 7 14 +0.2 ソールオリエンス 35.7 H -2.1 6 6 4 外 S 36.6 ⑤ 南W 40 478k(-6) 66	3/5 1 2週 中山 3 2 2000 M ④ 良 ○ 59	2/12 4 10 東京 5 5 1800 S ❸ 良 ○ 56	11/27 1 東京 2 2 1800 S ❷ 良 ○ 46
同0000 短1000 長0000 阪1200 京0000	9/24 4阪神 7 神戸新聞杯 G2 2 9週 2400 芝外 良 ◎ 13ト ⑩ 池添謙 56 2235 5 6 R 0.0 サトノグランツ 37.4 S +3.3 3 3 4 最 S 33.4 ⑤ 栗坂 32 528k(+12) 67	7/16 2福島 6 信夫山特別 2C 1 10 2600 芝 良 - 11ト ❶ 田辺裕 55 2419 2 2 -0.5 シャインユニバン 38.2 S +2.0 1 1 1 内 A 36.2 ❷ 栗坂 26 516k(+2) 60	4/29 6 3週 東京 3 3 2400 M ⑨ 良 ◎ 51	4/1 1 2週 阪神 3 3 2400 S ① 良 ◎ 55	3/11 2 4週 阪神 9 9 2400 S ① 良 ○ 52
同0000 短0000 長0000 阪0100 京0000	9/3 3新潟 8 新潟記念 G3 1 13 2000 芝外 良 - 14ト ❷ 北村宏 54 1590 3 3 -0.2 ユーキャンスマイ 37.0 S +1.8 5 6 内 B 33.8 ❸ 南W 35 494k(+6) 67	5/28 2東京 12東京優駿 G1 5 8週 2400 芝 良 ◎ 18ト ⑮ 北村宏 57 2254 7 15 +0.2 タスティエーラ 36.0 M 0.0 7 9 9 中 S 33.4 ⑥ 美坂 38 488k(+4) 64	3/25 2 4週 阪神 5 7 1800 M ① 良 ○ 58	2/19 1 6週 東京 6 6 1600 M ① 良 ◎ 58	1/5 6 12 中山 6 5 1600 M ⑨ 良 - 46
同0000 短0000 長0000 阪1001 京0001	9/24 4阪神 7 神戸新聞杯 G2 8 19 2400 芝外 良 ◎ 13ト ⑥ 横山武 56 2241 6 8 R +0.6 サトノグランツ 38.2 S +3.3 8 9 10 内 S 33.4 ⑤ CW 52 496k(-6) 61	5/6 1京都 5 京都新聞杯 G2 5 2週 2200 芝外 良 ○ 12ト ❸ 和田竜 56 2142 2 2 +0.1 サトノグランツ 38.7 S +3.8 5 8 8 中 B 33.2 ① 栗坂 40 502k(-8) 56	4/16 14 11 中山 18 18 2000 H ⑨ 重 △ 44	1/21 1 4週 中京 6 7 2000 S ① 良 ○ 53	12/18 1 阪神 6 7 2000 S ① 良 - 37
同0000 短0000 長0000 阪3001 京1000	9/24 4阪神 7 神戸新聞杯 G2 1 16 2400 芝外 良 ◎ 13ト ❸ 川田将 56 2235 3 3 R 0.0 サヴォーナ 38.1 S +3.3 7 7 8 内 S 33.1 ❷ 栗坂 32 492k(+2) 68	5/28 2東京 12東京優駿 G1 11 2週 2400 芝 良 ◎ 18ト ⑦ 川田将 57 2259 8 18 +0.7 タスティエーラ 37.6 M 0.0 15 14 15 外 S 33.1 ❷ 栗坂 27 490k(-4) 59	5/6 1 7週 京都 6 5 2200 S ❷ 良 ○ 58	3/11 1 12 阪神 3 3 2400 S ❸ 良 ○ 54	12/11 1 3週 阪神 4 4 1800 M ① 良 - 42
同0000 短0000 長0000 阪0002 京0000	9/24 4阪神 7 神戸新聞杯 G2 5 16 2400 芝外 良 ◎ 13ト ❶ 松山弘 56 2236 8 13 R +0.1 サトノグランツ 38.2 S +3.3 8 7 7 大 S 33.3 ④ CW 33 492k(-2) 66	5/28 2東京 12東京優駿 G1 3 3週 2400 芝 良 ◎ 18ト ⑥ 松山弘 57 2252 6 11 0.0 タスティエーラ 37.7 M 0.0 14 6 6 外 S 33.4 ⑥ 南W 43 494k(-4) 67	4/29 2 5週 東京 11 12 2400 M ① 良 ◎ 60	3/18 4 11 阪神 5 4 2000 S ❸ 稍 △ 51	12/28 7 5週 中山 11 11 2000 S ❷ 良 △ 54
同0000 短1000 長0000 阪0001 京0000	9/24 4阪神 7 神戸新聞杯 G2 11 7週 2400 芝外 良 ◎ 13ト ⑤ 和田竜 56 2248 7 10 R +1.3 サトノグランツ 37.6 S +3.3 4 3 2 中 S 34.9 ⑫ 南W 40 482k(+6) 54	7/30 1札幌 4 阿寒湖特別 2C 1 5週 2600 芝 良 ◎ 14ト ❶ 和田竜 55 2394 3 4 -0.3 ライリッズ 37.3 S +1.1 8 8 4 外 A 34.9 ① 南W 23 476k(+6) 60	6/17 1 7週 東京 2 2 2400 S ① 良 ◎ 57	4/23 1 8週 東京 3 3 2400 M ① 良 ◎ 45	2/18 2 8週 東京 18 18 2400 M ① 良 ○ 39
同0000 短0000 長0000 阪0000 京0000	9/18 4中山 5 セントライト G2 2 15 2200 芝外 良 ◎ 15ト ❶ 横山武 56 2117 8 14 +0.3 レーベンスティー 36.6 M +0.8 10 9 9 大 S 34.0 ❷ 南W 42 460k(0) 65	5/28 2東京 12東京優駿 G1 2 5週 2400 芝 良 ◎ 18ト ❶ 横山武 57 22 36.1 M 0.0 6 33.3 ⑤ 南W 45	4/16 1 12	1/15 1 8週	11/13 1
同0000 短0000 長0000 阪1010 京0000	9/24 4阪神 7 神戸新聞杯 G2 3 16 2400 芝外 良 ◎ 13ト ❷ 武 豊 56 2236 5 7 R +0.1 サトノグランツ 36.9 S +3.3 1 1 1 最 S 33.7 ⑧ CW 46 502k(+12) 66	5/28 2東京 12東 5週 2400 芝 武 豊 57 22 36.8 M 0.0 10 33.5 ⑨ CW 43			
同0000 短0000 長0000 阪2111 京0000	9/24 4阪神 7 神戸新聞杯 G2 7 16 2400 芝外 良 ◎ 13ト ⑧ Mデム 56 2239 2 2 R +0.4 サトノグランツ 38.3 S +3.3 10 9 10 最 S 33.2 ❸ CW 34 486k(0) 63	5/28 2東京 12 5週 2400 芝 Mデム 57 22 38.7 M 0.0 17 34.3 ⑭ CW 34			
同0000 短0000 長0000 阪0000 京0000	8/19 3新潟 3 日本海S 3C 1 10 2200 芝 良 ◎ 13ト ❶ 戸崎圭 55 2114 4 4 -0.1 レッドラディエン 36.1 M +0.4 10 9 7 中 B 34.4 ① 南W 41 456k(-6) 64	6/4 3東京 2 オ 8週 2000 芝 ルメー 55 15 37.8 S +3.5 3 32.7 ① 南W 41			

単⑰ 730 円
複⑰ 210 円
⑦ 160 円
⑭ 120 円
枠連4－8　1050 円
馬連⑦－⑰ 1980 円
ワイド⑦－⑰ 660 円
⑭－⑰ 400 円
⑦－⑭ 260 円
馬単⑰→⑦ 4210 円
3連複⑦⑭⑰ 1570 円
3連単⑰→⑦→⑭ 12380 円

サンスポ連載の相手１番手にドゥレッツアを抜擢！

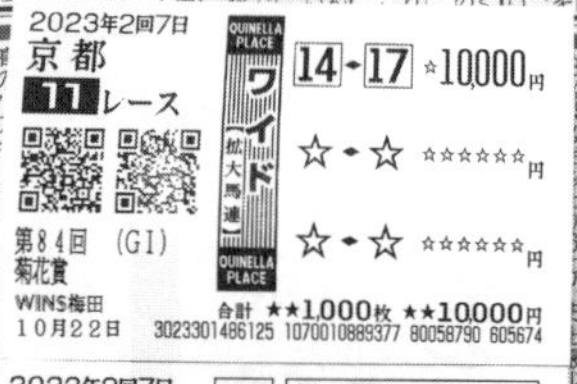

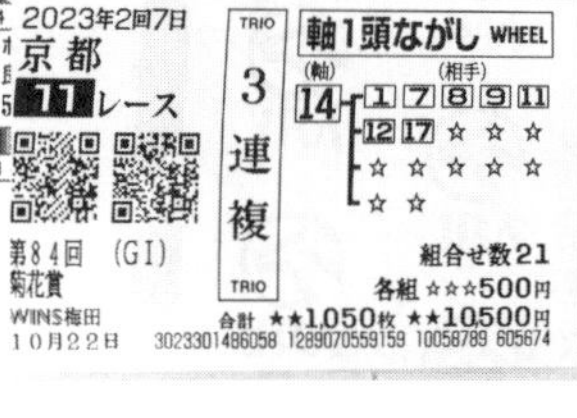

久保和功
京大式 推定3ハロン

【京都11R・菊花賞】改修前の京都施行の近10年（2011〜20年）、勝ち馬の上がりは3ハロン34秒台以内が4頭に対し、

◆京大式◆〈京都11R〉

推定前半3ハロン	1位①	トップナイフ	37秒6
	2位③	シーズンリッチ	37秒7
	3位⑦	タスティエーラ	37秒8
	4位⑮	ファントムシーフ	37秒9
	5位⑧	サヴォーナ	38秒0
推定後半3ハロン	1位⑭	ソールオリエンス	34秒6
	2位⑰	ドゥレッツァ	34秒7
	3位⑪	サトノグランツ	34秒9
	4位⑦	タスティエーラ	35秒0
	5位⑫	ハーツコンチェルト	35秒0

京都11R 京大式・脚質チェック
逃 △
先 ○
差 ○
追 ×

半3ハロン」2位ドゥレッツァ。2走前・ホンコンJTの上がり最速3ハロン32秒7は2位に0秒8差で、同舞台の勝ち馬では昨年の天皇賞・秋のイクイノックスなどと並んで歴代最速タイ。オープンの経験さえないが、GIでも末脚は見劣らない。

久保 和功
（くぼ・かずのり）京都大学工学部卒、京都大学大学院

2023年10月22日
京都11R
菊花賞
（ＧⅠ、芝3000m良）

1着⑰ドゥレッツァ

（4番人気、7.3 倍）

上がり3ハロン＝ 34 秒 6

2着⑦タスティエーラ

（2番人気、4.7 倍）

上がり3ハロン＝ 34 秒 8

3着⑭ソールオリエンス

（1番人気、2.7 倍）

上がり3ハロン＝ 35 秒 1

レース上がり3ハロン

＝ 34 秒 9

（11 秒 7 － 11 秒 4 － 11 秒 8）

★純正3ハロン＝ 35 秒 0

1	1	☆ : ○	18.8	8	70	-0.1	2	376	1	361	15	デクラレーションオブウ	ウォーフロント	青鹿	牡 3	トップナイフ ○	ビーウインド	スピニングワールド	安原 浩司	杵臼牧場	57.0	追	東 B 横山典	34 位	栗 A 昆 貢	- 位	8週	CW 33 B	全 2 4 1 4	芝 2 4 1 4	ク 1 4 0 3
1	2	: : :	48.2	12	59	-11.0	15	386	13	354	11	エピファネイア	シンボリクリスエス	黒鹿 上	牡 3	ウインオーディン	ビエナビーナス	フジキセキ	ウイン	コスモヴューF	57.0	差	東 B 三浦皇	17 位	美 A 鹿戸雄	30 位	4週	美坂 40 A	全 1 2 0 4	芝 1 2 0 4	ク 0 1 0 3
2	3	: : :	119	17	63	-7.1	11	377	2	362	17	ドゥラメンテ	キングカメハメハ	鹿毛	牡 3	シーズンリッチ	エバーシャルマン	ハーツクライ	宇田 豊	ノーザンF	57.0	先	西 C 角田河	31 位	美 A* 久保田	25 位	3週	CW 27 B	全 2 0 0 5	芝 2 0 0 5	ク 1 0 0 3
2	4	: : :	67.8	14	58	-12.1	17	383	7	356	14	ハーツクライ	サンデーサイレンス	黒鹿 上	牡 3	ダノントルネード	シーウィルレイン	マンハッタンレイン	ダノックス	ノーザンF	57.0	先	西 B 西村淳	9 位	栗 S 中内田	2 位	8週	CW 44 A	全 1 3 0 1	芝 1 3 0 1	ク 0 1 0 0
3	5	: : :	113	16	59	-11.1	16	385	10	361	16	ヴィクトワールピサ	ネオユニヴァース	鹿毛	牡 3	パクスオトマニカ	ディープラヴ	ディープインパクト	*窪田 芳郎	ノーザンF	57.0	逃	東 B 田辺裕	16 位	美 A* 久保田	25 位	10週	南W 34 B	全 3 1 0 4	芝 3 1 0 3	ク 1 0 0 2
3	6	: : :	19.8	9	61	-9.1	14	383	6	354	12	キズナ	ディープインパクト	青毛 上	牡 3	リビアングラス	ディルガ	カーリン	前田 幸治	ノースヒルズ	57.0	逃	西 B 坂井瑠	7 位	栗 B 矢作芳	3 位	8週	CW 44 A	全 3 0 1 1	芝 3 0 1 1	ク 0 0 1 0
4	7	○◎▲	5.2	2	69	-1.0	3	378	3	350	4	サトノクラウン	マルジュ	鹿毛	牡 3	タスティエーラ	パルティトゥーラ	マンハッタンカフェ	*キャロットF	ノーザンF	57.0	先	A モレイ	55 位	美 S 堀宣行	10 位	20週	南W 50 S	全 3 1 0 1	芝 3 1 0 1	ク 2 1 0 1
4	8	: ▲ :	18.4	7	68	-2.1	8	380	5	353	8	キズナ	ディープインパクト	鹿毛	牡 3	サヴォーナ	テイケイラピッド	スニッツェル	加藤 誠	高昭牧場	57.0	先	西 B 池添謙	39 位	栗 A 中竹和	42 位	3週	栗坂 36 B	全 3 3 1 3	芝 3 3 1 3	ク 0 1 0 2
5	9	: : :	26.6	10	68	-2.0	7	388	15	350	6	モーリス	スクリーンヒーロー	栗毛	牡 3	ノッキングポイント	チェッキーノ	キングカメハメハ	サンデーR	ノーザンF	57.0	先	東 B 北村宏	30 位	美 S 木村哲	11 位	6週	南W 49 A	全 3 1 0 3	芝 3 1 0 3	ク 1 1 0 3
5	10	: : :	37.3	11	62	-8.1	12	386	11	353	9	ゴールドシップ	ステイゴールド	芦毛 上	牡 3	マイネルラウレア	マイネボヌール	ロージズインメイ	ラフィアン	ビッグレッドF	57.0	差	西 B 岩田望	5 位	栗 B 宮 徹	99 位	3週	栗坂 36 B	全 2 0 0 3	芝 2 0 0 3	ク 1 0 0 3
6	11	▲ : 注	6.4	3	69	-1.1	4	389	16	349	3	サトノダイヤモンド	ディープインパクト	鹿毛	牡 3	サトノグランツ	チェリーコレクト	オラトリオ	里見 治	ノーザンF	57.0	先	西 S 川田将	1 位	栗 S 友道康	6 位	3週	栗坂 33 B	全 4 1 0 2	芝 4 1 0 2	ク 2 0 0 1
6	12	注☆△	10.4	5	68	-1.8	5	385	9	350	5	ハーツクライ	サンデーサイレンス	鹿毛 上	牡 3	ハーツコンチェルト	ナスノシベリウス	アンブライドルズソング	グリーンファーム	ハシモトファーム	57.0	追	西 B 松山弘	6 位	美 A 武井亮	36 位	3週	CW 32 B	全 1 1 2 3	芝 1 1 2 3	ク 0 1 2 3
7	13	: : :	61.5	13	61	-9.0	13	385	8	352	7	グレーターロンドン	ディープインパクト	芦毛 上	牡 3	ナイトインロンドン	ムーンハウリング	メジロマックイーン	*窪田 芳郎	坂東牧場	57.0	先	西 B 和田竜	22 位	美 B 大竹正	34 位	3週	南W 33 B	全 3 1 0 2	芝 3 1 0 2	ク 0 0 0 1
7	14	◎○◎	3.4	1	70	0.1	1	387	14	346	1	キタサンブラック	ブラックタイド	鹿毛	牡 3	ソールオリエンス	スキア	モティヴェイター	社台レースホース	社台F	57.0	差	東 A 横山武	3 位	美 A 手塚貴	26 位	4週	南W 43 A	全 3 2 0 0	芝 3 2 0 0	ク 2 2 0 0
8	15	: △ :	15.5	6	67	-3.1	9	379	4	355	13	ハービンジャー	ダンジリ	鹿毛	牡 3	ファントムシーフ	ルパン2	メダグリアドーロ	ターフ・スポート	谷川牧場	57.0	差	西 B 武 豊	8 位	栗 B 西村真	54 位	3週	CW 28 B	全 3 0 2 2	芝 3 0 2 2	ク 2 0 2 2
8	16	: : :	81.1	15	64	-6.1	10	389	17	353	10	シルバーステート	ディープインパクト	鹿毛	牡 3	ショウナンバシット ◎	ギエム	メダグリアドーロ	国本 哲秀	ノーザンF	57.0	差	西 B Mデム	20 位	栗 B 須貝尚	22 位	3週	CW 38 B	全 3 1 1 3	芝 3 1 1 3	ク 1 1 0 3
8	17	△注☆	9.2	4	68	-1.9	6	386	12	347	2	ドゥラメンテ	キングカメハメハ	青鹿 昇	牡 3	ドゥレッツァ	モアザンセイクリッド	モアザンレディー	*キャロットF	ノーザンF	57.0	差	西 S ルメー	2 位	美 B 尾関知	78 位	8週	南W 41 A	全 4 0 1 0	芝 4 0 1 0	ク 0 0 0 0

一気にGⅠ馬まで昇りつめた「上がり馬」ドゥレッツァ

もう1頭、2023年夏に急激に実力をつけたのがドゥレッツァです。

2戦目の未勝利戦から上がり最速をマークして4連勝でオープン入り。ホンコンJCT（2勝クラス）の上がり最速32秒7は2位に0秒8差で断トツ。しかも、同舞台の勝ち馬では22年の天皇賞・秋のイクイノックスらと並んで歴代最速タイというもの。

その**「純正3ハロン」は11秒2＋11秒2×2＝33秒6**と非常に優秀でした。さらに続く、日本海S（3勝クラス）でも2位に0秒5差の断トツの上がりをマーク。

菊花賞ではルメール騎手の見事な手綱捌きに導かれて、ダービー馬タスティエーラ、皐月賞ソールオリエンスを寄せつけず0秒6差V。初のオープン挑戦でGⅠ制覇という偉業を達成しました（P64〜65）。

レーベンスティールのセントライト記念、ドゥレッツァの菊花賞が示した通り、**3歳牡馬路線は「夏の上がり馬」＞「春のクラシック上位馬」**でした。

22年の有馬記念ではイクイノックス、ボルドグフーシュと3歳牡馬がワン・ツーを決めましたが、23年はタスティエーラが6着、ソールオリエンスが8着まで。有馬記念で3歳馬が通用するかどうかの指標にもなるのです。

●ドゥレッツァの成績

年月日	レース名（クラス）		レース条件			人気	着順	走破時計	純正3F	上がり3F（順位）
20220919	2歳新馬	新馬	中山	芝	2000m	1	3	2分4秒2	35.2	35.7（2）
20221112	2歳未勝利	未勝利	東京	芝	2000m	1	1	2分0秒9	34.2	33.4（1）
20230402	山吹賞	1勝	中山	芝	2200m	1	1	2分16秒3	34.5	33.9（1）
20230604	ホンコンJCT	2勝	東京	芝	2000m	1	1	1分59秒2	33.6	32.7（1）
20230819	日本海S	3勝	新潟	芝	2200m	1	1	2分11秒4	35.5	34.4（1）
20231022	菊花賞	GⅠ	京都	芝	3000m	4	1	3分3秒1	35.0	34.6（1）

第3章

競馬場ごとの純正3ハロンを極める！

ＪＲＡ10場の徹底分析シート掲載

「純正3ハロン」が最も速い競馬場は？

これまで、1章では重賞の「純正3ハロン」ランキング、2章では2歳新馬の「純正3ハロン」を紹介してきました（いずれも2023年度）。

上位にランクインしていたのが多かったのが、主場では東京、京都であり、少なかったのが阪神。その他では新潟も速かったものの、ほぼ該当していなかったのが、札幌、函館、小倉、福島といった競馬場でした。

メンバーレベルの差もありますが、上がり32、33秒台が連発するコースに対して、上がり33秒台が珍しい洋芝の札幌、函館などを一緒くたに比べるのはフェアではない、という意見もあるはずです。

そこで、芝戦における「純正3ハロン」を競馬場ごとに集計し、その平均値を求めてみることにしました。その結果をまとめたのが、下の表です。

GIを含めハイレベルな重賞が多い東京や京都と、夏場で実力馬の出走が少ない札幌、函館では同じ上級クラスでもレベルが大きく異なります。

この問題を解消すべく、集計対象を1勝クラスの1600～2000m戦に限定、より正確な差がわかるよう平均値を求めてみました。

ご覧の通り、「純正3ハロン」が最も速かったのは23年春

●競馬場別の「純正3ハロン」の平均

（1勝クラス、2021～23年、芝1600～2000m）

	コース	純正3F
1位	京都	34.5
2位	東京	34.8
3位	新潟	35.2
3位	阪神	35.2
5位	中京	35.4
6位	中山	35.6
7位	札幌	35.7
8位	函館	35.8
8位	小倉	35.8
10位	福島	36.3

にリニューアルを果たした京都で、「34秒5」という結果に。直線が平坦であることに加え、改装直後で馬場状態も絶好だったことで、同じ関西の中央場である阪神より「0秒7」も速くなっています。

2位が東京の「34秒8」で、こちらも同じ関東主場の中山を「0秒8」も上回るもの。逆に、中山で東京並み、もしくはそれを凌ぐ「純正3ハロン」がマークされたら、かなり価値が高いと判断できます。

1章で触れた通り、23年の重賞でも上位となる33秒台が記録されたダービー卿CT、中山牝馬Sの両重賞は、数字以上に優秀だったといえるのです。

洋芝の2場は、札幌が35秒7、函館が35秒8と予想通り遅く、「純正3ハロン」が34秒台のレースすらほとんどありません。

だからこそ、23年の2場の2歳新馬の中で際立って優秀だったのが、11秒2＋11秒1×2＝33秒4を記録したパワーホールの新馬戦。札幌でマークした33秒台は非常に価値が高く、2戦目の札幌2歳Sで4番人気2着、4戦目の共同通信杯で9番人気3着に好走したのも納得の結果といえます。

まとめると、「純正3ハロン」が**速いのは京都・東京・新潟・阪神の4場で、遅いのは札幌・函館・小倉・福島**の4場となります。

大きく分ければ、直線の長いコースが速く、小回りコースが遅いと言い換えてもいいでしょう。競馬場ごとの特徴、詳細に関しては、この後のP78～97でまとめておりますので、ぜひとも参考にしてみてください。

新・旧の京都コース、上がりの違いは？

ＪＲＡで最も速い「純正３ハロン」が記録されると判明した京都競馬場では、春は天皇賞・春、秋は秋華賞、菊花賞、エリザベス女王杯、マイルＣＳと計５つのＧⅠレースが行なわれます。

２０２０年11月１日の開催を最後に改修工事に突入した同場は、前述の通り、23年春に新装オープンを果たしました。

スタートやゴールの位置は同じで、３コーナーの坂や傾斜も変わらず。安全面を考慮して、外回りの４コーナーのカーブを緩やかにしたくらいで、コースの形状に大きな変更はありません。

しかしながら、芝・ダートともに路盤が一新されて、クッション性、排水性は格段に向上しました。

その結果は次の通り。

・改装前の「純正3ハロン」…35秒3
・改装後の「純正3ハロン」…34秒5

「純正３ハロン」の平均値は、改修前の18～20年の約３年における「35秒３」に対し、改修後の23年春の開催は「34秒５」と、「０秒８」も速くなっています。

１開催のみの集計でレース数が少なく、改修直後で芝が絶好のコンディションだったとはいえ、この差は無視できません。より速い上がりへの対応力が問われるようになった――こう考えてもよさそうです。

新・京都でGⅠ級のスプリント性能を披露した馬

その新装後の「純正３ハロン」ランキングも見てみましょう（下の表）。

「純正３ハロン」32秒台が３レースあることからも、他場よりも速い上がりが要求されることが理解できます。

１位はアイスグリーンが勝った堀川特別（２勝クラス）。１０００ｍ通過が62秒４と遅く、勝ち時計も標準でしたが、ラスト２ハロンが10秒９→10秒９、「純正３ハロン」は10秒９＋10秒９×２＝32秒７。３勝クラスへ昇級後は３着、２着と善戦しており、すぐにオープンへ勝ち上がれるはずです。

２位はママコチャが勝った安土城Ｓ（ＯＰ）。勝ち時計１分19秒０は改修前のレコードタイ。しかも、ラスト２ハロンが10秒８↓11秒０で、「純正３ハロン」は10秒８＋11秒０×２＝32秒８も

●新装・京都の「純正３ハロン」ランキング（2023年、芝）

	日付	レース	クラス	距離	勝ち馬	性齢		勝ち時計	純正3F
1位	10月29日	堀川特別	2勝	1800m	アイスグリーン	牡	3	1分47秒9	32.7
2位	5月28日	安土城S	OP	1400m	ママコチャ	牝	4	1分19秒0	32.8
3位	5月13日	4歳上2勝クラス	2勝	1200m	アドヴァイス	牝	4	1分8秒7	32.9
4位	10月14日	2歳新馬	新馬	1600m	タガノエルピーダ	牝	2	1分34秒3	33.0
5位	10月22日	三年坂S	3勝	1600m	ソーダズリング	牝	3	1分33秒7	33.2
5位	11月11日	2歳新馬	新馬	1800m	オスカーブレーヴ	牡	2	1分50秒4	33.2
5位	5月21日	紫野特別	2勝	1800m	ゴールドエクリプス	牝	4	1分46秒4	33.2
5位	4月29日	4歳上1勝クラス	1勝	2200m	ファベル	牡	4	2分16秒7	33.2
9位	10月7日	宝ケ池特別	2勝	1600m	トゥードジボン	牡	4	1分34秒0	33.3
10位	5月21日	3歳未勝利	未勝利	1800m	カシノインディード	牡	3	1分47秒9	33.4

単⑥ 490 円

複⑥ 180 円　⑩ 320 円　① 140 円

枠連3－5　770 円

馬連⑥－⑩ 3260 円

ワイド⑥－⑩ 1120 円

①－⑥ 340 円

①－⑩ 700 円

馬単⑥→⑩ 5190 円

3連複①⑥⑩ 2310 円

3連単⑥→⑩→① 17140 円

サンスポ予想の◎ママコチャの単勝に1万円張り！

2023年10月1日
中山11R
スプリンターズS
（GⅠ、芝1200m良）

1着⑥ママコチャ
（3番人気、4.9倍）
上がり3ハロン＝34秒5
2着⑩マッドクール
（6番人気、14.0倍）
上がり3ハロン＝34秒4
3着①ナムラクレア
（1番人気、2.9倍）
上がり3ハロン＝34秒4

レース上がり3ハロン
＝34秒7
（11秒2－11秒2－12秒3）
★純正3ハロン＝35秒8

枠番	馬番	頭数・馬番別連対率	ブリンカー	情報・展開・HB	予想オッズ	人気	HB指数	指数差	順位	推定3F前半	順位	後半	順位	父名	父父名	毛色	性齢	馬名	重適性	母名	母父名	馬主名	生産者名	斤量	脚質	所属	ランク	騎手名	今年順位	所属	ランク	厩舎名	今年順位	ローテ	追切り（コース 指数 評価）	全成績	芝ダ別	クラス	同距離	比較短距離	比較長距離	近競馬場	同競馬場
1	1	13.2		○▲◎	3.9	1	73	1.0	1	346	12	340	1	ミッキーアイル	ディープインパクト	青鹿	牝4	ナムラクレア	◎	サンクイーン2	ストームキャット	奈村 睦弘	谷川牧場	56.0	差	西	B	浜中俊	23位	栗	B	長谷川	51位	4週	CW 39 B	5 3 3 3	5 3 3 3	5 3 2 3	5 1 1 1	0 0 0 0	0 2 2 2	0 0 0 1	0 0 0 1
1	2	17.6		：：○	44.0	14	72	-1.0	2	337	3	353	13	レッドスパーダ	タイキシャトル	芦毛	牝4	テイエムスパーダ	○	トシザコジーン	アドマイヤコジーン	竹園 正繼	浦河小林牧場	56.0	先	西	C	富田暁	26位	栗	C	木原一	-位	2週	栗坂 53 S	5 1 0 9	5 1 0 9	2 1 0 9	5 1 0 7	0 0 0 0	0 0 0 1	0 0 0 0	0 0 0 1
2	3	11.0	初	△△：	12.4	6	69	-4.0	11	344	9	345	7	モーリス	スクリーンヒーロー	鹿毛	牡5	ピクシーナイト		ピクシーホロウ	キングヘイロー	シルクレーシング	ノーザンF	58.0	差	東	A	戸崎圭	5位	栗	B＊	音無秀	35位	2週	栗坂 21 B	3 2 1 6	3 2 1 5	2 2 0 5	1 2 0 3	0 0 0 0	2 0 1 3	0 0 0 2	1 0 0 0
2	4	12.1	フ	：：：	23.0	8	69	-3.8	9	349	16	346	8	ゴールドアリュール	サンデーサイレンス	栗毛	牡7	ナランフレグ	×	ケリーズビューティ	ブライアンズタイム	村木 克成	坂戸 節子	58.0	追	東	C	丸田恭	68位	美	B	宗像義	80位	4週	南W 34 B	6 5 4 21	5 4 3 17	2 4 3 14	4 4 3 10	1 0 0 2	0 0 0 6	0 0 0 3	0 1 1 4
3	5	10.4	フ	：：☆	25.7	9	70	-3.0	6	342	7	351	12	アイルハヴアナザー	フラワーアレイ	栗毛	牡4	ウインマーベル	△	コスモマーベラス	フジキセキ	ウイン	コスモヴューF	58.0	差	西	B	松山弘	6位	美	B	深山雅	97位	4週	南W 31 B	4 4 3 6	4 4 3 5	3 4 0 4	3 3 3 3	0 0 0 0	1 1 0 2	0 1 0 0	0 1 0 0
3	6	14.3		▲○▲	6.3	3	71	-1.9	3	341	5	344	4	クロフネ	フレンチデピュティ	鹿毛	牝4	ママコチャ		ブチコ	キングカメハメハ	金子真人H	ノーザンF	56.0	先	西	S	川田将	1位	栗	A	池江寿	12位	5週	栗坂 39 B	5 2 2 3	5 2 2 3	1 2 1 2	0 1 0 0	0 0 0 0	5 1 2 3	0 0 0 0	0 0 0 1
4	7	11.0		：☆：	30.6	12	69	-3.6	7	347	13	343	3	マクフィ	ドバウィ	鹿毛	牝5	オールアットワンス		シュプリームギフト	ディープインパクト	吉田 勝己	ノーザンF	56.0	差	東	C	石川裕	37位	美	C	中舘英	74位	8週	南W 35 B	4 0 2 5	4 0 2 5	3 0 2 5	2 0 2 2	2 0 0 2	0 0 0 1	0 0 0 0	1 0 0 0
4	8	10.4		：注：	14.1	7	63	-9.9	15	342	6	346	9	ミッキーアイル	ディープインパクト	鹿毛	牝5	メイケイエール	○	シロインジャー	ハービンジャー	名古屋競馬	ノーザンF	56.0	先	西	B	池添謙	39位	栗	B	武英智	38位	16週	栗坂 45 A	7 0 0 9	7 0 0 8	6 0 0 8	4 0 0 6	0 0 0 0	3 0 0 3	1 0 0 1	0 0 0 2
5	9	12.1		◎◎注	5.3	2	71	-2.0	4	344	10	341	2	カラヴァッジオ	スキャットダディ	青鹿	牡4	アグリ	○	オールドタイムワルツ	ウォーフロント	三木 正浩	ノーザンF	58.0	差	東	B	横山典	32位	栗	B＊	安田隆	25位	2週	栗坂 25 B	5 2 2 3	5 2 2 2	1 1 0 1	0 1 0 3	0 0 0 0	5 1 2 0	1 1 0 0	0 0 0 0
5	10	11.0		注：：	8.5	4	69	-3.9	10	340	4	351	11	ダークエンジェル	アクラメーション	芦毛	牡4	(外)マッドクール		マッドアバウトユー	インディアンリッジ	サンデーR	Moyglare Stud	58.0	先	西	B	坂井瑠	7位	栗	A	池添学	17位	12週	栗坂 48 A	5 0 3 1	5 0 2 1	1 0 1 1	4 0 1 1	0 0 0 0	1 0 1 0	0 0 0 0	1 0 0 0
6	11	18.7	フ	：：：	82.9	16	67	-6.0	14	344	11	347	10	ロードカナロア	キングカメハメハ	鹿毛	牡6	ジュビリーヘッド	×	ローズノーブル	ディープインパクト	キャロットF	ノーザンF	58.0	先	西	B	北村友	38位	栗	B＊	安田隆	25位	4週	栗坂 28 B	5 7 4 11	5 7 4 11	1 3 0 5	5 6 1 6	0 0 0 0	0 1 3 5	0 0 0 2	2 1 1 2
6	12	11.0		：：：	64.0	15	63	-10.0	16	342	8	353	14	ルーラーシップ	キングカメハメハ	鹿毛	牡3	ドルチェモア	△	アユサン	ディープインパクト	スリーエイチR	下河辺牧場	56.0	先	西	B	西村淳	10位	栗	B	須貝尚	14位	2週	栗坂 36 B	3 0 0 4	3 0 0 4	2 0 0 4	0 0 0 1	0 0 0 0	3 0 0 3	1 0 0 2	0 0 0 1
7	13	11.5		：：△	12.2	5	70	-2.9	5	335	1	357	16	フロステッド	タピット	栗毛	牡4	(外)ジャスパークローネ		ファンシーキトゥン	キッテンズジョイ	加藤 和夫	Machmer Hall &	58.0	逃	西	B	団野大	17位	栗	B	森秀行	27位	5週	栗坂 52 S	6 1 2 5	6 1 2 5	2 1 2 4	5 0 1 3	1 0 0 0	0 1 1 2	0 0 0 1	2 0 1 0
7	14	13.7		：：：	34.6	13	68	-5.0	13	347	15	345	6	エイシンヒカリ	ディープインパクト	栗毛	牡4	エイシンスポッター		マーゼリン	パラシア	栄進堂	木田牧場	58.0	追	西	C	角田河	30位	栗	B	吉村圭	42位	2週	栗坂 30 B	5 1 2 7	5 1 2 5	1 0 1 2	5 1 2 3	0 0 0 0	0 0 0 1	0 0 0 0	0 0 1 0
8	15	11.0		☆：：	27.2	10	69	-3.7	8	347	14	345	5	ロードカナロア	キングカメハメハ	鹿毛	牝4	キミワクイーン	○	チェリーペトルズ	ダイワメジャー	浦邉 輝實	追分F	56.0	差	東	A	横山武	3位	美	B	奥村武	19位	4週	南W 35 B	5 2 0 5	5 2 0 5	1 1 0 5	3 2 0 2	0 0 0 0	2 0 0 3	2 0 0 0	1 1 0 1
8	16	11.5		：：：	27.6	11	68	-4.9	12	336	2	353	15	リアルインパクト	ディープインパクト	鹿毛	牝3	モズメイメイ		インラグジュアリー	フランケル	キャピタル・システ	社台F	54.0	逃	西	B	武 豊	8位	栗	B＊	音無秀	35位	5週	栗坂 43 A	4 0 1 2	4 0 1 2	2 0 0 2	1 0 0 1	0 0 0 0	3 0 1 1	1 0 0 0	0 0 0 0

枠番 馬番 ブリンカー 情報 展開 HB 予想オッズ 人気 頭数・馬番別連対率
HB指数 指数差 順位 推定3Fタイム 前半 順位 後半 順位
父名 父父名 毛色 格上挑戦 昇級初戦印 性齢 馬名 重適性 母名 母父名 馬主名 生産者名（特定名の時は背景色）
斤量 脚質 SABC順 所属 ランク 騎手名 今年順位 所属 ランク 厩舎名 今年順位
ローテ（中～週） 追切り コース 指数 評価 着度数 全成績 芝ダ別 クラス 同距離 比較短距離 比較長距離 近競馬場 同競馬場

秀逸なものでした。

次走の北九州記念こそ２着に泣きましたが、続くスプリンターズＳでＧⅠ初挑戦＆ＧⅠ初制覇を達成（Ｐ72～73）。重賞未勝利ながらも、安土城Ｓの勝ち時計「純正３ハロン」がＧⅠ級のスプリント能力を示していたわけです。

ちなみに４位のタガノエルピーダはキャリア１戦で朝日杯ＦＳ３着、５位ソーダズリングは京都牝馬Ｓで重賞初制覇を達成。**新装京都では「純正3ハロン」32秒台～33秒台前半であれば優秀**と判断できるのです。

好時計に騙されるな、中山芝の異変を暴く！

２０２４年は皐月賞ウィークの４月14日まで、関東主場は中山の連続開催となり、８週連続で施行されています。

すでにお気づきの方もいるかと思いますが、中山では23年９月の開催から走破時計、上がりタイムが異常に速い決着が目立ちます。

芝のマイル戦を例に取ると、９月の開幕週の京成杯ＡＨが１分31秒６の決着で、過去10年の同レースでは２番目。そして、２歳戦では稍重のアスター賞（１勝クラス）でキャットファイトが１分33秒１の２歳コースレコードを叩き出しました。

さらに年明けの開催でもこの傾向は続いており、明け3歳のジュニアC（OP）でキャプテンシーが1分32秒5でV。翌週の新馬戦では、過去最速となる1分33秒9が飛び出したほどです。

上がり3ハロンも全体時計に比例するように速く、特にラスト1ハロンのラップの速さはこれまでの中山では見られなかったほど。先に挙げた競馬場別の「純正3ハロン」では、中山は全10場で6位と遅い部類でした。この異変は「純正3ハロン」的にも看過できません。

そこで、中山の時計がどれだけ速くなっているのか、22年の通年と23年の9、10月における上がりラップの平均値を比較してみました。

下の表に示した通り、22年の開催は、ラスト2ハロン目が11秒6、ラスト1ハロンが12秒1というラップタイムを記録。直線の急坂の影響が大きく、0秒5も急落していました。そのため、「純正3ハロン」も35秒8と遅めの数値になっており、ラスト1ハロンは11秒2のレースが最速で、10秒台は1レースもありませんでした。

ところが、23年9、10月開催ではラスト2ハロン目が11秒6、ラスト1ハロンが11秒6と、まったく失速していませんでした。

直線に急坂があるコース形態を考えると、ラスト1ハロンの速さは異例のものです。「純正3ハロン」も34秒8と前年より1秒0も速くなっており、上がりの速い東京、京都コースに匹敵する数値でした。

しかも、ラスト1ハロン10秒台の新馬戦が3レースもあって、シックスペンスが11

●中山の例年とのラップ&「純正3ハロン」比較

年	ラスト2F	ラスト1F	純正3F	ラスト1F10秒台
2022年1〜12月	11.6	12.1	35.8	なし
2023年9〜10月	11.6	11.6	34.8	3レース

秒９↓10秒７、シュシュトディエスが11秒３↓10秒８、ショーマンフリートが11秒６↓10秒９を記録。
ラスト１ハロン10秒台は、例年なら間違いなく重賞を勝てるレベルですが、この３頭ではシックスペンスが次走でひいらぎ賞（１勝クラス）を勝ったものの、シュシュトディエス、ショーマンフリートは重賞で敗れています。

23年９月からの中山の速い時計、上がりは疑ってかかったほうがいいのはいうまでもありません。好時計を根拠として人気に推されるような馬がいるのであれば、消して妙味、というシーンが多くありそうです。

同時に、今後もどれほどの時計、上がりになるのか興味深く、皆さんも注視してみてください。

さて、前述のように、この章の最後にＪＲＡ10競馬場の芝・ダートコースの

①「純正３ハロン」平均（10場での順位）
②距離別の「純正３ハロン」平均タイム
③クラス別の「純正３ハロン」平均タイム
④「純正３ハロン」ベスト10レース
（いずれもデータの集計は23年度）

をまとめました。左ページに、そのチェックポイントも載せたので、レースの検証をする際の参考になさってください。私はかなり役に立つと思っています。

【チェックポイント】

①「純正3ハロン」平均（10場での順位）

芝は前述した通りだが、ダートは1位が東京の37秒5。ただ、その他の中央場は京都が7位、阪神が8位と遅い。特に中山が39秒3でワースト、東京より1秒8も遅い。

②距離別の「純正3ハロン」平均タイム

芝は東京、京都、阪神ともに1400m以下よりも、1600、1800mが速い。特に京都は1200～2400mまで34秒4～34秒8でほぼ一定。ダートはどの場も距離が延びるにつれて遅くなる。

③クラス別の「純正3ハロン」平均タイム

どの場も芝は1勝、2勝、3勝、オープンとクラスが上がってもほぼ一定。東京は1勝、京都は3勝、阪神は2勝&3勝が最速。オープンが最も速くはない。ダートはクラスが上がるにつれて、順当に速くなっている。

④「純正3ハロン」ベスト10レース

新潟は1位タイのチェルヴィニアを始め、2歳新馬&未勝利が10レース中、7レースも該当。22年リバティアイランドなど、のちに重賞で好走する新潟デビュー組が多数。ベスト10入りの条件勝ち馬を馬券で狙っていきたい。

【芝】①「純正３ハロン」平均…34秒８（２位）

②距離別の「純正３ハロン」平均

距離	ラスト2F	ラスト1F	純正3F
1400m	11.3	11.7	34.7
1600m	11.3	11.6	34.5
1800m	11.3	11.6	34.5
2000m	11.4	11.7	34.8
2300m	11.4	11.8	35.0
2400m	11.5	11.9	35.3
2500m	11.5	11.8	35.1
3400m	11.8	12.2	36.2

③クラス別の「純正３ハロン」平均

クラス	ラスト2F	ラスト1F	純正3F
1勝	11.3	11.6	34.5
2勝	11.3	11.7	34.7
3勝	11.4	11.7	34.8
OP	11.3	11.7	34.7

④「純正３ハロン」ベスト10

日付	クラス	レース	距離	勝ち馬	性	齢	勝ち時計	純正3F
10月22日	1勝		1400m	ルージュスエルテ	牝	2	1分24秒1	32.4
11月19日	3勝	秋色S	1600m	モズゴールドバレル	牝	4	1分34秒4	32.6
5月14日	1勝		1800m	レーベンスティール	牡	3	1分47秒4	32.6
10月7日	2勝	tvk賞	1800m	カナテープ	牝	4	1分47秒1	32.7
10月21日	OP	アイビーS	1800m	ダノンエアズロック	牡	2	1分48秒2	32.9
11月12日	新馬		1600m	ノーブルロジャー	牡	2	1分36秒8	32.9
4月22日	未勝利		1600m	エンデミズム	牡	3	1分35秒2	32.9
10月8日	新馬		2000m	シャンパンマーク	牡	2	2分4秒0	33.0
10月14日	新馬		1800m	ルカランフィースト	牡	2	1分49秒3	33.0
11月4日	新馬		1800m	シンエンペラー	牡	2	1分48秒1	33,1

東京競馬場

【ダート】①「純正3ハロン」平均…37秒5（1位）

②距離別の「純正3ハロン」平均

距離	ラスト2F	ラスト1F	純正3F
1300m	12.1	12.5	37.1
1400m	12.1	12.6	37.3
1600m	12.2	12.6	37.4
2100m	12.4	12.7	37.8

③クラス別の「純正3ハロン」平均

クラス	ラスト2F	ラスト1F	純正3F
1勝	12.2	12.6	37.4
2勝	12.0	12.5	37.0
3勝	12.0	12.5	37.0
OP	12.0	12.4	36.8

④「純正3ハロン」ベスト10

日付	クラス	レース	距離	勝ち馬	性	齢	勝ち時計	純正3F
5月7日	2勝	立川特別	1600m	サトノルフィアン	牡	4	1分37秒2	34.7
6月3日	未勝利		1300m	マラマプア	牝	3	1分17秒4	34.9
10月9日	OP	グリーンchC	1600m	オメガギネス	牡	3	1分34秒3	35.1
10月9日	1勝		1300m	ダノンミカエル	牝	3	1分17秒6	35.2
6月3日	2勝		1600m	ニシノカシミヤ	牝	3	1分35秒0	35.2
5月14日	OP	青竜S	1600m	ユティタム	牡	3	1分35秒8	35.2
11月4日	1勝		1400m	プラチナジュビリー	牝	3	1分23秒4	35.3
6月11日	1勝		1600m	リバートゥルー	牝	3	1分36秒5	35.4
10月8日	2勝		1400m	バグラダス	牡	3	1分24秒9	35.5
5月13日	2勝		1600m	ギャラクシーナイト	牡	4	1分36秒1	35.6

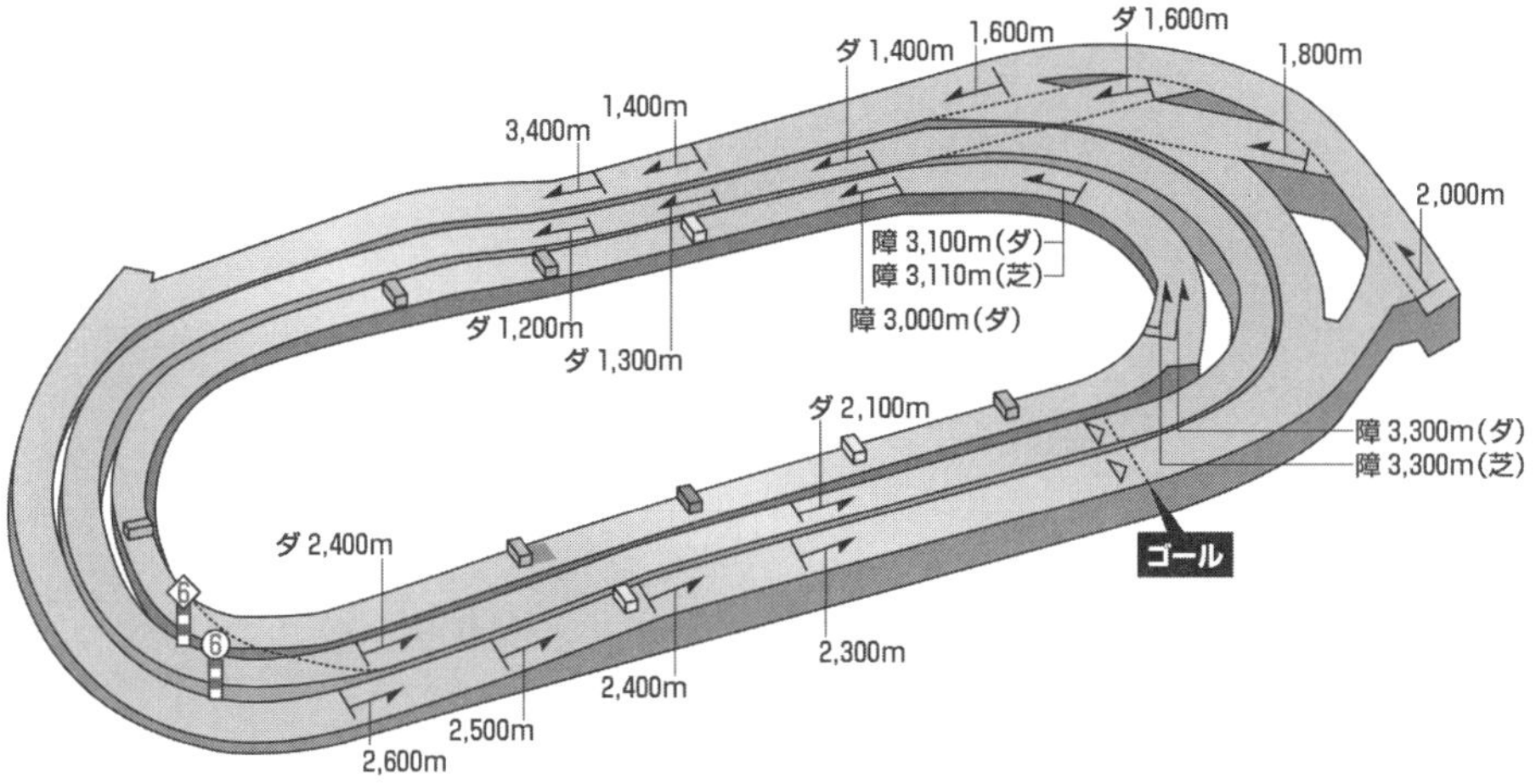

【芝】①「純正３ハロン」平均…35秒６（６位）

②距離別の「純正３ハロン」平均

距離	ラスト2F	ラスト1F	純正3F
1200m	11.4	11.9	35.2
1600m	11.5	11.9	35.3
1800m	11.5	11.9	35.3
2000m	11.6	12.0	35.6
2200m	11.6	12.0	35.6
2500m	11.6	12.1	35.8
3600m	11.5	12.2	35.9

③クラス別の「純正３ハロン」平均

クラス	ラスト2F	ラスト1F	純正3F
1勝	11.5	12.0	35.5
2勝	11.5	12.0	35.5
3勝	11.4	12.1	35.6
OP	11.4	11.9	35.2

④「純正３ハロン」ベスト10

日付	クラス	レース	距離	勝ち馬	性	齢	勝ち時計	純正3F
9月17日	新馬		1600m	シュシュトディエス	牝	2	1分38秒4	32.9
9月10日	新馬		1600m	シックスペンス	牡	2	1分37秒1	33.3
9月18日	新馬		1600m	ショーマンフリート	牡	2	1分35秒1	33.4
9月18日	GⅡ	セントライト記念	2200m	レーベンスティール	牡	3	2分11秒4	33.7
4月1日	GⅢ	ダービー卿CT	1600m	インダストリア	牡	4	1分33秒2	33.7
9月18日	新馬		2000m	トロヴァトーレ	牡	2	2分1秒6	33.8
9月9日	新馬		2000m	フォルラニーニ	牡	2	2分2秒7	33.8
9月9日	1勝		1800m	キョウエイブリッサ	牡	3	1分47秒8	33.8
3月11日	GⅢ	中山牝馬S	1800m	スルーセブンシーズ	牝	5	1分46秒5	33.8
12月3日	OP	ラピスラズリS	1200m	オタルエバー	牡	4	1分7秒8	33.8

中山競馬場

【ダート】①「純正３ハロン」平均…39秒３（10位）

②距離別の「純正３ハロン」平均

距離	ラスト2F	ラスト1F	純正3F
1200m	12.3	13.0	38.3
1800m	12.8	13.3	39.4
2400m	12.7	13.3	39.3
2500m	12.7	13.3	39.3

③クラス別の「純正３ハロン」平均

クラス	ラスト2F	ラスト1F	純正3F
1勝	12.7	13.3	39.3
2勝	12.6	13.2	39.0
3勝	12.6	13.1	38.8
OP	12.0	12.4	38.1

④「純正３ハロン」ベスト10

日付	クラス	レース	距離	勝ち馬	性	齢	勝ち時計	純正3F
9月23日	OP	ながつきS	1200m	タガノクリステル	牝	4	1分8秒9	36.0
3月19日	1勝		1200m	ヴァンデリオン	牡	6	1分11秒0	36.1
9月9日	1勝		1200m	ルーラルハピネス	牝	3	1分9秒9	36.3
4月15日	2勝	袖ケ浦特別	1200m	ロードオブザチェコ	牡	5	1分9秒5	36.6
4月16日	1勝		1200m	マイアミュレット	セ	4	1分10秒0	36.7
9月23日	未勝利		1200m	サフランヒーロー	牡	2	1分10秒9	36.8
12月16日	1勝		1200m	ヤングワールド	牡	3	1分11秒2	36.8
12月3日	1勝		1200m	グランオルカ	牡	2	1分11秒0	36.9
12月2日	2勝		1200m	ウラカワノキセキ	牝	4	1分10秒9	36.9
3月19日	OP	千葉S	1200m	スズカコテキタイ	牡	4	1分9秒3	37.0

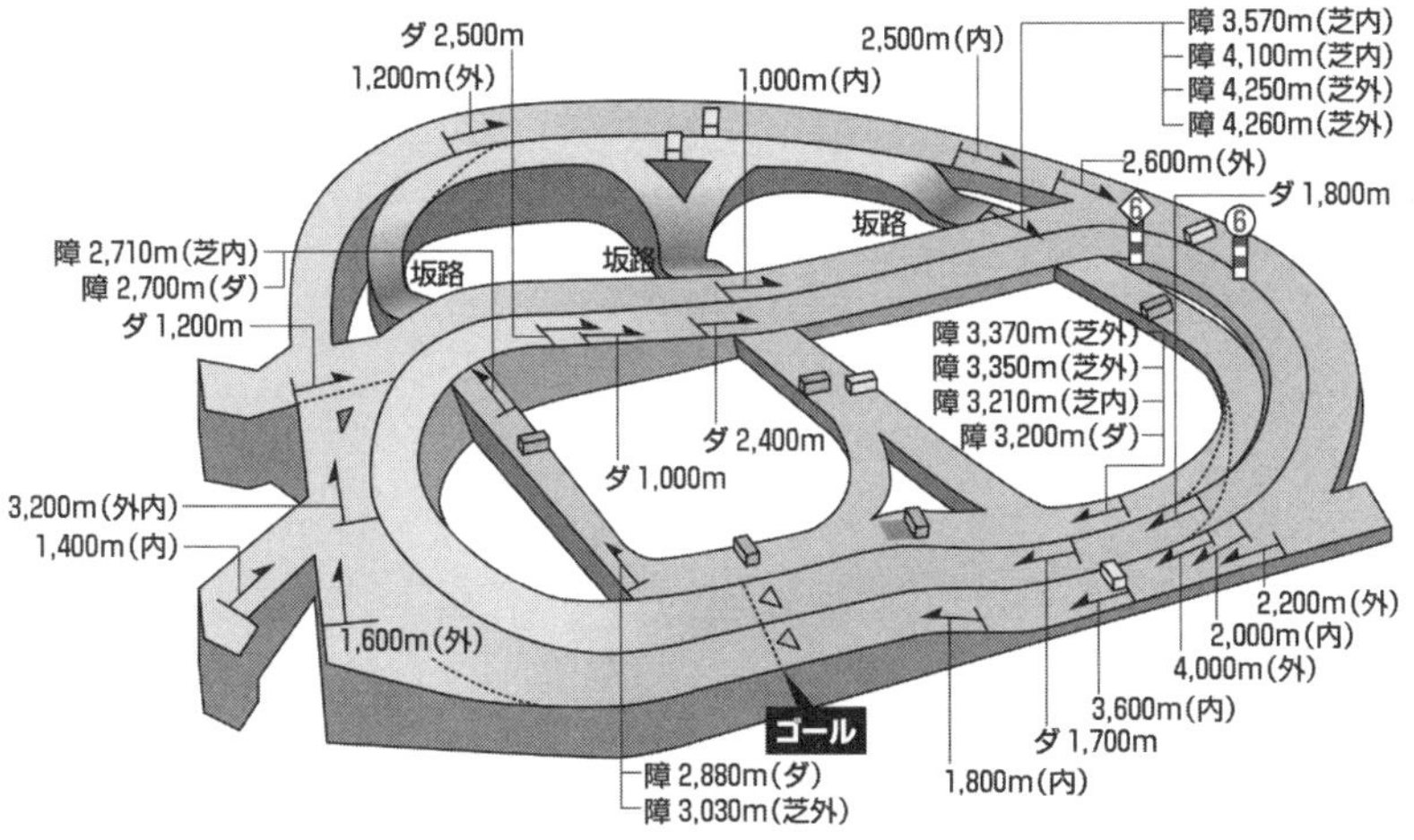

【芝】①「純正３ハロン」平均…34秒５（１位）

②距離別の「純正３ハロン」平均

距離	ラスト2F	ラスト1F	純正3F
1200m	11.2	11.7	34.6
1400m	11.4	11.7	34.8
1600m	11.4	11.5	34.4
1800m	11.4	11.5	34.4
2000m	11.5	11.6	34.7
2200m	11.4	11.5	34.4
2400m	11.4	11.7	34.8
3000m	115	11.8	35.1

③クラス別の「純正３ハロン」平均

クラス	ラスト2F	ラスト1F	純正3F
1勝	11.4	11.7	34.8
2勝	11.2	11.5	34.2
3勝	11.3	11.2	33.7
OP	11.3	11.5	34.3

④「純正３ハロン」ベスト10

日付	クラス	レース	距離	勝ち馬	性	齢	勝ち時計	純正3F
10月29日	2勝	堀川特別	1800m	アイスグリーン	牡	3	1分47秒9	32.7
5月28日	OP	安土城S	1400m	ママコチャ	牝	4	1分19秒0	32.8
5月13日	2勝		1200m	アドヴァイス	牝	4	1分8秒7	32.9
10月14日	新馬		1600m	タガノエルピーダ	牝	2	1分34秒3	33.0
10月22日	3勝	三年坂S	1600m	ソーダズリング	牝	3	1分33秒7	33.2
11月11日	新馬		1800m	オスカーブレーヴ	牡	2	1分50秒4	33.2
5月21日	2勝	紫野特別	1800m	ゴールドエクリプス	牝	4	1分46秒4	33.2
4月29日	1勝		2200m	ファベル	牡	4	2分16秒7	33.2
10月7日	2勝	宝ケ池特別	1600m	トゥードジボン	牡	4	1分34秒0	33.3
5月21日	未勝利		1800m	カシノインディード	牡	3	1分47秒9	33.4

京都競馬場

【ダート】①「純正3ハロン」平均…38秒8（7位）

②距離別の「純正3ハロン」平均

距離	ラスト2F	ラスト1F	純正3F
1200m	12.1	12.7	37.5
1400m	12.5	12.8	38.1
1800m	12.6	12.9	38.4
1900m	13.0	13.2	39.4

③クラス別の「純正3ハロン」平均

クラス	ラスト2F	ラスト1F	純正3F
1勝	12.6	13.0	38.6
2勝	12.7	13.0	38.7
3勝	12.6	12.9	38.4
OP	12.5	12.8	38.1

④「純正3ハロン」ベスト10

日付	クラス	レース	距離	勝ち馬	性	齢	勝ち時計	純正3F
10月22日	3勝	桂川S	1400m	ペースセッティング	牡	3	1分23秒3	35.9
11月4日	3勝	貴船S	1200m	パラシュラーマ	牡	3	1分10秒8	35.9
11月12日	2勝	ドンカスターC	1400m	エンペラーワケア	牡	3	1分24秒7	36.1
5月13日	2勝		1200m	スマートラプター	牡	4	1分11秒8	36.3
5月6日	1勝		1800m	マナウス	牝	4	1分54秒3	36.6
5月21日	OP	鳳雛S	1800m	エクロジャイト	牡	3	1分53秒6	36.7
5月20日	1勝		1200m	ステラフィオーレ	牝	4	1分12秒7	36.7
10月7日	OP	藤森S	1200m	サンライズアムール	牡	4	1分10秒9	36.8
10月8日	1勝		1400m	エミサキホコル	牡	3	1分24秒3	36.8
11月19日	2勝		1800m	メテオリート	牝	3	1分52秒3	36.8

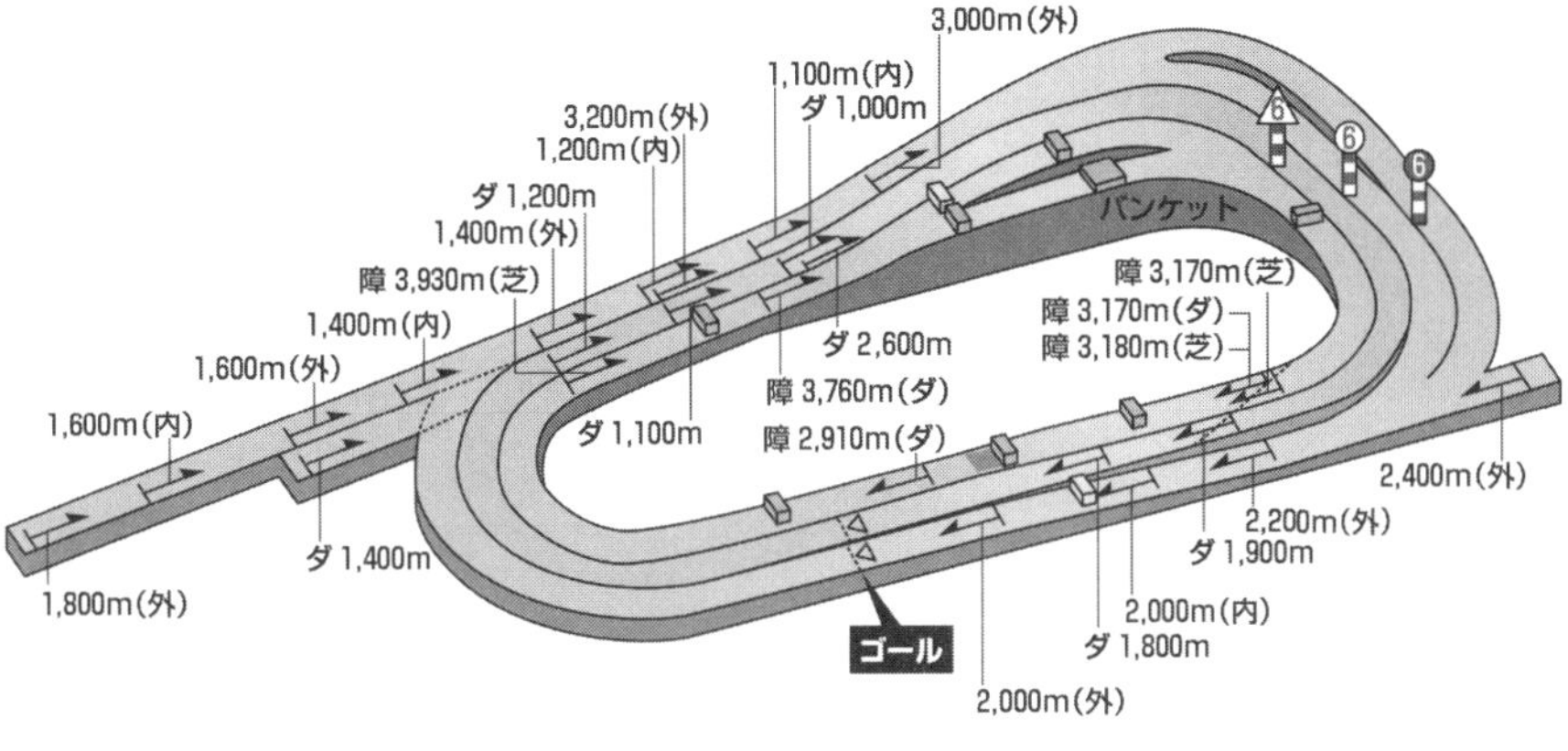

【芝】①「純正３ハロン」平均…35秒2（３位）

②距離別の「純正３ハロン」平均

距離	ラスト2F	ラスト1F	純正3F
1200 m	11.3	11.9	35.1
1400m	11.5	11.9	35.3
1600m	11.1	11.8	34.7
1800m	11.1	11.8	34.7
2000m	11.6	12.0	35.6
2200m	11.6	12.0	35.6
2400m	11.2	12.0	35.2
2600m	11.4	12.0	35.4
3000m	11.7	12.3	36.3
3200m	11.7	12.6	36.9

③クラス別の「純正３ハロン」平均

クラス	ラスト2F	ラスト1F	純正3F
1勝	11.2	11.9	35.0
2勝	11.3	11.8	34.9
3勝	11.3	11.8	34.9
OP	11.3	11.9	35.1

④「純正３ハロン」ベスト10

日付	クラス	レース	距離	勝ち馬	性	齢	勝ち時計	純正3F
12月9日	OP	リゲルS	1600m	マテンロウスカイ	セ	4	1分33秒0	33.5
12月24日	新馬		1600m	スマートスピア	牡	2	1分36秒1	33.6
6月4日	新馬		1400m	アトロルーベンス	牝	2	1分24秒4	33.6
6月18日	2勝	皆生特別	1600m	ベルクレスタ	牝	4	1分33秒9	33.6
9月10日	新馬		1600m	ビーグラッド	牝	2	1分34秒8	33.7
2月11日	3勝	但馬S	2000m	リューベック	牡	4	2分0秒5	33.7
9月18日	2勝	ロードカナロアC	1600m	ジュンブロッサム	牡	4	1分31秒8	33.7
12月23日	未勝利		1800m	クイーンズウォーク	牝	2	1分48秒3	33.8
6月10日	新馬		1600m	ヒヒーン	牝	2	1分36秒6	33.8
6月4日	未勝利		1600m	ロードマンハイム	牡	3	1分34秒8	33.9

阪神競馬場

【ダート】①「純正３ハロン」平均…38秒９(８位)

②距離別の「純正３ハロン」平均

距離	ラスト2F	ラスト1F	純正3F
1200m	12.1	12.9	37.9
1400m	12.3	13.1	38.5
1800m	12.5	13.1	38.7
1900m	12.5	13.2	38.9

③クラス別の「純正３ハロン」平均

クラス	ラスト2F	ラスト1F	純正3F
1勝	12.4	13.2	38.8
2勝	12.4	13.1	38.6
3勝	12.4	13.2	38.8
OP	12.2	12.9	38.0

④「純正３ハロン」ベスト10

日付	クラス	レース	距離	勝ち馬	性	齢	勝ち時計	純正3F
2月19日	OP	大和S	1200m	ケイアイドリー	牡	6	1分11秒2	36.0
3月19日	1勝		1200m	ワセダタンク	牡	4	1分12秒0	36.0
4月15日	未勝利		2000m	ロードトラスト	牡	3	2分5秒2	36.0
10月1日	新馬		1200m	メイショウホウレン	牡	2	1分12秒4	36.0
3月18日	未勝利		1800m	ミスティックロア	牡	3	1分52秒8	36.2
4月15日	未勝利		1200m	ボナンザ	牡	3	1分11秒6	36.3
12月16日	1勝		1200m	リュウ	牡	3	1分11秒7	36.4
6月4日	OP	松風月S	1200m	オーロラテソーロ	牡	6	1分10秒8	36.5
6月11日	OP	三宮S	1800m	キングズソード	牡	4	1分49秒9	36.5
3月26日	2勝		1200m	サトノテンペスト	牡	5	1分11秒0	36.5

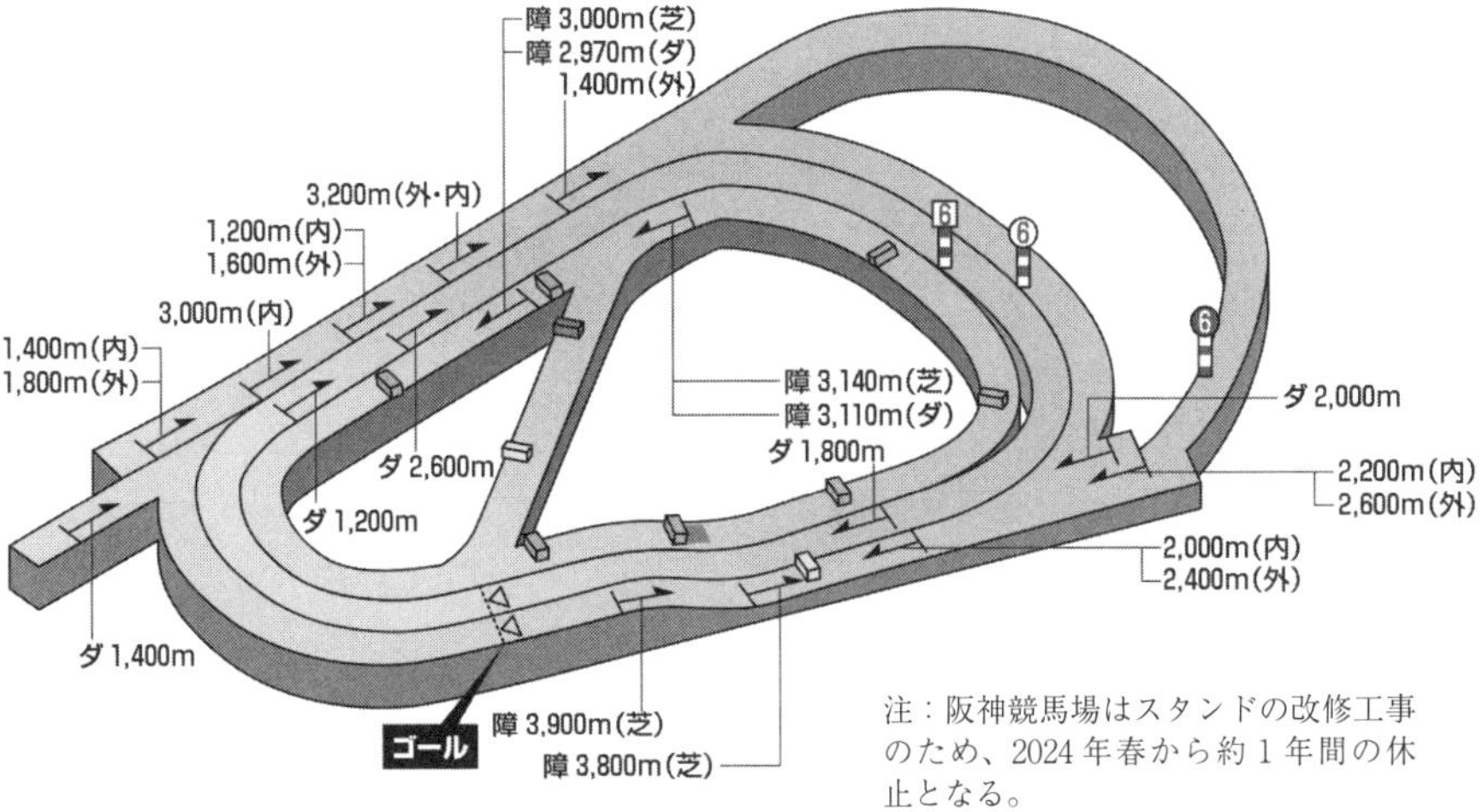

注：阪神競馬場はスタンドの改修工事のため、2024年春から約１年間の休止となる。

【芝】①「純正3ハロン」平均…35秒4（5位）

②距離別の「純正3ハロン」平均

距離	ラスト2F	ラスト1F	純正3F
1200m	11.2	11.8	34.8
1400m	11.5	12.0	35.5
1600m	11.3	11.8	34.9
2000m	11.4	11.9	35.2
2200m	11.6	12.1	35.8
3000m	12.0	12.3	36.6

③クラス別の「純正3ハロン」平均

クラス	ラスト2F	ラスト1F	純正3F
1勝	11.4	11.9	35.2
2勝	11.3	11.9	35.1
3勝	11.3	11.9	35.1
OP	11.3	11.9	35.1

④「純正3ハロン」ベスト10

日付	クラス	レース	距離	勝ち馬	性	齢	勝ち時計	純正3F
12月3日	新馬		1400m	アルトゥーム	牡	2	1分23秒1	33.0
12月3日	未勝利		1600m	ナイトスラッガー	牡	2	1分35秒4	33.2
12月2日	未勝利		1200m	タイセイフェスタ	牡	2	1分10秒3	33.4
1月9日	新馬		1600m	アルジーヌ	牝	3	1分37秒6	33.4
1月7日	1勝		1200m	プロトポロス	牡	3	1分8秒3	33.7
12月9日	未勝利		2000m	レイワサンサン	牡	2	2分2秒5	33.9
1月29日	GⅢ	シルクロードS	1200m	ナムラクレア	牝	4	1分7秒3	34.0
1月29日	新馬		2000m	エルチェリーナ	牝	3	2分4秒4	34.1
1月7日	未勝利		1600m	エアメテオラ	牡	3	1分34秒0	34.1
7月15日	3勝	関ケ原S	2000m	ファユエン	牝	5	2分1秒4	34.1

中京競馬場

【ダート】①「純正３ハロン」平均…38秒7（６位）

②距離別の「純正３ハロン」平均

距離	ラスト2F	ラスト1F	純正3F
1200m	12.1	12.8	37.7
1400m	12.4	13.0	38.4
1800m	12.5	13.0	38.5
1900m	12.5	13.0	38.5

③クラス別の「純正３ハロン」平均

クラス	ラスト2F	ラスト1F	純正3F
1勝	12.5	13.0	38.5
2勝	12.3	12.8	37.9
3勝	12.4	12.9	38.2
OP	12.1	12.6	37.3

④「純正３ハロン」ベスト10

日付	クラス	レース	距離	勝ち馬	性	齢	勝ち時計	純正3F
12月2日	1勝		1800m	スマラグドス	牡	3	1分54秒6	35.5
3月18日	未勝利		1800m	レッドダンルース	牡	3	1分51秒5	35.7
3月19日	未勝利		1200m	メイショウピース	牝	3	1分11秒8	35.7
1月15日	2勝		1200m	サンライズホーク	セ	4	1分11秒8	35.9
3月25日	1勝		1800m	ハギノロックオン	牡	4	1分50秒4	36.0
7月8日	3勝	マレーシアC	1800m	サンマルレジェンド	牡	5	1分53秒1	36.0
12月16日	1勝		1800m	ルナビス	牝	3	1分53秒8	36.0
1月14日	1勝		1200m	ナムラフランク	牡	4	1分11秒9	36.1
1月15日	2勝	天竜川特別	1800m	ペルアア	牝	4	1分54秒0	36.3
3月25日	3勝	鈴鹿S	1900m	マリオロード	牡	4	1分57秒4	36.3

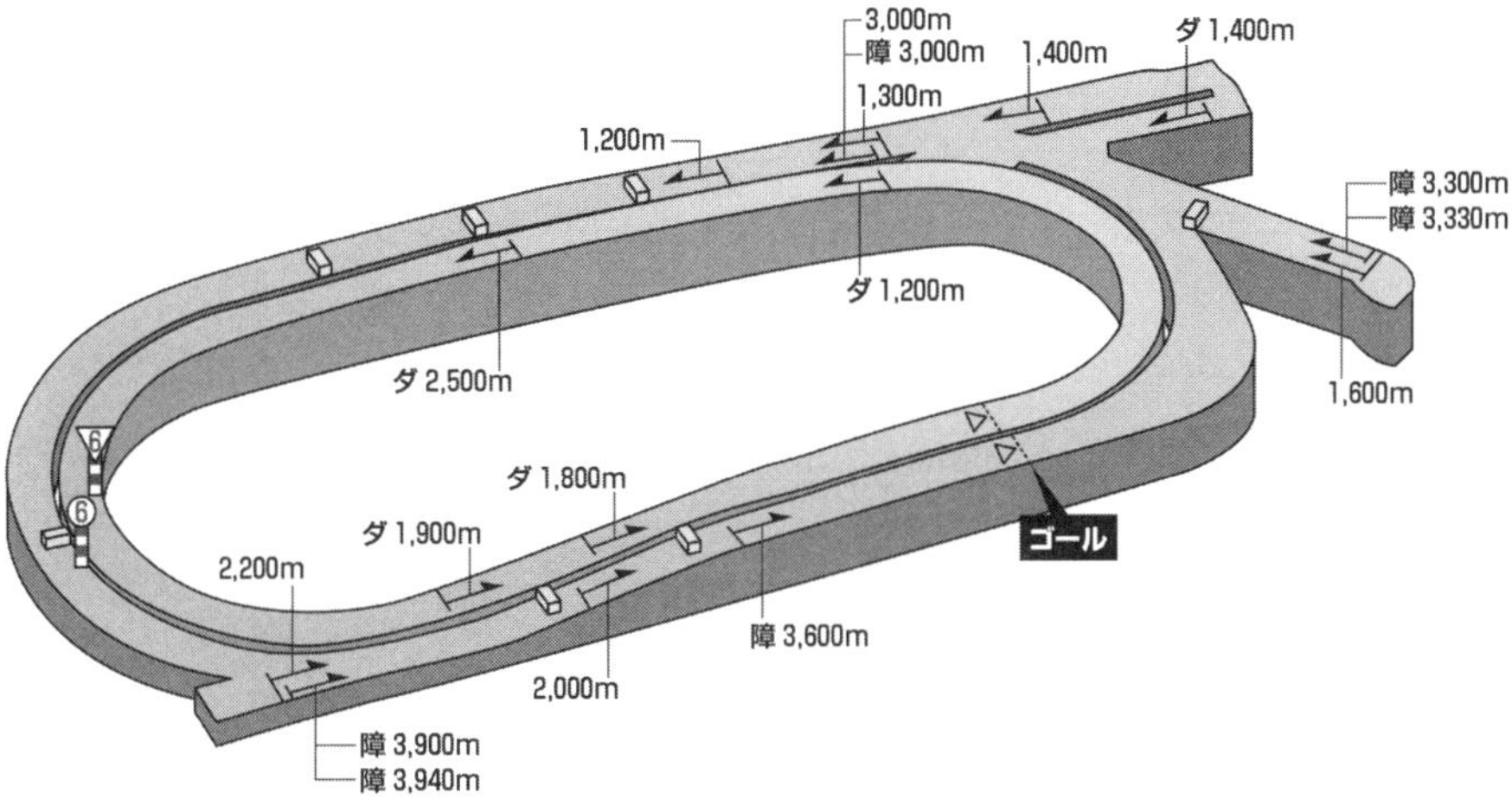

【芝】①「純正３ハロン」平均…35秒2（３位）

②距離別の「純正３ハロン」平均

距離	ラスト2F	ラスト1F	純正3F
1000m	10.8	11.6	34.0
1200m	11.4	12.0	35.4
1400m	11.6	12.0	35.6
1600m	11.0	11.8	34.6
1800m	11.0	11.9	34.8
2000m	11.4	12.0	35.4
2200m	11.8	12.2	36.2
2400m	11.7	12.1	35.9

③クラス別の「純正３ハロン」平均

クラス	ラスト2F	ラスト1F	純正3F
1勝	11.1	12.0	35.1
2勝	10.9	11.7	34.3
3勝	11.0	12.0	35.0
OP	11.1	11.9	34.9

④「純正３ハロン」ベスト10

日付	クラス	レース	距離	勝ち馬	性	齢	勝ち時計	純正3F
8月5日	2勝	月岡温泉特別	2000m	コスモサガルマータ	牡	3	1分59秒9	33.2
8月12日	未勝利		1800m	チェルヴィニア	牝	2	1分46秒9	33.2
8月12日	新馬		1600m	ガルサブランカ	牝	2	1分36秒3	33.2
7月29日	新馬		1600m	ダノンキラウェア	牡	2	1分37秒3	33.3
8月26日	新馬		1600m	スティールブルー	牝	2	1分36秒4	33.5
8月27日	新馬		1600m	ベストオブユー	牡	2	1分39秒2	33.7
8月5日	新馬		1800m	ファーヴェント	牡	2	1分50秒8	33.7
7月30日	2勝	豊栄特別	1600m	ミシシッピテソーロ	牝	3	1分33秒6	33.8
8月13日	新馬		1800m	ライトバック	牝	2	1分50秒1	33.8
8月27日	1勝		1800m	マイネルケレリウス	牡	3	1分46秒5	33.9

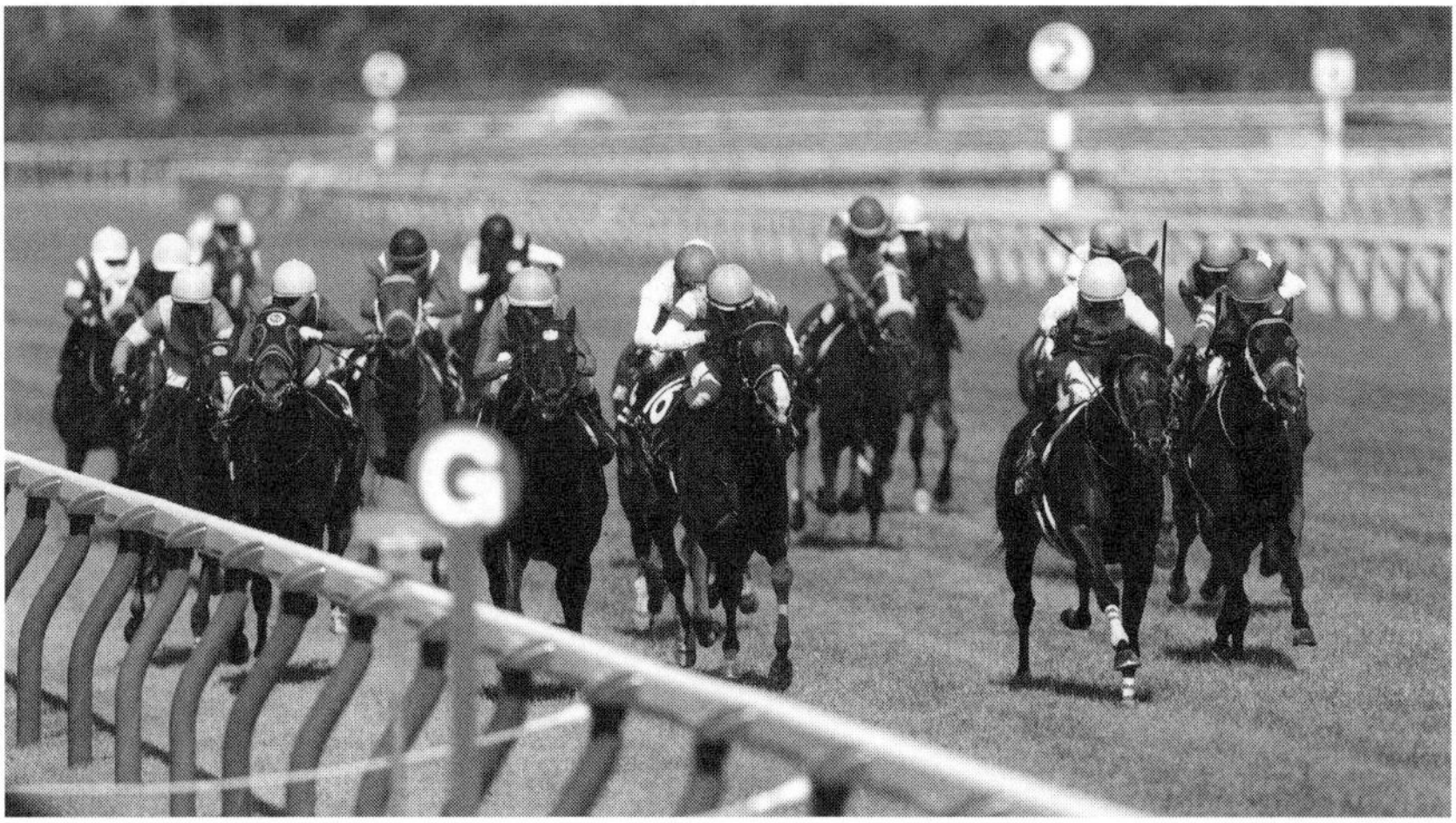

新潟競馬場

【ダート】①「純正3ハロン」平均…38秒5（3位）

②距離別の「純正3ハロン」平均

距離	ラスト2F	ラスト1F	純正3F
1200m	12.1	12.9	37.9
1800m	12.6	13.0	38.6
2500m	12.6	13.0	38.6

③クラス別の「純正3ハロン」平均

クラス	ラスト2F	ラスト1F	純正3F
1勝	12.5	12.9	38.3
2勝	12.4	12.8	38.0
3勝	12.3	12.9	38.1
OP	12.2	12.5	37.2

④「純正3ハロン」ベスト10

日付	クラス	レース	距離	勝ち馬	性	齢	勝ち時計	純正3F
10月22日	1勝		1800m	ファンジオ	牡	4	1分53秒8	35.8
5月6日	1勝		1800m	サムハンター	牡	5	1分56秒5	35.9
8月6日	2勝	苗場特別	1800m	レッドバロッサ	セ	4	1分53秒0	36.1
10月28日	1勝		1200m	メイショウナナクサ	牝	3	1分10秒3	36.1
10月14日	1勝		1200m	シラキヌ	牝	4	1分10秒2	36.3
10月15日	1勝		1200m	フィーカ	牝	4	1分10秒6	36.4
10月29日	1勝		1200m	カゲマル	牡	3	1分10秒6	36.4
4月30日	2勝	五泉特別	1800m	ワールドタキオン	牡	5	1分52秒2	36.4
8月26日	未勝利		1800m	デザイアーフェーム	牡	3	1分54秒2	36.5
10月14日	新馬		1200m	トニーテソーロ	牡	2	1分13秒4	36.5

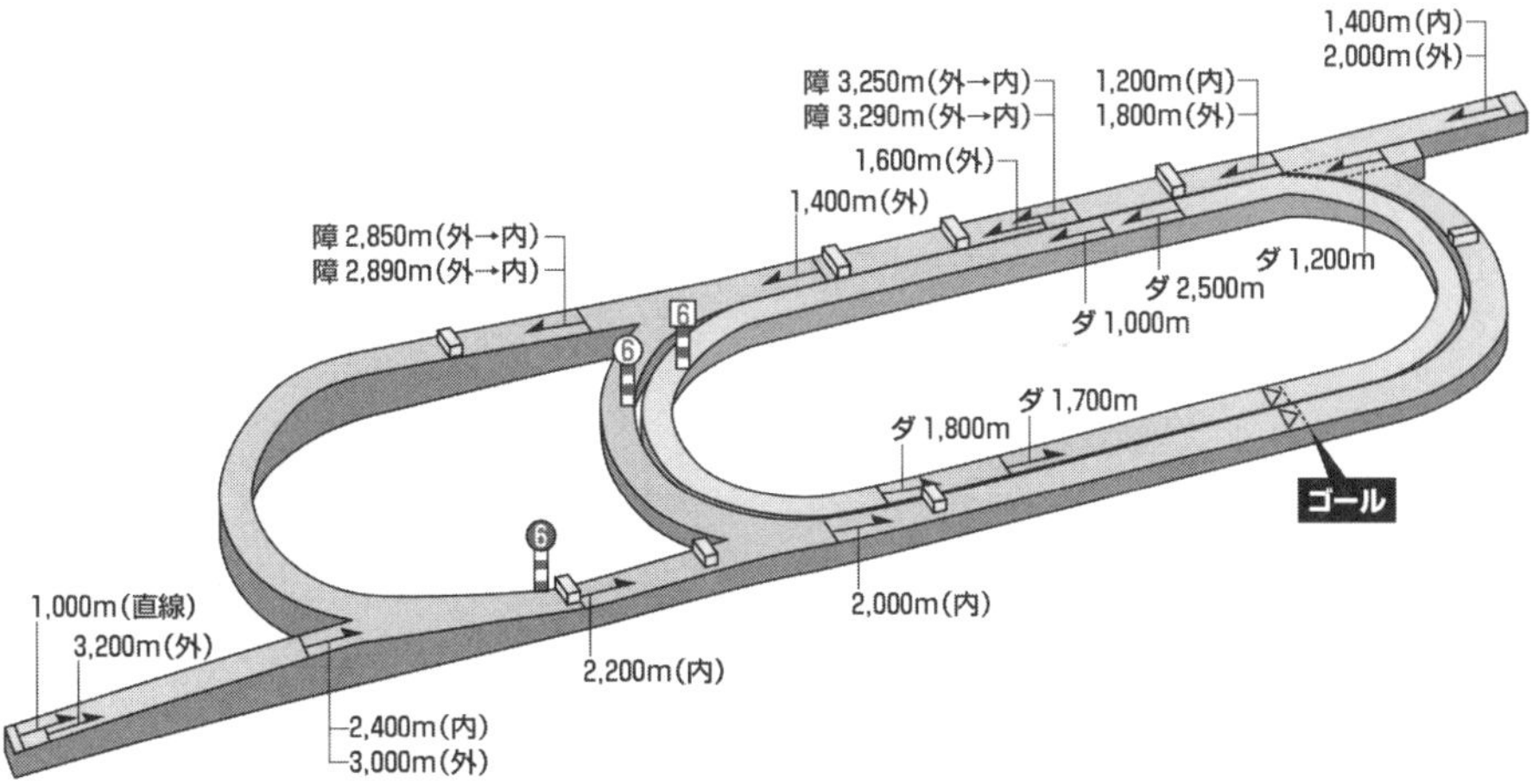

【芝】①「純正３ハロン」平均…36秒３（10位）

②距離別の「純正３ハロン」平均

距離	ラスト2F	ラスト1F	純正3F
1200m	11.6	12.1	35.8
1800m	11.8	12.1	36.0
2000m	11.9	12.2	36.3
2600m	12.0	12.3	36.6

③クラス別の「純正３ハロン」平均

クラス	ラスト2F	ラスト1F	純正3F
1勝	11.9	11.9	35.7
2勝	11.7	12.1	35.9
3勝	11.8	12.5	36.8
OP	11.7	12.2	36.1

④「純正３ハロン」ベスト10

日付	クラス	レース	距離	勝ち馬	性	齢	勝ち時計	純正3F
4月23日	未勝利		1800m	アマイ	牝	3	1分49秒5	34.7
4月9日	OP	モルガナイトS	1200m	ヴィズサクセス	牡	6	1分9秒4	35.0
4月23日	2勝	福島中央 TV 杯	1200m	ショウナンハクラク	牡	4	1分8秒8	35.0
4月23日	1勝	飯盛山特別	2000m	ウェイオブライト	セ	5	2分1秒3	35.1
7月2日	未勝利		1800m	コスモブッドレア	牡	2	1分50秒0	35.1
7月2日	新馬		1200m	ビッグドリーム	牡	2	1分10秒2	35.2
4月8日	1勝		1200m	ショウナンハクラク	牡	4	1分8秒5	35.2
4月22日	GⅢ	福島牝馬S	1800m	ステラリア	牝	5	1分47秒9	35.2
7月16日	新馬		1800m	コスモディナー	牝	2	1分51秒5	35.2
11月19日	新馬		1800m	スター	牝	2	1分51秒2	35.2

福島競馬場

【ダート】①「純正３ハロン」平均…38秒6（５位）

②距離別の「純正３ハロン」平均

距離	ラスト2F	ラスト1F	純正3F
1150m	12.3	12.8	37.9
1700m	12.7	12.9	38.5
2400m	12.7	12.9	38.5

③クラス別の「純正３ハロン」平均

クラス	ラスト2F	ラスト1F	純正3F
1勝	12.7	12.9	38.5
2勝	12.4	12.7	37.8
3勝	12.5	12.6	37.7
OP	12.4	12.5	37.4

④「純正３ハロン」ベスト10

日付	クラス	レース	距離	勝ち馬	性	齢	勝ち時計	純正3F
11月5日	新馬		1700m	オーケーバーディー	牝	2	1分47秒4	36.5
4月15日	未勝利		1700m	タカサンフェイス	牡	3	1分47秒8	36.9
11月5日	2勝	河北新報杯	1700m	レリジールダモーレ	牝	4	1分46秒8	37.0
4月16日	未勝利		1700m	ディアサクセサー	牡	3	1分46秒7	37.1
7月23日	2勝	横手特別	1700m	ロードバルドル	牡	4	1分45秒4	37.2
11月18日	未勝利		1700m	コトホドサヨウニ	牡	2	1分45秒1	37.3
11月19日	1勝		1700m	ベイパーコーン	セ	4	1分44秒9	37.4
11月11日	3勝	奥羽S	1700m	ヴィブラフォン	牝	4	1分44秒7	37.4
7月2日	1勝		1700m	メイショウコバト	牝	3	1分45秒4	37.4
7月1日	未勝利		1700m	イサチルキュート	牝	3	1分46秒3	37.6

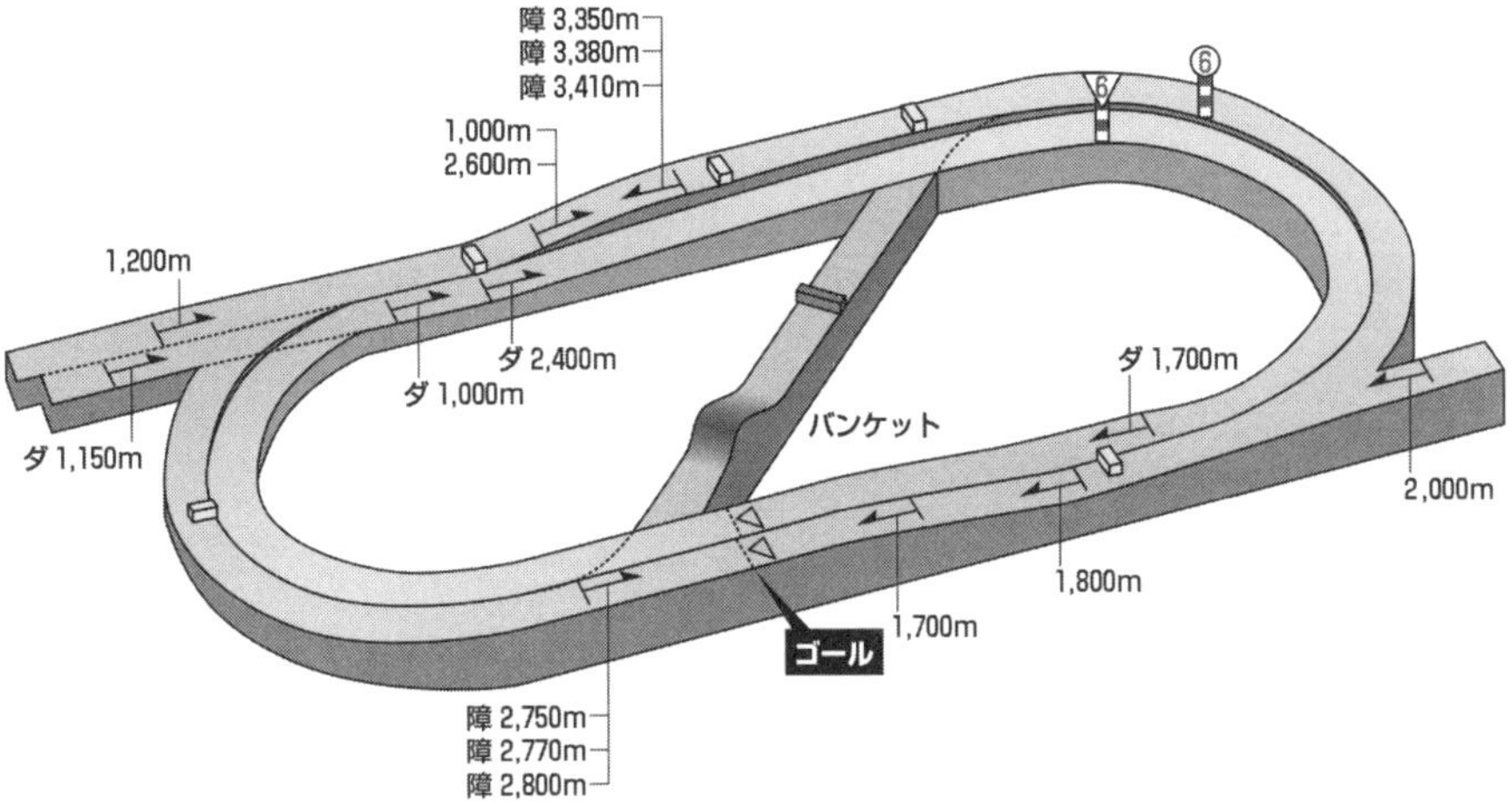

【芝】①「純正３ハロン」平均…35秒８（８位）

②距離別の「純正３ハロン」平均

距離	ラスト2F	ラスト1F	純正3F
1200m	11.5	11.9	35.3
1800m	11.7	11.9	35.5
2000m	11.8	12.0	35.8
2600m	11.8	12.1	36.0

③クラス別の「純正３ハロン」平均

クラス	ラスト2F	ラスト1F	純正3F
1勝	11.8	12.0	35.8
2勝	11.4	11.7	34.8
3勝	11.5	12.1	35.7
OP	11.6	12.0	35.6

④「純正３ハロン」ベスト10

日付	クラス	レース	距離	勝ち馬	性	齢	勝ち時計	純正3F
8月12日	2勝	西部日刊スポ杯	2000m	ウィズユアドリーム	牡	3	1分59秒9	34.0
2月5日	新馬		2000m	ジオパーククラウン	牡	3	2分3秒6	34.3
2月4日	2勝	別府特別	1800m	ダークエクリプス	牡	4	1分47秒2	34.5
2月4日	1勝		1200m	メイショウグラニー	牝	4	1分8秒7	34.6
2月4日	1勝		2000m	モカフラワー	牝	4	2分0秒0	34.7
2月11日	未勝利		1800m	ニホンピロキーフ	牡	3	1分49秒2	34.7
8月13日	新馬		1200m	パッシングシャワー	牡	2	1分9秒1	34.7
2月11日	2勝	大濠特別	1200m	ドロップオブライト	牝	4	1分8秒3	34.8
2月12日	2勝	太宰府特別	1800m	ヒヅルジョウ	牝	4	1分49秒5	34.8
1月29日	未勝利		1200m	スリーアイランド	牝	3	1分9秒7	34.9

小倉競馬場

【ダート】①「純正３ハロン」平均…39秒0（10位）

②距離別の「純正３ハロン」平均

距離	ラスト2F	ラスト1F	純正3F
1000m	11.9	12.6	37.1
1700m	12.7	13.0	38.7
2400m	13.0	12.7	38.4

③クラス別の「純正３ハロン」平均

クラス	ラスト2F	ラスト1F	純正3F
1勝	12.8	12.8	38.4
2勝	12.5	12.9	38.3
3勝	12.5	12.8	38.1
OP	12.3	12.6	37.5

④「純正３ハロン」ベスト10

日付	クラス	レース	距離	勝ち馬	性	齢	勝ち時計	純正3F
1月21日	2勝	小倉城特別	1700m	メイクアリープ	牡	4	1分43秒8	36.0
1月15日	未勝利		1700m	ミッキーマカロン	牝	3	1分45秒3	36.6
2月4日	未勝利		1700m	スマートアイ	牝	3	1分47秒5	36.6
1月29日	未勝利		1700m	ワレハウミノコ	牝	3	1分46秒4	36.6
1月15日	OP	門司S	1700m	ロッシュローブ	牡	6	1分42秒0	36.7
8月13日	2勝	RKB賞	1700m	ルーカスミノル	牡	3	1分44秒4	36.7
8月12日	未勝利		1700m	メイショウクーガー	牡	3	1分45秒1	36.8
2月18日	未勝利		1700m	コパノパサディナ	牡	3	1分45秒9	36.9
2月25日	未勝利		1700m	ウインステイトリー	牡	3	1分45秒7	37.0
2月25日	2勝	早鞆特別	1700m	ブランアルディ	牝	4	1分44秒5	37.1

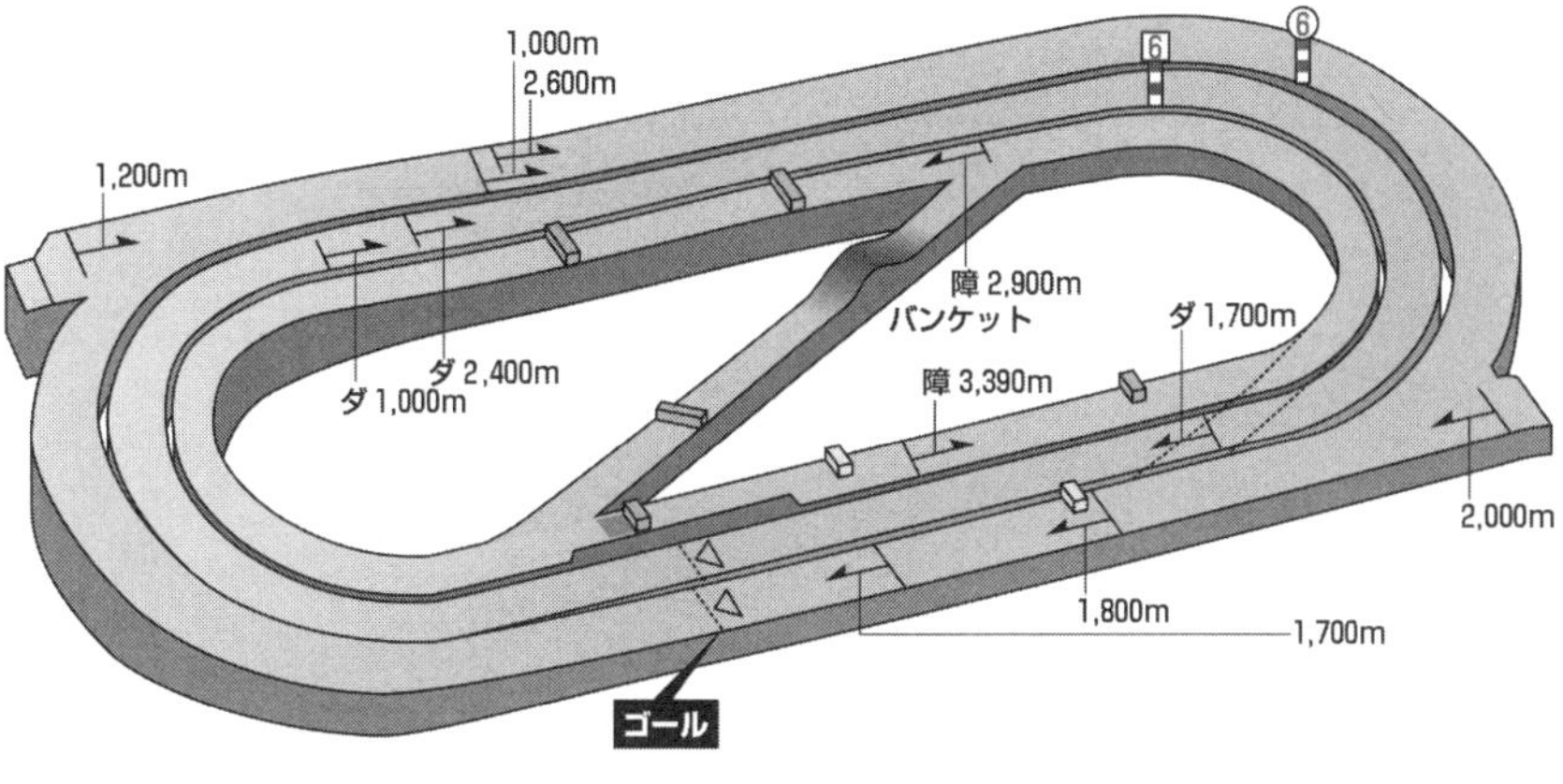

【芝】①「純正３ハロン」平均…35秒7（７位）

②距離別の「純正３ハロン」平均

距離	ラスト2F	ラスト1F	純正3F
1000m	11.2	11.3	33.8
1200m	11.5	11.9	35.3
1500m	11.6	12.0	35.6
1800m	11.6	11.9	35.4
2000m	11.8	12.2	36.2
2600m	11.9	12.2	36.3

③クラス別の「純正３ハロン」平均

クラス	ラスト2F	ラスト1F	純正3F
1勝	11.6	12.0	35.6
2勝	11.6	12.2	36.0
3勝	11.8	12.0	35.8
OP	11.9	12.1	36.1

④「純正３ハロン」ベスト10

日付	クラス	レース	距離	勝ち馬	性	齢	勝ち時計	純正3F
7月30日	新馬		1800m	パワーホール	牡	2	1分51秒6	33.4
8月13日	OP	UHB賞	1200m	シナモンスティック	牝	4	1分8秒2	33.7
8月13日	新馬		1800m	アーバンシック	牡	2	1分53秒1	33.8
7月29日	2勝	摩周湖特別	1500m	コレペティトール	牡	3	1分28秒5	34.1
7月23日	未勝利		1200m	ライブリームーラン	牝	3	1分8秒7	34.1
7月23日	OP	しらかばS	1200m	シュバルツカイザー	セ	5	1分7秒4	34.2
8月19日	新馬		1500m	ラヴスコール	牝	2	1分31秒1	34.2
8月27日	新馬		1800m	ドゥレイクパセージ	牡	2	1分53秒0	34.4
8月26日	未勝利		1800m	ヴィクトリアドール	牝	2	1分53秒4	34.5
8月19日	2勝	札幌日刊スポ杯	2600m	ミステリーウェイ	セ	5	2分46秒0	34.5

札幌競馬場

【ダート】①「純正３ハロン」平均…38秒５（４位）

②距離別の「純正３ハロン」平均

距離	ラスト2F	ラスト1F	純正3F
1000m	11.7	12.5	36.7
1700m	12.5	13.0	38.5
2400m	12.9	13.2	39.3

③クラス別の「純正３ハロン」平均

クラス	ラスト2F	ラスト1F	純正3F
1勝	12.5	12.9	38.3
2勝	12.4	12.9	38.2
3勝	12.4	12.7	37.8
OP	12.3	13.0	38.3

④「純正３ハロン」ベスト10

日付	クラス	レース	距離	勝ち馬	性	齢	勝ち時計	純正3F
8月6日	未勝利		1700m	メイショウシナノ	牡	3	1分45秒8	36.2
8月6日	GⅢ	エルムS	1700m	セキフウ	牡	4	1分42秒8	36.3
7月30日	2勝		1700m	プレミアムスマイル	牝	4	1分46秒5	36.6
7月29日	1勝		1700m	サンテックス	牡	3	1分45秒8	36.7
7月30日	3勝	ポプラS	1700m	カラフルキューブ	牝	4	1分45秒4	36.8
8月27日	2勝	WASJ	1700m	ナチュラルハイ	牡	3	1分44秒2	36.9
8月5日	2勝	桑園特別	1700m	ローズスター	牡	3	1分44秒4	37.0
8月5日	1勝		1700m	スカンジナビア	牝	4	1分44秒5	37.2
8月5日	未勝利		1700m	ポワンキュルミナン	牡	3	1分44秒7	37.4
7月23日	2勝	大倉山特別	1700m	シルバーブレッド	牡	4	1分46秒7	37.4

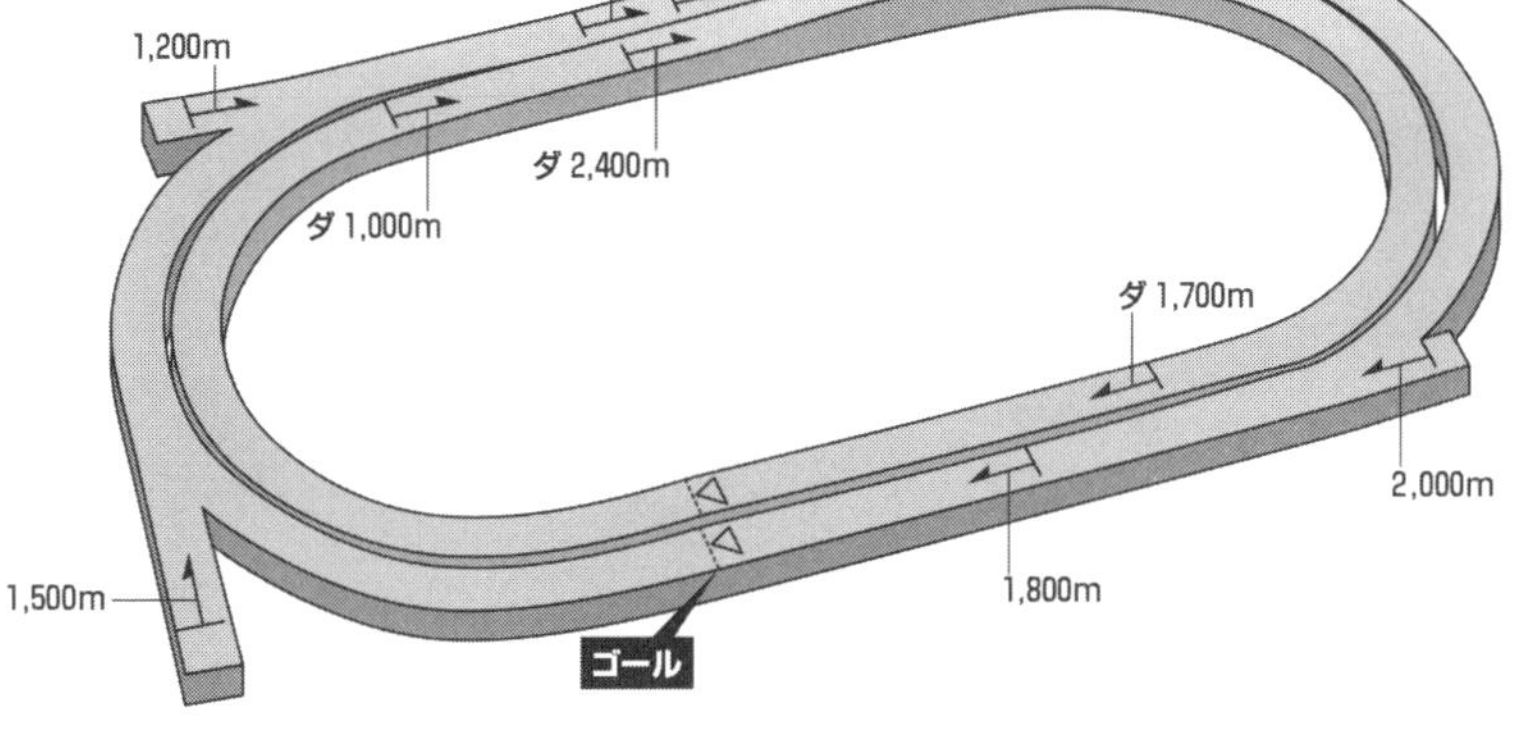

【芝】①「純正３ハロン」平均…35秒8(８位)

②距離別の「純正３ハロン」平均

距離	ラスト2F	ラスト1F	純正3F
1000m	11.2	11.3	33.8
1200m	11.5	12.0	35.5
1800m	11.6	12.0	35.6
2000m	11.8	12.2	36.2
2600m	11.9	12.3	36.5

③クラス別の「純正３ハロン」平均

クラス	ラスト2F	ラスト1F	純正3F
1勝	11.6	12.0	35.6
2勝	11.5	12.1	35.7
3勝	12.0	12.1	36.2
OP	11.6	12.2	36.0

④「純正３ハロン」ベスト10

日付	クラス	レース	距離	勝ち馬	性	齢	勝ち時計	純正3F
7月8日	新馬		1200m	ドナベティ	牝	2	1分9秒3	33.9
7月9日	2勝	横津岳特別	2600m	マテンロウマジック	牡	4	2分44秒3	34.0
6月10日	2勝	松前特別	1800m	ジャスティンエース	牡	4	1分50秒3	34.1
6月18日	1勝	八雲特別	1800m	アップストローク	セ	4	1分48秒9	34.3
7月9日	新馬		1800m	レガレイラ	牝	2	1分49秒8	34.4
7月9日	1勝		1200m	ポルタフォルトゥナ	牝	4	1分9秒0	34.5
7月8日	未勝利		2000m	アドマイヤサジー	牝	3	2分0秒1	34.6
7月8日	2勝	潮騒特別	1200m	ラキエータ	牝	4	1分8秒7	34.6
6月18日	3勝	UHB杯	1200m	シュバルツカイザー	セ	5	1分9秒1	34.6
6月17日	1勝	下北半島特別	1200m	ジューンオレンジ	牝	3	1分8秒7	34.6

函館競馬場

【ダート】①「純正３ハロン」平均…38秒３（２位）

②距離別の「純正３ハロン」平均

距離	ラスト2F	ラスト1F	純正3F
1000m	11.9	12.6	37.1
1700m	12.6	12.9	38.4
2400m	13.3	13.8	40.9

③クラス別の「純正３ハロン」平均

クラス	ラスト2F	ラスト1F	純正3F
1勝	12.5	12.9	38.3
2勝	12.4	12.8	38.0
3勝	12.5	13.2	38.9
OP	12.1	12.6	37.3

④「純正３ハロン」ベスト10

日付	クラス	レース	距離	勝ち馬	性	齢	勝ち時計	純正3F
7月8日	OP	マリーンS	1700m	ペプチドナイル	牡	5	1分43秒0	35.6
6月17日	1勝		1700m	スマートサニー	牡	3	1分45秒2	36.1
6月24日	2勝	竜飛崎特別	1700m	レッドエランドール	セ	6	1分45秒0	36.1
6月18日	未勝利		1700m	デルマオシダシ	牝	3	1分49秒1	36.5
7月16日	未勝利		1700m	ライツフォル	牡	3	1分44秒9	36.5
7月16日	1勝		1700m	エンプレスペイ	牝	3	1分45秒0	36.5
7月9日	未勝利		1700m	ヴァンナチュール	牡	3	1分48秒4	36.7
7月1日	未勝利		1700m	ランスノーブル	牝	3	1分45秒8	36.7
6月25日	OP	大沼S	1700m	ペプチドナイル	牡	5	1分43秒1	36.8
6月25日	未勝利		1700m	フクノブルジュ	牡	3	1分47秒1	36.9

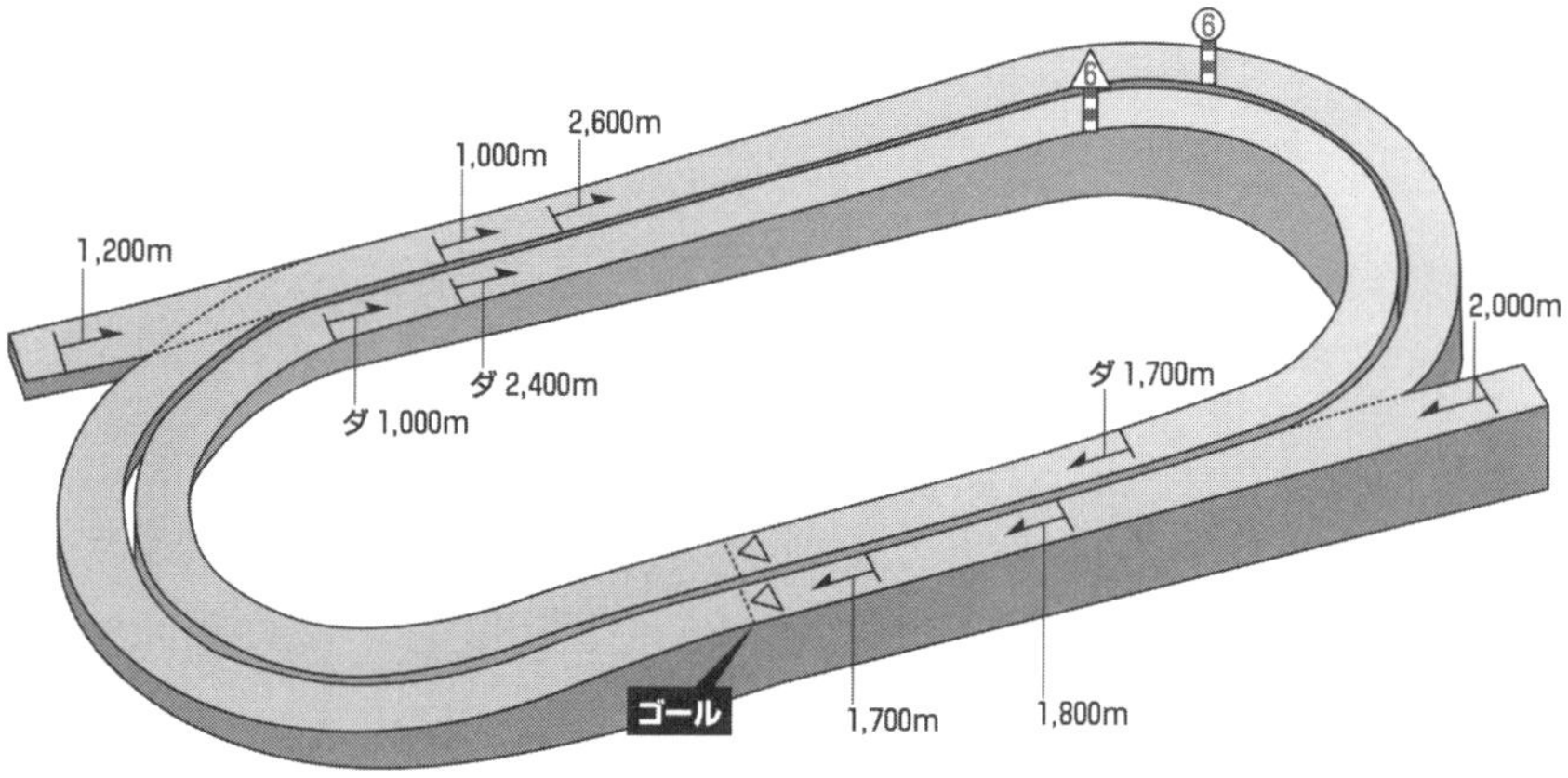

こちらも2023年の「純正3ハロン」3強、スルーセブンシーズ。中山牝馬S勝利後、宝塚記念ではイクイノックスにクビ差迫った。

第4章

厩舎・騎手と純正3ハロンの注目関係

馬を強化する調教と騎乗はコレだ！

瞬発力を鍛えるのが上手い厩舎とは?

瞬発力を鍛える南W、CWの「コース」追い

この２年間の競馬界を牽引してきたイクイノックスが、２０２３年のジャパンＣを最後に引退しました。

同馬は23年春にはドバイシーマクラシックをレコードで圧勝し、帰国初戦かつ初の関西遠征となった宝塚記念を差し切り勝ち。秋には天皇賞を１分55秒２の驚異の世界レコードで制すと、続くジャパンＣでもリバティアイランドを寄せつけず、国内レースで最高の「１３３ポンド」のレーティングを獲得。史上最多タイのＧＩ出走機会６連勝を達成して、歴代１位となる「22億１５４４万６１００円」の賞金を獲得するなど、輝かしい戦績を残してのスタッドインです。

一方で、牝馬の主役は三冠を達成したリバティアイランド。

桜花賞は上がり32秒９で大外から豪快に差し切り。オークスは史上最大着差の６馬身差Ｖを果たし、秋華賞は危なげなく早め先頭で完勝。ジャパンＣでも並み居る年長牡馬勢に先着して、２着を確保してみせました。

イクイノックスが引退した今、現役最強の座を確たるものにしたいところです。

このイクイノックスを管理した木村哲也厩舎と、リバティアイランドを管理する中内田充正厩舎には、ある共通点が存在するのですが、おわかりでしょうか？

厩舎といえばやはりコレ、調教にほかなりません。

前者は美浦の南Ｗ（ＤＷ）、後者は栗東のＣＷでの追い切りを主体としているように、どちらも**「コース追いの厩舎」**なのです。

一般的に「坂路」はスピード、ダッシュ力が強化されやすく、短距離馬や先行馬に向く追い切りです。対する「コース」は長めの距離を走ることによってスタミナを強化するとともに、４コーナーまで折り合いに専念して、ラストの直線で強めに追い切ることによって瞬発力が鍛えられます。

そのため、厩舎が追い切りで「坂路」と「コース」のどちらを多用するかで、馬のタイプも偏りがちです。

また、馬を預ける側、特にノーザンＦを代表するような大手の馬主筋は、馬のタイプと厩舎のタイプをすり合わせ、齟齬《そご》が少ないように預託しているフシがあります。それゆえ、こうした傾向はいっそう顕著なものとして表れるのです。

つまり**「純正3ハロン」で速い時計をマークする馬は、「コース追い」を主体とする厩舎の管理馬**である、といえるのではないでしょうか。

10/7 4東京 1 サウジRC G3 1 16 1600 芝 良◎ 9ト ⑬ 松山弘 56 1334 2 2 -0.3 ボンドガール 35.6 M +0.7 9 9 最A 55 33.5 ① 南W 50 460k(-2)	6/10 3東京 3 2歳新 1 1600 芝 良○ 12ト ❷ レーン 55 1348 6 8 -0.3 ララヴィエルジュ 35.9 S +1.2 1 1 最A 40 34.7 ❸ 南W 50 462k(0)			
9/23 4阪神 6 野路菊S OP 1 12 1800 芝外 良◎ 7ト ❷ 鮫島駿 55 1460 7 7 -0.1 メイショウゴーフ 36.1 M +0.3 4 3 外 C 46 35.0 ① 栗坂 21 454k(-4)	6/24 3東京 7 2歳新 1 1800 芝 良◎ 11ト ⑤ 三浦皇 55 1493 6 7 -0.1 デンティベス 37.8 S +4.0 1 1 1 内 B 38 33.8 ④ 栗坂 23 458k(0)			
11/5 3京都 2 もちの木賞 1C 1 2週 1800 ダ 良 - 11ト ⑤ 坂井瑠 55 1530 6 6 0.0 アラレタバシル 36.6 H -2.7 2 2 2 内A 53 39.1 ④ 栗坂 29 488k(0)	10/15 2京都 5 2歳未 1 2週 1800 ダ 重◎ 9ト ⑬ 松山弘 55 1554 5 5 -1.2 ルディック 36.5 H -2.1 2 3 2 中 B 42 38.2 ① 栗坂 28 488k(-8)	9/23 2 2週 阪神 9 5 1800 H ❷ 稍○ 37	9/2 5 8週 小倉 7 6 1700 H ⑦ 稍○ 26	7/1 6 中京 4 4 1400 H ⑦ 不◎ 21
11/12 3京都 4 2歳新 1 2000 芝 良 - 8ト ⑬ 戸崎圭 56 2054 7 7 0.0 ヴィレム 38.4 S +3.0 3 2 3 中 C 38 34.8 ① 南W 33 458k(0)				
11/25 5東京 7 カトレアS OP 15 2週 1600 ダ 良 - 16ト ④ マーカ 57 1390 4 7 +1.5 アマンテビアンコ 36.1 H -2.3 11 9 内 B 38 38.0 ⑬ 栗坂 35 514k(-8)	11/3 1門別 3 JBC2歳優 2 5週 1800 ダ 稍 12ト ❷ 和田竜 55 1546 8 12 +0.3 フォーエバーヤン 4 4 1 50 0 522k(+8)	9/23 1 14 阪神 3 3 1800 H ① 稍○ 44	6/11 4 東京 3 3 1800 S ⑥ 稍 - 30	
11/25 3京都 7 京都2歳S G3 1 2週 2000 芝 良 - 14ト ❶ モレイ 56 1598 4 5 -0.1 プレリュードシ 37.2 M -0.9 12 9 7 中A 53 35.3 ④ 栗坂 27 480k(+6)	11/4 5東京 1 2歳新 1 1800 芝 良◎ 13ト ❷ 横山武 56 1481 4 4 -0.5 トゥルーサクセ 37.4 S +3.0 2 3 3 内A 45 33.8 ❷ 栗坂 5 474k(0)			
11/5 3京都 2 もちの木賞 1C 3 1週 1800 ダ 良 - 11ト ❷ 横山和 56 1532 7 9 +0.2 アンモシエラ 38.1 H -2.7 10 9 8 大A 50 38.5 ❷ 栗坂 25 480k(-6)	10/22 2京都 7 2歳未 1 11 1800 ダ 良 - 11ト ⑬ 岩田望 56 1550 4 4 -0.1 ロードフォアエー 38.9 M +0.5 4 3 3 中A 44 37.6 ① 栗坂 25 486k(+8)	7/30 3 新潟 4 4 1800 M ④ 良◎ 27		
10/21 2京都 6 2歳未 1 2週 1800 芝外 良◎ 9ト ❷ 鮫島駿 56 1484 8 8 -0.1 ボイラーメーカー 36.1 M -0.1 4 5 外 B 41 35.1 ① CW 30 480k(+4)	9/30 4阪神 8 2歳新 3 1800 芝外 良◎ 12ト ⑦ 鮫島駿 55 1475 3 3 +0.3 サイレント 36.1 M +0.7 3 4 最 B 35 34.8 ❷ 栗坂 18 476k(0)			
10/7 4東京 1 2歳新 1 1800 芝 良◎ 11ト ❸ ルメー 56 1489 4 4 -0.2 フォーザボーイズ 37.4 S +2.3 9 8 9 外 B 40 33.4 ① 南W 32 462k(0)				
9/30 4中山 8 芙蓉S OP 1 4週 2000 芝 良△ 9ト ④ 三浦皇 55 2030 5 5 -0.3 キャントウェイト 38.1 S +1.3 4 4 2 外 B 47 35.6 ① 南W 32 466k(+8)	8/27 3新潟 6 新潟2歳S G3 5 7週 1600 芝外 良○ 12ト ⑫ 三浦皇 55 1346 7 9 +0.8 アスコリピチェー 37.0 S +1.4 11 8 最A 42 33.2 ❷ 南W 35 458k(+10)	7/1 1 福島 8 8 1200 M ① 稍 - 31		
11/18 5東京 5 東スポ2歳S G2 4 7週 1800 芝 良○ 10ト ⑬ 鮫島駿 56 1470 5 5 +0.5 シュトラウス 37.7 M -0.5 10 10 9 内 B 49 33.9 ① 栗坂 39 520k(0)	9/24 4阪神 7 2歳新 1 2000 芝 良◎ 7ト ④ 鮫島駿 55 2013 3 3 -0.4 サトノシュトラー 38.5 S +3.5 4 6 4 外A 43 34.3 ① 栗坂 24 520k(0)			
11/25 3京都 7 京都2歳S G3 6 9週 2000 芝 良 - 14ト ⑨ Mデム 56 2000 7 12 +0.2 シンエンペラー 38.1 M -0.9 14 13 13 大A 50 35.2 ① CW 25 522k(-2)	9/16 4阪神 5 2歳未 1 2週 2000 芝 良◎ 11ト ⑬ Mデム 55 2019 8 11 -0.1 メリオーレム 37.5 M +0.9 8 6 4 外 B 40 35.2 ① 栗坂 35 524k(-4)	8/26 5 小倉 4 4 2000 S ⑤ 良 - 27		
10/21 4東京 6 アイビーS L 3 14 1800 芝 良◎ 6ト ❶ ルメー 55 1484 3 3 +0.2 ダノンエアズロッ 38.2 S +4.6 3 3 3 外A 50 32.7 ① 南W 50 456k(+4)	7/9 2函館 4 2歳新 1 1800 芝 良○ 9ト ❶ ルメー 55 1498 6 6 -0.2 セットアップ 38.2 S +2.6 6 6 5 中A 44 34.3 ① 函W 43 452k(0)			
10/28 2京都 8 萩ステークス L 5 1週 1800 芝外 良◎ 7ト ⑥ Mデム 56 1484 6 6 +0.5 ルシフェル 36.5 S +1.7 3 3 外A 44 34.5 ❸ CW 15 466k(0)	10/14 2京都 4 紫菊賞 1C 4 6週 1800 芝外 良◎ 5ト ⑤ 岩田望 56 1479 1 1 +0.7 ジュンゴールド 37.7 S +3.0 3 3 内A 44 34.4 ❸ CW 16 466k(-6)	8/27 11 3週 新潟 8 5 1600 S ⑪ 良○ 29	7/30 1 1週 新潟 180 良	7/16 7
12/3 5中山 2 2歳未 1 2週 2000 芝 良◎ 18ト ❶ 松岡正 56 2007 1 2 -0.2 サトノエピック 35.7 M +0.7 1 1 1 最 B 42 35.0 ⑤ 南W 33 474k(+4)	11/12 5東京 4 2歳未 2 11 1800 芝 良○ 12ト ❶ 石川裕 56 1475 5 6 0.0 トラジェクトワー 35.9 M +0.8 2 2 2 最A 43 34.5 ❷ 南W 29 470k(+4)	8/20 2 札幌 2 2 2000 S ❷ 稍× 35		
11/12 3京都 4 黄菊賞 1C 1 9週 2000 芝 良 - 7ト ❷ ルメー 56 2018 4 4 -0.1 ウールデュボヌー 36.7 S +1.1 2 2 2 中 B 47 35.4 ❷ CW 24 474k(+10)	9/3 2札幌 8 2歳未 1 1週 2000 芝 良△ 9ト ⑤ 武 豊 55 2044 3 3 -0.3 ミラキュラスドラ 36.7 M 0.0 1 1 1 最 B 39 36.7 ① 札ダ 10 464k(0)	8/20 3 札幌 1 1 2000 S ⑤ 稍× 32		
10/22 2京都 7 2歳新 1 2000 芝 良◎ 8ト ⑦ Mデム 56 2014 8 8 -0.1 ヴィスマール 36.3 S +1.1 1 1 1 最 B 42 35.2 ❷ CW 35 538k(0)				
11/5 3京都 2 2歳新 1 2000 芝 良◎ 8ト ❷ 坂井瑠 56 2020 4 4 0.0 ハヤテノフクノス 38.7 S +3.3 5 6 6 内 C 38 33.7 ① 栗坂 30 472k(0)				

単⑬ 310円

複⑬ 140円　⑥ 140円　⑤ 1350円

枠連3－7　520円

馬連⑥－⑬ 530円

ワイド⑥－⑬ 280円

⑤－⑬ 5130円

⑤－⑥ 5390円

馬単⑬→⑥ 1150円

3連複⑤⑥⑬ 18800円

3連単⑬→⑥→⑤ 56240円

木村厩舎の
純正3F優等生
レガレイラの
単勝にドスン！

2023年12月28日
中山11R
ホープフルS
（GⅠ、芝2000m良）

1着⑬レガレイラ
（1番人気、3.1 倍）
上がり3ハロン＝ 35 秒 0
2着⑥シンエンペラー
（2番人気、3.1 倍）
上がり3ハロン＝ 35 秒 7
3着⑤サンライズジパング
（13 番人気、128.7 倍）
上がり3ハロン＝ 35 秒 9

レース上がり3ハロン
＝ 35 秒 9
（12 秒 4 ― 12 秒 0 ― 11 秒 5）
★純正3ハロン＝ 35 秒 0

1	1	2.7	▲◎◎	5.0 2	55	0.1	1	370	6	345	2	ブリックスアンドモルタ	ジャイアンツコーズウ	青鹿		牡 2	ゴンバデカーブース	アッフィラート	G1レーシング	社台C白老F	56.0	追	西 B	松山弘	4 位	美 S	堀宣行	9 位	11週	南W 43 A	全2000	芝2000	ク1000	同0000	短2000	長0000	東2000	中0000
1	2	16.2	: : :	16.2 5	48	-7.1	9	372	12	355	15	スワーヴリチャード	ハーツクライ	栗毛		牡 2	ヴェロキラプトル	ルーヴインペリアル	加藤 裕司	社台F	56.0	差	東 A	戸崎圭	6 位	栗 A＊	高野友	11 位	13週	栗坂 41 A	全2000	芝2000	ク1000	同0000	短2000	長0000	東1000	中0000
2	3	24.3	: : :	57.4 13	50	-5.1	8	369	5	358	17	ブリックスアンドモルタ	ジャイアンツコーズウ	栗毛	昇	牝 2	アンモシエラ	サンドクイーン	広尾レース	桑田牧場	55.0	先	東 C	藤田菜	65 位	栗 B	松永幹	31 位	7週	栗坂 35 B	全2102	初芝	ク0000	同0000	短0000	長0000	東0000	中0000
2	4	5.4	: : :	33.9 10	45	-10.0	15	372	7	353	12	ゴールドシップ	ステイゴールド	鹿毛	上	牡 2	アドミラルシップ	ヴィーヴァブーケ	芹澤 精一	杵臼牧場	56.0	先	C	ドイル	74 位	美 C	相沢郁	91 位	6週	南W 34 B	全1000	芝1000	ク0000	同1000	短0000	長0000	東0000	中0000
3	5	5.4	: : :	71.5 14	47	-8.1	12	372	11	351	11	キズナ	ディープインパクト	鹿毛	上	牡 2	サンライズジパング	サイマー	＊ライフハウス	追分F	56.0	先	東 B	菅原明	11 位	栗 B	音無秀	43 位	4週	栗坂 45 A	全1102	芝0001	ク0000	同0000	短0001	長0000	東0001	中0000
3	6	13.5	○注◯	3.9 1	55	-0.1	2	372	9	347	4	シューニ	ピヴォタル	栗毛		牡 2 (外)	シンエンペラー	スターレッツシスター	藤田 晋	Ecurie Des	56.0	追	B	ムルザ	49 位	栗 B＊	矢作芳	2 位	4週	CW 35 B	全2000	芝2000	ク1000	同1000	短1000	長0000	東1000	中0000
4	7	10.8	: : :	160 17	47	-8.0	11	372	8	350	9	ワールドエース	ディープインパクト	栗毛	上	牡 2	テンエースワン	ダイワオンディーヌ	天白 泰司	ノーザンF	56.0	追	東 B	横山和	21 位	栗 B	大久龍	27 位	7週	CW 30 B	全1020	芝0010	ク0000	同0000	短0010	長0000	東0000	中0000
4	8	13.5	: △ :	84.5 15	44	-11.1	17	368	3	351	10	キズナ	ディープインパクト	黒鹿	上	牡 2	インザモーメント	ディルガ	前田 幸大	ノースヒルズ	56.0	差	東 B	佐々大	12 位	栗 B	田中克	23 位	9週	CW 40 A	全1010	芝1010	ク0000	同0000	短1010	長0000	東0000	中0000
5	9	5.4	☆ : :	20.5 8	47	-7.9	10	376	16	346	3	サトノダイヤモンド	ディープインパクト	鹿毛	上	牡 2	タリフライン	タリサ	吉田 勝己	ノーザンF	56.0	追	B	マーカ	57 位	美 B	古賀慎	89 位	11週	南W 50 S	全1000	芝1000	ク0000	同0000	短1000	長0000	東1000	中0000
5	10	2.7	: : ☆	35.1 11	50	-4.9	6	377	17	349	7	マクフィ	ドバウィ	鹿毛		牡 2	シリウスコルト	オールドフレイム	飯田 正剛	千代田牧場	56.0	差	東 B	三浦皇	19 位	美 B	宗像義	99 位	12週	美坂 40 A	全2001	芝2001	ク1001	同1000	短0001	長0000	東0000	中1000
6	11	18.9	△ : △	17.4 7	51	-4.1	5	375	15	348	5	キズナ	ディープインパクト	黒鹿	上	牡 2	ショウナンラプンタ	フリアアステカ	国本 哲秀	社台F	56.0	追	西 B	鮫島駿	9 位	栗 A＊	高野友	11 位	5週	栗坂 15 C	全1001	芝1001	ク0001	同1000	短0001	長0000	東0001	中0000
6	12	13.5	: ☆ ▲	42.9 12	52	-3.1	3	372	10	348	6	ルーラーシップ	キングカメハメハ	鹿毛	上	牡 2	ディスペランツァ	ルパン2	ターフ・スポート	谷川牧場	56.0	差	B	モリス	- 位	栗 B	吉岡辰	10 位	4週	栗坂 40 A	全1002	芝1002	ク0001	同1002	短0000	長0000	東0000	中0000
7	13	21.6	◎○注	5.0 3	51	-4.0	4	374	13	344	1	スワーヴリチャード	ハーツクライ	鹿毛	上	牝 2	レガレイラ	ロカ	サンデーR	ノーザンF	55.0	先	西 S	ルメー	1 位	美 S	木村哲	4 位	9週	美坂 38 B	全1010	芝1010	ク0010	同0000	短1010	長0000	東0010	中0000
7	14	21.6	: : :	104 16	46	-9.1	13	368	4	355	14	キンシャサノキセキ	フジキセキ	鹿毛	上	牡 2	ホルトバージ	ブレインズウーマン	YGGHC	谷川牧場	56.0	差	西 C	今村聖	44 位	栗 C	寺島良	24 位	8週	CW 34 B	全1004	芝1004	ク0002	同0000	短1004	長0000	東0000	中0000
7	15	2.7	: ▲ :	17.3 6	45	-9.9	14	365	1	353	13	キタサンブラック	ブラックタイド	鹿毛	上	牡 2	ウインマクシマム	コスモアクセス	ウイン	コスモヴューF	56.0	逃	東 C	松岡正	42 位	美 C	畠山吉	90 位	3週	南W 30 B	全1200	芝1200	ク0000	同1100	短0100	長0000	東0100	中1000
8	16	10.8	: : :	9.5 4	50	-5.0	7	366	2	357	16	キズナ	ディープインパクト	鹿毛	昇	牡 2	センチュリボンド	マニクール	中水 英紀	千代田牧場	56.0	先	西 B	武 豊	10 位	栗 C	庄野靖	79 位	6週	栗坂 19 C	全2010	芝2010	ク0000	同2010	短0000	長0000	東0000	中0000
8	17	10.8	B 取消	100 99	49	-6.1	99	368	99	352	99	レイデオロ	キングカメハメハ	栗毛	上	牡 2	サンライズアース	シャンドランジュ	＊ライフハウス	ノーザンF	56.0	逃	西 B	Mデム	24 位	栗 B	石坂公	44 位	9週	栗坂 30 B	全1000	芝1000	ク0000	同1000	短0000	長0000	東0000	中0000
8	18		注 : :	21.8 9	45	-10.1	16	375	14	350	8	ドゥラメンテ	キングカメハメハ	鹿毛	上	牡 2	ミスタージーティー	リッスン	田畑 利彦	ノーザンF	56.0	差	西 B	坂井瑠	7 位	栗 B＊	矢作芳	2 位	7週	CW 35 B	全1000	芝1000	ク0000	同1000	短0000	長0000	東0000	中0000

厩舎別の「純正3ハロン」ランキング

そんな見立てのもと、調べてみたのが下の表の「純正３ハロン」の厩舎ランキングです。

ご覧のように、１位に輝いたのは友道康夫厩舎です。勝ち馬の「純正３ハロン」の平均は35秒０というもので、２位に０秒４と大きな差をつける断トツの数字を叩き出しました。

２０２３年のＧⅠではディヴィーナがヴィクトリアＭで上がり最速、サトノグランツがダービーで上がり２位タイ。そして、ドウデュースがグランプリ・有馬記念を上がり最速で制したのは記憶に新しいところ。現在、最も瞬発力のある馬を育てられる厩舎といっても過言ではありません。

●2023年「純正３ハロン」厩舎ランキング

	厩舎	純正3F平均値	全国リーディング
1位	友道康夫	35.0	5位
2位	須貝尚介	35.4	33位
3位	尾関知人	35.5	72位
3位	手塚貴久	35.5	15位
3位	木村哲也	35.5	4位
3位	鹿戸雄一	35.5	16位
7位	堀宣行	35.6	9位
8位	宗像義忠	35.7	101位
8位	林徹	35.7	32位
10位	宮田敬介	35.8	40位

有馬記念の４日後に行なわれた最後のＧⅠ・ホープフルＳ（Ｐ１０２〜１０３）。３位の木村哲也厩舎が管理するレガレイラが、上がり最速で牝馬として初の同レース制覇。やはり近年のＧⅠは、上がりの速い馬が強いことを改めて示してくれた格好です。

その他では２位が須貝尚介厩舎、３位タイが尾関知人・手塚貴久・鹿戸雄一厩舎で、７位に堀宣行厩舎。８位タイに宗像義忠・林徹の２厩舎が続き、ラストの10位が宮田敬介厩舎という順でした。

東西別で見てみると、上位２厩舎は栗東所属ですが、３～10位はすべて美浦所属という点で実に興味深いランキングといえるでしょう。リーディング上位の杉山晴紀厩舎、矢作芳人厩舎、中内田充正厩舎の栗東３厩舎が入っていないのはやや意外でしたが、他方でリーディング上位でないにも関わらず、ＧⅠでの活躍馬を抱えている厩舎が入っている点は注目に値します。

そこで、これら上位厩舎について、もう少し詳しく見ていきましょう。

上位厩舎の瞬発力優秀馬ベスト5を徹底分析！

瞬発力ナンバーワン！　1位：友道厩舎＝35・0秒

２０２２年のダービー馬ドウデュースを始め、オープン馬が多数。

23年もハーパーがオークス２着、秋華賞３着、エリザベス女王杯３着。重賞はクイーンＣ、京都記念、京都新聞杯、目黒記念、神戸新聞杯、府中牝馬Ｓ、有馬記念と７勝。リーディングも５位に健闘しています。

追い切りを見ると、当週はさまざまなコースを活用して調整程度で行なうことが多く、１週前にＣＷで追い切った馬は勝率17％、複勝率45％と極めて優秀な数字を残しています。

前述の重賞７勝も、すべてこの追い切りのパターンでマークしたものでした。

同厩舎で最速の「純正３ハロン」をマークしたのが24年・共同通信杯のジャスティンミラノ。

１０００ｍ通過が62秒７の超スローペースだったとはいえ、ラスト２ハロンが10秒９↓10秒８、「純正３ハロン」は10秒９＋10秒×８＝32秒５と断トツ。

　自身は上がり２位をマークして、２歳王者の２着ジャンタルマンタルに０秒２差Ｖ。新馬戦の「純正３ハロン」も４位に該当しており、24年クラシックの最有力候補に間違いありません。

　２位レッドラディエンスはコパノリッキーＣ（３勝）を勝ってオープン入り。デビュー２戦目から９戦連続して３着以内と堅実で、24年はオープン＆重賞でも上位争い可能でしょう。

　１勝クラスを勝利した際のファベルが３位。勝ち味に遅いタイプで、10戦２勝なが

●友道厩舎の「純正３ハロン」ベスト５　（2023〜24 年）

	馬名	性齢		日付	コース			レース名	純正3F
1位	ジャスティンミラノ	牡	3	2月11日	東京	芝	1800m	共同通信杯（GⅡ）	32.5
2位	レッドラディエンス	牡	5	2月18日	東京	芝	2200m	コパノリッキーC（3勝）	33.0
3位	ファベル	牡	5	4月29日	京都	芝	2200m	1勝クラス	33.2
4位	ジャスティンミラノ	牡	3	11月18日	東京	芝	2000m	新馬	33.4
5位	ジュンブロッサム	牡	5	9月18日	阪神	芝	1600m	ロードカナロアC（2勝）	33.7

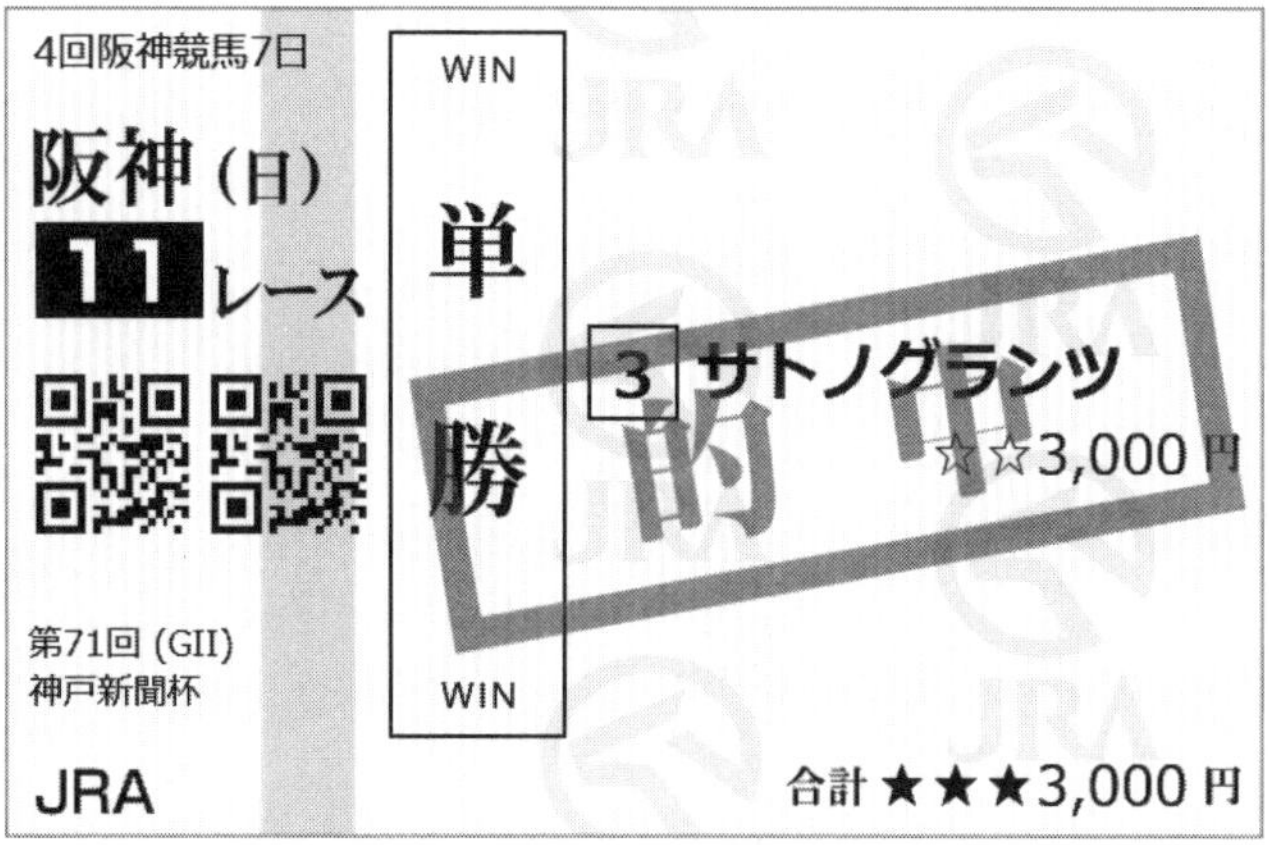

友道厩舎（1位）のサトノグランツが上がり2位で差し切り。ダービー3着のハーツコンチェルトが人気を集めていたため、単勝5.0倍で1万5000円の払い戻し。

らも、すべて3着以内を確保しています。23年8月から長期休養していますが、復帰すれば上級クラスまで上がっていけるはずです。

厩舎5位のジュンブロッサムはロードカナロアCで3勝目。3歳時には共同通信杯、アーリントンC、神戸新聞杯で4着に入っているように、早くから力のあるところを見せていました。近3走はすべて上がり最速32秒台をマークしており、実力馬がようやく本格化してきた印象です。

大穴の可能性アリ！　2位：須貝厩舎＝35・4秒

23年の29勝中、新馬戦で6勝、未勝利戦で6勝。オープンでも3勝を挙げていますが、重賞はフリームファクシのきさらぎ賞のみ。近2年の40勝以上、リーディング10位以内を思えば、33位は不振に映ります。

追い切りは当週のCW追いが勝率7％に対して、坂路追いが12％。「純正3ハロン」上位の厩舎の中では唯一、「コース」よりも「坂路」を主体としています。

同厩舎ではベルクレスタの皆生特別（2勝）が「純正3ハロン」10秒8＋11秒4×2＝33秒6で1位でした。

2歳のアルテミスSで2着、3歳のクイーンCで3着。3勝クラスへ昇級後は足踏みが続きましたが、23年末の六甲アイランドSで3着に入って前進を見せています。ハマればオープン級の瞬発力を発揮できるはずです。

リューベック、ヒヒーン、テーオーソラネルも重賞では結果が出ていないものの、オープン特別なら上位争いができるはず。どの馬も近走の成績が今ひとつなので、人気落ちで大穴をあける可能性は十分あります。

ノーザンFと好相性！ ３位タイ：尾関厩舎＝35・５秒

20勝でリーディング72位ながらも、スルーセブンシーズが宝塚記念で２着、凱旋門賞４着。ドゥレッツァが２戦目から５連勝、重賞初挑戦の菊花賞を制覇。追い切りは南Ｗでのコース追いが主体で、この２頭も同コースで調教を積まれています。

クロミナンスのノベンバーＳが「純正３ハロン」10秒９＋11秒２×２＝33秒３で１位。明け７歳ながらもキャリアは11戦と浅く、上がり最速が４回、上がり２位以内が７回というキレものです。初のオープンがＡＪＣＣ（ＧⅡ）と厳しい条件ながらも３着に好走しました。

２位がドゥレッツァのホンコンＪＣＴ（２勝）。その後は日本海Ｓ（３勝）

●須貝厩舎の「純正３ハロン」ベスト５　（2023～24 年）

	馬名	性齢		日付	コース			レース名	純正3F
1位	ベルクレスタ	牝	5	6月18日	阪神	芝	1600m	皆生特別(2勝)	33.6
2位	リューベック	牡	5	2月11日	阪神	芝	2000m	但馬S(3勝)	33.7
3位	ヒヒーン	牝	3	6月10日	阪神	芝	1600m	新馬	33.8
4位	テーオーソラネル	牡	5	4月2日	阪神	芝	2000m	明石特別(2勝)	34.1
5位	ブエナオンダ	牡	3	10月28日	京都	芝	2000m	新馬	34.2

を勝って、初のオープン挑戦の菊花賞（GⅠ）を0秒6差で圧勝。7戦6勝とまだ底を見せておらず、24年は古馬のGⅠ戦線でも期待大です。

そして、巻頭で取り上げたスルーセブンシーズの中山牝馬Sが4位にランクインしています。

4位タイのトラジェクトワールはスルーセブンシーズ、ドゥレッツァと同様、キャロットファームの所有馬。そして、1位クロミナンスはサンデーレーシング、3位マンドローネはシルクレーシングと、すべてノーザンファームの生産馬です。

ノーザンF×尾関厩舎は勝率22％、単勝回収率229％と好相性で、リターンからわかる通り、妙味を備えている点でも強く推せます。

3歳世代の手駒が豊富　3位タイ：手塚厩舎＝35・5秒

GⅠ勝ちこそソールオリエンスの皐月賞のみですが、シュネルマイスターの安田記念3着を始め、オーキッドロマンス、ユーバーレーベン、ボンドガールも重賞で馬券絡み。

当週の南W追いは勝率11％、複勝率39％と優秀で、馬券的な狙いもここにあります。

●尾関厩舎の「純正3ハロン」ベスト5

（2023〜24年）

	馬名	性	齢	日付	コース			レース名	純正3F
1位	クロミナンス	牡	7	11月4日	東京	芝	1800m	ノベンバーS（3勝）	33.3
2位	ドゥレッツァ	牡	4	6月4日	東京	芝	2000m	ホンコンJCT（2勝）	33.6
3位	マンドローネ	牝	5	11月5日	東京	芝	1400m	2勝クラス	33.7
4位	トラジェクトワール	牡	3	11月12日	東京	芝	1800m	未勝利	33.8
4位	スルーセブンシーズ	牝	6	3月11日	中山	芝	1800m	中山牝馬S（GⅢ）	33.8

同厩舎の管理馬で注目すべきは24年・セントポーリア賞（1勝）のペッレグリーニ。

ラスト2ハロンが10秒7↓11秒1、「純正3ハロン」は10秒7＋11秒1×2＝32秒9。近3年の勝ち馬は21年グレートマジシャン、23年ベラジオオペラがダービー4着、22年ドゥラドーレスが菊花賞で4着と活躍しており、この3頭を遥かに上回っています。

2位がサウジアラビアRCで2着のボンドガール。

新馬戦の「純正3ハロン」が11秒0＋11秒1×2＝33秒2。2着チェルヴィニアがアルテミスSを快勝、3着コラソンビートが京王杯2歳Sをレコード勝ちして、阪神JFでも3着。6着キャットファイトは中山・芝1600mのアスター賞（1勝クラス）を1分33秒1の2歳コースレコードで勝利しているように、新馬戦のレベルの高さに疑問の余地はないでしょう。

阪神JFの回避は残念で、どこまで持ち直せるか興味は尽きません。

ショーマンフリートは中山の新馬戦で上がり2位に0秒6差。「純正3ハロン」は11秒6＋10秒9×2＝33秒4で、ラスト10秒台は特筆すべきもの。

ジオセントリック、スピリットガイドも「純正3ハロン」で33秒台をマーク。

●手塚厩舎の「純正3ハロン」ベスト5

（2023～24年）

	馬名	性齢		日付	コース			レース名	純正3F
1位	ペッレグリーニ	牡	3	1月28日	東京	芝	1800m	セントポーリア賞（1勝）	32.9
2位	ボンドガール	牝	3	6月4日	東京	芝	1600m	新馬	33.2
3位	ショーマンフリート	牡	3	9月18日	中山	芝	1600m	新馬	33.4
4位	ジオセントリック	牡	3	10月29日	東京	芝	2000m	新馬	33.5
5位	スピリットガイド	牡	3	10月21日	東京	芝	1400m	未勝利	33.6

新馬戦に強い厩舎で、牡馬も牝馬も３歳の手駒が豊富です。

24年は3歳牝馬に注目　3位タイ：木村厩舎＝35・5秒

23年はイクイノックスがドバイシーマクラシック、宝塚記念、天皇賞・秋、ジャパンＣを制覇。牝馬のレガレイラが牡馬相手にホープフルＳを差し切り。出走機会が少ない厩舎ながら、５年ぶりにリーディング10位以内の４位へ浮上しました。

この２頭を含めて、23年の重賞８勝はすべてコース追いでマークしたものです。

チェルヴィニアは２戦目の未勝利とアルテミスＳの「純正３ハロン」で33秒２を続けて叩き出しました。こちらも阪神ＪＦの回避は残念でしたが、本書発売直前の桜花賞でどんなレースを見せてくれているか。ＧⅠ級の瞬発力は秘めているはずです。

１位タイのガルサブランカ、４位カーペンタリアと牝馬に好素材が揃っており、24年は〝牝馬の木村〟と呼ばれる年になるかもしれません。

●木村厩舎の「純正３ハロン」ベスト５

（2023〜24 年）

	馬名	性齢		日付	コース			レース名	純正3F
1位	チェルヴィニア	牝	3	8月12日	新潟	芝	1800m	未勝利	33.2
1位	ガルサブランカ	牝	3	8月12日	新潟	芝	1600m	新馬	33.2
1位	チェルヴィニア	牝	3	10月28日	東京	芝	1600m	アルテミスS（GⅢ）	33.2
4位	カーペンタリア	牝	5	4月23日	東京	芝	1800m	石和特別（2勝）	33.7
5位	ヘデントール	牡	3	1月13日	中山	芝	2000m	未勝利	33.8

7/23 3中京 8 中京記念 G3 2 9週 1600 芝 良 ○ 16ト ❷ Mデム 54 1333 6枠11 +0.3 セルバーグ 36.3 M -1.0 13 12 9 大 A 68 34.9 ❷ CW 47 422k(0)	5/14 2東京 8 ヴィクトリア G1 4 4週 1600 芝 良 ○ 16ト ⑮ Mデム 56 1324 7枠13 +0.2 ソングライン 35.5 M +0.5 13 9 大 A 73 33.1 ① 栗坂 35 422k(-2)	4/8 12 6週 阪神 10 8 S ⑫ 1600 稍 △ 56	2/18 10 3週 阪神 8 9 S ⑨ 1400 良 ○ 63	1/21 4 22 中京 5 5 S ⑦ 1600 良 ○ 63
5/13 2東京 7 京王杯SC G2 4 7週 1400 芝 良 ○ 18ト ④ ルメー 55 1205 8枠16 +0.2 レッドモンレーヴ 36.2 S +1.2 14 13 外 A 70 32.5 ① 美坂 37 454k(+4)	3/18 2中京 3 豊橋S 3C 1 6週 1600 芝 重 △ 12ト ❷ 菅原明 56 1372 7枠10 -0.1 メイショウホシア 37.7 S +1.9 5 5 5 外 A 64 34.6 ① 美坂 31 450k(0)	1/29 4 9週 東京 5 5 S ⑤ 1600 良 ○ 62	11/19 3 8週 東京 8 8 M ❸ 1600 良 ◎ 64	9/18 3 16 中京 10 10 S ① 1600 良 ◎ 63
7/2 2函館 2 巴賞 OP 11 18 1800 芝 良 - 16ト ⑥ 浜中俊 58 1490 2枠4 +1.0 アラタ 37.7 M +0.3 10 12 12 外 A 57 35.6 ⑨ 函芝 15 518k(+10)	2/19 2小倉 4 小倉大賞典 G3 13 9週 1800 芝 重 △ 16ト ⑥ 田辺裕 56 1525 5枠10 +2.8 ヒンドゥタイムズ 39.3 M -0.5 12 9 15 大 B 40 38.2 ⑭ 南W 48 508k(+10)	12/10 3 9週 阪神 2 2 S ⑤ 1600 良 - 67	10/2 7 11 中京 8 8 S ⑥ 1600 良 ○ 62	7/10 10 13 福島 2 2 M ⑭ 2000 良 ○ 59
5/31 2浦和 3 さきたま杯 5 5週 1400 ダ 重 10ト ❷ ルメー 56 1267 5枠5 +1.4 イグナイター 5 5 5 57 0 552k(0)	4/22 2東京 1 オアシスS L 1 11 1600 ダ 良 - 16ト ❶ ルメー 57 1363 6枠11 0.0 ハセドン 35.2 H -2.0 2 2 中 B 70 36.8 ⑧ 南W 46 552k(-10)	1/28 1 8週 東京 1 1 H ⑧ 1600 良 - 68	11/27 1 29 東京 2 2 H ④ 1600 稍 ○ 64	5/4 3 9週 園田 1 2 1870 良 55
7/23 3中京 8 中京記念 G3 1 4週 1600 芝 良 ○ 16ト ⑧ 松山弘 55 1330 3枠6 -0.3 ディヴィーナ 34.6 M -1.0 1 1 1 最 A 71 35.6 ⑦ 栗坂 36 432k(-4)	6/17 3阪神 5 米子S L 12 11 1600 芝外 良 ◎ 13ト ❷ 松山弘 57 1335 8枠12 +1.8 メイショウシンタ 34.5 H -1.7 4 6 外 A 51 36.5 ⑪ CW 37 436k(-2)	3/26 4 4週 阪神 9 9 M ❷ 1600 重 △ 64	2/19 1 2週 阪神 1 1 S ④ 1600 稍 - 66	1/29 1 11 中京 2 2 S ① 1600 良 ○ 62
4/30 1新潟 2 谷川岳S L 8 2週 1600 芝外 重 △ 14ト ⑦ 亀田温 55 1365 8枠14 +1.1 ピースオブエイト 36.3 M -0.5 9 9 中 A 59 36.0 ⑥ CW 24 496k(0)	4/8 2阪神 5 阪神牝馬S G2 8 7週 1600 芝外 稍 △ 12ト ⑧ 北村友 55 1344 4枠4 +0.5 サウンドビバー 37.3 S +1.9 10 11 最 B 65 33.8 ❷ CW 28 496k(-4)	2/11 4 7週 阪神 11 11 M ① 1600 良 ○ 64	12/17 10 7週 中山 11 13 M ⑥ 1600 良 - 62	10/23 1 7週 阪神 9 9 S ① 1600 良 ◎ 67
6/11 3東京 4 エプソムC G3 9 24 1800 芝 稍 - 17ト ⑩ 菅原明 55 1461 4枠8 +0.6 ジャスティンカ 35.3 M -0.3 2 5 5 内 A 65 35.4 ⑬ 南W 36 480k(-8)	12/17 5中山 5 ターコイズS G3 3 10 1600 芝外 良 - 16ト ⑫ 大野拓 53 1335 8枠16 0.0 ミスニューヨーク 36.5 M +0.3 16 15 14 大 B 67 33.5 ① 南W 45 488k(+8)	10/1 1 4週 中山 13 13 H ① 1600 良 - 65	8/27 12 16 新潟 9 9 S ⑩ 1600 良 ○ 57	5/1 1 10 東京 7 6 M ① 1600 稍 ○ 61
5/14 2東京 8 ヴィクトリア G1 14 11 1600 芝 良 ○ 16ト ⑥ 菅原明 56 1330 4枠8 +0.8 ソングライン 34.8 M +0.5 5 8 中 A 67 33.9 ⑪ CW 39 450k(0)	2/18 1阪神 3 京都牝馬S G3 1 11 1400 芝 良 ○ 18ト ❷ 菅原明 55 1204 3枠5 0.0 ウインシャーロッ 35.7 S +1.2 7 7 内 A 71 33.5 ⑤ CW 23 450k(0)	11/26 1 3週 東京 6 6 M ⑥ 1600 良 ○ 68	10/29 2 8週 阪神 9 8 M ④ 1400 良 ○ 70	8/28 2 27 新潟 6 6 M ⑤ 1400 良 ○ 67
7/23 3中京 8 中京記念 G3 10 7週 1600 芝 良 ○ 16ト ⑭ 和田竜 57 1341 8枠15 +1.1 セルバーグ 35.8 M -1.0 7 10 11 中 A 61 35.6 ⑦ CW 25 468k(-2)	5/28 1京都 12 安土城S L 5 1週 1400 芝外 良 ◎ 18ト ⑧ 和田竜 5751198 8枠16 +0.8 ママコチャ 35.7 S +1.1 10 10 中 A 66 33.2 ⑦ CW 21 470k(-4)	5/13 10 5週 東京 11 10 S ⑥ 1400 良 ○ 67	4/1 6 2週 中山 2 2 S ⑫ 1600 良 - 68	3/11 16 1週 阪神 4 4 H ⑯ 1400 良 - 43
6/11 3東京 4 エプソムC G3 13 4週 1800 芝 稍 - 17ト ⑧ 松山弘 57 1463 2枠4 +0.8 ジャスティンカ 35.9 M -0.3 8 9 10 大 A 63 35.2 ⑦ 栗坂 25 430k(-12)	5/7 2東京 6 湘南S 3C 1 10 1600 芝 良 - 13ト ❸ 松山弘 58 1336 8枠13 -0.1 アサヒ 36.3 M +0.6 8 9 大 B 64 34.1 ① 栗坂 20 442k(-2)	2/19 8 3週 阪神 6 7 S ⑪ 1600 稍 - 54	1/22 3 2週 中京 4 4 S ❸ 1600 良 ○ 62	1/5 1 6週 中京 4 4 S ❷ 1600 良 ○ 61
7/23 3中京 8 中京記念 G3 8 4週 1600 芝 良 ○ 16ト ⑥ 角田河 57 1339 2枠4 +0.9 セルバーグ 36.3 M -1.0 15 14 13 最 A 63 35.3 ❸ CW 11 470k(0)	6/17 3阪神 5 米子S L 1 11 1600 芝外 良 ◎ 13ト ⑩ 西村淳 57 1317 7枠11 -0.2 ラインベック 35.2 H -1.7 9 9 中 A 69 34.3 ❷ CW 14 470k(-2)	3/26 9 2週 阪神 11 11 M ⑤ 1600 重 △ 60	3/5 1 1週 阪神 9 8 H ① 1400 良 ○ 65	2/19 11 11 阪神 13 14 S ❷ 1600 稍 - 52
6/17 3阪神 5 米子S L 13 6週 1600 芝外 良 ◎ 13ト ⑨ 今村聖 57 1335 2枠2 +1.8 メイショウシンタ 33.7 H -1.7 1 1 最 A 51 37.2 ⑬ CW 22 502k(-8)	4/30 1新潟 2 谷川岳S L 12 4週 1600 芝外 重 △ 14ト ④ 横山琉 57 1376 5枠7 +2.2 ピースオブエイト 35.6 M -0.5 3 3 中 A 48 37.6 ⑬ CW 24 510k(0)	3/26 11 1週 阪神 1 1 M ⑭ 1600 重 △ 59	3/12 3 8週 中山 1 1 M ⑪ 1600 良 ○ 66	1/7 11 2週 中山 2 2 S ⑫ 1600 良 - 52
5/20 2東京 9 メイS OP 1 14 1800 芝 良 ○ 18ト ⑦ レーン 56 1447 1枠2 0.0 マテンロウスカイ 35.8 M +0.8 6 4 5 最 A 69 33.7 ① 南W 37 514k(-12)	2/5 1東京 4 東京新聞杯 G3 14 3週 1600 芝 良 ○ 16ト ⑩ 田辺裕 57 1329 7枠13 +1.1 ウインカーネリア 36.0 M -0.3 14 13 外 A 61 34.2 ⑩ 南W 48 526k(0)	1/7 2 2週 中山 10 6 S ① 1600 良 - 67	12/18 2 8週 中山 12 11 H ① 1800 稍 △ 66	10/16 16 6週 東京 3 3 M ⑭ 2000 良 ◎ 57
5/14 2東京 8 ヴィクトリア G1 6 6週 1600 芝 良 ○ 16ト ⑫ 横山典 56 1328 1枠1 +0.6 ソングライン 34.2 M +0.5 1 1 内 A 69 34.3 ⑯ 栗坂 33 482k(-2)	3/26 2中京 6 高松宮記念 G1 6 4週 1200 芝 不 × 18ト ④ 岩田康 56 1120 4枠8 +0.5 ファストフォース 36.5 M -0.3 10 11 中 B 69 35.6 ⑥ CW 44 484k(+6)	2/18 3 7週 阪神 17 18 S ① 1400 良 ○ 68	12/24 9 4週 阪神 3 3 H ⑬ 1400 良 - 66	11/20 8 2週 阪神 4 4 S ⑨ 1600 良 ○ 72
4/1 3中山 3 ダービーCT G3 10 14 1600 芝外 良 - 16ト ⑨ 津村明 56 1337 4枠7 +0.5 37.1 S +1.3 11 11 33.5 ⑥ 南W 30 49	12/17 5中山 5 ターコイズS G3 7 5週 1600 芝外 良 - 16ト ❸ 56 1337 3枠6 +0.2	11/3 7 27 8 8	4/23 1 13 14 9	1/15 8 12 6 7
6/17 3阪神 5 米子S 11 1600 芝外 良 藤岡康 58 1319 34.5 H -1.7 4 35.1 ⑥ CW 38 48				
6/25 3東京 8 バラ 3週 1400 芝 良 三浦皇 53 1206 36.3 S +1.3 7 32.7 ❷ 南W 39 45				

単② 680 円

複② 240 円 ① 220 円 ⑯ 320 円

枠連1－1 1790 円

馬連①－② 1800 円

ワイド①－② 700 円

②－⑯ 1480 円

①－⑯ 1570 円

馬単②→① 3440 円

3連複①②⑯ 7990 円

3連単②→①→⑯ 36190 円

木村・友道――「純正3F」優秀厩舎でワンツースリー！払戻4万6290円！

式別	馬／組番	購入金額	的中／返還	払戻単価	払戻／返還金額
単勝	02	3,000円	02	680円	20,400円
3連複 フォーメーション	馬1：02 馬2：01,05,07,08,14 馬3：01,05,07,08,11,13,14,15,16	各 100円 計3,000円	01－02－16	7,990円	7,990円
3連複軸1頭ながし	軸：02 01,05,07,08,14	各 200円 計2,000円	－	－	0円
枠連	1－1	1,000円	1－1	1,790円	17,900円
枠連	1－4	2,000円	－	－	0円
馬連ながし	軸：07 01,02,05,08,14	各 200円 計1,000円	－	－	0円
ワイドながし	軸：07 01,02	各 500円 計1,000円	－	－	0円

2023年８月13日
新潟11Ｒ
関屋記念
（GⅢ、芝1600m良）

1着②アヴェラーレ
（4番人気、6.8 倍）
上がり3ハロン＝ 32 秒 8
2着①ディヴィーナ
（2番人気、5.7 倍）
上がり3ハロン＝ 33 秒 2
3着⑯ラインベック
（6番人気、12.7 倍）
上がり3ハロン＝ 33 秒 2

レース上がり3ハロン
＝ 33 秒 8
（11 秒 1 ― 11 秒 1 ― 11 秒 6）
★純正3ハロン＝ 34 秒 3

1	1	8.3	◎：◎	4.4 1	73	1.0	1	373 17	331 2	モーリス	スクリーンヒーロー	鹿毛	牝 5	ディヴィーナ	○	ヴィルシーナ	ディープインパクト	佐々木 主浩	ノーザンF	55.0	追	西A	Mデム	23 位	栗A＊	友道康	12 位	2週	栗坂 32 B	全 4 2 2 7	芝 4 2 2 7	ク 0 1 0 6	同 3 1 0 6	短 0 0 0 1	長 1 0 2 0	福 0 0 0 0 新 0 0 0 1
1	2	0.0	注▲注	6.6 3	71	-2.0	4	364 7	330 1	ドゥラメンテ	キングカメハメハ	鹿毛	牝 5	アヴェラーレ	○	アルビアーノ	ハーランズホリデイ	＊シルクレーシング	ノーザンF	55.0	差	東A	戸崎圭	5 位	美S	木村哲	16 位	12週	南W 45 A	全 4 2 2 5	芝 4 2 2 5	ク 0 0 0 2	同 2 0 2 3	短 2 2 0 2	長 0 0 0 0	福 0 0 0 0 新 0 1 0 0
2	3	8.3	：：：	79.5 17	66	-7.0	14	368 14	343 15	ヴィクトワールピサ	ネオユニヴァース	鹿毛	セ 7	フォルコメン	△	イマーキュレイトキャ	ストームキャット	社台レースホース	社台F	57.0	差	東C	大野拓	34 位	美S＊	堀宣行	10 位	5週	南W 40 A	全 4 6 1 13	芝 4 6 1 13	ク 0 1 1 7	同 4 3 1 9	短 0 1 0 0	長 0 2 0 4	福 0 0 0 1 新 0 0 0 0
2	4	25.0	：注：	31.7 12	66	-6.8	12	362 6	334 8	ドレフォン	ジオポンティ	鹿毛	牡 4	コンシリエーレ		ターシャズスター	スパニッシュステップス	吉田 和美	ノーザンF	57.0	先	東B	丸山元	51 位	美B	稲垣幸	63 位	10週	南W 34 B	全 5 0 2 1	初芝	ク 0 0 0 0	同 0 0 0 0	短 0 0 0 0	長 0 0 0 0	福 0 0 0 0 新 0 0 0 0
3	5	16.7	：☆◯	11.9 5	72	-1.0	2	354 1	345 16	エピファネイア	シンボリクリスエス	鹿毛	牡 4	セルバーグ	○	エナチャン	キンシャサノキセキ	桑畑 夏美	前谷 武志	58.0	逃	東C	吉田豊	59 位	栗B	鈴木孝	31 位	2週	栗坂 20 B	全 5 0 3 6	芝 5 0 3 6	ク 1 0 0 5	同 4 0 3 4	短 0 0 0 2	長 1 0 0 0	福 0 0 0 0 新 0 0 0 0
3	6	0.0	：：：	43.8 14	65	-8.0	16	371 16	336 13	キズナ	ディープインパクト	鹿毛	牝 5	フラーズダルム	△	クーデグレイス	ホワイトマズル	吉田 勝己	ノーザンF	55.0	追	東C	木幡巧	47 位	栗C	松永昌	95 位	14週	CW 38 B	全 4 2 2 13	芝 4 2 2 11	ク 0 0 2 4	同 4 1 2 11	短 0 0 0 0	長 0 1 0 0	福 0 0 0 0 新 1 0 1 4
4	7	0.0	：△：	36.5 13	67	-6.0	11	365 9	332 3	ディープインパクト	サンデーサイレンス	青鹿	牝 5	フィアスプライド	△	ストロベリーフェア	キングマンボ	ゴドルフィン	ダーレー・ジャパ	55.0	追	東B	北村宏	42 位	美A＊	国枝栄	9 位	8週	南W 27 B	全 4 1 2 6	芝 4 1 2 6	ク 0 0 1 1	同 2 1 1 1	短 0 0 0 0	長 2 0 1 5	福 0 0 0 0 新 0 0 1 1
4	8	0.0	○◎▲	5.6 2	71	-1.9	3	361 5	334 7	ミッキーアイル	ディープインパクト	青鹿	牝 5	ララクリスティーヌ		スーパーマダム	タニノギムレット	フジイ興産	土井牧場	55.0	先	栗B	菅原明	11 位	栗A	斉藤崇	29 位	12週	CW 38 B	全 6 3 0 4	芝 6 3 0 4	ク 2 3 0 2	同 2 0 0 1	短 4 3 0 2	長 0 0 0 1	福 0 0 0 0 新 2 1 0 0
5	9	25.0	：：：	75.1 16	66	-6.9	13	365 8	336 12	ディープブリランテ	ディープインパクト	鹿毛	牡 7	ミッキーブリランテ		エピックラヴ	ダンシリ	野田 みづき	ノーザンF	57.0	差	東C	丸田恭	69 位	栗B	矢作芳	3 位	2週	栗坂 30 B	全 5 5 4 30	芝 5 5 4 28	ク 1 3 3 21	同 3 3 2 13	短 1 1 2 15	長 1 1 0 0	福 0 0 0 0 新 0 0 0 3
5	10	16.7	：：：	30.4 11	65	-7.9	15	365 11	335 10	ドレフォン	ジオポンティ	黒鹿	牡 4	カワキタレブリー		カフジビーナス	ディープインパクト	川島 和範	川島牧場	57.0	差	西B	菱田裕	20 位	栗C	杉山佳	90 位	8週	栗坂 24 B	全 4 1 4 8	芝 4 1 4 8	ク 0 0 3 5	同 3 0 3 5	短 1 1 1 2	長 0 0 0 1	福 0 0 0 0 新 0 0 0 1
6	11	25.0	：：：	22.3 10	69	-3.9	7	367 12	333 4	ワールドエース	ディープインパクト	鹿毛	牡 5	メイショウシンタケ	×	アドマイヤビアン	アドマイヤコジーン	松本 好雄	辻 牧場	57.0	差	西B	浜中俊	21 位	栗B	千田輝	70 位	2週	栗坂 8 C	全 5 1 0 13	芝 5 1 0 13	ク 1 0 0 2	同 1 1 0 7	短 2 0 0 2	長 2 0 0 2	福 0 0 0 0 新 0 0 0 0
6	12	0.0	：：：	74.1 15	64	-9.0	17	356 2	355 17	エピファネイア	シンボリクリスエス	栗毛	牡 6	ノルカソルカ	△	ワイドロータス	ダンスインザダーク	幅田 昌伸	下河辺牧場	57.0	逃	東C	小林脩	- 位	栗B	藤岡健	55 位	7週	栗坂 17 C	全 4 7 5 13	芝 4 7 5 13	ク 0 0 2 9	同 4 6 5 10	短 0 1 0 1	長 0 0 0 2	福 0 0 0 0 新 0 1 0 1
7	13	33.3	☆：☆	19.9 8	70	-3.0	6	368 13	333 5	ネオユニヴァース	サンデーサイレンス	青鹿	牡 6	サクラトゥジュール	△	サクラレーヌ	シンボリクリスエス	さくらコマース	谷岡牧場	57.0	先	東B	田辺裕	12 位	美S＊	堀宣行	10 位	11週	南W 38 B	全 5 7 1 8	芝 5 7 1 8	ク 1 2 1 3	同 1 4 1 2	短 0 0 0 0	長 4 3 0 6	福 0 0 0 1 新 0 0 0 0
7	14	8.3	▲○△	7.5 4	70	-2.9	5	359 3	333 6	ポイントオブエントリー	ダイナフォーマー	(外) 鹿毛	牝 6	ロータスランド	◎	リトルミスマフェット	スキャットダディ	小林英一H	Dr. Aaron Sones	55.0	逃	東C	内田博	43 位	栗A	辻野泰	28 位	12週	栗坂 52 S	全 6 4 1 10	芝 6 4 1 10	ク 3 2 1 10	同 4 1 0 6	短 1 2 1 3	長 1 1 0 1	福 0 0 0 0 新 1 1 0 0
8	15	8.3	△：：	12.0 6	68	-4.9	9	369 15	335 9	リオンディーズ	キングカメハメハ	鹿毛	牝 5	アナザーリリック		アンソロジー	サクラバクシンオー	＊シルクレーシング	ノーザンF	55.0	差	東B	津村明	18 位	美B	林 徹	58 位	18週	南W 27 B	全 4 1 0 6	芝 4 1 0 5	ク 2 0 0 5	同 2 1 0 3	短 0 0 0 0	長 2 0 0 2	福 1 0 0 0 新 2 0 0 0
8	16	8.3	：：：	12.7 7	69	-4.0	8	361 4	340 14	ディープインパクト	サンデーサイレンス	黒鹿	セ 6	ラインベック	○	アパパネ	キングカメハメハ	金子真人H	ノーザンF	57.0	先	東C	石橋脩	50 位	栗A＊	友道康	12 位	7週	CW 42 A	全 5 2 2 14	芝 4 2 2 11	ク 2 2 2 11	同 3 2 0 3	短 0 0 0 1	長 1 0 2 7	福 0 0 0 1 新 0 0 0 3
8	17	16.7	：：：	21.3 9	68	-5.0	10	365 10	335 11	ディープインパクト	サンデーサイレンス	鹿毛	牝 5	ビューティフルデイ	○	マルケサ	キングマンボ	タイヘイ牧場	タイヘイ牧場	55.0	差	東B	三浦皇	28 位	美A＊	国枝栄	9 位	6週	南W 39 B	全 5 4 2 4	芝 4 4 2 4	ク 1 0 1 2	同 0 4 1 1	短 4 0 1 3	長 0 0 0 0	福 1 0 0 0 新 0 0 0 2

２０００ｍ以上で瞬発力発揮　３位タイ：鹿戸厩舎＝35・5秒

３年前は３歳のエフフォーリアが皐月賞、ダービー、有馬記念とＧⅠ３勝。近２年はＧⅠ勝利こそありませんが、勝率で10％超、複勝率で30％超と安定しています。新馬戦で５勝、未勝利戦で12勝と２歳、３歳での勝ち鞍が多いのも特徴といえるでしょう。

追い切りは「コース」と「坂路」を併用。中でも１週前が南Ｗのコース追い、当週が坂路追いというパターンが複勝率36％と、最も優秀な数字を残しています。

エンデミズムは４月の未勝利戦を既走馬相手に快勝。そして、４戦目の１勝クラスを勝利した際の「純正３ハロン」が11秒１＋10秒９×２＝32秒９で厩舎ナンバーワン。明け４歳でもキャリアは５戦と浅く、まだまだ上を目指せる素質馬です。

４位トロヴァトーレは新馬戦の「純正３ハロン」が33秒８。２戦目の葉牡丹賞が２分０秒４の好時計勝ちで、上がり最速33秒９は２位に０秒３差。重賞初挑戦、休み明けの弥生賞は６着でしたが、この敗戦だけでは見限れません。

●鹿戸厩舎の「純正３ハロン」ベスト５

（2023～24 年）

	馬名	性齢		日付	コース			レース名	純正3F
1位	エンデミズム	牡	4	4月22日	東京	芝	1600m	未勝利	32.9
2位	ルカランフィースト	牡	3	10月14日	東京	芝	1800m	新馬	33.0
3位	ペリファーニア	牝	4	2月3日	東京	芝	1600m	1勝	33.8
3位	トロヴァトーレ	牡	3	9月18日	中山	芝	2000m	新馬	33.8
5位	バラジ	牡	5	2月11日	東京	芝	2400m	箱根特別（2勝）	34.1

瞬発力を引き出すのが上手い騎手とは？

ルメール騎手の23年秋のGI成績と上がり3ハロン

２０２３年はイクイノックスの３勝を含めて、国内ＧＩを７勝のルメール騎手。年末の有馬記念ではスターズオンアースを駆り、不利な大外枠からロスなく先行して２着。ホープフルＳでは牝馬レガレイラの切れ味を引き出しての勝利と、変幻自在な騎乗を見せてくれました。

下の表は、23年秋のＧＩにおけるルメール騎手の成績と上がり３ハロンになります。

ドゥレッツァ（菊花賞）、イクイノックス（天皇賞・秋、ジャパンＣ）、ブレイディヴェーグ（エリザベス女王杯）、レガレイラ（ホープフルＳ）と、秋だけでＧＩ５勝。

馬券圏外だったのはマイルＣＳ、朝日杯ＦＳのマイルＧＩの２レースのみ。10レース中、上がり最速が４レース、上がり３位以内が６レースもありました。

そのうえ、ジャパンＣのイクイノックスの上がり33秒５など、朝

●C・ルメール騎手の2023年・秋のＧⅠ成績と上がり３ハロン

レース	騎乗馬名	人気	着順	上がり3F	順位
秋華賞	ハーパー	2	3	34.3	9
菊花賞	ドゥレッツァ	4	1	34.6	1
天皇賞・秋	イクイノックス	1	1	34.2	3
エリザベス女王杯	ブレイディヴェーグ	1	1	34.4	5
マイルCS	シュネルマイスター	1	7	33.4	2
ジャパンC	イクイノックス	1	1	33.5	1
阪神JF	ステレンボッシュ	5	2	33.5	1
朝日杯FS	ダノンマッキンリー	3	8	35.3	8
有馬記念	スターズオンアース	7	2	34.8	4
ホープフルS	レガレイラ	1	1	35.0	1

日杯ＦＳ、ホープフルＳ以外は、すべて上がり33〜34秒台をマークしています。

基本的には好位〜中団から末脚を活かすレースが多く、現在の日本競馬で瞬発力を引き出すのが最も上手いジョッキーではないでしょうか。菊花賞、有馬記念のような先行策もありますが、前にいって脚をなくすケースも極めて稀です。

「純正3ハロン」騎手ランキング

こうして眺めているうちに、「純正３ハロン」を用いたジョッキーランキングも、厩舎ランキングと同様に馬券の役に立ってくれるのではないか、と思い至りました。そんな見立てのもとで調べたのが、右の表になります。

これをご覧いただけば、勝利時の「純正３ハロン」の平均値が速い騎手が一目瞭然です。

予想通り、１位には**ルメール**騎手が輝きました。２０２３年は１６５勝を挙げて2年ぶりのリーディングを獲得。イクイノックス、レガレイラと木村厩舎の管理馬で国内ＧⅠ４勝をマークしています。

24年はチェルヴィニア、アルセナール、ヘデントール、ガルサブランカとコンビで楽しみな３歳馬がズラリ。

他厩舎に目を移しても、エコロブルームが未勝利勝ちから挑んだシンザン記念で2着。他にもシック

●芝の「純正３ハロン」騎手ランキング

（2023年、芝5勝以上）

	騎手	純正3F 平均値	全国 リーディング
1位	ルメール	34.8	1位
1位	北村友一	34.8	29位
3位	坂井瑠星	35.0	7位
4位	川田将雅	35.1	2位
4位	戸崎圭太	35.1	6位
4位	松山弘平	35.1	4位
4位	池添謙一	35.1	45位
4位	菅原明良	35.1	11位
4位	鮫島克駿	35.1	9位

スペンス、ジオセントリックなど、23年の2歳新馬・未勝利戦の「純正3ハロン」で33秒台を叩き出したお手馬が多数揃っています。

古馬では、ドゥレッツァの尾関知人厩舎とのコンビも好相性です。

ルメール騎手と並んで1位タイに輝いたのが**北村友一**騎手。23年は40勝でリーディング29位。キャリアハイだった18年の90勝と比べて半分以下ですが、22年6月に落馬から復帰して以降、徐々に勝ち鞍も戻りつつあります。

騎乗馬の中ではオールナットの新馬戦の「純正3ハロン」が33秒6で1位。次走の京都2歳Sの7着敗退後、自己条件のあすなろ賞（1勝クラス）では3着に好走しています。

ケイデンシーマーク、ラスマドレスと、相性がよかった安田隆行厩舎は3月1週目で勇退となりましたが、今後は池添学厩舎とのコンビにも注目したいところです。

3位が**坂井瑠星**騎手。22年の秋華賞のスタニングローズで

●C・ルメール騎手の2024年の期待馬

（いずれも2023年3月3日終了時）

馬名	性齢	厩舎	戦績	クラス	純正3F最速値
チェルヴィニア	牝3	木村	2-1-0-0	OP	33.2
ガルサブランカ	牝3	木村	1-1-0-1	1勝	33.2
エコロブルーム	牡3	加藤征	1-1-1-0	OP	33.2
シックスペンス	牡3	国枝	2-0-0-0	OP	33.3
ジオセントリック	牡3	手塚	1-0-0-0	1勝	33.5

●北村友一騎手の2024年の期待馬

馬名	性齢	厩舎	戦績	クラス	純正3F最速値
オールナット	牡3	高野	1-0-1-1	1勝	33.6
ケイデンシーマーク	牝4	福永	2-4-2-2	2勝	34.0
ラスマドレス	牝5	安田翔	3-0-1-11	3勝	34.0
マラキナイア	牝4	吉岡	3-1-1-5	3勝	34.0
ワイドラトゥール	牝3	藤原英	2-0-0-2	OP	34.1

ＧＩ初制覇。近2年でＧＩを４勝と次世代のリーディング候補の道を着々と歩んでいます。

23年はキャリア初の１００勝超えとなる１０７勝を挙げ、リーディング7位に食い込みました。24年は1月だけで16勝のロケットスタートを決めており、さらなる飛躍を感じさせるには十分といえるでしょう。

芝の45勝中、「純正３ハロン」で33秒台が９レースもあり、そのうち３勝が中内田厩舎のロードデルレイによるもの。他ではセオ、テンシノメッセージといった明け４歳のお手馬にも期待しています。

そして、４位タイに**川田将雅**騎手。リーディング２位のわりには「純正３ハロン」はそれほど速くありません。理由は明確で、先行して粘り込むレースが多く、ルメール騎手とは得意なレースのタイプが異なるからでしょう。

この川田騎手と並ぶ4位タイには、戸崎圭太騎手、松山弘平騎手、池添謙一騎手、菅原明良騎手、鮫島克駿騎手と5名が大量ランクイン。厩舎ランキングの際に触れたように、ＧＩではリーディング上位厩舎ではなく、「純正３ハロン」ランキングで上位の厩舎から活躍馬が出る傾向にあります。

それは、23年のリーディングで72位だった尾関知人厩舎が、スルーセブンシー

●坂井瑠星騎手の2024年の期待馬

馬名	性齢		厩舎	戦績	クラス	純正3F最速値
セオ	牡	4	上村	3-3-2-5	3勝	33.5
ロードデルレイ	牡	4	中内田	5-0-0-1	OP	33.6
テンノメッセージ	牡	4	高柳大	2-3-2-3	2勝	33.6
ジュンゴールド	牡	3	友道	2-0-0-1	OP	33.8
グランテスト	牝	4	今野	3-3-0-2	3勝	34.0

2023年のフローラS（GⅡ）を制した
菅原明良騎手とゴールデンハインド。

ズ（宝塚記念2着、凱旋門賞4着）やドゥレッツァ（菊花賞1着）を送り出した事実が示す通りです。

それを踏まえて考えれば、騎手もリーディングより注目すべきは「純正3ハロン」のランキングではないでしょうか。

鮫島克駿騎手は23年のリーディング9位、**菅原明良**騎手は11位で、狙うべきジョッキー像に合致します。24年のＧⅠでは、若武者2人の台頭に期待しています。

ダート戦線も純正3ハロンにお任せ!

クラス格差は芝以上！ダートの「純正3ハロン」

芝戦の「純正３ハロン」の有用性はこれまでに述べてきた通りであり、ダート戦でも同様に活用することができます。

特に冬場のダートは凍結防止剤の影響もあって、上がりがかかり気味。基本的に前有利なダート戦とはいえ、この時季は上がりがかかって差し届く傾向にあるため、上がり性能を的確に測る「純正３ハロン」が有効に働くのです。

例えば、２０２３年の３歳以上の中山ダート１８００m戦を見ていくと、上がりの遅いワースト10レースのうち、実に半数以上の６レースを１月開催が占めています。ダートの「純正３ハロン」をチェックすれば、望外の波乱にありつけるはずです。

それでは、ダートの「純正３ハロン」の基本的な考え方から見ていきます。

下の表は、芝とダートにおけるクラス別の「純正３ハロン」を比較したものです。

レース数の多い距離のほうがより正確に傾向をつかめるため、芝は１６００ｍ、ダートは１８００ｍにフォーカスして平均値を算出しています。この表から、実に興味深い傾向が見えてきました。

芝は未勝利戦の35秒１が最も遅く、１勝クラスが35秒０、２勝クラスが34秒９、３勝クラスが34秒８と０秒１ずつ速くなるだけ。そのうえ、オープンの34秒８は３勝クラスと変わらないのです。

確かに、23年の桜花賞が11秒３＋11秒８×２＝34秒９、ＮＨＫマイルＣが11秒５＋11秒９×２＝35秒３ですから、ＧⅠでさえマイル戦の「純正３ハロン」が33秒台〜34秒台前半になることは、めったにありません。

つまり、芝では昇級しても求められる「純正３ハロン」はさほど速くならないのです。

一方、ダートは未勝利戦が39秒２で最も遅く、１勝クラスが38秒９、２勝クラスが38秒６。３勝クラスでは38秒２と未勝利戦より１秒０も速くなります。さらに、オープンでは37秒５と37秒台へ突入。クラスが上がるほど、要求される上がり性能も高くなっており、芝以上にクラスの差が「純正３ハロン」へと如実に表れるのです。

●芝1600mとダート1800mのクラス別「純正３ハロン」平均

（2023年）

クラス	芝	ダ
未勝利	35.1	39.2
1勝	35.0	38.9
2勝	34.9	38.6
3勝	34.8	38.2
OP	34.8	37.5

勝ち馬	性齢	勝ち時計	ラスト2F	ラスト1F	純正3F
プラチナジュビリー	牝3	1:23.4	11.3	12.0	35.3
バグラダス	牡3	1:24.9	11.7	11.9	35.5
ペプチドナイル	牡5	1:43.0	11.6	12.0	35.6
ミファヴォリート	牝4	1:37.3	11.8	12.0	35.8
ペースセッティング	牡3	1:23.3	12.1	11.9	35.9
パラシュラーマ	牡3	1:10.8	11.5	12.2	35.9
サンライズフレイム	牡3	1:39.9	11.7	12.1	35.9
サンマルレジェンド	牡5	1:53.1	12.0	12.0	36.0
アクションプラン	牡3	1:36.3	11.8	12.1	36.0
ダノンミカエル	牝3	1:24.0	11.6	12.2	36.0

条件	人気	着順	走破時計	純正3F	上がり3F(順位)
1600m	1	1	1分33秒9	35.9	36.6(1)
1600m	1	3	1分37秒1	38.2	37.1(3)
1400m	1	1	1分23秒7	37.3	36.4(2)
1400m	1	1	1分24秒1	38.2	37.1(7)
1400m	2	1	1分23秒7	38.8	36.5(2)
1400m	1	1	1分23秒7	37.9	35.6(1)
1400m	2	3	1分24秒6	35.6	35.4(3)

ダートの「純正３ハロン」ランキング

ならば「純正３ハロン」が速いレースを追っていけば、ハイレベル戦を見つけ出す確率も上がるはず。そこで、２０２３年のダート戦における「純正３ハロン」のベスト10をまとめたのが、上の表になります。

１位に輝いたのは、**プラチナジュビリー**が勝利した東京ダート１４００ｍの１勝クラス戦。ラスト２ハロンは芝並みの11秒３↓12秒０で、「純正３ハロン」は11秒３＋12秒０×２＝35秒３でした。

その後は中２週で挑んだ昇級初戦の２勝クラスを快勝。年明け初戦の銀蹄Ｓ（３勝クラス）は８着でしたが、この敗戦が力負けではないはずです。

●ダート戦の「純正3ハロン」ランキング（2023年）

	日付	コース			レース名
1位	11月4日	東京	ダ	1400	1勝クラス
2位	10月8日	東京	ダ	1400	2勝クラス
3位	7月8日	函館	ダ	1700	マリーンS（OP）
4位	10月7日	東京	ダ	1600	西湖特別（2勝）
5位	10月22日	京都	ダ	1400	桂川S（3勝）
5位	11月4日	京都	ダ	1200	貴船S（3勝）
5位	2月5日	東京	ダ	1600	新馬
8位	7月8日	中京	ダ	1800	マレーシアC（3勝）
8位	6月17日	東京	ダ	1600	1勝クラス
8位	11月5日	東京	ダ	1400	2勝クラス

●サンライズフレイムの成績

年月日	レース名	クラス	レース	
20230205	3歳新馬	新馬	東京	ダ
20230422	3歳1勝クラス	1勝	東京	ダ
20230610	山吹賞	1勝	阪神	ダ
20230708	インディアT	2勝	中京	ダ
20230923	大阪スポーツ杯	3勝	阪神	ダ
20231021	オータムリーフS	OP	京都	ダ
20240128	根岸S	GⅢ	東京	ダ

そして、注目は3位のマリーンCの**ペピチドナイル**。

ラスト2ハロンは11秒6↓12秒0で、「純正3ハロン」は11秒6＋12秒0×2＝35秒6。上位10レース中、東京から計6レース、1600m以下から計8レースが該当していることからしても、上がりがかかる函館の中距離戦としては異例の速さでした。

記憶に新しいところですが、同馬は24年最初のGI・フェブラリーSは11番人気ながらも、好位から押し切ってGI初制覇を達成。筆者自身は近走の敗戦で評価を下げて失敗でしたが、マリーンCのパフォーマンスが素晴らしかったことを証明してくれています。

その他で「純正3ハロン」のダート戦での利用価値を証明しているのが、新馬戦ながら5位タイにランクした**サンライズフレイム**です。

デビュー戦でラスト2ハロン11秒7↓12秒1は秀逸としかいいようがなく、次走の1勝クラスこそ3着に敗れましたが、その後は1勝クラス↓インディアT（2勝クラス）↓大阪スポーツ杯（3勝クラス）

↓オータムリーフS（OP）と、オープン特別まで破竹の4連勝。そして、初重賞挑戦の根岸Sでも3着に好走しています。

こうした馬をいち早く捕まえることができれば、先行者利益にありつけるのは説明するまでもないでしょう。

昇級によるファンの疑心暗鬼をよそに、思い切ってアタマで買えるなら、大きなリターンが得られるはずです。

第5章

保存版！
ＧＩ～1勝クラス
レースレベル判定

**純正３ハロンで2023～24年２月の
レースを完全網羅！**

GI フェブラリーS

東京・ダート1600m（４歳以上）

●過去５年のフェブラリーS

年	勝ち馬	性齢		馬場	勝ち時計	前3F	L2F	L1F	純正3F	4角位置	上がり3F（順位）
19	インティ	牡	5	良	1:35.6	35.8	11.4	12.4	36.2	1	35.4（3）
20	モズアスコット	牡	6	良	1:35.2	35.5	11.9	12.4	36.7	8	35.4（2）
21	カフェファラオ	牡	4	良	1:34.4	35.2	11.9	12.1	36.1	3	35.6（4）
22	カフェファラオ	牡	5	重	1:33.8	35.1	11.2	11.8	34.8	3	34.3（1）
23	レモンポップ	牡	5	良	1:35.6	35.0	12.0	12.4	36.8	4	36.3（3）

速い上がりの脚の持ち主でないと歯が立たない

2022年カフェファラオが１分33秒８のコースレコードに０秒３差の好時計Ｖ。21年も１分34秒台の高速決着で、その他の３年も１分35秒台と速く、同舞台のオープン＆重賞で上位争いしている馬の好走が多い。芝並みのスピードが求められるため、同じダートＧⅠの中京ダート1800ｍのチャンピオンズＣと対照的で、４歳馬＆５歳馬が計４勝と若馬のほうが強い。

「純正３ハロン」は22年が11秒２＋11秒８×２＝34秒８で断トツ、他４年の36秒台もダート戦としては速い。勝ち馬は４コーナー４番手以内が４頭おり、以前ほど直線一気の追い込みは決まらない。とはいえ、上がりはすべて４位以内、34～35秒台が４頭。好位～中団から速い上がりを使えるタイプが優勢。

GI 高松宮記念

中京・芝1200m（４歳以上）

●過去５年の高松宮記念

年	勝ち馬	性齢		馬場	勝ち時計	前3F	L2F	L1F	純正3F	4角位置	上がり3F（順位）
19	ミスターメロディ	牡	4	良	1:07.3	33.7	11.2	11.5	34.2	5	33.6（4）
20	モズスーパーフレア	牝	5	重	1:08.7	34.2	11.2	11.9	35.0	1	34.5（11）
21	ダノンスマッシュ	牡	6	重	1:09.2	34.9	11.6	12.0	35.6	9	34.3（1）
22	ナランフレグ	牡	6	重	1:08.3	34.4	11.5	12.4	36.3	14	33.9（2）
23	ファストフォース	牡	7	不良	1:11.5	36.0	11.9	12.4	36.7	5	35.5（5）

馬場の影響が大、純正3ハロンのレベルは低い

重馬場が３回、不良馬場が１回。時計がかかるケースが多く、スピードよりも、重馬場＆荒れ馬場の適性が求められる。実際、スピードだけなら若馬のほうが速いが、６歳馬が２勝、７歳馬が１勝と経験豊富な年長馬のほうが結果を残している。

2022年、23年はラスト１Ｆが12秒４、「純正３ハロン」も35～36秒台が４回とスプリントＧＩとは思えないほど遅い。勝ち馬は４角先頭が１頭、５番手以内が３頭に対して、９番手以降が２頭。展開、トラックバイアスの影響を受けやすい。

上がりは４頭が５位以内をマークしている。３連複で19年が87万超え、22年が52万円超えなど、万馬券決着が４回。人気馬同士で決着するケースが少なく、波乱度が超高いレースといえる。

GI

大阪杯

阪神・芝2000m（４歳以上）

●過去５年の大阪杯

年	勝ち馬	性齢		馬場	勝ち時計	前3F	L2F	L1F	純正3F	4角位置	上がり3F（順位）
19	アルアイン	牡	5	良	2:01.0	36.8	11.6	12.5	36.6	4	35.2（4）
20	ラッキーライラック	牝	5	良	1:58.4	37.4	11.2	11.7	34.6	5	33.9（2）
21	レイパパレ	牝	4	重	2:01.6	35.6	11.6	13.1	37.8	1	36.8（1）
22	ポタジェ	牡	5	良	1:58.4	35.3	11.8	12.5	36.8	4	35.3（4）
23	ジャックドール	牡	5	良	1:57.4	35.5	11.4	12.5	36.4	1	35.3（8）

直線一気の追い込みは決まりにくいコース

2017年にＧＩへと格上げ。23年はジャックドールが1000ｍ58秒９で逃げて、１分57秒４のレコードに０秒２差の好時計Ｖ。一貫したペースになりやすく。1000ｍ60秒４のスローペースだった20年以外、ラスト１ハロンは12秒以上を要している。

ただし、内回りで直線一気の追い込みは決まりづらく、勝ち馬は４角１番手が１頭、すべて５番手以内で立ち回っている。23年も上がり最速のスターズオンアースは２着までだった。

「純正３ハロン」は20年ラッキーライラックが11秒２＋11秒７×２＝34秒６、上がり33秒９で断トツ。牝馬同士なら明らかに実力は上で、エリザベス女王杯を連覇したのも当然といえる。世代別では４歳が１勝で、５歳が４勝と圧倒している。

GI 桜花賞

阪神・芝1600m（３歳牝馬）

●過去５年の桜花賞

年	勝ち馬	性齢		馬場	勝ち時計	前3F	L2F	L1F	純正3F	4角位置	上がり3F（順位）
19	グランアレグリア	牝	3	良	1:32.7	35.8	11.0	11.5	34.0	1	33.3（5）
20	デアリングタクト	牝	3	重	1:36.1	36.0	12.6	13.8	40.2	12	36.6（1）
21	ソダシ	牝	3	良	1:31.1	34.4	11.2	11.9	35.0	3	33.8（4）
22	スターズオンアース	牝	3	良	1:32.9	35.7	11.5	11.5	34.5	9	33.5（3）
23	リバティアイランド	牝	3	良	1:32.1	36.1	11.3	11.8	34.9	16	32.9（1）

至上の瞬発力が求められ、勝ち馬には名牝がズラリ

2023年は単勝1.6倍と圧倒的な支持を集めたリバティアイランドが差し切り。上がり32秒９は２位に０秒７差で断トツ。近５年では他にも20年デアリングタクトが三冠を達成。この２頭に共通するのは上がり最速を使って差し切った点。その他の３頭もすべて上がりは５位以内をマークしている。

良馬場では上がり32～33秒台が必須となり、ＧＩ馬に相応しい瞬発力が求められる。勝ち時計は21年ソダシが１分31秒１のコースレコードＶ。その他の年も重馬場の20年以外、すべて１分32秒台の高速決着となっている。近年の勝ち馬はＧＩを２勝以上、のちに牡馬相手のＧＩでも好走する馬ばかり。牡馬クラシック第１弾の皐月賞よりもハイレベルな年が多い。

GI 皐月賞

中山・芝2000m（３歳）

●過去５年の皐月賞

年	勝ち馬	性齢		馬場	勝ち時計	前3F	L2F	L1F	純正3F	4角位置	上がり3F（順位）
19	サートゥルナーリア	牡	3	良	1:58.1	35.8	11.6	11.4	34.4	7	34.1（1）
20	コントレイル	牡	3	稍重	2:00.7	37.5	11.8	12.1	36.0	7	34.9（1）
21	エフフォーリア	牡	3	稍重	2:00.6	36.6	12.3	12.6	37.5	4	36.7（2）
22	ジオグリフ	牡	3	良	1:59.7	36.2	11.4	11.5	34.4	3	34.3（4）
23	ソールオリエンス	牡	3	重	2:00.6	37.4	12.5	12.0	36.5	17	35.5（1）

上がり最速の馬なら次戦のダービーでも狙える

2023年はソールオリエンスが大外一気に差し切り。上がりは２位に０秒９差で断トツだった。勝ち時計は19年サートゥルナーリアが１分58秒１と速いが、その他の年は２分０秒０前後とＧＩにしては遅い。

２連続開催の最終週に加えて、稍重馬場が２回、重馬場が１回。馬場の内が荒れてきているので、直線が短い中山でも逃げ馬は厳しい。勝ち馬は４角３～７番手が４頭を占めている。

また、上がりは勝ち馬の３頭が最速、５頭すべてが上がり４位以内をマーク。22年のダービー馬ドウデュースなど、このレースでの上がり最速は東京芝2400ｍの日本ダービーへ直結しやすい。「純正３ハロン」は良馬場の２年は34秒台、それ以外の３年は36秒以上を要している。

GI 天皇賞・春

京都・芝3200m（４歳以上）

●過去５年の天皇賞・春　　2021、22年は阪神芝3200mで施行

年	勝ち馬	性齢		馬場	勝ち時計	前3F	L2F	L1F	純正3F	4角位置	上がり3F（順位）
19	フィエールマン	牡	4	良	3:15.0	37.8	11.0	11.9	34.8	1	34.5（2）
20	フィエールマン	牡	5	良	3:16.5	39.3	11.9	12.2	36.3	7	34.6（1）
21	ワールドプレミア	牡	5	良	3:14.7	36.9	12.3	13.0	38.3	4	36.7（1）
22	タイトルホルダー	牡	4	稍重	3:16.2	36.5	11.7	13.2	38.1	1	36.4（1）
23	ジャスティンパレス	牡	4	稍重	3:16.1	36.6	11.5	11.9	35.3	4	34.9（1）

問われる長距離適性、菊花賞上位馬に照準を

最長距離のＧＩレース。阪神で施行の2021年は良馬場にも関わらず、「純正３ハロン」が38秒台もかかっている。京都で施行の19年、20年フィエールマン、23年ジャスティンパレスは上がり34秒台で差し切っており、長距離戦にしては上がりが速い。19～22年の勝ち馬はすべて菊花賞を制しており、23年ジャスティンパレスも僅差の３着。とにかく、スタミナ、長距離適性が最重要となる。

勝ち馬の４頭が上がり最速、５頭すべて上がり２位以内をマーク。２周目の４コーナーまでいかにスタミナを温存できるかがポイントだ。ディープボンドが21～23年と３年連続で２着しており、リピーターの活躍が目立つのも特徴。世代別では４歳が３勝、５歳が２勝、６歳以上は２連対のみ。

GⅠ NHKマイルC

東京・芝1600m（3歳）

●過去5年のNHKマイルC

年	勝ち馬	性齢		馬場	勝ち時計	前3F	L2F	L1F	純正3F	4角位置	上がり3F（順位）
19	アドマイヤマーズ	牡	3	良	1:32.4	34.9	11.3	12.0	35.3	7	33.9（4）
20	ラウダシオン	牡	3	良	1:32.5	34.2	11.2	12.0	35.2	2	34.4（4）
21	シュネルマイスター	牡	3	良	1:31.6	34.8	11.4	11.9	35.2	9	34.0（2）
22	ダノンスコーピオン	牡	3	良	1:32.3	34.7	11.5	12.3	36.1	6	34.3（4）
23	シャンパンカラー	牡	3	稍重	1:33.8	35.8	11.5	11.9	35.3	13	34.4（2）

勝ち時計、純正3ハロンともにレベルは高い

勝ち時計は2021年シュネルマイスターの1分31秒6が最速。「純正3ハロン」も35秒2で1位タイ。2着ソングラインがのちに東京マイルのGⅠを3勝しており、時計面にもレベルの高さが表れている。その他の良馬場の19年、20年、22年も1分32秒台と速い。

ただし、19年アドマイヤマーズ以外、のちにGⅠを制した馬はいない。今後の活躍を期待するためには、「純正3ハロン」は33～34秒台が必要だ。

勝ち馬は4コーナー5番手以内が1頭のみで、逃げ切りは難しい。勝ち馬の上がりはすべて2～4位、33～34秒台。中団からの差し切りが勝利のパターン。22年は3着に最低人気のカワキタレブリーが入って、3連複41万馬券。3連複万馬券が4回と大荒れのレースでもある。

GIヴィクトリアM
東京・芝1600m(４歳以上牝馬)

●過去５年のヴィクトリアM

年	勝ち馬	性齢		馬場	勝ち時計	前3F	L2F	L1F	純正3F	4角位置	上がり3F(順位)
19	ノームコア	牝	4	良	1:30.5	34.6	11.5	11.7	34.9	7	33.2(3)
20	アーモンドアイ	牝	5	良	1:30.6	35.1	11.1	11.6	34.3	4	32.9(1)
21	グランアレグリア	牝	5	良	1:31.0	35.3	10.9	11.3	33.5	10	32.6(1)
22	ソダシ	牝	4	良	1:32.2	35.1	11.3	11.8	34.9	4	33.4(6)
23	ソングライン	牝	5	良	1:32.2	35.0	11.0	11.4	33.8	6	33.2(2)

牡馬相手に勝ってきた名牝がブチ抜く！

2019年ノームコアが１分30秒５のコースレコードＶ。20年アーモンドアイも１分30秒６と速く、前週の３歳ＧＩのＮＨＫマイルＣより１秒以上は速い。「純正３ハロン」も21年が10秒９＋11秒３×２＝33秒５、23年が11秒０＋11秒４×２＝33秒８、その他の３年も34秒台と速い。

勝ち馬の上がりは32秒台が２頭、33秒台が３頭、ＧＩの中でも極めて高い瞬発力が要求される。20～22年と３年連続して桜花賞馬が勝利しており、マイル戦に対応できるスピードが必要不可欠。20年アーモンドアイ、21年グランアレブリアが４馬身差Ｖ。牡馬相手に戦ってきた牝馬が出走して、実力差が大きいケースも多い。世代別では４歳が２勝、５歳が３勝。６歳以上は１連対もしていない。

GI オークス

東京・芝2400m（３歳牝馬）

●過去５年のオークス

年	勝ち馬	性齢		馬場	勝ち時計	前3F	L2F	L1F	純正3F	4角位置	上がり3F（順位）
19	ラヴズオンリーユー	牝	3	良	2:22.8	36.2	11.6	12.3	36.2	10	34.5（1）
20	デアリングタクト	牝	3	良	2:24.4	37.0	11.2	11.8	34.8	13	33.1（1）
21	ユーバーレーベン	牝	3	良	2:24.5	36.7	11.7	11.9	35.5	8	34.4（4）
22	スターズオンアース	牝	3	良	2:23.9	37.1	11.7	11.8	35.3	8	33.7（1）
23	リバティアイランド	牝	3	良	2:23.1	36.6	11.6	11.5	34.6	6	34.0（1）

23年のリバティはダービーを上回る勝ち時計

2023年は断然人気のリバティアイランドが上がり最速34秒０をマークして、レース史上最大着差となる６馬身差Ｖ。1000ｍ通過は60秒０の平均ペースで流れて、ラスト２ハロンは11秒台中盤のフィニッシュだった。

レース上がりは過去５年で４位止まりでも、「純正３ハロン」は11秒６＋11秒×５＝34秒６で１位。勝ち時計２分23秒１は19年ラヴズオンリーユーに０秒３及ばなかったものの、「純正３ハロン」は１秒６も上回っていた。

過去５年で勝ち時計がダービーよりも速かったのは、その23年だけ。勝ち馬はすべて４角６番手以降からの差し切り。そのうちの４頭が上がり最速をマーク。19年ラヴズオンリーユーは海外ＧＩを３勝。翌年以降は牝馬相手に活躍している馬が多い。

GI日本ダービー

東京・芝2400m（３歳）

●過去５年の日本ダービー

年	勝ち馬	性齢		馬場	勝ち時計	前3F	L2F	L1F	純正3F	4角位置	上がり3F（順位）
19	ロジャーバローズ	牡	3	良	2:22.6	35.6	11.9	12.0	35.9	2	35.1（11）
20	コントレイル	牡	3	良	2:24.1	37.2	11.3	11.7	34.7	4	34.0（1）
21	シャフリヤール	牡	3	良	2:22.5	35.9	10.8	11.6	34.0	9	33.4（1）
22	ドウデュース	牡	3	良	2:21.9	37.1	11.7	12.0	35.7	14	33.7（2）
23	タスティエーラ	牡	3	良	2:25.2	35.9	11.9	11.8	35.5	4	33.5（9）

純正3ハロンが34秒台なら秋以降も期待できる

2023年はタスティエーラがソールオリエンスらの追撃を封じて、牡馬の頂点に輝いた。ただし、勝ち時計２分25秒２は過去５年で最も遅く、前週のオークスに２秒１も劣っており、「純正３ハロン」も35秒５と遅い。勝ち時計は22年ドウデュースの２分21秒９が断トツ。２着イクイノックスの活躍が示す通りのハイレベル。

「純正３ハロン」は21年シャフリヤールが34秒０で最速で、翌年のドバイシーマクラシックを制している。そして、20年コントレイルも34秒７と速く、のちに三冠を達成している。「純正３ハロン」が34秒台であれば、秋以降の活躍が期待できる。

勝ち馬の３頭が４角４番手以内、前週のオークスよりも前残りが多い。近３年の勝ち馬は上がり33秒台をマークしている。

GI 安田記念

東京・芝1600m（３歳以上）

●過去５年の安田記念

年	勝ち馬	性齢		馬場	勝ち時計	前3F	L2F	L1F	純正3F	4角位置	上がり3F（順位）
19	インディチャンプ	牡	4	良	1:30.9	35.3	11.2	11.6	34.4	5	32.9(5)
20	グランアレグリア	牝	4	稍重	1:31.6	35.2	11.0	11.9	34.8	7	33.7(1)
21	ダノンキングリー	牡	5	良	1:31.7	35.7	11.0	11.7	34.4	8	33.1(2)
22	ソングライン	牝	4	良	1:32.3	35.6	11.0	11.4	33.8	10	32.9(4)
23	ソングライン	牝	5	良	1:31.4	35.1	11.2	11.5	34.2	9	33.1(2)

斤量も有利、レベルの高い牝馬が活躍する

勝ち時計は2019年インディチャンプの１分30秒９が最速。過去５年の「前半３ハロン」はすべて35秒台と遅いにも関わらず、勝ち時計は１分30～32秒台前半と速い。とはいえ、ヴィクトリアマイルの19年ノームコア（１分30秒５）、20年アーモンドアイ（１分30秒６）より遅い。時計＆瞬発力勝負で斤量差の影響もあるかもしれないが、過去５年で３勝を挙げている牝馬のほうが強い。

「純正３ハロン」は22年が11秒０＋11秒４×２＝33秒８で唯一の33秒台。勝ち馬ソングラインが翌年のヴィクトリアマイル、安田記念を連勝した通り、東京マイル向きの瞬発力を示していた。

勝ち馬はすべて４角５番手以降から、上がりも５位以内をマーク。上がりは４頭の32秒９～33秒１が目安となる。

GI 宝塚記念

阪神・芝2200m（３歳以上）

注：2024年は京都芝2200mで施行

●過去５年の宝塚記念

年	勝ち馬	性齢		馬場	勝ち時計	前3F	L2F	L1F	純正3F	4角位置	上がり3F（順位）
19	リスグラシュー	牝	5	良	2:10.8	35.6	11.4	12.4	36.2	2	35.2（1）
20	クロノジェネシス	牝	4	稍重	2:13.5	35.3	12.1	12.3	36.7	1	36.3（1）
21	クロノジェネシス	牝	5	良	2:10.9	35.5	11.5	11.7	34.9	4	34.4（1）
22	タイトルホルダー	牡	4	良	2:09.7	34.2	12.0	12.4	36.8	2	36.1（3）
23	イクイノックス	牡	4	良	2:11.2	35.7	12.0	11.8	35.6	9	34.8（2）

持久力を問われる有馬記念との共通点

2022年はタイトルホルダーが２分９秒７のレコードで押し切り。23年はイクイノックス、スルーセブンシーズの追い込み同士の決着。ラスト２ハロンが12秒０→11秒８の加速ラップだった。「純正３ハロン」は21年クロノジェネシスの11秒５＋11秒７×２＝34秒９が断トツ。その他は35秒以上かかっており、36秒台が３回もある。最終週で馬場も荒れてきているため、瞬発力勝負より持久力勝負になりやすく、勝ち馬の４頭が同じレース傾向の有馬記念も制している。

以前から８枠が好成績で、内回りでも外枠の不利はない。勝ち馬は４頭が４角４番手以内、上がりはすべて３位以内をマーク。好位からの差し切りが多い。ただし、24年は京都施行なので、こうした傾向が続くか、注意が必要だ。

GI スプリンターズS

中山・芝1200m(３歳以上)

●過去５年のスプリンターズS

年	勝ち馬	性齢		馬場	勝ち時計	前3F	L2F	L1F	純正3F	4角位置	上がり3F(順位)
19	タワーオブロンドン	牡	4	良	1:07.1	33.6	11.2	11.8	34.8	8	33.5(3)
20	グランアレグリア	牝	4	良	1:08.3	34.7	11.9	12.1	36.1	15	33.6(1)
21	ピクシーナイト	牡	3	良	1:07.1	33.7	11.3	11.4	34.1	2	33.4(2)
22	ジャンダルム	牡	7	良	1:07.8	33.2	11.4	12.3	36.0	2	34.6(10)
23	ママコチャ	牝	4	良	1:08.0	33.5	11.2	12.3	35.8	2	34.5(9)

絶対的な短距離王不在で、近年はレベルが低く……

2023年はママコチャがマッドクールとのハナ差の叩き合いを制してＶ。重賞未勝利馬のワンツーで、近年のスプリント路線は以前のロードカナロアのような絶対的な存在がいない。勝ち時計は19年、21年の１分７秒１が最速、１分７秒台が３回。近２年はラスト１ハロン12秒３、「純正３ハロン」35秒以上を要しており、スプリントＧＩとしてはかなり遅い。

近３年の勝ち馬はすべて４角２番手から押し切ったが、先行有利というよりも、強力な差し、追い込み馬がいなかったため。19年タワーオブロンドン、20年グランアレグリアは４角８番手以降から豪快に差し切っており、上がり33秒台中盤をマークできれば差し届く。世代別では４歳が３勝を挙げている。

GI

秋華賞

京都・芝2000m（３歳牝馬）

●過去５年の秋華賞

2021、22年は阪神芝2000mで施行

年	勝ち馬	性齢		馬場	勝ち時計	前3F	L2F	L1F	純正3F	4角位置	上がり3F（順位）
19	クロノジェネシス	牝	3	稍重	1:59.9	35.5	12.3	12.1	36.5	5	36.1（2）
20	デアリングタクト	牝	3	稍重	2:00.6	37.0	11.9	12.1	36.1	5	35.8（2）
21	アカイトリノムスメ	牝	3	良	2:01.2	37.8	12.3	12.9	38.1	4	35.9（3）
22	スタニングローズ	牝	3	良	1:58.6	36.3	11.5	11.8	35.1	4	34.3（6）
23	リバティアイランド	牝	3	稍重	2:01.1	36.9	11.0	11.4	33.8	3	33.6（2）

23年はリバティアイランドが圧巻の勝利で三冠達成！

2023年は単勝1.1倍の圧倒的人気を集めたリバティアイランドが、早目先頭から押し切る圧巻のレースを披露し、史上７頭目となる牝馬三冠を達成。勝ち時計が２分１秒１と遅かったのは、1000ｍ通過が61秒９と未勝利戦並みに遅かったためだ。そのぶん、ラスト２ハロンは11秒０→11秒４と速く、「純正３ハロン」33秒８は稍重馬場ながらも断トツだった。

過去５年で稍重馬場が３回あって、時計がかかる決着になるケースが多い。勝ち馬はすべて４角５番手以内で立ち回っており、内回りで先行力は大きな武器となる。上がりは２～３位が４頭おり、好位抜け出しが勝ちパターン。23年の２着マスクトディーヴァ以外、連対馬はすべてオークス出走組が占めている。

GI

菊花賞

京都・芝3000m（３歳）

●過去５年の菊花賞　　2021、22年は阪神芝3000mで施行

年	勝ち馬	性齢		馬場	勝ち時計	前3F	L2F	L1F	純正3F	4角位置	上がり3F（順位）
19	ワールドプレミア	牡	3	良	3:06.0	38.4	11.8	12.4	36.6	6	35.8（3）
20	コントレイル	牡	3	良	3:05.5	38.2	11.6	12.2	36.0	4	35.2（2）
21	タイトルホルダー	牡	3	良	3:04.6	35.1	11.4	12.2	35.8	1	35.1（6）
22	アスクビクターモア	牡	3	良	3:02.4	35.4	12.2	12.9	38.0	1	36.9（4）
23	ドゥレッツァ	牡	3	良	3:03.1	35.5	11.4	11.8	35.0	2	34.6（1）

ハイレベルVのドゥレッツアが春天の主役も張る

2023年はドゥレッツァが２周目の４角２番手から、上がり最速をマークして３馬身半差V。デビューわずか６戦目、初のオープンがＧＩ制覇という快挙を達成。ラスト２ハロンともに11秒台と速く、「純正３ハロン」35秒０は長距離戦としては非常に優秀だ。

阪神開催の21年タイトルホルダー、22年アスクビクターモアは４角先頭から押し切り。それ以外の京都で施行の３年も勝ち馬は２周目の４角６番手以内。スタミナがない馬は最後の直線までに早々と脱落するため、上位争いの馬は必然的にポジションが押し上げられることになる。19年ワールドプレミア、21年タイトルホルダーは天皇賞・春も制覇。今の長距離戦は主役不在で、ドゥレッツァは堂々と主役を張れるはずだ。

GI 天皇賞・秋

東京・芝2000m（３歳以上）

●過去５年の天皇賞・秋

年	勝ち馬	性齢		馬場	勝ち時計	前3F	L2F	L1F	純正3F	4角位置	上がり3F（順位）
19	アーモンドアイ	牝	4	良	1:56.2	36.2	11.3	11.9	35.1	5	33.8（2）
20	アーモンドアイ	牝	5	良	1:57.8	37.5	11.1	11.6	34.3	4	33.1（3）
21	エフフォーリア	牡	3	良	1:57.9	36.9	11.1	11.4	33.9	6	33.2（3）
22	イクイノックス	牡	3	良	1:57.5	36.3	12.4	12.7	37.8	9	32.7（1）
23	イクイノックス	牡	4	良	1:55.2	35.6	11.4	11.7	34.8	3	34.2（3）

ラスト2ハロンいずれも11秒台が名馬の証し

2023年はイクイノックスが１分55秒２の世界レコードV。19年アーモンドアイが１分56秒２、それ以外の３年も１分57秒台と速い。パンサラッサが大逃げの22年以外、すべてラスト２ハロンともに11秒台、「純正３ハロン」は33～34秒台が多い。

勝ち馬は４角３～９番手で立ち回っており、上がりは３位以内をマーク。好位～中団から上位の上がりをマークするのが勝ちパターン。前半３ハロン36～37秒台とペースが上がりにくく、勝ち時計も速いので、あまり後方過ぎては差し届かない。

勝ち馬はアーモンドアイ、イクイノックスがシルクレーシング、エフフォーリアがキャロットファームとすべてノーザンファーム生産馬。ルメール騎手が近６年で５勝を挙げている。

GⅠ エリザベス女王杯

京都・芝2200m（４歳以上牝馬）

●過去５年のエリザベス女王杯　2020～22年は阪神芝2200mで施行

年	勝ち馬	性齢		馬場	勝ち時計	前3F	L2F	L1F	純正3F	4角位置	上がり3F（順位）
19	ラッキーライラック	牝	4	良	2:14.1	38.7	11.4	11.7	34.8	8	32.8（1）
20	ラッキーライラック	牝	5	良	2:10.3	36.8	11.1	11.8	34.7	3	33.9（3）
21	アカイイト	牝	4	良	2:12.1	36.6	11.8	12.5	36.8	7	35.7（1）
22	ジェラルディーナ	牝	4	重	2:13.0	36.6	12.3	12.2	36.7	9	35.4（1）
23	ブレイディヴェーグ	牝	3	良	2:12.6	37.6	11.5	12.0	35.5	5	34.4（5）

最強牝馬は別路線ゆえ、メンバーは手薄になりがち

2023年はブレイディヴェーグがキャリア４戦で、初ＧⅠ挑戦&初ＧⅠ制覇を達成。１～３番枠の内枠３頭の決着だった。勝ち時計は20年が２分10秒３で断トツだが、その他は２分12～14秒台とかかり気味。近３年はラスト１ハロン12秒台を要して、「純正３ハロン」は35～36秒台と遅い。勝ち馬はすべて４角３～９番手。上がり最速馬は３勝、勝ち馬はすべて上がり５位以内。

アーモンドアイ、デアリングタクト、リバティアイランドら三冠牝馬は天皇賞・秋、ジャパンＣへ出走するためメンバーは手薄。ラッキーライラックが19年、20年と連覇、17～19年はクロコスミアが３年連続２着。一線級の牡馬相手に戦ってきた牝馬のリピーターの好走が多い。

GI マイルCS

京都・芝1600m（３歳以上）

●過去５年のマイルＣＳ　　2020〜22年は阪神芝1600mで施行

年	勝ち馬	性齢		馬場	勝ち時計	前3F	L2F	L1F	純正3F	4角位置	上がり3F（順位）
19	インディチャンプ	牡	4	良	1:33.0	35.9	11.0	11.7	34.4	5	33.9（4）
20	グランアレグリア	牝	4	良	1:32.0	35.4	10.8	11.7	34.2	5	33.2（2）
21	グランアレグリア	牝	5	良	1:32.6	36.8	10.7	11.5	33.7	8	32.7（1）
22	セリフォス	牡	3	良	1:32.5	36.5	10.8	11.6	34.0	13	33.0（1）
23	ナミュール	牝	4	良	1:32.5	35.8	11.5	11.2	33.9	15	33.0（1）

先行不発、差し&追い込み馬の天下

京都で施行の2023年は1000ｍ通過が58秒２の平均ペースだったが、ナミュールが後方から上がり最速で差し切るなど、差し&追い込み勢が掲示板を独占している。

「純正３ハロン」は11秒５＋11秒２×２＝33秒９と優秀で、その他の年もすべて33秒７〜34秒４と速い。20年、21年グランアレグリアは１分32秒台の勝ち時計で単勝１倍台の圧倒的支持に応えて連覇を達成。その他の年は絶対的なマイラーの存在はない。

勝ち馬は４角４番手以内が１頭もおらず、近３年はすべて４角８番手以降から、上がり最速をマークして差し切っている。中距離ＧⅠと同様、ノーザンファーム生産馬が４勝と圧倒。世代別では４歳が３勝と強く、６歳以上は１頭も馬券絡みしていない。

GI ジャパンC

東京・芝2400m（３歳以上）

●過去５年のジャパンC

年	勝ち馬	性齢		馬場	勝ち時計	前3F	L2F	L1F	純正3F	4角位置	上がり3F（順位）
19	スワーヴリチャード	牡	5	重	2:25.9	37.1	12.2	12.6	37.4	5	36.5（2）
20	アーモンドアイ	牝	5	良	2:23.0	36.8	13.2	12.3	37.8	4	34.7（3）
21	コントレイル	牡	4	良	2:24.7	38.5	11.5	12.2	35.9	8	33.7（1）
22	ヴェラアズール	牡	5	良	2:23.7	37.0	11.3	11.5	34.3	10	33.7（1）
23	イクイノックス	牡	4	良	2:21.8	37.3	12.4	11.7	35.8	3	33.5（1）

23年はイクイノックスが覇王の貫禄で引退飾る

2023年はイクイノックスが４角３番手から上がり最速をマークして、２着リバティアイランドに４馬身差Ｖ。国内最高のレーティング133ポンドを獲得して､引退レースを圧巻のパフォーマンスで飾ったのは記憶に新しい。

19年、20年はラスト２ハロンで11秒台がなく、「純正３ハロン」は37秒台を要している。以前はスローペースの瞬発力勝負も多かったレースだが、22年以外は上がりがかかって、地力の高さが問われている。

勝ち馬はすべて４角３～10番手で、差し馬の好走が多く、近３年は上がり最速＆33秒台中盤で一致している。世代別では４歳が２勝。５歳馬が３勝。前述のリバティアイランドなど、３歳馬は４頭が２着＆３着に絡んでいるが、勝ち切れてはいない。

GI チャンピオンズC

中京・ダート1800m（３歳以上）

●過去５年のチャンピオンズC

年	勝ち馬	性齢		馬場	勝ち時計	前3F	L2F	L1F	純正3F	4角位置	上がり3F（順位）
19	クリソベリル	牡	3	良	1:48.5	36.9	11.6	12.1	35.8	4	35.4（2）
20	チュウワウィザード	牡	5	良	1:49.3	37.2	12.0	12.9	37.8	4	36.4（1）
21	テーオーケインズ	牡	4	良	1:49.7	37.3	11.8	12.0	35.8	6	35.5（1）
22	ジュンライトボルト	牡	5	良	1:51.9	37.9	11.9	12.3	36.5	10	36.2（1）
23	レモンポップ	牡	5	良	1:50.6	36.4	12.1	12.6	37.3	1	37.3（2）

先行する脚＋上がりの脚が求められる

勝ち時計は2019年クリソライトの１分48秒５が最速だが、近２年は１分50～51秒台とオープン特別並み程度。東京ダート1600ｍのフェブラリーＳと違って、スピードよりもスタミナが要求される。23年こそレモンポップが初距離を克服して逃げ切ったが、基本的には2000ｍ以上のオープンでの好走実績が欲しい。

勝ち馬は４角６番手以内が４頭おり、中京ダート1800ｍらしく、逃げ、先行有利な傾向となっている。ただし、勝ち馬はすべて上がり２位以内をマークしている通り、単に先行して粘り込んでいるわけではない。世代別では５歳が３勝を挙げている。３歳馬は秋の時点では年長馬と差があるので、年が明けて４歳になってからフェブラリーＳで通用するケースが多い。

GI

阪神ＪＦ

阪神・芝1600m(２歳牝馬)

注：2024年は京都芝1600mで施行

●過去５年の阪神ＪＦ

年	勝ち馬	性齢		馬場	勝ち時計	前3F	L2F	L1F	純正3F	4角位置	上がり3F(順位)
19	レシステンシア	牝	2	良	1:32.7	33.7	11.5	12.5	36.5	1	35.2(1)
20	ソダシ	牝	2	良	1:33.1	35.4	11.4	11.8	35.0	4	34.2(7)
21	サークルオブライフ	牝	2	良	1:33.8	35.5	10.9	11.8	34.5	10	33.9(2)
22	リバティアイランド	牝	2	良	1:33.1	34.7	12.5	12.5	37.5	8	35.5(3)
23	アスコリピチェーノ	牝	2	良	1:32.6	35.2	11.4	11.7	34.8	8	33.7(2)

23年は朝日杯FSよりハイレベルだった！

近３年は４角８番手以降から、上がり３位以内を使って差し切っており、基本的には差し馬が優勢のレース。翌週の朝日杯ＦＳより上がりは速く、ラスト１ハロン11秒台が３回あって、「純正３ハロン」も2021年、23年は34秒台と速い。22年リバティアイランドは牝馬三冠を達成。20年ソダシもマイルＧＩを計３勝で、翌年の桜花賞へ直結しやすい。

23年はアスコリピチェーノが１分32秒６のレースレコードＶ。朝日杯ＦＳより１秒２速く、「純正３ハロン」も０秒６上回っていたほどで、すでに例年の桜花賞を勝つレベルに達している。７着スウィープフィートがチューリップ賞、10着キャットファイトがアネモネＳを勝利。１分32秒台の上位３頭はハイレベルといえる。

GI 朝日杯ＦＳ

阪神・芝1600m（２歳）

注：2024年は京都芝1600mで施行

●過去５年の朝日杯ＦＳ

年	勝ち馬	性齢		馬場	勝ち時計	前3F	L2F	L1F	純正3F	4角位置	上がり3F（順位）
19	サリオス	牡	2	良	1:33.0	34.4	11.6	12.4	36.4	3	35.4（4）
20	グレナディアガーズ	牡	2	良	1:32.3	34.7	11.8	12.0	35.8	2	34.5（7）
21	ドウデュース	牡	2	良	1:33.5	35.5	11.2	12.1	35.4	7	34.5（1）
22	ドルチェモア	牡	2	良	1:33.9	34.4	12.0	12.4	36.8	3	35.8（6）
23	ジャンタルマンタル	牡	2	良	1:33.8	35.3	11.2	12.3	35.8	4	34.8（3）

23年の上位3頭は次戦、いずれも敗戦……

日本ダービーで2019年サリオスが２着、21年ドウデュースが１着。勝ち時計は20年グレナディアガーズの１分32秒３が最速。その他も１分33秒台と速め。ただし、前週の阪神ＪＦより速かったのは20年、21年の２回のみ。ラスト１ハロンはすべて12秒台を要しており、「純正３ハロン」35～36秒台はマイルＧＩにしては非常に遅い。

前述した通り、23年は阪神ＪＦより勝ち時計が１秒２、「純正３ハロン」が０秒６遅かった。勝ち馬ジャンタルマンタルは共同通信杯で２着、２着エコロヴォルツ、３着タガノエルピーダも次走は馬券圏外に敗れており、レースレベルに疑問が残る。勝ち馬はすべて４角２～７番手で立ち回っており、上がり33秒台は１頭もいない。好位～中団から差し切りが勝ちパターン。

GI 有馬記念

中山・芝2500m（３歳以上）

●過去５年の有馬記念

年	勝ち馬	性齢		馬場	勝ち時計	前3F	L2F	L1F	純正3F	4角位置	上がり3F（順位）
19	リスグラシュー	牝	5	良	2:30.5	36.4	12.2	12.0	36.2	9	34.7（1）
20	クロノジェネシス	牝	4	良	2:35.0	38.8	11.9	12.6	37.1	3	36.2（2）
21	エフフォーリア	牡	3	良	2:32.0	37.4	12.0	12.5	37.0	5	35.9（1）
22	イクイノックス	牡	3	良	2:32.4	37.1	11.4	12.3	36.0	3	35.4（2）
23	ドウデュース	牡	4	良	2:30.9	38.2	11.7	12.2	36.1	3	34.3（1）

2周目4角まで、じっと勝機を待つ

勝ち時計は2019年リスグラシューの２分30秒５が最速、23年ドウデュースの２分30秒９が２位。そして、２分32秒台の決着が２回。ラスト１ハロン11秒台は一度もない。

「純正３ハロン」は最速の22年イクイノックスでも、11秒４＋12秒３×２＝36秒０かかっている。東京芝2400ｍのジャパンＣとは真逆で、阪神芝内2200ｍの宝塚記念と同様、瞬発力勝負でなく持久力勝負になる。

近５年の勝ち馬は４角３～５番手が４頭だが、１周目は後方に待機して、３角から進出していくパターンが多く、勝ち馬はすべて上がり２位以内を使っての差し切り。23年は２着、３着に逃げ&先行馬が残ったとはいえ、いかに後方待機で２周目の４角までスタミナを温存できるかがポイントとなる。

GI ホープフルS

中山・芝2000m（２歳）

●過去５年のホープフルＳ

年	勝ち馬	性齢		馬場	勝ち時計	前3F	L2F	L1F	純正3F	4角位置	上がり3F（順位）
19	コントレイル	牡	2	良	2:01.4	37.3	11.9	12.5	36.9	2	35.8（1）
20	ダノンザキッド	牡	2	良	2:02.8	37.6	12.2	12.6	37.4	3	36.4（1）
21	キラーアビリティ	牡	2	良	2:00.6	36.4	11.7	12.4	36.5	3	35.8（6）
22	ドゥラエレーデ	牡	2	良	2:01.5	36.3	11.2	11.9	35.0	2	35.0（9）
23	レガレイラ	牝	2	良	2:00.2	37.0	12.0	11.5	35.0	10	35.0（1）

レガレイラが制した23年はハイレベル

2017年にＧＩへと格上げ。クラシックを勝ったのが皐月賞馬の18年サートゥルナーリア、三冠馬の19年コントレイルのみ。あまりクラシックへは直結していない。最終日の中山で馬場は荒れており、勝ち時計はすべて２分以上を要している。19～21年はラスト１ハロンが12秒台かかって、「純正３ハロン」は36～37秒台と遅い。

勝ち馬は４角３番手以内が４頭、上がりは最速が３頭。23年はレガレイラが牝馬で初制覇。ラスト２ハロンが12秒０→11秒５、「純正３ハロン」35秒０は上々。２着シンエンペラーが弥生賞で２着、３着サンライズジパングが若駒Ｓを制するなど、次走で実に５頭が勝利するほどハイレベル。レガレイラは牡馬クラシックでも上位争いできてよい。

東京競馬場

★東京芝1400m

いずれも2023～24年2月、GⅠ～1勝クラスのレースレベル判定

年	日付	レース	条件	勝ち馬	性	齢	馬場	走破時計	L2F	L1F	純正3F	レベル
2023	1.28	クロッカスS	OP	ヤクシマ	牡	3	良	1:21.1	11.0	11.5	34.0	B
2023	2.04	春菜賞	1勝	トーセンローリエ	牝	3	良	1:20.9	12.1	12.1	36.3	C
2023	2.04	テレビ山梨杯	2勝	ファロロジー	牝	4	良	1:21.5	11.1	12.2	35.5	C
2023	2.11		1勝	ポリーフォリア	牝	3	稍	1:21.6	11.2	11.7	34.6	B
2023	2.11	雲雀S	3勝	グラスミヤラビ	牝	4	稍	1:20.6	11.8	11.8	35.4	B
2023	2.19		2勝	アンセーニュ	牝	5	良	1:23.2	11.0	11.4	33.8	A
2023	4.22		2勝	ピラティス	牝	4	良	1:21.0	11.3	11.7	34.7	B
2023	4.22	晩春S	3勝	カルリーノ	牡	7	良	1:20.2	11.6	11.9	35.4	C
2023	5.06		1勝	リサリサ	牝	3	良	1:20.6	11.5	12.1	35.7	C
2023	5.06		2勝	ハーツラプソディ	牝	5	良	1:21.0	11.3	12.1	35.5	C
2023	5.07		1勝	ヴェールアンレーヴ	牝	4	良	1:20.9	11.7	12.2	36.1	C
2023	5.13	京王杯SC	GⅡ	レッドモンレーヴ	牡	4	良	1:20.3	11.0	11.4	33.8	S
2023	5.20	高尾特別	2勝	ハギノメーテル	牝	4	良	1:22.1	11.1	11.7	34.5	B
2023	5.21	フリーウェイS	3勝	ベイシャフェスタ	牝	5	良	1:20.8	11.3	12.0	35.3	B
2023	5.27		1勝	シャドウフューリー	牡	3	良	1:20.3	11.0	11.6	34.2	B
2023	6.03		1勝	アラクレ	牝	4	不	1:22.8	11.7	12.8	37.3	C
2023	6.03	由比ヶ浜特別	2勝	リサリサ	牝	3	重	1:21.9	11.9	12.1	36.1	C
2023	6.17	相模湖特別	2勝	デュガ	牡	4	良	1:20.2	11.1	11.6	34.3	B
2023	6.18	多摩川S	3勝	エターナルタイム	牝	4	良	1:19.7	11.2	11.6	34.4	B
2023	6.18		1勝	スプレモフレイバー	牡	3	良	1:20.6	11.2	11.7	34.6	B
2023	6.25	パラダイスS	OP	ビューティフルデイ	牝	5	良	1:20.6	11.0	11.7	34.4	B
2023	10.08	三鷹特別	2勝	レフトゥバーズ	牝	5	良	1:21.3	11.4	11.6	34.6	B
2023	10.09		1勝	エリーズダイヤ	牝	3	重	1:21.4	11.6	12.0	35.6	C
2023	10.14	白秋S	3勝	ジューンオレンジ	牝	4	良	1:20.8	11.1	11.4	33.9	A
2023	10.22		1勝	ルージュスエルテ	牝	2	良	1:24.1	10.8	10.8	32.4	S
2023	11.04	京王杯2歳S	GⅡ	コラソンビート	牝	2	良	1:20.6	11.8	11.5	34.8	B
2023	11.05		2勝	マンドローネ	牝	4	良	1:20.7	11.3	11.2	33.7	A
2023	11.11	奥多摩S	3勝	アサヒ	牡	4	良	1:20.8	11.1	11.3	33.7	A
2023	11.12	オーロC	OP	グランデマーレ	牡	6	良	1:20.6	11.5	11.6	34.7	B
2023	11.18		1勝	サトミノキラリ	牡	2	良	1:21.7	11.3	11.7	34.7	B
2023	11.19		2勝	ペガリス	牝	4	良	1:20.8	11.0	11.4	33.8	A
2024	1.27	クロッカスS	OP	ロジリオン	牡	3	良	1:20.9	11.2	11.3	33.8	A
2024	2.03	春菜賞	1勝	オメガウインク	牝	3	良	1:21.1	11.0	11.4	33.8	A
2024	2.03	テレビ山梨杯	2勝	オメガキャプテン	牡	4	良	1:19.9	11.5	12.0	35.5	C
2024	2.10		1勝	ソンシ	牡	3	良	1:20.9	11.4	11.0	33.4	S
2024	2.10	雲雀S	3勝	ヴェルトハイム	牝	6	良	1:20.3	11.3	11.5	34.3	B
2024	2.18		2勝	シャドウフューリー	牡	4	良	1:21.1	11.3	11.3	33.9	A

★東京芝1600m

年	日付	レース	条件	勝ち馬	性	齢	馬場	走破時計	L2F	L1F	純正3F	レベル
2023	1.29	節分S	3勝	レッドモンレーヴ	牡	4	良	1:33.6	10.9	11.5	33.9	A
2023	2.04		1勝	カーペンタリア	牝	4	良	1:33.4	11.4	11.3	34.0	B
2023	2.05	東京新聞杯	GⅢ	ウインカーネリアン	牡	6	良	1:31.8	11.6	12.1	35.8	C
2023	2.11	クイーンC	GⅢ	ハーパー	牝	3	稍	1:33.1	11.6	12.2	36.0	B
2023	2.12		2勝	エターナルタイム	牝	4	良	1:33.5	11.5	11.8	35.1	C

レベルの最上位はS。以下、A、B、Cと続く

年	日付	レース	条件	勝ち馬	性	齢	馬場	走破時計	L2F	L1F	純正3F	レベル
2023	1.28	クロッカスS	OP	ヤクシマ	牡	3	良	1:21.1	11.0	11.5	34.0	S
2023	2.19		1勝	ノッキングポイント	牡	3	良	1:32.9	11.5	12.1	35.7	C
2023	4.23		1勝	ヴルカーノ	牡	5	良	1:32.7	11.5	11.7	34.9	B
2023	4.29		1勝	ニシノライコウ	牡	3	良	1:32.3	11.3	11.9	35.1	C
2023	4.30		2勝	ベストフィーリング	牡	4	良	1:33.5	11.1	11.5	34.1	A
2023	5.07	湘南S	3勝	カワキタレブリー	牡	4	良	1:33.6	11.6	11.9	35.4	C
2023	5.07	NHKマイルC	GⅠ	シャンパンカラー	牡	3	稍	1:33.8	11.5	11.9	35.3	C
2023	5.14		2勝	エクセトラ	牡	4	良	1:34.0	11.2	11.3	33.8	A
2023	5.14	ヴィクトリアM	GⅠ	ソングライン	牝	5	良	1:32.2	11.0	11.4	33.8	A
2023	5.20		1勝	グレイスフル	牝	4	良	1:33.8	11.3	11.8	34.9	B
2023	5.21		1勝	シルトホルン	牡	3	良	1:33.1	11.0	11.3	33.6	A
2023	5.27	葉山特別	2勝	モズゴールドバレル	牝	4	良	1:31.6	11.3	11.7	34.7	B
2023	6.04	安田記念	GⅠ	ソングライン	牝	5	良	1:31.4	11.2	11.5	34.2	B
2023	6.10		1勝	ピピオラ	牝	3	良	1:33.2	11.4	11.8	35.0	A
2023	6.10	芦ノ湖特別	2勝	ミカッテヨンデイイ	牝	3	良	1:34.1	11.0	11.4	33.8	A
2023	6.11		1勝	マルチャン	牡	3	稍	1:34.9	11.3	11.4	34.1	A
2023	6.24		1勝	キタノブライド	牝	3	良	1:32.9	11.8	11.7	35.2	C
2023	10.07	サウジアラビアRC	GⅢ	ゴンバデカーブース	牡	2	良	1:33.4	11.2	11.3	33.8	A
2023	10.08		1勝	ココクレーター	牝	3	良	1:33.2	11.5	11.7	34.9	B
2023	10.14		1勝	コスモスプモーニ	牝	3	良	1:33.5	11.6	11.9	35.4	B
2023	10.15	鷹巣山特別	2勝	ニシノライコウ	牡	3	重	1:33.2	11.6	11.8	35.2	B
2023	10.21	富士S	GⅡ	ナミュール	牝	4	良	1:31.4	11.7	11.6	34.9	B
2023	10.28	紅葉S	3勝	フィールシンパシー	牝	4	良	1:31.9	11.4	11.7	34.8	B
2023	10.28	アルテミスS	GⅢ	チェルヴィニア	牝	2	良	1:33.6	11.2	11.0	33.2	A
2023	10.29		1勝	マルディランダ	牡	3	良	1:33.6	11.4	11.4	34.2	B
2023	10.29	国立特別	2勝	ビジュノワール	牝	4	良	1:33.7	11.4	11.6	34.6	B
2023	11.11		2勝	ディオスバリエンテ	セ	5	良	1:34.5	11.6	11.8	35.2	C
2023	11.18		1勝	エンデミズム	牡	3	良	1:32.5	11.5	11.9	35.3	C
2023	11.19	赤松賞	1勝	ステレンボッシュ	牝	2	良	1:33.8	11.1	11.3	33.7	A
2023	11.19	秋色S	3勝	モズゴールドバレル	牝	4	良	1:34.4	10.8	10.9	32.6	S
2023	11.25	キャピタルS	OP	ドーブネ	牡	4	良	1:33.3	10.9	11.1	33.1	A
2023	11.25		2勝	レッドロワ	牡	5	良	1:32.4	11.7	11.5	34.7	B
2023	11.26	ベゴニア賞	1勝	オーサムストローク	牡	2	良	1:37.0	10.7	11.2	33.1	A
2024	1.28	節分S	3勝	クルゼイロドスル	牡	4	良	1:32.5	11.3	11.5	34.3	B
2024	2.03		1勝	ペリファーニア	牝	4	良	1:32.8	10.8	11.5	33.8	A
2024	2.04	東京新聞杯	GⅢ	サクラトゥジュール	牡	7	良	1:32.1	11.3	11.6	34.5	B
2024	2.10	クイーンC	GⅢ	クイーンズウォーク	牝	3	良	1:33.1	11.6	11.7	35.0	B
2024	2.11		2勝	ディープリッチ	牡	6	良	1:34.4	11.4	11.4	34.2	B
2024	2.18		1勝	ポッドテオ	牡	3	良	1:35.7	11.1	11.3	33.7	A

★東京芝1800m

年	日付	レース	条件	勝ち馬	性	齢	馬場	走破時計	L2F	L1F	純正3F	レベル
2023	1.28		1勝	マイネルニコラス	牡	4	良	1:48.3	11.2	11.4	34.0	B
2023	1.29	セントポーリア賞	1勝	ベラジオオペラ	牡	3	良	1:48.0	11.2	11.4	34.0	B
2023	2.12	初音S	3勝	コスタボニータ	牝	4	良	1:46.6	11.5	12.0	35.5	B
2023	2.12	共同通信杯	GⅢ	ファントムシーフ	牡	3	良	1:47.0	11.3	11.5	34.3	C
2023	2.18		2勝	モーソンピーク	牡	6	良	1:48.0	11.2	11.2	33.6	A
2023	2.19		1勝	エスコバル	セ	5	良	1:46.5	11.6	11.9	35.4	C

年	日付	レース	条件	勝ち馬	性	齢	馬場	走破時計	L2F	L1F	純正3F	レベル
2023	4.23	石和特別	2勝	カーペンタリア	牝	4	良	1:47.1	11.1	11.3	33.7	A
2023	4.30	スイートピーS	OP	ウヴァロヴァイト	牝	3	良	1:47.6	11.1	11.3	33.7	A
2023	5.13		1勝	ルージュカルミア	牝	4	良	1:47.0	11.3	11.5	34.3	B
2023	5.14		1勝	レーベンスティール	牡	3	良	1:47.4	10.8	10.9	32.6	A
2023	5.14	テレ玉杯	2勝	ルージュエクレール	牝	4	良	1:47.3	11.1	11.4	33.9	S
2023	5.20	カーネーションC	1勝	アンリーロード	牝	3	良	1:47.3	11.1	11.4	33.9	A
2023	5.20	メイS	OP	サクラトゥジュール	牡	6	良	1:44.7	11.4	11.7	34.8	B
2023	5.21	調布特別	2勝	アドマイヤハレー	牡	5	良	1:45.3	11.5	12.3	36.1	C
2023	5.28		1勝	ロジマンボ	牡	4	良	1:46.0	11.4	12.0	35.4	B
2023	5.28	むらさき賞	3勝	ローシャムパーク	牡	4	良	1:45.1	11.3	11.5	34.3	C
2023	6.11	エプソムC	GⅢ	ジャスティンカフェ	牡	5	稍	1:45.5	11.5	12.0	35.5	C
2023	6.18		1勝	マイネルモーント	牡	3	良	1:45.5	11.8	11.7	35.2	C
2023	6.25	八ヶ岳特別	2勝	ヴェールランス	牡	4	良	1:46.2	11.3	11.9	35.1	C
2023	10.07	tvk賞	2勝	カナテープ	牝	4	良	1:47.1	10.9	10.9	32.7	S
2023	10.08	毎日王冠	GⅡ	エルトンバローズ	牡	3	良	1:45.3	11.3	11.4	34.1	B
2023	10.14	府中牝馬S	GⅡ	ディヴィーナ	牝	5	良	1:46.1	11.2	11.4	34.0	B
2023	10.21	アイビーS	OP	ダノンエアズロック	牡	2	良	1:48.2	10.9	11.0	32.9	B
2023	10.21		1勝	グランドカリナン	牡	3	良	1:47.3	11.2	11.5	34.2	S
2023	11.04	ノベンバーS	3勝	クロミナンス	牡	6	良	1:46.3	10.9	11.2	33.3	A
2023	11.12		2勝	ラケマーダ	牡	3	良	1:48.0	11.1	11.3	33.7	A
2023	11.12	ユートピアS	3勝	ルージュリナージュ	牝	4	良	1:46.1	11.3	11.4	34.1	A
2023	11.12		1勝	ジェイパームス	牡	3	良	1:47.6	11.2	11.1	33.4	B
2023	11.18	東スポ杯2歳S	GⅡ	シュトラウス	牡	2	良	1:46.5	11.7	12.4	36.5	C
2024	1.27		1勝	コスモシャングリラ	牝	4	良	1:47.5	11.1	11.5	34.1	B
2024	1.28	セントポーリア賞	1勝	ペッレグリーニ	牡	3	良	1:48.8	10.7	11.1	32.9	S
2024	2.04		2勝	アスコルティアーモ	牝	4	良	1:47.4	10.9	11.6	34.1	B
2024	2.11	初音S	3勝	コンクシェル	牝	4	良	1:45.5	11.6	11.4	34.4	B
2024	2.11	共同通信杯	GⅢ	ジャスティンミラノ	牡	3	良	1:48.0	10.9	10.8	32.5	S
2024	2.17		2勝	オクタヴィアヌス	牡	4	良	1:45.9	11.3	11.3	33.9	A
2024	2.18		1勝	ロードプレイヤー	牡	4	良	1:46.2	11.8	12.2	36.2	C

★東京芝2000m

年	日付	レース	条件	勝ち馬	性	齢	馬場	走破時計	L2F	L1F	純正3F	レベル
2023	1.28	白富士S	OP	サリエラ	牝	4	良	1:58.5	11.3	11.5	34.3	B
2023	1.29		2勝	サウンドウォリアー	牡	5	良	2:01.0	11.1	11.3	33.7	A
2023	2.05		2勝	ルージュリナージュ	牝	4	良	2:00.2	11.3	11.4	34.1	B
2023	2.18	フリージア賞	1勝	ホウオウビスケッツ	牡	3	良	1:59.3	11.2	11.9	35.0	C
2023	2.19	アメジストS	3勝	スパイダーゴールド	牡	4	良	1:57.7	12.4	12.2	36.8	C
2023	4.23	フローラS	GⅡ	ゴールデンハインド	牝	3	良	1:58.9	11.3	11.6	34.5	B
2023	4.29	府中S	3勝	レインフロムヘヴン	牡	5	良	1:57.8	11.3	11.5	34.3	B
2023	4.30		1勝	エンパイアウエスト	牝	4	良	1:59.7	11.2	11.6	34.4	B
2023	5.06	秩父特別	2勝	ボーンディスウェイ	牡	4	良	1:59.9	11.3	11.5	34.3	A
2023	5.06	プリンシパルS	OP	パクスオトマニカ	牡	3	良	2:01.2	11.1	11.3	33.7	B
2023	6.04		1勝	アップトゥミー	牝	3	良	2:01.1	11.0	11.5	34.0	A
2023	6.04	ホンコンJCT	2勝	ドゥレッツァ	牡	3	良	1:59.2	11.2	11.2	33.6	B
2023	6.11		1勝	マイネルビジョン	牡	3	稍	2:00.6	11.4	11.9	35.2	C
2023	6.24	江の島S	3勝	ドゥラドーレス	牡	4	良	2:00.1	11.2	11.5	34.2	B
2023	6.25		1勝	ブレイディヴェーグ	牝	3	良	1:57.9	11.2	11.3	33.8	A

年	日付	レース	条件	勝ち馬	性	齢	馬場	走破時計	L2F	L1F	純正3F	レベル
2023	10.07		1勝	ダニーデン	牡	3	良	1:57.2	11.7	11.4	34.5	B
2023	10.15	オクトーバーS	OP	ヤマニンサルバム	牡	4	重	1:58.0	11.5	11.8	35.1	B
2023	10.22	山中湖特別	2勝	メインクーン	牝	3	良	1:59.0	11.6	11.7	35.0	C
2023	10.22	甲斐路S	3勝	プラチナトレジャー	牡	5	良	1:59.0	11.7	11.9	35.5	C
2023	10.28		1勝	インスタキング	牡	3	良	1:59.7	11.3	11.3	33.9	A
2023	10.29	天皇賞・秋	GI	イクイノックス	牡	4	良	1:55.2	11.4	11.7	34.8	B
2023	11.04		2勝	マイネルケレリウス	牡	3	良	2:01.3	11.0	11.3	33.6	A
2023	11.05	百日草特別	1勝	アーバンシック	牡	2	良	1:59.4	11.5	11.3	34.1	B
2023	11.26	アーモンドアイM	2勝	ダニーデン	牡	3	良	1:59.2	11.3	11.5	34.3	B
2023	11.26	ウェルカムS	3勝	ロードデルレイ	牡	3	良	1:59.0	10.9	11.2	33.3	S
2024	1.27	白富士S	OP	ロードデルレイ	牡	4	良	1:57.2	11.4	11.4	34.2	B
2024	1.28		2勝	ドクタードリトル	牡	4	良	1:58.4	11.2	11.4	34.0	B
2024	2.17	フリージア賞	1勝	マーシャルポイント	牡	3	良	2:00.3	11.4	11.5	34.4	B
2024	2.18	コパノリッキーC	3勝	レッドラディエンス	牡	5	良	2:01.8	10.8	11.1	33.0	S

★東京芝2300m

年	日付	レース	条件	勝ち馬	性	齢	馬場	走破時計	L2F	L1F	純正3F	レベル
2023	4.22	新緑賞	1勝	サスツルギ	牡	3	良	2:20.6	11.4	11.6	34.6	B

★東京芝2400m

年	日付	レース	条件	勝ち馬	性	齢	馬場	走破時計	L2F	L1F	純正3F	レベル
2023	2.04	早春S	3勝	ククナ	牝	5	良	2:25.4	11.5	12.0	35.5	C
2023	2.05	ゆりかもめ賞	1勝	スキルヴィング	牡	3	良	2:24.8	11.5	12.1	35.7	C
2023	2.11	箱根特別	2勝	バラジ	牡	4	稍	2:26.3	11.1	11.5	34.1	A
2023	2.12		1勝	ワープスピード	牡	4	良	2:25.5	11.4	12.5	36.4	C
2023	4.29	青葉賞	GII	スキルヴィング	牡	3	良	2:23.9	11.7	11.7	35.1	C
2023	4.30	陣馬特別	2勝	ワープスピード	牡	4	良	2:25.3	11.1	11.4	33.9	A
2023	5.07	メトロポリタンS	OP	グランオフィシエ	牡	5	稍	2:27.8	11.5	11.6	34.7	B
2023	5.13	緑風S	3勝	カーディナル	牡	5	良	2:25.5	11.7	12.1	35.9	C
2023	5.21		1勝	ライリッズ	牡	4	良	2:28.4	11.2	11.6	34.4	B
2023	5.21	オークス	GI	リバティアイランド	牝	3	良	2:23.1	11.6	11.5	34.6	B
2023	5.27		1勝	コレオグラファー	牡	3	良	2:25.4	11.0	11.8	34.6	B
2023	5.28	青嵐賞	2勝	ドリームインパクト	牡	7	良	2:25.6	11.4	12.0	35.4	C
2023	5.28	日本ダービー	GI	タスティエーラ	牡	3	良	2:25.2	11.9	11.8	35.5	C
2023	6.03	稲城特別	1勝	ニシノレヴナント	牡	4	不	2:29.1	11.8	11.8	35.4	C
2023	6.10	ジューンS	3勝	サクセスシュート	牡	4	良	2:23.3	11.9	11.8	35.5	C
2023	6.17		1勝	ナイトインロンドン	牡	3	良	2:24.9	11.3	11.7	34.7	B
2023	6.18	町田特別	2勝	キングズレイン	牡	3	良	2:26.4	11.2	11.8	34.8	B
2023	10.09	六社S	3勝	チャックネイト	セ	5	重	2:24.0	11.8	11.9	35.6	C
2023	10.15		1勝	コパノサントス	牡	3	重	2:25.9	12.3	12.0	36.3	C
2023	10.29	本栖湖特別	2勝	ダノンギャラクシー	牡	4	良	2:22.8	11.6	11.6	34.8	B
2023	11.18	南武特別	2勝	ファンタジア	牝	3	良	2:25.4	11.4	12.3	36.0	C
2023	11.25		1勝	アドマイヤサジー	牝	3	良	2:26.3	11.5	11.8	35.1	C
2023	11.26	ジャパンC	GI	イクイノックス	牡	4	良	2:21.8	12.4	11.7	35.8	C
2024	2.03	JCロンジン記念	3勝	シュトルーヴェ	セ	5	良	2:23.6	11.4	11.5	34.4	A
2024	2.04	ゆりかもめ賞	1勝	ウインマクシウム	牡	3	良	2:26.9	11.1	11.6	34.3	A
2024	2.10	箱根特別	2勝	メイテソーロ	牡	4	良	2:24.3	11.7	11.9	35.5	C
2024	2.11		1勝	コスタレイ	牝	4	良	2:28.0	11.3	11.5	34.3	A

年	日付	レース	条件	勝ち馬	性	齢	馬場	走破時計	L2F	L1F	純正3F	レベル

★東京芝2500m

年	日付	レース	条件	勝ち馬	性	齢	馬場	走破時計	L2F	L1F	純正3F	レベル
2023	5.28	目黒記念	GⅡ	ヒートオンビート	牡	6	良	2:30.8	11.3	12.0	35.3	B
2023	10.14		2勝	エクセレントタイム	セ	5	良	2:32.0	13.1	12.2	37.5	C
2023	11.05	AR共和国杯	GⅡ	ゼッフィーロ	牡	4	良	2:29.9	11.6	11.8	35.2	B

★東京芝3400m

年	日付	レース	条件	勝ち馬	性	齢	馬場	走破時計	L2F	L1F	純正3F	レベル
2023	2.18	ダイヤモンドS	GⅢ	ミクソロジー	牡	4	良	3:29.1	11.7	12.6	36.9	C
2024	2.17	ダイヤモンドS	GⅢ	テーオーロイヤル	牡	6	良	3:30.2	11.0	11.5	34.0	A

★東京ダート1300m

年	日付	レース	条件	勝ち馬	性	齢	馬場	走破時計	L2F	L1F	純正3F	レベル
2023	2.05		1勝	タイセイジャスパー	牡	4	良	1:18.8	12.2	12.8	37.8	C
2023	2.05		2勝	オールフラッグ	牡	4	良	1:18.2	12.4	12.8	38.0	C
2023	5.06		1勝	ムーヴ	牡	4	良	1:18.1	12.4	12.6	37.6	C
2023	5.07		2勝	サザンエルフ	牝	4	良	1:17.5	12.3	12.7	37.7	C
2023	10.09		1勝	ダノンミカエル	牝	3	不	1:17.6	11.6	11.8	35.2	A
2023	10.14		2勝	リッキーマジック	牝	4	良	1:18.0	12.2	12.4	37.0	C
2023	10.15		1勝	ウォルラス	牡	3	不	1:17.9	11.6	12.3	36.2	B
2023	10.29	秋嶺S	3勝	サクセスローレル	牡	4	良	1:17.0	11.7	12.4	36.5	A
2023	11.11		1勝	ニットウバジル	牡	3	良	1:18.5	12.2	12.3	36.8	B
2023	11.12		2勝	シアージスト	牡	4	良	1:17.3	11.8	12.7	37.2	C
2024	2.04		2勝	タイセイジャスパー	セ	5	良	1:18.4	12.2	12.6	37.4	C
2024	2.04		1勝	エスパダアスール	牝	6	良	1:19.1	12.2	13.5	39.2	C

★東京ダート1400m

年	日付	レース	条件	勝ち馬	性	齢	馬場	走破時計	L2F	L1F	純正3F	レベル
2023	1.28		1勝	ゲンパチプライド	牡	4	良	1:25.7	12.2	13.2	38.6	C
2023	1.29	根岸S	GⅢ	レモンポップ	牡	5	良	1:22.5	11.6	12.4	36.4	A
2023	1.29		2勝	フォーヴィスム	牡	5	良	1:24.7	12.2	13.1	38.4	C
2023	2.04		1勝	ニフェーデービル	牡	3	良	1:26.0	11.8	12.4	36.6	A
2023	2.05	銀蹄S	3勝	ジレトール	牡	4	良	1:24.0	12.0	12.5	37.0	C
2023	2.11		1勝	クリスタルウエイ	牡	4	不	1:24.0	12.5	12.9	38.3	C
2023	2.12	バレンタインS	OP	ハセドン	牡	4	重	1:22.0	12.4	12.4	37.2	C
2023	2.12		2勝	レイニーデイ	牡	5	重	1:23.0	11.7	12.4	36.5	B
2023	2.18		1勝	フォトスフィア	牡	4	稍	1:25.7	12.6	13.2	39.0	C
2023	2.19	大島特別	2勝	テイエムアトム	牡	5	良	1:24.6	12.2	13.0	38.2	C
2023	2.19		1勝	スマートフォルス	牡	3	稍	1:24.4	11.7	12.3	36.3	A
2023	4.22		1勝	ミッキーレジェンド	牡	5	良	1:25.7	12.6	12.9	38.4	C
2023	4.22		2勝	インヴァリアンス	牡	5	良	1:24.8	12.0	12.6	37.2	C
2023	4.23		1勝	ロードフォンス	牡	3	良	1:25.5	12.4	13.0	38.4	C
2023	4.23	鎌倉S	3勝	フォーヴィスム	牡	5	良	1:24.2	12.4	12.6	37.6	C
2023	4.29		1勝	エリカコレクト	牝	4	良	1:24.7	11.9	12.5	36.9	B
2023	4.30		2勝	ハイアムズビーチ	牝	4	良	1:24.3	11.6	12.4	36.4	A
2023	5.07		1勝	ハードワイヤード	牡	3	良	1:25.0	12.5	12.8	38.1	C
2023	5.13	日吉特別	2勝	レッドラマンシュ	牡	4	稍	1:22.6	11.8	12.3	36.4	B
2023	5.13		1勝	レディフォース	牝	3	稍	1:22.8	11.7	12.3	36.3	B
2023	5.14	BSイレブン賞	3勝	フルム	牡	4	稍	1:22.6	11.8	12.6	37.0	C
2023	5.20		1勝	ワールズコライド	牡	3	稍	1:23.2	11.7	12.6	36.9	B

年	日付	レース	条件	勝ち馬	性	齢	馬場	走破時計	L2F	L1F	純正3F	レベル
2023	5.20		1勝	ベアグッジョブ	牡	4	稍	1:23.8	11.6	12.1	35.8	A
2023	5.27	欅S	OP	バトルクライ	牡	4	良	1:23.0	12.0	12.5	37.0	C
2023	5.27	富嶽賞	2勝	アウリガテソーロ	牡	5	良	1:23.9	12.2	13.0	38.2	C
2023	5.28		1勝	プラウドヘリテージ	牡	4	良	1:25.0	12.4	12.6	37.6	C
2023	6.03		1勝	メイデンタワー	牝	3	重	1:22.1	11.5	12.1	35.7	A
2023	6.04	麦秋S	3勝	エルバリオ	牡	4	稍	1:23.2	12.3	12.9	38.1	C
2023	6.04	小金井特別	2勝	マニバドラ	牡	3	稍	1:23.9	11.8	12.0	35.8	A
2023	6.10		1勝	ギョウネン	牝	3	稍	1:23.5	11.9	12.5	36.9	B
2023	6.17	三浦特別	2勝	ハチメンロッピ	牡	3	良	1:24.2	12.0	12.6	37.2	C
2023	6.18		1勝	ロジヴィクトリア	牝	4	良	1:24.3	12.0	12.5	37.0	C
2023	6.24	清里特別	2勝	モナルヒ	牝	4	良	1:24.0	12.2	12.4	37.0	C
2023	6.25		1勝	ラックスアットゼア	牝	3	良	1:23.4	12.0	12.1	36.2	A
2023	10.07		1勝	ハッピーアズラリー	牝	3	良	1:24.5	12.0	12.2	36.4	B
2023	10.08		2勝	バグラダス	牡	3	良	1:24.9	11.7	11.9	35.5	S
2023	10.08		1勝	フミバレンタイン	牝	4	良	1:25.2	12.5	12.8	38.1	C
2023	10.14		1勝	グラスシフォン	牝	3	良	1:25.2	11.9	12.6	37.1	C
2023	10.15	テレビ静岡賞	3勝	レオノーレ	牝	4	不	1:21.9	11.5	12.1	35.7	A
2023	10.21		2勝	コパノパサディナ	牡	3	良	1:25.0	11.7	12.4	36.5	B
2023	10.22		1勝	マーブルマカロン	牝	3	良	1:24.3	11.8	12.1	36.0	A
2023	10.28		2勝	フォトスフィア	牡	4	良	1:25.8	12.0	12.3	36.6	B
2023	10.28		1勝	シャーンゴッセ	牝	3	良	1:24.9	12.1	12.5	37.1	C
2023	10.29	ペルセウスS	OP	ヘリオス	セ	7	良	1:23.6	11.9	12.5	36.9	B
2023	11.04		1勝	プラチナジュビリー	牝	3	良	1:23.4	11.3	12.0	35.3	S
2023	11.05		2勝	ダノンミカエル	牝	3	良	1:24.0	11.6	12.2	36.0	A
2023	11.11	オキザリス賞	1勝	ノヴァエクスプレス	牡	2	良	1:25.1	12.7	13.0	38.7	C
2023	11.12	銀嶺S	3勝	メタマックス	牡	3	良	1:24.2	11.7	12.5	36.7	B
2023	11.18		2勝	マーブルマカロン	牝	3	重	1:23.5	12.0	12.3	36.6	B
2023	11.19		1勝	ドライブアローカス	牡	3	稍	1:24.3	11.9	12.4	36.7	B
2023	11.19	霜月S	OP	アルファマム	牝	4	良	1:22.7	12.0	12.3	36.6	A
2023	11.25		2勝	プラチナジュビリー	牝	3	良	1:23.9	12.2	12.5	37.2	C
2023	11.25	シャングリラS	3勝	シャンブル	牝	5	良	1:24.7	11.7	12.1	35.9	A
2023	11.26		1勝	キャプテンローレル	牡	4	良	1:26.3	12.1	12.2	36.5	B
2024	1.27		1勝	ホウオウドラッカー	牡	4	良	1:26.3	12.5	12.9	38.3	C
2024	1.27	銀蹄S	3勝	ハチメンロッピ	牡	4	良	1:24.8	11.8	12.9	37.6	C
2024	1.28		2勝	ラックスアットゼア	牝	4	良	1:25.2	11.8	12.4	36.6	B
2024	1.28	根岸S	GⅢ	エンペラーワケア	牡	4	良	1:24.1	11.4	12.1	35.6	A
2024	2.03		1勝	セントラルヴァレー	牡	3	良	1:26.7	11.9	12.5	36.9	B
2024	2.10		1勝	オーラビルス	牡	4	稍	1:24.5	12.2	13.3	38.8	C
2024	2.11		2勝	ハードワイヤード	牡	4	稍	1:25.6	11.6	11.9	35.4	A
2024	2.11	バレンタインS	OP	レッドヴェイロン	牡	9	稍	1:24.0	12.0	12.6	36.4	B
2024	2.17		1勝	ユイノイチゲキ	牡	4	良	1:26.0	11.6	12.5	36.6	B
2024	2.17		1勝	ジョージテソーロ	牡	3	良	1:25.5	12.1	13.2	38.5	C
2024	2.18	大島特別	2勝	エミサキホコル	牡	4	良	1:24.3	12.1	12.6	37.3	C

★東京ダート1600m

年	日付	レース	条件	勝ち馬	性	齢	馬場	走破時計	L2F	L1F	純正3F	レベル
2023	1.28		1勝	ラフエイジアン	牡	3	良	1:38.1	12.7	13.3	39.3	C
2023	1.28	白嶺S	3勝	コンシリエーレ	牡	4	良	1:36.8	12.1	12.6	37.3	B

年	日付	レース	条件	勝ち馬	性	齢	馬場	走破時計	L2F	L1F	純正3F	レベル
2023	1.29		1勝	グリュースゴット	セ	5	良	1:38.5	11.9	12.7	37.3	B
2023	2.04		1勝	ベストフィーリング	牡	4	良	1:38.2	12.2	12.7	37.6	B
2023	2.04		2勝	フルオール	牡	4	良	1:37.4	12.3	12.6	37.5	B
2023	2.05		1勝	スノーグレース	牝	4	良	1:37.8	12.3	12.7	37.7	B
2023	2.11		2勝	サトノアポロン	セ	5	不	1:35.4	11.9	12.0	35.9	A
2023	2.12		1勝	サンライズジーク	牡	3	重	1:35.5	12.3	12.6	37.5	C
2023	2.18		1勝	ネオヒューズ	牡	5	稍	1:37.7	12.3	13.4	39.1	C
2023	2.19	フェブラリーS	GⅠ	レモンポップ	牡	5	良	1:35.6	12.0	12.4	36.8	A
2023	2.19	ヒヤシンスS	OP	ペリエール	牡	3	良	1:37.2	12.4	12.4	37.2	B
2023	4.22		1勝	パライバトルマリン	牝	3	良	1:36.7	12.2	13.0	38.2	C
2023	4.22	オアシスS	OP	コンシリエーレ	牡	4	良	1:36.3	11.9	12.9	37.7	B
2023	4.23		1勝	メイショウホオズキ	牝	5	良	1:39.0	11.9	12.6	37.1	B
2023	4.23		2勝	グリュースゴット	セ	5	良	1:37.8	12.3	12.7	37.7	B
2023	4.29		1勝	パーカッション	セ	4	良	1:38.4	12.1	12.7	37.5	B
2023	4.30		1勝	ジャスリー	牡	3	良	1:38.2	12.4	12.6	37.6	B
2023	5.06	立夏S	3勝	サトノロイヤル	牡	5	良	1:36.5	11.9	12.9	37.7	B
2023	5.06		1勝	ブライアンセンス	牡	3	良	1:36.5	12.7	12.7	38.1	C
2023	5.07		1勝	ホウオウパレード	牡	4	良	1:38.3	12.8	13.2	39.2	C
2023	5.07	立川特別	2勝	サトノルフィアン	牡	4	稍	1:37.2	11.5	11.6	34.7	S
2023	5.13		2勝	ギャラクシーナイト	牡	4	稍	1:36.1	11.8	11.9	35.6	A
2023	5.14		1勝	グラヴィル	牝	5	稍	1:37.4	11.5	12.1	35.7	A
2023	5.14	青竜S	OP	ユティタム	牡	3	稍	1:35.8	11.6	11.8	35.2	A
2023	5.20		2勝	スノーグレース	牝	4	稍	1:36.9	12.3	12.8	37.9	B
2023	5.21		1勝	リバーサルバレット	牡	4	稍	1:36.7	11.9	12.6	37.1	B
2023	5.27		1勝	アウグスト	牡	4	良	1:37.4	12.4	13.4	39.2	C
2023	5.27		2勝	サクセスローレル	牡	4	良	1:37.0	12.1	12.5	37.1	B
2023	5.28	薫風S	3勝	ベジャール	牡	4	良	1:36.3	12.0	12.7	37.4	B
2023	5.28		1勝	ボールドゾーン	牡	3	良	1:36.7	12.4	12.6	37.6	B
2023	6.03	アハルテケS	OP	タイセイサムソン	牡	5	重	1:33.8	11.5	12.1	35.7	B
2023	6.03		2勝	ニシノカシミヤ	牝	3	重	1:35.0	11.4	11.9	35.2	A
2023	6.04		1勝	コスタノヴァ	牡	3	稍	1:35.1	11.7	12.7	37.1	B
2023	6.10	青梅特別	2勝	ヴァーンフリート	牡	4	稍	1:35.4	12.2	12.4	37.0	B
2023	6.11	夏至S	3勝	ケイアイシェルビー	牡	5	重	1:34.1	11.7	12.1	35.9	B
2023	6.11		1勝	リバートゥルー	牝	3	重	1:36.5	11.6	11.9	35.4	A
2023	6.17		1勝	アクションプラン	牡	3	良	1:36.3	11.8	12.1	36.0	A
2023	6.18	ユニコーンS	GⅢ	ペリエール	牡	3	良	1:35.0	12.7	12.4	37.5	B
2023	6.24	日野特別	2勝	アナンシエーション	セ	5	良	1:36.2	12.0	12.3	36.6	A
2023	6.24		1勝	カプラローラ	牝	4	良	1:37.2	12.2	12.4	37.0	B
2023	6.25	甲州街道S	3勝	ワールドタキオン	牡	5	良	1:35.3	12.3	12.9	38.1	C
2023	10.07	西湖特別	2勝	ミファヴォリート	牝	4	良	1:37.3	11.8	12.0	35.8	A
2023	10.08	JRAアプリ記念	3勝	パラレルヴィジョン	牡	4	良	1:36.7	12.6	12.8	38.2	C
2023	10.08		1勝	サルヴァトーレ	牡	3	良	1:37.6	12.5	12.6	37.7	B
2023	10.09	グリーンchC	OP	オメガギネス	牡	3	不	1:34.3	11.5	11.8	35.1	A
2023	10.09		1勝	タイセイキューティ	牝	3	不	1:37.3	12.3	12.9	38.1	C
2023	10.14	プラタナス賞	1勝	イーグルノワール	牡	2	良	1:37.3	12.2	12.8	37.8	B
2023	10.14		1勝	ロミオボス	牡	3	良	1:37.5	12.5	13.0	38.5	C
2023	10.15		2勝	リバートゥルー	牝	3	不	1:35.0	11.9	12.2	36.3	B

年	日付	レース	条件	勝ち馬	性	齢	馬場	走破時計	L2F	L1F	純正3F	レベル
2023	10.21		1勝	ジューンポンポン	牝	4	良	1:38.5	11.9	12.6	37.1	B
2023	10.22		1勝	パンテレリア	牡	4	良	1:38.5	12.2	12.4	37.0	B
2023	10.22		2勝	オレデイイノカ	牡	5	良	1:36.8	12.4	12.7	37.8	B
2023	10.29		1勝	クロースコンバット	牡	4	良	1:37.5	12.1	12.7	37.5	B
2023	11.04		1勝	ビターゼノビア	牝	3	良	1:37.3	12.1	12.5	37.1	B
2023	11.04	神奈川新聞杯	2勝	エルゲルージ	牡	4	良	1:35.7	11.8	12.2	36.2	A
2023	11.05		1勝	ネイビースター	牡	3	良	1:37.4	11.9	12.1	36.1	A
2023	11.05	馬事公苑OP記念	3勝	アナンシエーション	セ	5	良	1:37.2	11.9	12.1	36.1	A
2023	11.11		2勝	クインズジュピタ	牝	4	良	1:36.4	12.1	12.7	37.5	B
2023	11.11	武蔵野S	GⅢ	ドライスタウト	牡	4	良	1:35.2	12.2	12.5	37.2	B
2023	11.12		1勝	ミヤビクライ	牡	4	良	1:37.5	12.4	12.4	37.2	B
2023	11.19		1勝	タマモロック	牡	3	稍	1:37.0	12.1	12.0	36.1	A
2023	11.25		1勝	オソルノ	牡	3	良	1:37.4	12.2	12.1	36.4	A
2023	11.25	カトレアS	OP	アマンテビアンコ	牡	2	良	1:37.5	12.4	12.5	37.4	B
2023	11.26	アプローズ賞	2勝	コスタノヴァ	牡	3	良	1:36.3	12.1	12.3	36.7	A
2024	1.27		1勝	ソニックスター	牡	3	良	1:38.0	12.7	13.4	39.5	C
2024	1.28		1勝	レディアス	牝	4	良	1:38.9	12.2	12.8	37.8	B
2024	2.03		1勝	エリンアキレウス	牡	4	良	1:38.5	12.2	12.9	38.0	C
2024	2.03		2勝	タマモロック	牡	4	良	1:39.4	11.3	11.6	34.5	S
2024	2.04	白嶺S	3勝	コスタノヴァ	牡	4	良	1:36.5	12.5	12.2	36.9	B
2024	2.04		1勝	メロウヴォイス	牝	5	良	1:38.9	12.4	12.0	36.4	A
2024	2.10		2勝	サルヴァトーレ	牡	4	稍	1:36.7	11.9	12.1	36.1	A
2024	2.11		1勝	ラタフォレスト	牡	3	稍	1:37.5	12.4	12.5	37.4	C
2024	2.17		1勝	ピックアップライン	牡	3	良	1:37.7	12.7	13.6	39.9	C
2024	2.18	ヒヤシンスS	OP	ラムジェット	牡	3	良	1:36.3	12.3	12.4	37.1	C
2024	2.18	フェブラリーS	GⅠ	ペプチドナイル	牡	6	良	1:35.7	12.4	12.9	38.2	C

★東京ダート2100m

年	日付	レース	条件	勝ち馬	性	齢	馬場	走破時計	L2F	L1F	純正3F	レベル
2023	1.28		2勝	ホウオウバリスタ	牡	4	良	2:11.2	12.1	12.5	37.1	B
2023	1.29		1勝	バックスクリーン	牡	4	良	2:14.5	12.3	13.1	38.5	C
2023	2.11		1勝	オヤノナナヒカリ	牡	4	不	2:10.9	12.2	12.9	38.0	C
2023	2.18		2勝	ウォーロード	牡	5	稍	2:12.0	12.7	13.1	38.9	C
2023	2.18	金蹄S	3勝	ダノンラスター	セ	7	稍	2:09.1	12.0	12.2	36.4	A
2023	4.29	横浜S	3勝	テンカハル	牡	5	良	2:10.3	12.6	13.0	38.6	C
2023	4.29		2勝	プリモスペランツァ	牡	4	良	2:11.1	12.7	12.8	38.3	C
2023	4.30	ブリリアントS	OP	ディクテオン	セ	5	良	2:10.0	12.3	12.3	36.9	A
2023	5.13		1勝	クールミラボー	牡	3	稍	2:10.3	12.3	12.2	36.7	B
2023	5.14		1勝	アコークロー	牝	4	稍	2:10.9	12.6	12.8	38.2	C
2023	5.21	是政特別	2勝	ホウオウフウジン	牡	4	稍	2:10.8	12.3	12.9	38.1	C
2023	5.21	丹沢S	3勝	レッドファーロ	牡	4	良	2:09.4	12.1	12.7	37.5	B
2023	6.10		1勝	ソムリエ	牡	3	稍	2:10.1	12.2	12.7	37.6	B
2023	6.11	八王子特別	2勝	セラフィックコール	牡	3	重	2:07.9	12.0	12.0	36.0	A
2023	6.17	スレイプニルS	OP	ダノンラスター	セ	7	良	2:09.3	12.1	12.6	37.3	B
2023	6.25		1勝	マオノアラシ	牡	3	良	2:12.1	12.0	12.6	37.2	B
2023	10.07		1勝	メイショウカゲカツ	牡	4	良	2:11.9	12.8	12.7	38.2	C
2023	10.09	昇仙峡特別	2勝	グリューヴルム	牡	4	不	2:09.6	12.1	12.4	36.9	B
2023	10.21	神無月S	3勝	オーロイプラータ	牡	3	良	2:09.6	12.3	12.4	37.1	B

年	日付	レース	条件	勝ち馬	性	齢	馬場	走破時計	L2F	L1F	純正3F	レベル
2023	10.22	ブラジルC	OP	テンカハル	牡	5	良	2:09.9	12.5	12.7	37.9	B
2023	10.28	伊勢佐木特別	2勝	クールミラボー	牡	3	良	2:11.0	12.1	12.1	36.3	A
2023	10.28		1勝	ビップスコーピオン	牡	3	良	2:12.5	12.1	12.7	37.5	B
2023	11.18		1勝	インペリアルライン	セ	4	重	2:10.9	12.7	13.4	39.5	C
2023	11.18	晩秋S	3勝	オーサムリザルト	牝	3	良	2:09.3	12.4	12.2	36.8	B
2023	11.19		2勝	ビップスコーピオン	牡	3	稍	2:11.1	12.4	12.7	37.8	B
2024	1.27		2勝	キタサンドーシン	牡	5	良	2:13.5	12.1	12.8	37.7	B
2024	1.28		1勝	トーセンクライスト	牡	5	良	2:15.0	12.7	13.4	39.5	C
2024	2.10		1勝	ピュアグルーヴ	牝	4	稍	2:12.1	12.8	13.4	39.6	C
2024	2.17	金蹄S	3勝	クールミラボー	牡	4	良	2:11.1	12.1	12.5	37.1	B
2024	2.18		2勝	カレンアルカンタラ	牡	4	良	2:12.5	12.9	13.2	39.3	C

中山競馬場

★中山芝1200m

年	日付	レース	条件	勝ち馬	性	齢	馬場	走破時計	L2F	L1F	純正3F	レベル
2023	1.08	朱竹賞	1勝	ニジュウダンサー	牝	3	良	1:08.8	11.3	11.8	34.9	B
2023	1.14	カーバンクルS	OP	ジュビリーヘッド	牡	6	稍	1:09.0	11.3	11.6	34.5	A
2023	1.15	サンライズS	3勝	キミワクイーン	牝	4	良	1:08.8	11.4	11.9	35.2	C
2023	1.15		2勝	ビーオンザマーチ	牝	4	良	1:09.6	11.4	11.9	35.2	C
2023	3.04	オーシャンS	GⅢ	ヴェントヴォーチェ	牡	6	良	1:07.4	11.1	11.5	34.1	A
2023	3.11	アクアマリンS	3勝	レディバランタイン	牝	4	良	1:07.4	11.2	11.9	35.0	C
2023	3.11		2勝	ウィリン	牝	4	良	1:08.3	11.2	11.5	34.2	B
2023	3.12		1勝	ワックスフラワー	牝	3	良	1:09.4	11.1	11.4	33.9	A
2023	3.25		1勝	アンビバレント	牡	3	不	1:10.9	12.1	12.8	37.7	C
2023	3.26		2勝	アイルビーザワン	セ	5	不	1:11.9	11.9	12.9	37.7	C
2023	4.08	船橋S	3勝	ヨシノイースター	牡	5	稍	1:08.1	11.4	12.2	35.8	C
2023	4.09		1勝	スピードオブライト	牝	3	良	1:08.7	11.9	12.1	36.1	C
2023	4.15		2勝	ジャスパークローネ	牡	4	重	1:09.8	11.5	12.4	36.3	C
2023	4.16	春雷S	OP	マッドクール	牡	4	良	1:08.8	11.4	12.4	36.2	C
2023	9.09	汐留特別	2勝	ハギノモーリス	牡	4	稍	1:08.1	11.6	11.6	34.8	B
2023	9.10	セプテンバーS	3勝	ファロロジー	牝	4	良	1:07.6	11.5	11.4	34.3	A
2023	9.17		1勝	ピンクセイラー	牝	4	良	1:08.3	12.0	11.3	34.6	B
2023	9.23		1勝	ランドオブラヴ	牝	3	重	1:09.4	11.5	12.1	35.7	B
2023	9.23	カンナS	OP	オーキッドロマンス	牡	2	稍	1:08.9	11.5	12.3	36.1	C
2023	9.30	勝浦特別	2勝	タリア	牝	3	良	1:09.2	11.1	11.7	34.5	B
2023	10.01	スプリンターズS	GⅠ	ママコチャ	牝	4	良	1:08.0	11.2	12.3	35.8	C
2023	12.02		2勝	ピンクマクフィー	牝	3	良	1:07.8	11.4	12.0	35.4	C
2023	12.03	ラピスラズリS	OP	オタルエバー	牡	5	良	1:07.8	11.0	11.4	33.8	A
2023	12.03	南総S	3勝	バースクライ	牝	3	良	1:07.2	11.2	11.8	34.8	B
2023	12.09		1勝	サウザンサニー	牡	3	良	1:07.7	11.5	11.5	34.5	B
2023	12.09	黒松賞	1勝	マスクオールウィン	牝	2	良	1:08.5	11.4	11.6	34.6	B
2023	12.23	キャンドルL賞	2勝	スピードオブライト	牝	3	良	1:08.7	11.3	11.4	34.1	B
2024	1.06		1勝	スピリットガイド	牡	3	良	1:07.6	11.4	12.0	35.4	C
2024	1.08	カーバンクルS	OP	シュバルツカイザー	セ	6	良	1:07.8	11.4	11.9	35.2	C
2024	1.13		2勝	エコロレジーナ	牝	4	良	1:08.4	11.9	11.7	35.3	C
2024	1.14	サンライズS	3勝	アネゴハダ	牝	5	良	1:08.7	11.3	11.6	34.5	B

年	日付	レース	条件	勝ち馬	性	齢	馬場	走破時計	L2F	L1F	純正3F	レベル
★中山芝1600m												
2023	1.05	ジュニアC	OP	クルゼイロドスル	牡	3	良	1:33.7	11.3	12.4	36.1	C
2023	1.07	ニューイヤーS	OP	ウイングレイテスト	牡	6	良	1:33.2	11.2	11.6	34.4	A
2023	1.08		2勝	アバンチュリエ	牡	4	良	1:33.9	11.8	12.5	36.8	C
2023	1.08	若潮S	3勝	ゾンニッヒ	牡	5	良	1:32.7	11.0	12.0	35.0	B
2023	1.09	フェアリーS	GⅢ	キタウイング	牝	3	良	1:34.3	11.8	12.3	36.4	C
2023	1.14	菜の花賞	1勝	トラベログ	牝	3	良	1:36.0	11.5	12.0	35.5	B
2023	1.15		1勝	ラズベリームース	牝	4	良	1:35.1	11.7	12.1	35.9	B
2023	1.22		2勝	スリートップキズナ	牡	5	良	1:34.9	11.6	11.9	35.4	B
2023	2.25	幕張S	3勝	ジネストラ	牝	5	良	1:33.2	11.6	12.6	36.8	C
2023	2.26		1勝	エエヤン	牡	3	良	1:34.0	11.1	11.9	34.9	B
2023	3.04		1勝	ホウオウプレミア	牡	4	良	1:32.8	11.4	12.2	35.8	B
2023	3.05		1勝	メタルスピード	牡	3	良	1:33.9	11.7	12.0	35.7	B
2023	3.05		2勝	ニシノスーベニア	牡	4	良	1:33.6	11.3	11.9	35.1	B
2023	3.12	アネモネS	OP	トーセンローリエ	牝	3	良	1:33.8	11.2	12.0	35.2	B
2023	3.12	東風S	OP	ラインベック	セ	6	良	1:33.0	11.6	12.0	35.6	B
2023	3.18		1勝	ロードディフィート	牡	3	重	1:36.7	11.9	12.9	37.7	C
2023	3.19		2勝	トゥデイイズザデイ	牡	4	重	1:35.0	11.7	12.3	36.3	B
2023	3.26	春興S	3勝	サーマルウインド	牝	4	不	1:36.7	12.1	12.7	37.5	C
2023	4.01		1勝	エッセレンチ	牝	3	良	1:33.9	12.0	12.0	36.0	C
2023	4.01	ダービー卿CT	GⅢ	インダストリア	牡	4	良	1:33.2	11.3	11.2	33.7	S
2023	4.02		1勝	モンタナアゲート	牡	4	良	1:33.9	12.0	11.8	35.6	B
2023	4.02	両国特別	2勝	ラズベリームース	牝	4	良	1:33.1	11.9	12.4	36.7	C
2023	4.08	ニュージーランド	GⅡ	エエヤン	牡	3	稍	1:33.7	12.1	12.0	36.1	C
2023	9.09	アスター賞	1勝	キャットファイト	牝	2	稍	1:33.1	11.6	11.3	34.2	A
2023	9.10		1勝	サザンステート	牡	4	良	1:33.4	11.3	11.8	34.9	B
2023	9.10	京成杯AH	GⅢ	ソウルラッシュ	牡	5	良	1:31.6	11.8	11.6	35.0	B
2023	9.16	御宿特別	2勝	ベレザニーニャ	牝	3	良	1:34.5	11.6	11.3	34.2	A
2023	9.24		1勝	コントラポスト	牡	3	良	1:34.3	11.5	12.2	35.9	B
2023	9.24	木更津特別	2勝	センタースリール	牝	4	良	1:33.8	11.4	12.6	36.6	C
2023	9.30	秋風S	3勝	ルージュエクレール	牝	4	良	1:33.6	11.8	12.4	36.6	C
2023	10.01	サフラン賞	1勝	スプリングノヴァ	牝	2	良	1:35.8	11.7	12.1	35.9	B
2023	12.10		2勝	ブランデーロック	牡	4	良	1:33.0	11.5	12.1	35.7	B
2023	12.16	ターコイズS	GⅢ	フィアスプライド	牝	5	良	1:32.7	11.2	11.6	34.4	A
2023	12.17	ひいらぎ賞	1勝	シックスペンス	牡	2	良	1:35.5	11.4	11.6	34.6	A
2023	12.23	ノエル賞	1勝	ウインレイアー	牝	3	良	1:35.4	11.1	11.5	34.1	A
2023	12.24	クリスマスC	2勝	コントラポスト	牡	3	良	1:33.2	11.6	11.7	35.0	B
2023	12.28	ファイナルS	3勝	ボルザコフスキー	牡	4	良	1:33.2	11.5	12.2	35.9	B
2024	1.06	ジュニアカップ	OP	キャプテンシー	牡	3	良	1:32.5	11.2	11.8	34.8	B
2024	1.07	フェアリーS	GⅢ	イフェイオン	牝	3	良	1:34.0	11.5	11.4	34.3	A
2024	1.08		2勝	スプレモフレイバー	牡	4	良	1:32.5	12.0	12.2	36.4	C
2024	1.13	菜の花賞	1勝	ミラビリスマジック	牝	3	良	1:33.4	11.4	11.9	35.2	B
2024	1.13	ニューイヤーS	OP	パラレルヴィジョン	牡	5	良	1:32.3	11.3	11.7	34.7	A
2024	1.14		1勝	ロゼル	牡	4	良	1:34.6	11.3	11.6	34.5	A
2024	1.21		2勝	ココクレーター	牝	4	不	1:36.3	12.1	12.3	36.7	B
2024	2.24	幕張S	3勝	ニシノスーベニア	牡	5	稍	1:33.7	11.6	11.8	35.2	B
2024	2.24		1勝	デビッドテソーロ	牡	3	稍	1:35.1	11.7	12.2	36.1	C

年	日付	レース	条件	勝ち馬	性	齢	馬場	走破時計	L2F	L1F	純正3F	レベル

★中山芝1800m

年	日付	レース	条件	勝ち馬	性	齢	馬場	走破時計	L2F	L1F	純正3F	レベル
2023	1.07		2勝	トーセンメラニー	牝	5	良	1:47.2	11.5	12.4	36.3	C
2023	1.21	東雲賞	2勝	ゴーゴーユタカ	牡	4	稍	1:48.9	11.3	12.4	36.1	B
2023	1.22	若竹賞	1勝	パクスオトマニカ	牡	3	良	1:48.1	11.5	12.2	35.9	B
2023	2.25	富里特別	2勝	デコラシオン	牡	4	良	1:47.8	11.3	12.3	35.9	B
2023	2.26	デイジー賞	1勝	エミュー	牝	3	良	1:50.3	11.5	12.0	35.5	B
2023	2.26	中山記念	GⅡ	ヒシイグアス	牡	7	良	1:47.1	11.4	12.4	36.2	C
2023	3.11	中山牝馬S	GⅢ	スルーセブンシーズ	牝	5	良	1:46.5	11.2	11.3	33.8	S
2023	3.12	房総特別	2勝	サンカルパ	牝	4	良	1:48.3	11.2	11.4	34.0	A
2023	3.18	フラワーC	GⅢ	エミュー	牝	3	不	1:53.2	12.4	12.6	37.6	C
2023	3.19	スピカS	3勝	ノースザワールド	牡	5	重	1:48.6	12.1	13.0	38.1	C
2023	3.19	スプリングS	GⅡ	ベラジオオペラ	牡	3	重	1:48.9	12.2	12.6	37.4	B
2023	3.25		1勝	セオ	牡	3	不	1:54.6	11.6	11.8	35.2	A
2023	3.26		2勝	トーセンリョウ	牡	4	不	1:53.7	12.6	13.7	40.0	C
2023	4.08		1勝	ミッキーゴージャス	牝	3	稍	1:49.5	11.9	11.5	34.9	A
2023	4.09		1勝	インザオベーション	牝	4	良	1:47.7	11.7	12.0	35.7	B
2023	9.09		1勝	キョウエイブリッサ	牝	3	稍	1:47.8	11.6	11.1	33.8	A
2023	9.10	白井特別	2勝	ロジレット	牝	4	良	1:47.1	11.3	11.5	34.3	A
2023	9.17		1勝	アスコルティアーモ	牝	4	良	1:46.3	11.8	11.8	35.4	B
2023	9.17	レインボーS	3勝	スパイラルノヴァ	牡	5	良	1:46.5	11.6	11.5	34.6	A
2023	12.09	常総S	3勝	ボーンディスウェイ	牡	4	良	1:46.9	11.5	11.9	35.3	B
2023	12.17	ディセンバーS	OP	ロングラン	セ	5	良	1:47.8	11.8	12.1	36.0	C
2023	12.17		2勝	ロジマンボ	牡	4	良	1:48.5	11.5	12.0	35.5	B
2023	12.28		1勝	ランプシー	牡	3	良	1:47.6	12.1	12.1	36.3	C
2024	1.20	東雲賞	2勝	シンティレーション	牝	5	良	1:47.3	11.5	11.7	34.9	B
2024	1.21	若竹賞	1勝	ルカランフィースト	牡	3	不	1:52.1	12.7	12.3	37.3	C
2024	2.24	富里特別	2勝	インスタキング	牡	4	稍	1:48.3	11.6	11.9	35.4	C
2024	2.25	デイジー賞	1勝	イゾラフェリーチェ	牝	3	良	1:50.6	11.8	12.3	36.4	C
2024	2.25	中山記念	GⅡ	マテンロウスカイ	セ	5	稍	1:48.1	12.3	12.8	37.9	C

★中山芝2000m

年	日付	レース	条件	勝ち馬	性	齢	馬場	走破時計	L2F	L1F	純正3F	レベル
2023	1.05	中山金杯	GⅢ	ラーグルフ	牡	4	良	2:00.2	11.4	12.5	36.4	C
2023	1.05		2勝	ローシャムパーク	牡	4	良	2:00.2	11.4	11.9	35.2	B
2023	1.05		1勝	アヴニールドブリエ	牡	3	良	2:00.8	11.9	12.2	36.3	C
2023	1.09		1勝	レイトカンセイオー	牡	4	良	2:01.0	11.4	12.0	35.4	B
2023	1.15	京成杯	GⅢ	ソールオリエンス	牡	3	良	2:02.2	11.7	11.5	34.7	A
2023	1.21	初富士S	3勝	スルーセブンシーズ	牝	5	稍	2:01.0	11.6	12.1	35.8	B
2023	3.05	弥生賞DI記念	GⅡ	タスティエーラ	牡	3	良	2:00.4	11.5	11.9	35.3	B
2023	3.11		1勝	メイテソーロ	牡	3	良	2:00.7	11.6	12.1	35.8	B
2023	3.18	館山特別	2勝	リカンカブール	牡	4	不	2:05.4	12.4	12.9	38.2	C
2023	3.19		1勝	ウィズグレイス	牝	4	重	2:02.7	11.6	12.9	37.4	B
2023	3.26	ミモザ賞	1勝	アグラシアド	牝	3	不	2:06.9	12.9	13.6	40.1	C
2023	4.02	美浦S	3勝	テーオーシリウス	牡	5	良	1:59.7	12.0	12.1	36.2	B
2023	4.09	鹿野山特別	2勝	キングズパレス	牡	4	良	1:59.7	12.0	12.0	36.0	B
2023	4.15	山藤賞	1勝	スズカハービン	牡	3	重	2:04.2	12.6	12.6	37.8	C
2023	4.16	野島崎特別	2勝	モカフラワー	牝	4	重	2:00.6	12.1	11.9	35.9	B
2023	4.16	皐月賞	GⅠ	ソールオリエンス	牡	3	重	2:00.6	12.5	12.0	36.5	B

年	日付	レース	条件	勝ち馬	性	齢	馬場	走破時計	L2F	L1F	純正3F	レベル
2023	9.09	紫苑S	GⅡ	モリアーナ	牝	3	稍	1:58.0	12.4	12.0	36.4	C
2023	9.16		1勝	ソワドリヨン	牝	3	良	2:00.3	12.4	11.3	35.0	B
2023	9.18	SクリスエスC	2勝	フレーヴァード	牡	3	良	1:59.6	11.7	11.3	34.3	A
2023	9.23		1勝	メジャークロニクル	牡	4	重	2:02.5	11.3	11.9	35.1	A
2023	9.30	芙蓉S	OP	シリウスコルト	牡	2	良	2:03.0	11.6	12.1	35.8	B
2023	10.01	茨城新聞杯	2勝	マイネルモーント	牡	3	良	2:01.6	11.2	11.7	34.6	A
2023	12.02	葉牡丹賞	1勝	トロヴァトーレ	牡	2	良	2:00.4	11.3	11.4	34.1	A
2023	12.10	チバテレ杯	2勝	ルージュアルル	牝	4	良	1:59.2	11.7	12.2	36.1	C
2023	12.16	YJシリーズ1戦	1勝	ラエール	牝	4	良	1:59.9	12.0	12.2	36.4	C
2023	12.28	ホープフルS	GⅠ	レガレイラ	牝	2	良	2:00.2	12.0	11.5	35.0	B
2024	1.06	中山金杯	GⅢ	リカンカブール	牡	5	良	1:58.9	11.4	11.7	34.8	A
2024	1.07	初日の出賞	2勝	ダイパリオン	牡	5	良	2:00.0	11.5	12.1	35.7	B
2024	1.08		1勝	ファビュラススター	牡	3	良	1:59.8	11.6	11.7	35.0	B
2024	1.14	京成杯	GⅢ	ダノンデサイル	牡	3	良	2:00.5	11.3	11.6	34.5	A
2024	1.20	初富士S	3勝	グランベルナデット	牝	4	良	1:59.2	11.4	12.2	35.8	B

★中山芝2200m

年	日付	レース	条件	勝ち馬	性	齢	馬場	走破時計	L2F	L1F	純正3F	レベル
2023	1.09	迎春S	3勝	グランオフィシエ	牡	5	良	2:14.8	11.5	12.0	35.5	B
2023	1.14		2勝	サクセスシュート	牡	4	稍	2:17.6	11.4	11.8	35.0	A
2023	1.21		1勝	ハイエスティーム	牝	4	稍	2:15.4	12.1	12.3	36.7	C
2023	1.22	AJCC	GⅡ	ノースブリッジ	牡	5	良	2:13.5	11.3	12.0	35.3	B
2023	2.25	水仙賞	1勝	ハウゼ	牡	3	良	2:14.2	11.3	12.6	36.5	C
2023	3.05	湾岸S	3勝	バラジ	牡	4	良	2:12.3	11.4	12.0	35.4	B
2023	4.02	山吹賞	1勝	ドゥレッツァ	牡	3	良	2:16.3	11.5	11.5	34.5	A
2023	4.15		1勝	シャドウマッドネス	セ	4	重	2:16.8	12.7	12.5	37.7	C
2023	9.18	セントライト記念	GⅡ	レーベンスティール	牡	3	良	2:11.4	11.7	11.0	33.7	S
2023	9.24	オールカマー	GⅡ	ローシャムパーク	牡	5	良	2:12.0	11.5	12.4	36.3	C
2023	10.01		1勝	ホウオウサンデー	牡	5	良	2:16.0	11.3	12.0	35.3	B
2024	1.06	迎春S	3勝	アドマイヤハレー	牡	6	良	2:11.8	11.7	11.9	35.5	B
2024	1.14		2勝	コスモフリーゲン	牡	4	良	2:12.7	11.7	12.1	35.9	B
2024	1.20		1勝	サトノトルネード	牡	4	良	2:13.2	11.6	11.9	35.4	B
2024	1.21	AJCC	GⅡ	チャックネイト	セ	6	不	2:16.6	12.5	13.1	38.7	C
2024	2.24	水仙賞	1勝	クリスマスパレード	牝	3	稍	2:14.3	11.8	12.1	36.0	B

★中山芝2500m

年	日付	レース	条件	勝ち馬	性	齢	馬場	走破時計	L2F	L1F	純正3F	レベル
2023	3.04	潮来特別	2勝	ブローザホーン	牡	4	良	2:31.5	11.5	12.2	35.9	A
2023	3.25	日経賞	GⅡ	タイトルホルダー	牡	5	不	2:36.8	11.9	12.4	36.7	B
2023	4.01	安房特別	2勝	エンドロール	牡	4	良	2:32.3	12.0	12.2	36.4	B
2023	4.16	サンシャインS	3勝	ビジン	牝	4	重	2:36.2	12.7	12.9	38.5	C
2023	9.16		1勝	レヴォルタード	牡	3	良	2:33.0	11.9	12.0	35.9	B
2023	9.23	九十九里特別	2勝	ニシノレヴナント	セ	3	稍	2:35.0	11.7	12.3	36.3	B
2023	12.03		2勝	エリカヴァレリア	牝	5	良	2:32.3	11.2	11.5	34.2	A
2023	12.23	グレイトフルS	3勝	ニシノレヴナント	セ	3	良	2:32.0	11.8	12.0	35.8	B
2023	12.24	グッドラックHC	2勝	ジオフロント	牡	5	良	2:34.6	11.5	12.0	35.5	B
2023	12.24	有馬記念	GⅠ	ドウデュース	牡	4	良	2:30.9	11.7	12.2	36.1	B

年	日付	レース	条件	勝ち馬	性齢	馬場	走破時計	L2F	L1F	純正3F	レベル

★中山芝3600m

年	日付	レース	条件	勝ち馬	性齢	馬場	走破時計	L2F	L1F	純正3F	レベル
2023	12.02	ステイヤーズS	GⅡ	アイアンバローズ	牡6	良	3:45.4	11.7	12.0	35.7	B

★中山ダート1200m

年	日付	レース	条件	勝ち馬	性齢	馬場	走破時計	L2F	L1F	純正3F	レベル
2023	1.05		2勝	スズカコテキタイ	牡4	良	1:11.1	11.9	13.5	38.9	C
2023	1.07		1勝	カイタロー	牡4	良	1:11.5	12.4	13.4	39.2	C
2023	1.07	初春S	3勝	テイエムトッキュウ	牡5	良	1:10.4	12.0	13.2	38.4	C
2023	1.08		1勝	ダルダヌス	牡4	良	1:11.7	12.2	13.1	38.4	C
2023	1.09		2勝	キタノブレイド	牡4	良	1:11.4	12.2	13.5	39.2	C
2023	1.14		1勝	アジアノジュンシン	牝5	良	1:11.8	12.1	12.8	37.7	B
2023	1.15		1勝	サバンナチャンス	牝4	良	1:11.3	12.0	12.8	37.6	B
2023	1.15	ジャニュアリーS	OP	アティード	牡5	良	1:10.0	12.1	12.8	37.7	B
2023	1.21		1勝	オメガシンフォニー	牝3	稍	1:10.6	12.2	12.8	37.8	B
2023	1.22		2勝	ウラカワノキセキ	牝4	良	1:10.9	11.9	12.5	36.9	A
2023	1.22		1勝	カンザシ	牝4	良	1:11.1	12.2	13.1	38.4	C
2023	1.22	江戸川S	3勝	ジャスパーゴールド	牡5	良	1:10.7	12.0	12.8	37.8	B
2023	2.25		2勝	アイヴォリードレス	牝4	良	1:11.8	12.4	12.9	38.2	C
2023	2.26	BストーンS	3勝	スズカコテキタイ	牡4	良	1:11.0	12.6	13.1	38.8	C
2023	2.26		1勝	アリススプリングス	牝4	良	1:12.1	12.3	13.1	38.5	C
2023	3.04		1勝	ハチメンロッピ	牡3	良	1:11.0	12.5	13.2	38.9	C
2023	3.05		1勝	シュロス	牡7	良	1:11.5	12.5	13.2	38.9	C
2023	3.05		2勝	セイカフォルゴーレ	牡4	良	1:10.8	11.9	12.8	37.5	B
2023	3.11		1勝	クラリティスケール	牝4	良	1:11.3	12.3	12.8	37.9	B
2023	3.12		1勝	アメトリーチェ	牝4	良	1:11.9	12.3	12.4	37.1	A
2023	3.18		2勝	ファイアーボーラー	セ7	不	1:10.3	12.0	13.2	38.4	C
2023	3.19		1勝	タリエシン	牡3	不	1:10.6	12.4	12.8	38.0	C
2023	3.19		1勝	ヴァンデリオン	牡6	不	1:11.0	11.7	12.2	36.1	A
2023	3.19	千葉S	OP	スズカコテキタイ	牡4	重	1:09.3	11.8	12.6	37.0	B
2023	3.25	春風S	3勝	ヴァガボンド	牡5	不	1:09.8	11.9	12.7	37.3	B
2023	3.25		1勝	フレーゲル	牡5	不	1:11.2	12.5	12.6	37.7	B
2023	3.26		1勝	ビルカール	牡3	不	1:11.9	12.7	13.3	39.3	C
2023	4.01		1勝	ヒロノゴウカイ	牡4	良	1:11.3	12.4	13.3	39.0	C
2023	4.02		1勝	ヴァンデリオン	牡6	良	1:11.1	12.1	13.3	38.7	C
2023	4.08	葛飾特別	2勝	ドリームビリーバー	牡4	稍	1:10.7	12.0	13.0	38.0	C
2023	4.08		1勝	カラパタール	牝5	稍	1:10.5	12.2	12.5	37.2	B
2023	4.09	京葉S	OP	テイエムトッキュウ	牡5	良	1:10.0	11.8	12.9	37.6	B
2023	4.15	袖ケ浦特別	2勝	ロードオブザチェコ	牡5	不	1:09.5	11.8	12.4	36.6	B
2023	4.16		1勝	スクーバー	牡3	重	1:10.6	12.2	12.5	37.2	B
2023	4.16		1勝	マイアミュレット	セ4	重	1:10.0	12.1	12.3	36.7	B
2023	9.09		1勝	ルーラルハピネス	牝3	重	1:09.9	11.9	12.2	36.3	A
2023	9.09		1勝	ゴキゲンサン	牝3	重	1:11.2	12.3	12.7	37.7	B
2023	9.10		1勝	エコロドゥネス	牡3	稍	1:11.2	12.3	12.9	38.1	C
2023	9.10		2勝	オメガシンフォニー	牝3	良	1:10.7	12.2	12.5	37.2	B
2023	9.16		1勝	デュードメール	牝4	良	1:11.2	12.2	12.9	38.0	C
2023	9.16	初風S	3勝	アイスリアン	牝5	良	1:10.7	12.1	12.5	37.1	B
2023	9.17		1勝	シャインフォール	牡4	良	1:12.1	12.6	13.0	38.6	C
2023	9.17	浦安特別	2勝	ダルダヌス	牡4	良	1:11.6	12.2	12.8	37.8	B

年	日付	レース	条件	勝ち馬	性	齢	馬場	走破時計	L2F	L1F	純正3F	レベル
2023	9.18		1勝	スティルディマーレ	牡	3	良	1:12.3	12.4	13.2	38.8	C
2023	9.23	ながつきS	OP	タガノクリステル	牝	4	重	1:08.9	11.6	12.2	36.0	A
2023	9.24		2勝	コスモノアゼット	牡	5	稍	1:11.4	12.3	13.0	38.3	C
2023	9.24		1勝	トモジャミ	牝	3	稍	1:11.4	12.7	13.0	38.4	C
2023	9.30		1勝	サイモンギフト	牡	3	良	1:10.2	11.6	12.8	37.2	B
2023	9.30		2勝	レヴール	牝	4	良	1:11.0	12.0	13.0	38.0	C
2023	10.01		1勝	キョウエイカンフ	牡	3	良	1:11.1	12.2	13.3	38.8	C
2023	10.01	外房S	3勝	マイステージ	牝	5	良	1:10.6	12.4	12.7	37.8	B
2023	12.02		1勝	ニーナブランド	牝	3	良	1:11.7	12.4	13.0	38.4	C
2023	12.03		1勝	グランオルカ	牡	2	良	1:11.0	12.3	12.3	36.9	A
2023	12.03		2勝	シゲルファンノユメ	牡	4	良	1:11.6	12.4	13.1	38.6	C
2023	12.09	アクアラインS	3勝	オメガシンフォニー	牝	3	良	1:10.7	12.1	13.1	38.3	C
2023	12.10	カペラS	GⅢ	テイエムトッキュウ	牡	5	良	1:09.3	11.8	12.7	37.2	B
2023	12.16		1勝	ヤングワールド	牡	3	稍	1:11.2	12.0	12.4	36.8	A
2023	12.16	舞浜特別	2勝	ビルカール	牡	3	稍	1:12.0	12.3	13.0	38.3	C
2023	12.23		1勝	クラウンブラヴォー	牡	3	良	1:11.8	12.3	13.2	38.7	C
2023	12.23		1勝	チカッパ	牡	2	良	1:11.6	12.4	13.0	38.4	C
2023	12.24	冬至特別	2勝	ワールズコライド	牡	3	良	1:10.8	12.2	12.8	37.8	B
2023	12.24	フェアウェルS	3勝	メズメライザー	セ	4	良	1:10.3	12.2	12.8	37.8	B
2023	12.28		1勝	チュウワスプリング	牝	3	良	1:11.3	12.4	13.0	38.4	C
2023	12.28	BウィッシュC	2勝	ケイアイメープル	牡	6	良	1:11.0	12.3	12.6	37.5	A
2024	1.07		2勝	フラップシグナス	牝	5	良	1:11.2	12.4	12.1	36.6	A
2024	1.08		1勝	オルコス	牝	5	良	1:12.9	12.5	13.7	39.9	C
2024	1.13		2勝	ダテボレアス	牡	5	良	1:11.3	11.8	12.9	37.6	B
2024	1.13	初春S	3勝	ワールズコライド	牡	4	良	1:10.8	11.9	13.4	38.7	C
2024	1.14	ジャニュアリーS	OP	クロジシジョー	牡	5	良	1:10.8	12.4	12.5	37.4	B
2024	1.14		1勝	アンスリウム	牝	4	稍	1:11.9	12.6	13.0	37.6	B
2024	1.20		1勝	アイアムユウシュン	牡	3	良	1:10.9	12.4	12.9	38.2	C
2024	1.21		1勝	セッカチケーン	牡	5	不	1:11.2	12.4	13.4	39.2	C
2024	1.21		2勝	パルデンス	牡	6	不	1:10.3	12.2	12.5	37.2	B
2024	2.24		2勝	エレガントムーン	牝	4	稍	1:10.7	12.7	12.4	37.5	B
2024	2.25	春風S	3勝	マニバドラ	牡	4	重	1:10.1	12.2	13.0	38.2	C
2024	2.25		1勝	ハヤブサジェット	セ	4	稍	1:11.4	12.7	12.8	38.3	C

★中山ダート1800m

年	日付	レース	条件	勝ち馬	性	齢	馬場	走破時計	L2F	L1F	純正3F	レベル
2023	1.05		1勝	サトノアレックス	セ	6	良	1:55.3	13.4	13.5	40.4	C
2023	1.05		2勝	ブルーカルセドニー	牝	5	良	1:54.5	13.1	14.6	42.3	C
2023	1.05	招福S	3勝	ウィルソンテソーロ	牡	4	良	1:52.3	12.3	13.1	38.5	B
2023	1.07	黒竹賞	1勝	ミトノオー	牡	3	良	1:53.3	12.9	13.9	40.7	C
2023	1.08	ポルックスS	OP	ニューモニュメント	牡	7	良	1:51.9	11.9	12.8	37.5	A
2023	1.08		1勝	バーリンギャップ	牝	4	良	1:54.4	12.4	13.5	39.4	C
2023	1.09		1勝	デルマタモン	牡	5	良	1:54.6	13.0	13.6	40.2	C
2023	1.14		1勝	ラブベティー	牝	4	良	1:55.4	13.0	13.5	40.0	C
2023	1.14	アレキサンドLS	3勝	ロードヴァレンチ	セ	4	良	1:52.7	12.3	12.8	37.9	A
2023	1.15		2勝	ロスコフ	牡	5	良	1:53.5	12.9	12.8	38.5	B
2023	1.21		1勝	マイネルサハラ	牡	4	稍	1:54.8	12.7	13.4	39.5	C
2023	1.21	初茜賞	2勝	キャリックアリード	牝	4	稍	1:53.8	12.9	13.0	38.9	B

年	日付	レース	条件	勝ち馬	性	齢	馬場	走破時計	L2F	L1F	純正3F	レベル
2023	1.22		1勝	クインズミモザ	牝	5	良	1:55.0	12.4	13.2	38.8	B
2023	2.25		1勝	トップオブジェラス	牡	4	良	1:54.1	12.4	13.0	38.4	B
2023	2.25		1勝	オメガギネス	牡	3	良	1:53.2	12.4	13.3	39.0	C
2023	2.26		1勝	イエローウィン	牝	4	良	1:56.1	13.7	13.7	41.1	C
2023	2.26		2勝	ブレイクフォース	牡	4	良	1:54.2	12.6	13.2	39.0	C
2023	3.04	上総S	3勝	ベストリーガード	牡	4	良	1:51.8	12.3	13.0	38.3	B
2023	3.04		2勝	パワーブローキング	牡	4	良	1:53.2	12.5	13.3	39.1	C
2023	3.05		1勝	メイプルエクセル	牡	5	良	1:55.6	12.6	13.5	39.6	C
2023	3.05	総武S	OP	ホウオウルバン	牡	5	良	1:53.6	12.1	12.8	37.7	A
2023	3.11	鎌ケ谷特別	2勝	トップオブジェラス	牡	4	良	1:53.0	12.0	13.1	38.2	B
2023	3.12		1勝	フェブランシェ	牝	3	良	1:53.2	12.6	13.6	39.8	C
2023	3.18		1勝	ロイヤルダンス	牡	5	重	1:53.1	12.1	12.8	37.7	B
2023	3.18	韓国馬事会杯	3勝	パワーブローキング	牡	4	不	1:50.2	12.4	13.2	38.8	B
2023	3.25		1勝	スズノテレサ	牝	4	不	1:53.7	12.8	13.5	39.8	C
2023	3.25		2勝	サトノスライヴ	牡	6	不	1:52.5	12.3	12.9	38.1	B
2023	3.25	伏竜S	OP	ミトノオー	牡	3	不	1:51.9	12.7	13.8	40.3	C
2023	3.26		1勝	エスティメート	牡	4	不	1:53.5	12.8	13.8	40.4	C
2023	3.26	マーチS	GⅢ	ハヤブサナンデクン	牡	7	不	1:51.4	12.3	13.2	38.7	B
2023	4.01	千葉日報杯	2勝	トップスティール	牡	4	良	1:53.4	12.8	13.4	39.6	C
2023	4.02		1勝	シェットランド	牡	3	良	1:53.5	12.7	13.0	38.7	B
2023	4.02		1勝	ミルニュイ	牝	4	良	1:54.2	12.9	13.7	40.3	C
2023	4.08		1勝	ローズピリオド	牡	4	稍	1:54.5	12.5	13.0	38.5	B
2023	4.09		1勝	レイメイ	牡	4	良	1:54.4	13.4	13.8	41.0	C
2023	4.09		1勝	メイショウフジ	牡	3	稍	1:54.0	12.8	13.4	39.6	C
2023	4.15		1勝	ハッスルダンク	牡	3	重	1:52.2	12.5	12.4	37.3	A
2023	4.15	下総S	3勝	ガンダルフ	牡	5	不	1:50.8	12.4	12.7	37.8	B
2023	4.16		1勝	ペイシャジュン	牡	5	重	1:52.7	12.7	12.6	37.9	B
2023	4.16	利根川特別	2勝	ゴールドブリーズ	牡	5	重	1:50.9	12.2	12.9	38.0	B
2023	9.09		1勝	ペンティメント	牡	3	重	1:51.1	12.6	12.7	38.0	B
2023	9.10		1勝	バンブーグローブ	牡	3	良	1:53.4	12.4	12.4	37.2	A
2023	9.10		1勝	フラッパールック	牝	3	良	1:51.5	12.0	12.5	37.0	B
2023	9.16		1勝	パーサヴィアランス	牡	4	良	1:53.4	12.9	13.2	39.3	C
2023	9.16		1勝	グランサバナ	牡	3	良	1:53.4	12.9	13.2	39.3	C
2023	9.17		1勝	ヴァナルガンド	牡	3	良	1:53.2	12.6	12.5	37.6	A
2023	9.17	ラジオ日本賞	OP	ウィリアムバローズ	牡	5	良	1:52.2	12.4	13.4	39.2	C
2023	9.18		1勝	デルマオシダシ	牝	3	良	1:55.6	12.9	12.5	37.9	A
2023	9.18	鋸山特別	2勝	フランスゴデイナ	牡	5	良	1:54.3	13.2	13.0	39.2	C
2023	9.23		1勝	クリニクラウン	牝	3	不	1:54.1	12.6	12.6	37.8	B
2023	9.23		2勝	サーマルソアリング	牝	3	重	1:51.4	12.4	12.8	38.0	B
2023	9.24	内房S	3勝	ダノンマデイラ	牡	5	稍	1:53.2	12.7	13.3	39.3	C
2023	9.24		1勝	ヒューゴ	牡	3	重	1:55.4	12.8	13.0	38.8	B
2023	9.30		1勝	サノノエスポ	牝	3	良	1:53.6	12.6	13.7	40.0	B
2023	10.01		2勝	カランセ	牝	4	良	1:53.9	12.2	12.8	37.8	A
2023	10.01		1勝	アレクサ	牡	3	良	1:53.9	12.2	13.0	38.2	B
2023	12.02	鹿島特別	2勝	フラッパールック	牝	3	良	1:53.2	12.1	12.5	37.1	A
2023	12.03		1勝	ベルシャンソン	牝	3	良	1:54.1	13.1	13.7	40.5	C
2023	12.03	市川S	3勝	テーオードレフォン	牡	4	良	1:52.3	13.0	12.9	38.8	B

年	日付	レース	条件	勝ち馬	性	齢	馬場	走破時計	L2F	L1F	純正3F	レベル
2023	12.09		1勝	シグナルファイアー	牝	3	良	1:54.3	13.1	13.4	39.9	C
2023	12.10		1勝	ミッキーファイト	牡	2	良	1:52.5	12.6	12.9	38.4	B
2023	12.10	師走S	OP	キタノリューオー	牡	5	良	1:52.0	12.4	12.6	37.6	A
2023	12.16	ヤングJS2戦	2勝	アスクビックスター	牡	4	稍	1:53.2	12.4	12.6	37.6	B
2023	12.17		1勝	コブラ	牡	4	良	1:55.1	12.9	13.6	40.1	C
2023	12.17	北総S	3勝	ナチュラルハイ	牡	3	良	1:54.1	13.0	13.2	39.4	C
2023	12.24		1勝	ショウナンカブト	牡	3	良	1:54.1	13.1	13.0	39.1	C
2023	12.28	立志賞	2勝	アクションプラン	牡	3	良	1:53.5	12.9	13.4	39.7	C
2024	1.06		1勝	セイカティターニア	牝	4	良	1:55.8	13.1	13.3	39.7	C
2024	1.06		2勝	クインズミモザ	牝	6	良	1:53.4	13.0	13.2	39.4	C
2024	1.07	ポルックスS	OP	ヴァルツァーシャル	牡	5	良	1:52.9	12.6	12.8	38.2	B
2024	1.07		1勝	アラレタバシル	牡	3	良	1:54.8	13.2	13.7	40.6	C
2024	1.07		1勝	マンノステータス	牡	4	良	1:54.4	12.7	12.9	38.5	B
2024	1.08	招福S	3勝	ロードアヴニール	牡	4	良	1:54.3	13.3	13.4	40.1	C
2024	1.13		1勝	オセアバトルプラン	牡	4	良	1:54.0	12.6	13.0	38.6	B
2024	1.14		2勝	ペンティメント	牡	4	良	1:52.6	12.4	12.7	38.0	B
2024	1.20		1勝	ジャックパール	牡	4	良	1:54.3	13.3	14.2	41.7	C
2024	1.20	初茜賞	2勝	メイショウコバト	牝	4	良	1:53.5	12.7	13.8	40.3	C
2024	1.21		1勝	アヴィオンドール	牝	4	不	1:52.9	12.7	13.3	39.3	C
2024	1.21	アレキサンドLS	3勝	シゲルカミカゼ	牡	6	不	1:50.6	12.2	12.7	37.6	B
2024	2.24		1勝	シゲルカミカゼ	牡	4	稍	1:53.0	12.3	13.1	38.5	B
2024	2.25		1勝	ラオラシオン	牡	3	稍	1:53.8	12.1	12.6	37.3	A
2024	2.25		2勝	ホウオウカブキ	牡	4	重	1:53.3	12.8	13.0	38.8	B
2024	2.25		1勝	ピッチパーフェクト	牝	4	稍	1:54.0	13.0	13.9	40.8	C

★中山ダート2400m

年	日付	レース	条件	勝ち馬	性	齢	馬場	走破時計	L2F	L1F	純正3F	レベル
2023	1.07		1勝	スリーエクスプレス	牡	4	良	2:36.9	12.9	14.2	41.3	C
2023	1.09	成田特別	2勝	フジマサインパクト	牡	5	良	2:34.7	12.5	12.8	38.1	B
2023	3.12		1勝	グリューヴルム	牡	4	良	2:35.9	13.1	12.8	38.7	B
2023	3.19		2勝	ヒミノフラッシュ	牡	5	重	2:33.3	12.5	13.4	39.3	C
2023	4.01		1勝	ケリーズノベル	セ	4	良	2:35.8	13.3	14.1	41.5	C
2023	4.09	印西特別	2勝	インディゴブラック	牡	4	良	2:33.4	12.7	13.5	39.7	C
2023	9.16	松戸特別	2勝	レッドプロフェシー	牡	3	良	2:34.1	13.3	13.6	40.5	C
2023	9.18		1勝	ヨリノサファイヤ	牝	3	良	2:37.3	12.5	12.5	37.5	A
2023	12.09		2勝	ローズボウル	牡	5	良	2:35.5	13.1	12.6	38.3	B
2024	1.06		1勝	ルーラーリッチ	セ	4	良	2:36.5	13.2	12.8	38.8	B
2024	1.08	成田特別	2勝	マオノアラシ	牡	4	良	2:38.9	13.0	13.4	39.8	C

★中山ダート2500m

年	日付	レース	条件	勝ち馬	性	齢	馬場	走破時計	L2F	L1F	純正3F	レベル
2023	12.10		1勝	ボンベール	牡	7	良	2:44.4	12.3	13.6	39.5	C

年	日付	レース	条件	勝ち馬	性	齢	馬場	走破時計	L2F	L1F	純正3F	レベル

京都競馬場

★京都芝1200m

年	日付	レース	条件	勝ち馬	性	齢	馬場	走破時計	L2F	L1F	純正3F	レベル
2023	4.29	朱雀S	3勝	サトノレーヴ	牡	4	良	1:07.7	11.1	11.3	33.7	A
2023	5.07	鞍馬S	OP	エイシンスポッター	牡	4	不	1:09.9	11.6	11.9	35.4	B
2023	5.13		2勝	アドヴァイス	牝	4	良	1:08.7	10.9	11.0	32.9	S
2023	5.14		1勝	フローレンスハニー	牝	4	稍	1:09.0	11.7	12.6	36.9	C
2023	5.21		1勝	シルフィードレーヴ	牝	3	良	1:08.3	11.5	11.7	34.9	B
2023	5.27	葵S	GⅢ	モズメイメイ	牝	3	良	1:07.1	10.9	11.5	33.9	A
2023	10.08	オパールS	OP	メイショウゲンセン	牝	6	良	1:08.1	11.3	12.0	35.3	B
2023	10.22	壬生特別	2勝	ミルトクレイモー	牡	3	良	1:07.7	11.3	11.5	34.3	A
2023	11.05	醍醐S	3勝	ショウナンハクラク	牡	4	良	1:07.3	11.6	11.8	35.2	B
2023	11.25		2勝	マメコ	牝	4	良	1:08.2	11.4	11.8	35.0	B
2023	11.26	京阪杯	GⅢ	トウシンマカオ	牡	4	良	1:07.4	11.3	11.4	34.1	A
2024	1.06		1勝	ピューロマジック	牝	3	良	1:08.8	11.1	11.9	34.9	B
2024	1.07		2勝	イラーレ	牝	5	良	1:09.5	11.5	12.3	36.1	C
2024	1.13	淀短距離S	OP	ビッグシーザー	牡	4	良	1:08.6	11.6	11.7	35.0	B
2024	1.28	シルクロードS	GⅢ	ルガル	牡	4	良	1:07.7	11.3	11.8	34.9	B
2024	2.03		2勝	グランテスト	牝	4	良	1:08.7	12.1	11.8	35.7	C

★京都芝1400m

年	日付	レース	条件	勝ち馬	性	齢	馬場	走破時計	L2F	L1F	純正3F	レベル
2023	4.23		1勝	エクセトラ	牡	4	良	1:20.2	11.8	11.6	35.0	B
2023	4.29		1勝	アルーリングビュー	牝	3	良	1:20.8	11.4	11.4	34.2	A
2023	4.30	御池特別	2勝	ラクスパラディー	牝	4	稍	1:20.8	11.4	11.7	34.8	B
2023	5.07	橘S	OP	ルガル	牡	3	不	1:23.1	11.9	12.5	36.9	C
2023	5.21		1勝	クロニクルノヴァ	セ	4	良	1:20.8	11.3	11.8	34.9	B
2023	5.27		2勝	メイショウベッピン	牝	6	良	1:20.2	11.4	11.7	34.8	B
2023	5.28	渡月橋S	3勝	ホウオウノーサイド	牡	4	良	1:20.8	10.9	11.4	33.7	A
2023	5.28	安土城S	OP	ママコチャ	牝	4	良	1:19.0	10.8	11.0	32.8	S
2023	10.07	長岡京S	3勝	メイショウソラフネ	牡	4	良	1:20.2	11.3	12.1	35.5	C
2023	10.08		1勝	ケイデンシーマーク	牝	3	良	1:21.6	11.0	11.5	34.0	A
2023	10.09	りんどう賞	1勝	キャプテンネキ	牝	2	重	1:22.9	11.7	12.3	36.3	C
2023	10.14		2勝	ブリュットミレジメ	牡	4	良	1:20.8	11.5	11.8	35.1	B
2023	10.15	もみじS	OP	ナナオ	牝	2	重	1:23.2	10.6	11.5	33.6	A
2023	10.28	スワンS	GⅡ	ウイングレイテスト	牡	6	良	1:19.9	11.2	11.7	34.6	B
2023	10.28		2勝	スズハローム	牡	3	良	1:20.4	11.5	11.7	34.9	B
2023	11.04	ファンタジーS	GⅢ	カルチャーデイ	牝	2	良	1:20.4	11.6	12.1	35.8	C
2023	11.05		1勝	オードリーバローズ	牝	3	良	1:21.0	11.1	11.8	34.7	B
2023	11.11		2勝	シロン	牝	4	稍	1:21.2	11.5	11.8	35.1	B
2023	11.19	秋明菊賞	1勝	ダノンマッキンリー	牡	2	良	1:20.7	11.6	11.9	35.4	B
2024	1.07	新春S	3勝	サンライズロナウド	牡	5	良	1:22.5	11.7	12.1	35.9	C
2024	1.13	紅梅S	OP	ワイドラトゥール	牝	3	良	1:23.4	11.3	11.4	34.1	A
2024	1.14		2勝	オードリーバローズ	牝	4	良	1:21.5	11.8	12.1	36.0	C
2024	1.21		2勝	テーオーダヴィンチ	牡	6	重	1:23.1	11.6	12.0	35.6	B
2024	1.27		1勝	コンクイスタ	牡	4	良	1:21.7	11.6	12.3	36.2	C
2024	2.04	山城S	3勝	アサカラキング	牡	4	良	1:20.9	11.3	12.0	35.3	B

年	日付	レース	条件	勝ち馬	性	齢	馬場	走破時計	L2F	L1F	純正3F	レベル
2024	2.17	京都牝馬S	GⅢ	ソーダズリング	牝	4	良	1:20.3	11.5	11.4	34.3	A
2024	2.17		1勝	ナムラアトム	牡	3	良	1:21.6	11.4	11.3	34.0	A

★京都芝1600m

年	日付	レース	条件	勝ち馬	性	齢	馬場	走破時計	L2F	L1F	純正3F	レベル
2023	4.22		2勝	アスクコナモンダ	牡	4	良	1:32.4	11.9	12.0	35.9	C
2023	4.23	マイラーズC	GⅡ	シュネルマイスター	牡	5	良	1:31.5	11.5	11.5	34.5	B
2023	4.30		1勝	パタゴニア	牝	5	稍	1:34.7	11.5	11.7	34.9	B
2023	5.06		2勝	タイゲン	牡	4	良	1:33.2	11.9	12.0	35.9	C
2023	5.06		1勝	エルトンバローズ	牡	3	良	1:33.6	11.1	11.2	33.5	A
2023	5.14	錦S	3勝	シェイリーン	牝	4	稍	1:34.3	10.8	11.5	33.8	A
2023	5.20	メルボルンT	1勝	ラケマーダ	牡	3	稍	1:33.9	11.4	12.0	35.4	B
2023	5.27		1勝	ロンズデーライト	牡	5	良	1:33.1	11.2	11.8	34.8	B
2023	10.07	宝ケ池特別	2勝	トゥードジボン	牡	4	良	1:34.0	10.7	11.3	33.3	A
2023	10.22		1勝	ビヨンドザヴァレー	牝	3	良	1:32.8	11.4	11.9	35.2	B
2023	10.22	三年坂S	3勝	ソーダズリング	牝	3	良	1:33.7	11.0	11.1	33.2	A
2023	11.04		2勝	セオ	牡	3	良	1:33.2	10.7	11.4	33.5	A
2023	11.11	デイリー杯2歳S	GⅡ	ジャンタルマンタル	牡	2	稍	1:34.5	11.2	11.9	35.0	B
2023	11.18		1勝	テンノメッセージ	牝	3	稍	1:34.4	10.8	11.4	33.6	A
2023	11.18		2勝	ニホンピロキーフ	牡	3	稍	1:34.8	11.0	11.2	33.4	A
2023	11.19	マイルCS	GⅠ	ナミュール	牝	4	良	1:32.5	11.5	11.2	33.9	A
2023	11.26	白菊賞	1勝	プシプシーナ	牝	2	良	1:35.7	11.3	11.6	34.5	B
2023	11.26	清水S	3勝	トゥードジボン	牡	4	良	1:33.2	11.3	11.2	33.7	A
2024	1.06	京都金杯	GⅢ	コレペティトール	牡	4	良	1:33.8	13.0	12.3	37.6	C
2024	1.08		2勝	ビヨンドザヴァレー	牝	4	良	1:35.3	11.9	12.1	36.1	C
2024	1.08	シンザン記念	GⅢ	ノーブルロジャー	牡	3	良	1:34.5	12.2	11.9	36.0	C
2024	1.13		1勝	スズカダブル	牡	4	良	1:35.1	11.6	11.8	35.2	B
2024	1.20	石清水S	3勝	トランキリテ	牡	5	重	1:34.9	11.4	12.1	35.6	B
2024	1.27	白梅賞	1勝	スマートスピア	牡	3	良	1:34.3	11.8	12.2	36.2	C
2024	1.28		2勝	ペイシャフラワー	牝	4	良	1:34.3	11.3	12.0	35.3	B
2024	2.03	エルフィンS	OP	ライトバック	牝	3	良	1:35.1	11.2	11.4	34.0	B
2024	2.10	こぶし賞	1勝	オフトレイル	牡	3	良	1:34.9	11.2	11.6	34.4	B
2024	2.10	洛陽S	OP	ドゥアイズ	牝	4	良	1:32.6	11.6	11.5	34.6	B
2024	2.11		1勝	エンタングルメント	牝	5	良	1:34.1	11.9	12.1	36.1	C
2024	2.18	斑鳩S	3勝	ディオ	牡	4	良	1:33.0	11.3	11.5	34.3	B
2024	2.18		2勝	セーヌドゥレーヴ	牝	4	良	1:33.9	11.1	11.8	34.7	B

★京都芝1800m

年	日付	レース	条件	勝ち馬	性	齢	馬場	走破時計	L2F	L1F	純正3F	レベル
2023	4.22	あやめ賞	1勝	プッシュオン	牡	3	良	1:45.0	11.9	12.0	35.9	C
2023	4.22		1勝	ゲヴィナー	牡	5	良	1:47.8	11.8	11.3	34.4	B
2023	4.23	センテニアルPS	3勝	エンペザー	牡	4	良	1:45.4	11.6	11.5	34.6	B
2023	4.30	糺の森特別	2勝	シンシアウィッシュ	牝	4	稍	1:47.3	11.3	11.4	34.1	A
2023	5.13	都大路S	OP	エアファンディタ	牝	6	良	1:45.9	10.9	11.3	33.5	A
2023	5.14		1勝	サンクフィーユ	牝	4	稍	1:47.4	11.6	12.1	35.8	C
2023	5.20		1勝	チェルノボーグ	牡	4	稍	1:46.7	11.1	11.6	34.3	B
2023	5.21	紫野特別	2勝	ゴールドエクリプス	牡	4	良	1:46.4	10.8	11.2	33.2	A
2023	5.28	白百合S	OP	バルサムノート	牡	3	良	1:46.0	11.2	11.4	34.0	B
2023	10.07		1勝	シュタールヴィント	牡	3	良	1:47.0	10.9	11.7	34.3	B

年	日付	レース	条件	勝ち馬	性	齢	馬場	走破時計	L2F	L1F	純正3F	レベル
2023	10.14	紫菊賞	1勝	ジュンゴールド	牡	2	良	1:47.2	11.0	11.4	33.8	A
2023	10.15	大原S	3勝	ゴールドエクリプス	牝	4	稍	1:47.0	11.3	12.4	36.1	C
2023	10.28		1勝	グランヴィノス	牡	3	良	1:45.9	11.8	11.9	35.6	C
2023	10.28	萩S	OP	ルシフェル	牝	2	良	1:47.9	11.0	11.5	34.0	B
2023	10.29	堀川特別	2勝	アイスグリーン	牡	3	良	1:47.9	10.9	10.9	32.7	S
2023	10.29	カシオペアS	OP	アルナシーム	牡	4	良	1:44.7	11.3	11.7	34.7	B
2023	11.12		1勝	タイセイフェリーク	牝	3	良	1:47.1	11.9	11.8	35.5	C
2024	1.06		1勝	アスクオンディープ	セ	5	良	1:47.3	12.2	12.1	36.4	C
2024	1.14	逢坂山特別	2勝	ワイドアラジン	牡	4	良	1:47.0	11.4	11.9	35.2	C
2024	2.04	きさらぎ賞	GⅢ	ビザンチンドリーム	牡	3	良	1:46.8	11.1	11.3	33.7	A
2024	2.11	春日特別	2勝	ココナッツブラウン	牝	4	良	1:47.8	11.0	11.3	33.6	A
2024	2.17	つばき賞	1勝	メイショウタバル	牡	3	良	1:46.9	11.1	11.8	34.7	B

★京都芝2000m

年	日付	レース	条件	勝ち馬	性	齢	馬場	走破時計	L2F	L1F	純正3F	レベル
2023	5.06	鴨川特別	2勝	レッドラディエンス	牡	4	良	1:58.8	11.2	11.4	34.0	B
2023	5.07		1勝	レディベル	牝	4	不	2:03.6	11.9	12.1	36.1	B
2023	5.13	あずさ賞	1勝	リミットバスター	牡	3	良	1:59.9	11.1	11.3	33.7	A
2023	5.20	シドニーT	3勝	ローゼライト	牝	5	稍	1:58.9	11.6	12.1	35.8	C
2023	5.27	御室特別	2勝	エニシノウタ	牝	5	良	1:58.7	11.7	11.7	35.1	B
2023	10.14	北野特別	2勝	ヘネラルカレーラ	牝	5	良	2:00.9	10.9	11.4	33.7	A
2023	10.15	秋華賞	GⅠ	リバティアイランド	牝	3	稍	2:01.1	11.0	11.4	33.8	A
2023	10.21		1勝	ハギノアルデバラン	牡	3	良	2:00.8	11.6	12.3	36.2	C
2023	11.04	衣笠特別	2勝	ラスマドレス	牝	4	良	1:59.2	11.4	11.3	34.0	B
2023	11.11	修学院S	3勝	ミッキーゴージャス	牝	3	稍	1:59.3	11.9	12.0	35.9	C
2023	11.12	黄菊賞	1勝	センチュリボンド	牡	2	良	2:01.8	11.7	12.1	35.9	C
2023	11.18	アンドロメダS	OP	ディープモンスター	牡	5	稍	1:59.2	11.8	11.7	35.2	B
2023	11.19	近江特別	2勝	ウインスノーライト	牡	4	良	1:59.6	11.5	12.0	35.5	B
2023	11.25	京都2歳S	GⅢ	シンエンペラー	牡	2	良	1:59.8	11.9	12.1	36.1	C
2023	11.26		1勝	マイネルエンペラー	牡	3	良	2:00.9	11.5	11.6	34.7	B
2024	1.07		1勝	アドマイヤテラ	牡	3	良	2:02.8	11.3	11.5	34.3	B
2024	1.08	寿S	3勝	デビットバローズ	牡	5	良	2:00.3	11.9	11.8	35.5	B
2024	1.20	若駒S	OP	サンライズジパング	牡	3	重	2:02.8	12.2	12.6	37.4	C
2024	1.21	北大路特別	2勝	キミノハハマリア	牝	4	重	2:02.6	11.8	12.4	36.6	B
2024	2.03		1勝	ブリタニア	牡	3	良	2:00.4	12.0	12.1	36.2	C
2024	2.04		2勝	セブンマジシャン	牡	3	良	2:00.7	11.7	12.0	35.7	C
2024	2.10	飛鳥S	3勝	エアサージュ	牡	6	良	2:00.6	11.1	11.3	33.7	A

★京都芝2200m

年	日付	レース	条件	勝ち馬	性	齢	馬場	走破時計	L2F	L1F	純正3F	レベル
2023	4.23	比良山特別	2勝	サジェス	牡	5	良	2:13.8	11.6	11.4	34.4	B
2023	4.29		1勝	ファベル	牡	4	良	2:16.7	11.2	11.0	33.2	A
2023	4.29	矢車賞	1勝	ミタマ	牝	3	良	2:12.7	12.0	11.7	35.4	B
2023	5.06	京都新聞杯	GⅡ	サトノグランツ	牡	3	良	2:14.1	11.2	11.4	34.0	A
2023	5.07	烏丸S	3勝	ブローザホーン	牡	4	不	2:14.9	12.0	12.0	36.0	B
2023	10.08	清滝特別	2勝	シェイクユアハート	牡	3	良	2:12.0	11.3	11.7	34.7	B
2023	11.04		1勝	ジューンアヲニヨシ	牡	3	良	2:12.1	11.2	11.7	34.6	B
2023	11.12	エリザベス女王杯	GⅠ	ブレイディヴェーグ	牝	3	良	2:12.6	11.5	12.0	35.5	B
2023	11.12		2勝	アスクドゥポルテ	牡	3	良	2:13.9	11.3	11.7	34.7	B

年	日付	レース	条件	勝ち馬	性	齢	馬場	走破時計	L2F	L1F	純正3F	レベル
2024	1.21		1勝	マキシ	牡	4	重	2:15.2	12.2	12.5	37.2	C
2024	1.27	許波多特別	2勝	ジューンアヲニヨシ	牡	4	良	2:17.6	10.9	11.0	32.9	S
2024	1.28	八坂S	3勝	サスツルギ	牡	4	良	2:12.7	11.8	12.0	35.8	C
2024	2.11	京都記念	GⅡ	プラダリア	牡	5	良	2:12.1	11.6	11.8	35.2	B

★京都芝2400m

年	日付	レース	条件	勝ち馬	性	齢	馬場	走破時計	L2F	L1F	純正3F	レベル
2023	5.14	白川特別	2勝	サンセットクラウド	牡	4	稍	2:27.2	11.7	12.1	35.9	C
2023	5.28		1勝	ケンハービンジャー	牡	5	良	2:28.8	11.2	11.3	33.8	A
2023	10.09	京都大賞典	GⅡ	プラダリア	牡	4	重	2:25.3	12.0	12.2	36.4	C
2023	10.14		1勝	ケイアイサンデラ	牡	3	良	2:24.8	11.0	11.4	33.8	A
2023	10.21	鳴滝特別	2勝	ブレイヴロッカー	牡	3	良	2:25.2	11.8	12.1	36.0	C
2023	11.18	比叡S	3勝	ディナースタ	牡	4	稍	2:27.7	10.8	11.4	33.6	A
2023	11.25	高雄特別	2勝	ゴールドプリンセス	牝	4	良	2:24.8	11.9	12.2	36.3	C
2024	1.07	琵琶湖特別	2勝	ゴールデンスナップ	牝	4	良	2:26.7	12.6	12.6	37.8	C
2024	1.14	日経新春杯	GⅡ	ブローザホーン	牡	5	良	2:23.7	12.0	12.3	36.6	C
2024	2.18		1勝	マイネルカンパーナ	牡	4	良	2:27.4	11.2	11.7	34.6	B

★京都芝3000m

年	日付	レース	条件	勝ち馬	性	齢	馬場	走破時計	L2F	L1F	純正3F	レベル
2023	10.22	菊花賞	GⅠ	ドゥレッツァ	牡	3	良	3:03.1	11.4	11.8	35.0	A
2023	10.29	古都S	3勝	ワープスピード	牡	4	良	3:03.7	11.7	11.9	35.5	B
2024	1.06	万葉S	OP	メイショウブレゲ	牡	5	良	3:05.3	12.8	12.4	37.6	C

★京都芝3200m

年	日付	レース	条件	勝ち馬	性	齢	馬場	走破時計	L2F	L1F	純正3F	レベル
2023	4.30	天皇賞・春	GⅠ	ジャスティンパレス	牡	4	稍	3:16.1	11.5	11.9	35.3	A

★京都ダート1200m

年	日付	レース	条件	勝ち馬	性	齢	馬場	走破時計	L2F	L1F	純正3F	レベル
2023	4.22		1勝	ルアル	牡	4	良	1:12.3	11.9	12.5	36.9	A
2023	4.22	京都競馬場OP記念	OP	ドンフランキー	牡	4	良	1:10.8	12.0	12.9	37.8	B
2023	4.23		2勝	ナムラフランク	牡	4	良	1:12.0	12.2	12.7	37.6	B
2023	4.30	東大路S	3勝	マルモリスペシャル	牡	4	重	1:12.1	12.4	13.0	38.4	C
2023	5.07		1勝	ヴィゴラスダンサー	牝	4	不	1:11.5	12.3	13.0	38.3	C
2023	5.13		2勝	スマートラプター	牡	4	良	1:11.8	11.7	12.3	36.3	A
2023	5.20		1勝	ドンアミティエ	牡	3	稍	1:12.2	12.4	13.0	38.4	C
2023	5.20		1勝	ステラフィオーレ	牝	3	稍	1:12.7	11.9	12.4	36.7	A
2023	5.28		2勝	カフジエニアゴン	牝	4	良	1:12.1	12.1	13.4	38.9	C
2023	10.07	藤森S	OP	サンライズアムール	牡	4	良	1:10.9	12.0	12.4	36.8	A
2023	10.08		2勝	アルムラトゥール	牡	3	良	1:11.6	12.1	12.5	37.1	B
2023	10.09	大山崎S	3勝	エーティーマクフィ	牡	4	重	1:11.7	12.2	12.9	38.0	C
2023	10.09		1勝	ギーロカスタル	牡	3	重	1:12.8	12.4	13.6	39.6	C
2023	10.21		2勝	ステラフィオーレ	牝	4	良	1:11.0	11.9	12.7	37.3	B
2023	10.21		1勝	アイファーシアトル	牝	3	良	1:12.4	12.1	12.8	37.7	B
2023	11.04	貴船S	3勝	パラシュラーマ	牡	4	良	1:10.8	11.5	12.2	35.9	A
2023	11.05		2勝	ダノンセシボン	牝	3	良	1:11.2	12.1	13.2	38.5	C
2023	11.11		1勝	インヒズアイズ	牝	3	重	1:11.8	12.1	12.9	37.9	B
2023	11.12	室町S	OP	アイスリアン	牝	5	稍	1:12.5	12.5	13.2	38.9	C
2023	11.19		2勝	ミラクル	牝	5	稍	1:12.2	12.2	12.8	37.8	B

年	日付	レース	条件	勝ち馬	性	齢	馬場	走破時計	L2F	L1F	純正3F	レベル
2024	1.06		2勝	ジュンウィンダム	牝	4	良	1:11.9	12.3	12.7	37.7	B
2024	1.07		1勝	エメラルドビーチ	牡	4	良	1:12.6	12.4	13.0	38.4	C
2024	1.13		1勝	ツークフォーゲル	牡	4	良	1:12.6	12.2	13.1	38.4	C
2024	1.14		1勝	ロードフロンティア	牡	3	良	1:12.6	12.6	13.9	40.4	C
2024	1.14		2勝	ボナンザ	牡	4	良	1:11.6	11.7	12.0	35.7	A
2024	1.21	羅生門S	3勝	ゼットレヨン	牡	5	重	1:10.2	12.1	12.9	37.9	C
2024	1.27		1勝	メイショウホウレン	牡	3	良	1:11.5	11.4	12.5	36.4	A
2024	1.27		2勝	エティエンヌ	セ	5	良	1:11.6	12.3	12.5	37.3	B
2024	1.28		1勝	ゴッドセンド	牡	4	良	1:11.9	11.8	12.7	37.2	B
2024	2.03	橿原S	3勝	ドンアミティエ	牡	4	良	1:10.8	12.0	13.2	38.4	C
2024	2.04	令月S	OP	クロジシジョー	牡	5	良	1:11.0	11.9	12.4	36.7	A
2024	2.10		1勝	ウイスキータイム	牝	5	良	1:12.8	12.1	12.6	37.3	B
2024	2.11		2勝	ロードラディウス	牡	4	良	1:12.2	12.1	12.5	37.1	B
2024	2.18	大和S	OP	スズカコテキタイ	牡	5	良	1:10.7	12.2	12.6	37.4	B
2024	2.18		1勝	アロットドリーム	牝	4	良	1:12.2	12.2	12.6	37.4	B

★京都ダート1400m

年	日付	レース	条件	勝ち馬	性	齢	馬場	走破時計	L2F	L1F	純正3F	レベル
2023	4.22		1勝	ヘンリー	牡	3	良	1:24.7	12.8	13.0	38.8	C
2023	4.29		1勝	ビオグラフィア	牡	5	良	1:26.3	12.1	12.6	37.3	A
2023	4.29		2勝	エーティーマクフィ	牡	4	良	1:24.5	12.2	12.4	37.0	A
2023	4.30	端午S	OP	スマートフォルス	牡	3	重	1:24.1	12.4	13.1	38.6	C
2023	5.06		1勝	スズカコーズ	牡	3	良	1:25.6	12.4	12.6	37.6	B
2023	5.13		1勝	ブレーヴジャッカル	セ	5	良	1:25.0	12.3	12.7	37.7	B
2023	5.14	栗東S	OP	アイオライト	牡	6	重	1:23.4	12.3	12.7	37.7	B
2023	5.20	オーストラリアT	2勝	ヴアーサ	牡	5	稍	1:25.5	12.4	13.7	40.3	C
2023	5.21	高瀬川S	3勝	サトノテンペスト	牡	5	良	1:24.7	12.6	12.9	38.4	C
2023	5.27		1勝	ニシキギミッチー	牡	3	良	1:24.4	12.3	12.5	37.3	A
2023	10.07		1勝	カセノミオ	牝	3	良	1:24.9	12.7	12.9	38.5	C
2023	10.08		1勝	エミサキホコル	牡	3	良	1:24.3	12.0	12.4	36.8	A
2023	10.09		2勝	レディフォース	牝	3	重	1:24.7	13.1	13.7	40.2	C
2023	10.14		2勝	タマモダイジョッキ	牡	5	良	1:24.0	12.6	13.1	38.8	C
2023	10.15		1勝	ペプチドタイガー	牡	3	重	1:24.0	12.2	13.3	38.8	C
2023	10.21	オータムリーフS	OP	サンライズフレイム	牡	3	良	1:23.7	12.1	12.9	37.9	B
2023	10.22	桂川S	3勝	ペースセッティング	牡	3	良	1:23.3	12.1	11.9	35.9	S
2023	10.22	なでしこ賞	1勝	ナスティウェザー	牡	2	良	1:24.7	12.6	12.9	38.4	C
2023	10.29		1勝	カマチョクイン	牝	3	良	1:24.8	12.7	13.0	38.7	C
2023	10.29		2勝	ブレーヴジャッカル	セ	5	良	1:24.5	12.4	13.2	38.8	C
2023	11.05		1勝	シンゼンイズモ	牡	3	良	1:24.7	12.6	13.3	39.2	C
2023	11.12	ドンカスターC	2勝	エンペラーワケア	牡	3	稍	1:24.7	12.1	12.0	36.1	S
2023	11.19	西陣S	3勝	テーオーステルス	牡	4	稍	1:24.0	11.9	12.8	37.5	B
2023	11.25		1勝	ケイアイアニラ	牡	3	良	1:23.7	12.5	12.9	38.3	C
2023	11.26		2勝	インヒズアイズ	牝	3	良	1:24.3	12.5	12.8	38.1	C
2024	1.06	門松S	3勝	モズリッキー	牡	5	良	1:23.5	12.1	13.1	38.3	C
2024	1.07	すばるS	OP	テーオーステルス	牡	5	良	1:24.5	12.3	12.8	37.9	B
2024	1.07		2勝	ガラパゴス	牡	5	良	1:25.6	12.2	12.4	37.0	A
2024	1.08		2勝	エティエンヌ	セ	5	良	1:25.2	12.2	12.9	38.0	C
2024	1.13		1勝	ジャミーレ	牝	4	良	1:26.1	12.3	12.8	37.9	B

年	日付	レース	条件	勝ち馬	性	齢	馬場	走破時計	L2F	L1F	純正3F	レベル
2024	1.20		2勝	フェルヴェンテ	牡	4	稍	1:23.1	12.0	12.7	37.4	B
2024	1.20		1勝	ワイワイレジェンド	牡	3	稍	1:23.4	11.8	12.7	37.2	B
2024	1.21		1勝	エムズマインド	牡	4	重	1:23.1	12.7	12.2	37.1	B
2024	1.28		1勝	モアザンワンス	牝	4	良	1:24.7	12.6	12.7	38.0	A
2024	2.03		1勝	プルートマスター	牡	5	良	1:24.7	12.3	12.2	36.7	A
2024	2.04		2勝	スキピオ	牡	6	良	1:24.8	11.8	12.3	36.4	A
2024	2.11		1勝	フラムリンガム	牡	3	良	1:24.7	12.3	12.9	38.1	C
2024	2.17	河原町S	3勝	レディフォース	牝	4	稍	1:23.8	12.3	12.3	36.9	A
2024	2.17		2勝	ライツフォル	牡	4	稍	1:23.2	12.4	12.4	37.2	B
2024	2.17		1勝	アドバンスファラオ	牡	4	稍	1:23.6	12.3	13.0	38.3	C

★京都ダート1800m

年	日付	レース	条件	勝ち馬	性	齢	馬場	走破時計	L2F	L1F	純正3F	レベル
2023	4.22		2勝	セレッソ	牝	4	良	1:53.7	12.8	13.8	40.4	C
2023	4.23		1勝	ヤマニンウルス	牡	3	良	1:52.3	12.5	13.2	38.9	B
2023	4.29	六波羅特別	2勝	メイショウオキビ	牡	5	良	1:53.4	12.2	13.0	38.2	B
2023	4.30		1勝	セラフィックコール	牡	3	重	1:51.6	12.4	12.6	37.6	B
2023	4.30		1勝	エアアネモイ	牡	4	重	1:54.3	13.0	12.9	38.8	B
2023	5.06	平城京S	OP	タイセイドレフォン	牡	4	良	1:51.1	12.4	12.7	37.8	B
2023	5.06		1勝	マナウス	牝	4	良	1:54.3	12.2	12.2	36.6	A
2023	5.07		1勝	ライオットガール	牝	3	不	1:51.7	12.7	13.0	38.7	B
2023	5.13	上賀茂S	3勝	メイクアリープ	牡	4	良	1:52.5	12.6	13.6	39.8	C
2023	5.14		1勝	テーオーリカード	牡	3	重	1:53.7	12.5	13.6	39.7	C
2023	5.14		1勝	グローツラング	牡	3	重	1:54.3	13.0	13.9	40.8	C
2023	5.14		2勝	タガノエスコート	牡	4	重	1:53.8	12.3	12.7	37.7	B
2023	5.21	鳳雛S	OP	エクロジャイト	牡	3	良	1:53.6	12.3	12.2	36.7	A
2023	5.21		2勝	ルイナールカズマ	牡	3	良	1:53.6	13.2	13.5	40.2	C
2023	5.27		1勝	メイショウマントル	牡	5	良	1:52.9	12.7	13.3	39.3	C
2023	5.28		1勝	クレメダンジュ	牝	3	良	1:53.5	13.0	13.3	39.6	C
2023	10.07		2勝	ドゥラリアル	牡	3	良	1:52.4	12.6	12.4	37.4	A
2023	10.08		1勝	シゲルショウグン	牡	3	良	1:51.6	12.3	12.7	37.7	B
2023	10.08	トルマリンS	3勝	サーマルソアリング	牝	3	良	1:50.9	12.0	12.5	37.0	A
2023	10.09		1勝	スマートケープ	牝	3	重	1:52.9	12.3	13.1	38.5	B
2023	10.14	太秦S	OP	ヴィクティファルス	セ	5	良	1:51.3	12.5	13.2	38.9	B
2023	10.14		1勝	サンデーファンデー	牡	3	良	1:54.1	12.3	12.9	38.1	B
2023	10.15	花背S	3勝	テーオーリカード	牡	3	良	1:50.9	12.0	13.1	38.2	B
2023	10.15		1勝	オメガタキシード	セ	3	重	1:52.4	12.2	12.4	37.0	A
2023	10.15		2勝	サイモンザナドゥ	牡	3	重	1:51.4	12.4	12.7	37.8	B
2023	10.21		1勝	ロードトラスト	牡	3	良	1:54.2	12.3	12.8	37.9	B
2023	10.22		2勝	ガウラ	牝	3	良	1:52.5	12.0	12.6	37.2	A
2023	10.28		2勝	ブライアンセンス	牡	3	良	1:52.2	13.0	13.0	39.0	C
2023	10.28	御陵S	3勝	ミッキーヌチバナ	牡	5	良	1:51.6	12.5	13.1	38.7	B
2023	10.28		1勝	クリノクリスタル	牝	3	良	1:54.0	13.0	13.4	39.8	C
2023	10.29		1勝	ササヤキ	牡	3	良	1:53.4	13.0	13.3	39.6	C
2023	11.04		1勝	ヘニータイフーン	牝	3	良	1:52.8	12.4	12.8	38.0	B
2023	11.05	みやこS	GⅢ	セラフィックコール	牡	3	良	1:50.9	12.6	12.7	38.0	B
2023	11.05		2勝	オメガタキシード	セ	3	良	1:52.5	13.0	13.3	39.6	C
2023	11.05	もちの木賞	1勝	アンモシエラ	牝	2	良	1:53.0	13.2	13.5	40.2	C

年	日付	レース	条件	勝ち馬	性	齢	馬場	走破時計	L2F	L1F	純正3F	レベル
2023	11.11		1勝	ロードアヴニール	牡	3	重	1:54.3	13.1	13.4	39.9	C
2023	11.18	蹴上特別	2勝	メイショウモズ	牡	3	重	1:52.3	12.3	12.8	37.9	B
2023	11.18		1勝	レッツゴーローズ	牝	3	重	1:51.5	12.7	12.9	38.5	B
2023	11.19		2勝	メテオリート	牝	3	稍	1:52.3	12.2	12.3	36.8	A
2023	11.25		1勝	サムハンター	牡	5	良	1:52.7	12.8	13.4	39.6	C
2023	11.25	花園S	3勝	ブライアンセンス	牡	3	良	1:51.6	12.5	12.7	37.9	B
2023	11.26		2勝	アウトレンジ	牡	3	良	1:51.3	12.7	12.9	38.5	B
2024	1.06		1勝	ダンテバローズ	牡	4	良	1:52.2	11.8	13.3	38.4	B
2024	1.08	蹴上特別	2勝	サンデーファンデー	牡	4	良	1:52.2	13.1	13.1	39.3	C
2024	1.08		1勝	ノッテルーナ	牝	4	良	1:53.9	13.2	13.6	40.4	C
2024	1.08		1勝	ノットイナフ	牡	3	良	1:54.1	13.4	13.4	40.2	C
2024	1.14		1勝	グレン	牡	4	良	1:53.0	13.0	12.9	38.8	B
2024	1.14	雅S	3勝	ヤマニンウルス	牡	4	良	1:51.8	11.9	12.0	35.9	S
2024	1.20	宇治川特別	2勝	ダンテバローズ	牡	4	稍	1:52.1	12.2	12.8	37.8	B
2024	1.21	東海S	GⅡ	ウィリアムバローズ	牡	6	重	1:49.2	11.7	12.1	35.9	A
2024	1.21		1勝	ブルーサン	牡	3	不	1:50.3	12.1	12.5	37.1	B
2024	1.27		1勝	ハイランドリンクス	牝	4	良	1:54.2	12.7	12.8	38.3	B
2024	1.28		1勝	シュプリンガー	セ	5	良	1:53.8	12.1	12.7	37.5	A
2024	1.28	大津特別	2勝	ミスティックロア	牡	4	良	1:53.9	11.8	12.0	35.8	S
2024	2.03		1勝	マルチャレアル	牡	4	良	1:52.7	12.5	12.7	37.9	B
2024	2.04		1勝	ヒロノオオゾラ	牡	4	良	1:53.7	12.5	12.9	38.3	B
2024	2.11	北山S	3勝	ゴーゴーユタカ	牡	5	良	1:52.1	12.4	13.0	38.4	B
2024	2.11		1勝	ロードラプソディ	牡	4	良	1:53.4	12.5	12.8	38.1	B
2024	2.17		1勝	スマートビクター	牡	5	稍	1:53.6	12.6	13.0	38.6	B
2024	2.18	天ケ瀬特別	2勝	ヴァンドゥラン	牡	4	良	1:52.7	12.5	12.7	37.9	B

★京都ダート1900m

年	日付	レース	条件	勝ち馬	性	齢	馬場	走破時計	L2F	L1F	純正3F	レベル
2023	4.22	栞S	3勝	ヴィジョンオブラヴ	牡	8	良	2:00.1	13.2	13.4	40.0	C
2023	4.23		1勝	ホウオウフウジン	牡	4	良	1:59.1	12.9	13.1	39.1	C
2023	5.07		2勝	アスクドゥラメンテ	牡	4	不	1:57.0	12.4	13.1	38.6	B
2023	5.20	平安S	GⅢ	グロリアムンディ	牡	5	稍	1:59.8	13.0	13.5	40.0	C
2023	5.21		1勝	ウインヴェルデ	牡	4	良	2:01.6	12.7	13.4	39.5	C
2023	5.27	桃山S	3勝	ビヨンドザファザー	牡	4	良	1:58.0	13.2	12.5	38.2	B
2023	5.28	與杼特別	2勝	ワセダハーツ	牡	5	良	2:00.2	13.5	12.7	38.9	B
2023	10.09		1勝	エンツォウーノ	牡	3	重	1:59.1	12.6	12.5	37.6	B
2023	10.21	北國新聞杯	2勝	イーサンバーニング	牡	4	良	1:59.6	12.5	13.1	38.7	B
2023	11.11	観月橋S	3勝	ゼットリアン	牡	3	稍	1:59.9	13.3	13.0	39.3	C
2023	11.12		2勝	ヤマニンウルス	牡	3	稍	2:00.8	13.1	13.2	39.5	C
2023	11.19		1勝	パンデアスカル	牡	3	稍	2:00.2	13.0	13.0	39.0	C
2023	11.26	カノープスS	OP	ウェルカムニュース	牡	4	良	1:57.5	12.8	13.3	39.4	C
2024	1.07		1勝	ハギノサステナブル	牡	4	良	2:00.9	12.7	11.9	36.5	A
2024	1.13	五条坂特別	2勝	スマラグドス	牡	4	良	2:01.4	12.3	12.5	37.3	A
2024	1.20		1勝	バンドマスター	牡	4	稍	1:59.5	12.2	13.0	38.2	B
2024	1.27	舞鶴S	3勝	バハルダール	牡	8	良	1:58.5	12.4	12.5	37.4	A
2024	2.03	アルデバランS	OP	オーサムリザルト	牝	4	良	1:57.4	12.1	12.3	36.7	A
2024	2.10		1勝	クールブロン	牡	4	良	2:00.3	12.6	13.0	38.6	B
2024	2.10		2勝	エクセスリターン	牡	5	良	1:59.2	12.6	12.5	37.6	B

年	日付	レース	条件	勝ち馬	性	齢	馬場	走破時計	L2F	L1F	純正3F	レベル
2024	2.18		1勝	ハーバーライト	牡	3	良	1:59.2	12.3	12.8	37.9	B

阪神競馬場

★阪神芝1200m

年	日付	レース	条件	勝ち馬	性	齢	馬場	走破時計	L2F	L1F	純正3F	レベル
2023	2.26	マーガレットS	OP	ビッグシーザー	牡	3	良	1:08.6	11.5	11.7	34.9	B
2023	3.04		2勝	シゲルカチョウ	牝	5	良	1:07.7	11.6	11.9	35.4	B
2023	3.18	淀屋橋S	3勝	クリノマジン	牡	4	稍	1:08.2	11.2	11.9	35.0	B
2023	3.19		1勝	グランテスト	牝	3	稍	1:09.1	11.0	11.5	34.0	A
2023	4.01	仲春特別	2勝	メイショウソラフネ	牡	4	良	1:07.9	11.2	12.0	35.2	B
2023	4.08		1勝	カンチェンジュンガ	牡	4	稍	1:09.0	11.8	12.2	36.2	C
2023	6.03	小豆島特別	2勝	ブッシュガーデン	牝	4	良	1:07.3	11.1	11.8	34.7	B
2023	6.04		1勝	イラーレ	牝	4	良	1:09.2	11.4	11.4	34.2	A
2023	6.10	水無月S	3勝	スリーパーダ	牝	4	良	1:07.5	11.3	12.0	35.3	B
2023	9.10	セントウルS	GⅡ	テイエムスパーダ	牝	4	良	1:07.2	11.1	11.7	34.5	B
2023	9.17		1勝	プロスペリダード	牝	3	良	1:08.6	11.0	11.7	34.4	B
2023	9.23	北摂特別	2勝	バースクライ	牝	3	良	1:08.1	11.3	11.7	34.7	B
2023	9.24	道頓堀S	3勝	グレイトゲイナー	牡	6	良	1:07.9	11.0	11.7	34.4	B
2023	12.02	さざんか賞	1勝	ジャスパーノワール	牡	2	良	1:08.5	11.8	13.3	38.4	C
2023	12.09		2勝	プロスペリダード	牝	3	良	1:08.7	11.0	11.7	34.4	B
2023	12.16	タンザナイトS	OP	カルネアサーダ	牝	4	稍	1:08.5	11.2	12.0	35.2	B
2023	12.28	カウントダウンS	3勝	スコールユニバンス	牝	4	良	1:08.8	11.4	11.5	34.4	B
2024	2.24		2勝	ウォータールグラン	牝	5	良	1:08.2	11.6	12.4	36.4	B
2024	2.25	マーガレットS	OP	ナナオ	牝	3	重	1:09.4	11.7	12.5	36.7	C

★阪神芝1400m

年	日付	レース	条件	勝ち馬	性	齢	馬場	走破時計	L2F	L1F	純正3F	レベル
2023	2.18	京都牝馬S	GⅢ	ララクリスティーヌ	牝	5	良	1:20.4	11.2	11.6	34.4	A
2023	2.19		1勝	スカイロケット	牡	3	稍	1:23.0	11.5	11.7	34.9	B
2023	2.25		2勝	アルトシュタット	牡	4	良	1:20.7	11.2	11.5	34.2	A
2023	2.26	阪急杯	GⅢ	アグリ	牡	4	良	1:19.5	11.2	11.9	35.0	B
2023	3.05	戎橋S	3勝	メイショウシンタケ	牡	5	良	1:20.3	11.4	11.8	35.0	B
2023	3.12	フィリーズR	GⅡ	シングザットソング	牝	3	良	1:20.7	11.8	12.0	35.8	C
2023	3.19	山陽特別	2勝	ダノンティンパニー	牡	5	良	1:20.4	11.3	11.7	34.7	B
2023	3.25		1勝	タガノシャーンス	牡	3	稍	1:22.0	11.2	11.8	34.8	B
2023	4.02	心斎橋S	3勝	メイショウホシアイ	牝	5	良	1:20.0	11.0	11.9	34.8	B
2023	4.15	千種川特別	2勝	メイショウドウドウ	牡	8	重	1:21.2	11.5	12.3	36.1	C
2023	6.11		1勝	マチカゼ	牡	3	稍	1:21.9	12.7	12.8	38.3	C
2023	6.17		1勝	マンドローネ	牝	4	良	1:21.2	11.7	11.7	35.1	B
2023	6.24	ストークS	3勝	シナモンスティック	牝	4	良	1:20.9	11.2	12.2	35.6	C
2023	6.24		1勝	アスクビギンアゲン	牡	4	良	1:21.3	11.7	11.8	35.3	B
2023	6.25	舞子特別	2勝	イティネラートル	牝	3	良	1:21.0	11.5	11.5	34.5	B
2023	9.10		1勝	ルカン	牝	3	良	1:20.2	11.3	11.7	34.7	B
2023	9.16	ききょうS	OP	クイックバイオ	牝	2	良	1:21.5	11.5	11.8	35.1	B
2023	9.24		1勝	シンプリーオーサム	牡	3	良	1:20.4	12.1	11.9	35.9	C
2023	9.30		2勝	ジューンオレンジ	牝	3	良	1:20.9	11.2	11.6	34.4	A
2023	12.03		2勝	トラベログ	牝	3	良	1:20.0	11.6	12.3	36.2	C

年	日付	レース	条件	勝ち馬	性	齢	馬場	走破時計	L2F	L1F	純正3F	レベル
2023	12.17	六甲アイランドS	3勝	ダノンティンパニー	牡	5	良	1:20.3	12.1	11.9	35.9	C
2023	12.23	万両賞	1勝	ロゼフレア	牝	2	良	1:20.7	11.9	12.1	36.1	C
2023	12.23	阪神カップ	GⅡ	ウインマーベル	牡	4	良	1:19.3	11.6	12.0	35.6	B
2023	12.24	ジングルベル賞	2勝	アサカラキング	牡	3	良	1:20.3	11.6	11.7	35.0	B
2024	2.25	阪急杯	GⅢ	ウインマーベル	牡	5	重	1:21.2	12.0	12.5	37.0	B

★阪神芝1600m

年	日付	レース	条件	勝ち馬	性	齢	馬場	走破時計	L2F	L1F	純正3F	レベル
2023	2.11	洛陽S	OP	ジャスティンスカイ	牡	4	良	1:33.1	11.4	11.9	35.2	B
2023	2.12		1勝	ディオ	牡	4	良	1:34.0	11.3	11.9	35.1	B
2023	2.12	こぶし賞	1勝	モズメイメイ	牝	3	良	1:34.7	11.3	11.6	34.5	A
2023	2.19	武庫川S	3勝	セルバーグ	牡	4	稍	1:34.0	11.0	12.0	35.0	B
2023	2.19		2勝	スーサンアッシャー	牡	4	稍	1:34.6	11.6	12.4	36.4	C
2023	3.04	チューリップ賞	GⅡ	モズメイメイ	牝	3	良	1:34.0	10.9	11.9	34.7	B
2023	3.05		1勝	ムーンリットナイト	牡	4	良	1:33.5	11.8	11.9	35.6	B
2023	3.11		1勝	ショーモン	牡	3	良	1:33.3	11.3	12.4	36.1	C
2023	3.12	天神橋特別	2勝	ロワンディシー	牡	5	良	1:34.0	11.7	12.0	35.7	B
2023	3.25	丹波特別	2勝	レベランシア	牡	4	良	1:33.9	11.7	12.1	35.9	B
2023	3.26	六甲S	OP	サヴァ	牡	5	重	1:35.5	11.5	12.4	36.3	C
2023	3.26		1勝	ミツルハピネス	牝	5	重	1:35.5	11.0	12.1	35.2	B
2023	4.02		1勝	マラキナイア	牝	3	良	1:32.7	11.4	12.0	35.4	B
2023	4.08	阪神牝馬S	GⅡ	サウンドビバーチェ	牝	4	稍	1:33.9	11.0	12.0	35.0	B
2023	4.09		2勝	トランキリテ	牡	4	良	1:33.7	11.4	11.5	34.4	A
2023	4.09	桜花賞	GⅠ	リバティアイランド	牝	3	良	1:32.1	11.3	11.8	34.9	B
2023	4.15	アーリントンC	GⅢ	オオバンブルマイ	牡	3	重	1:33.9	11.6	12.8	37.2	C
2023	4.16	立雲峡S	3勝	アナゴサン	牡	5	稍	1:33.6	10.9	11.5	33.9	A
2023	6.03		1勝	フルメタルボディー	牡	3	稍	1:32.9	11.7	12.1	35.9	B
2023	6.17	米子S	OP	メイショウシンタケ	牡	5	良	1:31.7	11.7	12.3	36.3	C
2023	6.18		1勝	テーオーグランビル	牡	3	良	1:33.5	11.2	12.1	35.4	B
2023	6.18	皆生特別	2勝	ベルクレスタ	牝	4	良	1:33.9	10.8	11.4	33.6	S
2023	9.09		1勝	アースクロニクル	牝	3	良	1:32.9	10.9	11.8	34.5	B
2023	9.16		1勝	マイネルラッシュ	牡	3	良	1:32.2	11.2	12.3	35.8	B
2023	9.17	仲秋S	3勝	セッション	牡	3	良	1:31.9	11.1	12.1	35.3	B
2023	9.18	ロードカナロアC	2勝	ジュンブロッサム	牡	4	良	1:31.8	10.9	11.4	33.7	S
2023	10.01	ポートアイランド	OP	ドーブネ	牡	4	稍	1:33.5	10.9	11.7	34.3	A
2023	10.01		1勝	アルナージェイン	牝	3	稍	1:33.7	11.1	11.8	34.7	B
2023	12.09	リゲルS	OP	マテンロウスカイ	セ	4	良	1:33.0	10.7	11.4	33.5	S
2023	12.10	阪神牝馬S	GⅠ	アスコリピチェーノ	牝	2	良	1:32.6	11.4	11.7	34.8	B
2023	12.16	甲東特別	2勝	ディオ	牡	4	稍	1:33.7	11.1	12.6	36.3	C
2023	12.17	朝日杯FS	GⅠ	ジャンタルマンタル	牡	2	良	1:33.8	11.2	12.3	35.8	B
2023	12.23		1勝	バトルハーデン	牡	3	良	1:34.1	10.9	11.6	34.1	A
2024	2.24		1勝	スイープアワーズ	牡	4	稍	1:33.3	11.5	11.6	34.7	B

★阪神芝1800m

年	日付	レース	条件	勝ち馬	性	齢	馬場	走破時計	L2F	L1F	純正3F	レベル
2023	2.11	須磨特別	2勝	デビットバローズ	牡	4	良	1:45.9	11.1	11.7	34.5	A
2023	2.18	つばき賞	1勝	ロードデルレイ	牡	3	良	1:47.0	10.9	11.5	33.9	A
2023	3.05	アルメリア賞	1勝	ドットクルー	牡	3	良	1:46.2	11.4	11.8	35.0	B

年	日付	レース	条件	勝ち馬	性	齢	馬場	走破時計	L2F	L1F	純正3F	レベル
2023	3.05	大阪城S	OP	スカーフェイス	牡	7	良	1:44.8	11.6	11.7	35.0	B
2023	3.11	難波S	3勝	マテンロウスカイ	セ	4	良	1:44.9	11.0	11.8	34.6	B
2023	3.12		1勝	セブンサミット	牡	5	良	1:46.4	11.4	11.7	34.8	B
2023	3.25	君子蘭賞	1勝	キミノナハマリア	牝	3	良	1:47.0	11.4	12.3	36.0	C
2023	3.25	毎日杯	GⅢ	シーズンリッチ	牡	3	良	1:46.6	11.5	12.2	36.9	C
2023	4.16	蓬莱峡特別	2勝	シェイリーン	牝	4	稍	1:47.0	10.9	11.8	34.5	A
2023	6.03	三木特別	2勝	ケイアイセナ	牡	4	良	1:44.8	11.4	11.8	35.0	B
2023	6.11		1勝	マスクトディーヴァ	牝	3	稍	1:47.3	11.7	11.8	35.3	B
2023	6.17	垂水S	3勝	アルナシーム	牡	4	良	1:44.7	11.2	11.6	34.4	A
2023	6.25	城崎特別	1勝	ショウナンアレクサ	牡	3	良	1:46.1	11.5	11.8	35.1	B
2023	9.09		1勝	スカーズ	牡	3	良	1:45.7	11.2	11.8	34.8	B
2023	9.17	ローズS	GⅡ	マスクトディーヴァ	牝	3	良	1:43.0	11.0	11.8	34.6	B
2023	9.23	野路菊S	OP	ヴェロキラプトル	牡	2	良	1:46.0	11.5	12.5	36.5	C
2023	9.23		1勝	ドクタードリトル	牡	3	良	1:44.8	11.2	12.0	35.2	B
2023	10.01	武田尾特別	2勝	ヨリマル	牡	3	稍	1:46.3	11.5	11.8	35.1	B
2023	12.02		2勝	グランヴィノス	牡	3	良	1:45.2	11.1	11.8	34.7	B
2023	12.03		1勝	ゴートゥファースト	牡	3	良	1:46.0	11.1	12.1	35.3	B
2023	12.03	元町S	3勝	コレペティトール	牡	3	良	1:44.2	11.8	12.3	36.4	C
2023	12.16		1勝	ワイドアラジン	牡	3	稍	1:47.2	11.0	11.6	34.2	A
2023	12.24		2勝	マラキナイア	牝	3	良	1:45.6	11.0	11.5	34.0	A

★阪神芝2000m

年	日付	レース	条件	勝ち馬	性	齢	馬場	走破時計	L2F	L1F	純正3F	レベル
2023	2.11	但馬S	3勝	リューベック	牡	4	良	2:00.5	11.1	11.3	33.7	S
2023	2.18		1勝	マテンロウアレス	セ	5	良	2:00.1	11.4	12.0	35.4	B
2023	3.04	千里山特別	2勝	ブラックシールド	牡	4	良	1:59.3	11.7	11.7	35.1	B
2023	3.18	若葉S	OP	ショウナンバシット	牡	3	稍	2:02.7	11.1	11.6	34.3	F
2023	3.26	四国新聞杯	2勝	ジュリアバローズ	牝	3	重	2:02.3	11.6	12.4	36.4	B
2023	4.01		1勝	サンライズエース	牡	3	良	1:59.0	11.7	12.5	36.7	C
2023	4.02	明石特別	2勝	テーオーソラネル	牡	4	良	1:59.1	11.1	11.5	34.1	A
2023	4.02	大阪杯	GⅠ	ジャックドール	牡	5	良	1:57.4	11.4	12.5	36.4	C
2023	4.09	忘れな草賞	OP	グランベルナデット	牝	3	良	1:59.2	11.2	11.7	34.6	A
2023	4.09	競馬法100周年	3勝	セイウンハーデス	牡	4	良	1:58.9	11.5	12.0	35.5	B
2023	4.16		1勝	リビアングラス	牡	3	稍	2:01.0	11.3	12.4	36.1	B
2023	6.03	鳴尾記念	GⅢ	ボッケリーニ	牡	7	良	1:59.1	11.8	12.3	36.4	C
2023	6.04		1勝	ブレイヴロッカー	牡	3	良	1:59.6	11.6	11.5	34.6	A
2023	6.04	岸和田S	3勝	テーオーソラネル	牡	4	良	1:59.3	11.6	11.8	35.1	B
2023	6.17	京橋特別	2勝	ラリュエル	牝	4	良	1:59.2	12.0	13.0	38.0	C
2023	6.18		1勝	カネフラ	牡	3	良	2:00.0	11.4	11.5	34.4	A
2023	6.18	マーメイドS	GⅢ	ビッグリボン	牝	5	良	1:58.5	12.1	12.3	36.7	C
2023	9.10	能勢特別	2勝	アレグロモデラート	牝	4	良	1:59.3	11.2	11.9	35.0	B
2023	9.16	ケフェウスS	OP	エピファニー	牡	4	良	1:57.2	12.4	12.3	37.0	C
2023	9.18		1勝	ラスマドレス	牝	3	良	2:00.0	11.5	11.8	35.1	B
2023	9.24	夕月特別	2勝	ミッキーゴージャス	牝	3	良	1:58.8	11.6	11.9	35.4	B
2023	9.30	西宮S	3勝	リカンカブール	牡	4	良	1:58.3	11.8	11.9	35.6	B
2023	10.01		1勝	モズロックンロール	牡	3	稍	2:00.5	11.5	12.0	35.5	B
2023	12.02	チャレンジC	GⅢ	ベラジオオペラ	牡	3	良	1:58.8	11.6	11.8	35.2	B
2023	12.09	エリカ賞	1勝	メリオーレム	牡	2	良	2:00.3	11.6	12.2	36.0	B

年	日付	レース	条件	勝ち馬	性	齢	馬場	走破時計	L2F	L1F	純正3F	レベル
2023	12.24	サンタクロースS	3勝	セントカメリア	牝	4	良	1:59.3	13.1	11.7	36.5	C
2023	12.28	フォーチュンC	2勝	カネフラ	牡	3	良	2:00.0	12.1	12.2	36.5	C

★阪神芝2200m

年	日付	レース	条件	勝ち馬	性	齢	馬場	走破時計	L2F	L1F	純正3F	レベル
2023	2.12	京都記念	GⅡ	ドウデュース	牡	4	良	2:10.9	11.3	11.6	34.5	A
2023	2.25	すみれS	OP	シャザーン	牡	3	良	2:15.5	11.1	11.4	33.9	S
2023	6.25	宝塚記念	GⅠ	イクイノックス	牡	4	良	2:11.2	12.0	11.8	35.6	B
2023	6.25		1勝	プリマヴィータ	牝	4	良	2:12.7	12.7	12.9	38.5	C
2023	9.09	ムーンライトHC	3勝	レッドバリエンテ	牡	4	良	2:11.8	11.9	12.2	36.3	C
2023	12.10	オリオンS	3勝	ブレイヴロッカー	牡	3	良	2:12.7	11.3	12.0	35.3	B
2024	2.24	すみれS	OP	サンライズアース	牡	3	良	2:12.0	11.8	12.0	35.8	B

★阪神芝2400m

年	日付	レース	条件	勝ち馬	性	齢	馬場	走破時計	L2F	L1F	純正3F	レベル
2023	2.25		2勝	モンテディオ	牡	5	稍	2:26.9	11.0	11.9	34.8	A
2023	3.11	ゆきやなぎ賞	1勝	サトノグランツ	牡	3	良	2:25.9	11.7	12.2	36.1	C
2023	3.19		1勝	タイミングハート	牡	6	稍	2:28.4	11.6	11.8	35.2	B
2023	3.26	御堂筋S	3勝	ゼッフィーロ	牡	4	重	2:29.6	11.5	12.5	36.5	B
2023	4.01	アザレア賞	1勝	サヴォーナ	牡	3	良	2:31.6	10.8	11.6	34.0	S
2023	4.08	白鷺特別	2勝	シホノスペランツァ	牡	4	稍	2:29.6	11.6	12.4	36.4	C
2023	4.15		1勝	フランコイメル	牡	5	重	2:30.1	10.9	11.7	34.3	A
2023	6.10	甲武特別	1勝	ゴールドプリンセス	牝	3	良	2:25.4	11.5	12.0	35.5	B
2023	6.11	三田特別	2勝	イヤサカ	牝	5	稍	2:28.5	12.2	13.1	38.4	C
2023	9.17	兵庫特別	2勝	ライリッズ	牡	4	良	2:24.2	11.0	12.0	35.0	B
2023	9.18	生田特別	1勝	バロッサヴァレー	牝	3	良	2:25.0	11.0	11.9	34.8	B
2023	9.24	神戸新聞杯	GⅡ	サトノグランツ	牡	3	良	2:23.5	10.9	12.0	34.9	B
2023	12.10		2勝	ウインルーティン	牡	3	良	2:28.0	10.5	11.7	33.9	S
2023	12.28		1勝	サトノクローク	牡	3	良	2:25.9	11.7	12.0	35.7	B
2024	2.25		2勝	ケイアイサンデラ	牡	4	重	2:27.7	12.2	13.0	38.2	C

★阪神芝2600m

年	日付	レース	条件	勝ち馬	性	齢	馬場	走破時計	L2F	L1F	純正3F	レベル
2023	3.18	淡路特別	2勝	エンドウノハナ	牡	4	稍	2:39.1	11.7	12.2	36.1	B
2023	4.08	大阪—ハンブルク	OP	アーティット	牡	4	稍	2:38.1	11.1	12.4	35.9	B
2023	9.30		1勝	ウインルーティン	牡	3	良	2:36.7	11.7	12.1	35.9	B

★阪神芝3000m

年	日付	レース	条件	勝ち馬	性	齢	馬場	走破時計	L2F	L1F	純正3F	レベル
2023	2.26	松籟S	3勝	ゼーゲン	牡	8	良	3:06.7	11.7	12.4	36.5	B
2023	3.19	阪神大賞典	GⅡ	ジャスティンパレス	牡	4	良	3:06.1	11.3	11.7	34.7	A
2024	2.25	松籟S	3勝	ゴールドプリンセス	牝	4	重	3:07.3	12.6	12.6	37.8	C

★阪神ダート1200m

年	日付	レース	条件	勝ち馬	性	齢	馬場	走破時計	L2F	L1F	純正3F	レベル
2023	2.11		1勝	タカラマドンナ	牝	4	良	1:13.0	12.3	13.3	38.9	C
2023	2.12		2勝	クレド	牡	4	良	1:12.3	12.1	13.0	38.1	B
2023	2.19		1勝	ウナギノボリ	牡	4	稍	1:12.2	12.7	12.9	38.5	C
2023	2.19	大和S	OP	ケイアイドリー	牡	6	稍	1:11.2	11.8	12.1	36.0	A
2023	2.25		1勝	ミルトハンター	牡	3	稍	1:11.5	12.2	12.5	37.2	B

年	日付	レース	条件	勝ち馬	性	齢	馬場	走破時計	L2F	L1F	純正3F	レベル
2023	2.26		1勝	プレイテシア	牝	4	稍	1:13.1	12.8	13.5	39.8	C
2023	2.26		2勝	クレア	牝	4	稍	1:11.6	12.1	12.7	37.5	B
2023	3.04	なにわS	3勝	ピアシック	牡	7	良	1:12.3	12.1	12.5	37.1	B
2023	3.04		1勝	ブリュットミレジメ	牡	4	良	1:13.3	12.4	13.1	38.6	C
2023	3.12		2勝	アランチャータ	牝	4	良	1:12.6	12.3	13.1	38.5	C
2023	3.19		1勝	ワセダタンク	牡	4	重	1:12.0	11.6	12.2	36.0	A
2023	3.25		1勝	グランアプロウソ	牡	4	稍	1:11.1	12.0	12.6	37.2	B
2023	3.26		2勝	サトノテンペスト	牡	5	不	1:11.0	11.5	12.5	36.5	B
2023	3.26		1勝	タカネノハナコサン	牝	3	不	1:10.3	11.6	12.9	37.4	B
2023	4.02	陽春S	3勝	サンライズアムール	牡	4	良	1:11.5	12.1	12.9	37.9	B
2023	4.08		2勝	クリーンジーニアス	牝	4	重	1:11.9	11.8	12.7	37.2	B
2023	4.09		1勝	エバニスタ	牝	4	稍	1:12.8	12.3	13.5	39.3	C
2023	4.15		1勝	メイショウピース	牝	3	不	1:11.9	12.2	13.0	38.2	B
2023	4.16		1勝	ルシャリーブル	牝	5	重	1:11.2	12.2	12.7	37.6	B
2023	6.03		1勝	コパノハンプトン	牡	3	重	1:10.9	12.0	13.1	38.2	B
2023	6.03		2勝	オンザダブル	牡	4	稍	1:10.8	12.1	12.7	37.5	B
2023	6.04	松風月S	OP	オーロラテソーロ	牡	6	良	1:10.8	11.9	12.3	36.5	A
2023	6.11	安芸S	3勝	ファーンヒル	牡	4	重	1:10.8	11.6	12.9	37.4	B
2023	6.17		1勝	ボナンザ	牡	3	良	1:12.3	12.3	13.3	38.9	C
2023	6.25	リボン賞	2勝	コパノハンプトン	牡	3	良	1:12.0	12.2	13.2	38.2	B
2023	9.09		2勝	メイショウクリフト	牡	3	良	1:12.0	12.4	12.8	38.0	B
2023	9.10	オークランドSR	3勝	メイショウミツヤス	牡	5	良	1:11.8	12.1	13.1	38.3	B
2023	9.10		1勝	アイファーリンクス	牝	3	良	1:12.9	12.3	13.3	38.9	C
2023	9.16		1勝	ダイリュウホマレ	牡	5	良	1:12.6	12.3	13.5	39.3	C
2023	9.18		1勝	グランデフィオーレ	牡	5	良	1:12.8	12.5	13.1	38.7	C
2023	9.23		1勝	ディキシーガンナー	牡	3	稍	1:11.6	12.4	13.5	39.4	C
2023	9.24		2勝	パラシュラーマ	牡	3	良	1:11.8	11.6	13.0	37.6	B
2023	12.02	妙見山S	3勝	タイセイブレイズ	牡	5	良	1:11.4	12.3	12.8	37.9	B
2023	12.02		1勝	ラブリアージェ	牝	4	良	1:12.2	12.3	13.2	38.7	C
2023	12.03		2勝	ゼットレヨン	牡	4	良	1:12.1	12.0	13.1	38.2	B
2023	12.10		1勝	エコロガイア	牡	2	良	1:12.1	11.8	13.0	37.8	B
2023	12.16		1勝	リュウ	牡	3	稍	1:11.7	11.8	12.3	36.4	A
2023	12.17	高砂特別	2勝	メイショウイジゲン	牡	5	稍	1:12.7	12.5	13.2	38.9	C
2023	12.24	りんくうS	OP	アームズレイン	牡	3	良	1:11.2	12.2	12.4	37.0	B
2024	2.24		2勝	ゴッドセンド	牡	4	稍	1:11.7	11.9	12.7	37.3	B
2024	2.25		1勝	サクハル	牡	5	不	1:11.0	11.9	12.6	37.1	B
2024	2.25		1勝	ネグレスコ	牝	3	不	1:11.2	11.6	12.3	36.2	A

★阪神ダート1400m

年	日付	レース	条件	勝ち馬	性	齢	馬場	走破時計	L2F	L1F	純正3F	レベル
2023	2.11		1勝	キョウエイゲイル	牡	3	良	1:24.7	12.0	13.3	38.6	B
2023	2.12		1勝	ミセスバローズ	牝	5	良	1:25.6	12.6	13.4	39.4	C
2023	2.18	播磨S	3勝	ワルツフォーラン	牝	6	良	1:24.0	12.4	12.9	38.2	B
2023	2.18		2勝	ユイノチャッキー	牡	5	良	1:24.7	12.9	12.7	38.3	B
2023	2.25		1勝	ロードオルデン	牡	4	稍	1:25.0	12.6	12.9	38.4	B
2023	3.05		2勝	スプラウティング	牡	4	良	1:24.9	11.9	13.0	37.9	A
2023	3.11	コーラルS	OP	タガノビューティー	牡	6	良	1:24.0	12.0	13.2	38.4	B
2023	3.11		1勝	スキピオ	牡	5	良	1:24.5	11.7	13.2	38.1	B

年	日付	レース	条件	勝ち馬	性	齢	馬場	走破時計	L2F	L1F	純正3F	レベル
2023	3.12		1勝	モックモック	牡	3	良	1:25.5	12.7	13.0	38.7	B
2023	3.18		2勝	スウィートプロミス	牝	4	不	1:23.4	12.0	12.7	37.4	A
2023	3.18		1勝	ミラクルティアラ	牝	3	不	1:23.9	12.2	13.1	38.4	B
2023	3.18		1勝	リーベサンライズ	牝	5	不	1:24.4	12.5	13.2	38.9	B
2023	3.19	鳴門S	3勝	ケイアイロベージ	セ	5	重	1:23.4	12.2	12.4	37.0	A
2023	4.01		1勝	リンドラゴ	牡	4	良	1:25.3	12.7	13.1	38.9	B
2023	4.01	ポラリスS	OP	オメガレインボー	牡	7	良	1:24.4	12.0	12.6	37.2	A
2023	4.02		2勝	ウラヤ	牡	4	良	1:24.8	12.8	13.4	39.6	C
2023	4.09		1勝	マホロバ	牡	3	稍	1:24.7	12.1	12.5	37.1	A
2023	4.15	天満橋S	3勝	タガノクリステル	牝	4	不	1:22.6	11.8	12.7	37.2	A
2023	4.16		2勝	クリノクラール	牡	5	重	1:23.6	11.9	13.1	38.1	B
2023	4.16		1勝	スペクトログラム	牡	4	重	1:24.0	12.2	12.9	38.0	B
2023	6.04		1勝	スマートアイ	牝	3	稍	1:24.1	11.9	12.8	37.5	A
2023	6.10		1勝	サンライズフレイム	牡	3	稍	1:23.7	12.3	12.5	37.3	A
2023	6.10	洲本特別	2勝	タガノペカ	牝	5	稍	1:23.7	12.4	13.1	38.6	B
2023	6.24	天保山S	OP	メイショウダジン	牡	6	稍	1:23.9	12.2	12.9	38.0	B
2023	6.24		1勝	コパノパサディナ	牡	3	稍	1:23.9	11.9	13.1	38.1	B
2023	6.25	花のみちS	3勝	イフティファール	牡	5	良	1:23.9	12.4	12.8	38.0	B
2023	9.09	エニフS	OP	ベルダーイメル	牡	6	良	1:24.4	12.8	13.2	39.2	C
2023	9.10		1勝	ナイトアクアリウム	牡	3	良	1:25.9	12.4	13.2	38.8	B
2023	9.16		1勝	ロードアウォード	セ	3	良	1:24.9	12.7	13.4	39.5	C
2023	9.17		2勝	ヘンリー	牡	3	良	1:23.9	12.6	13.2	39.0	C
2023	9.17		1勝	ディアサクセサー	牡	3	良	1:24.9	12.6	14.0	40.6	C
2023	9.23	大阪スポーツ杯	3勝	サンライズフレイム	牡	3	稍	1:23.7	12.2	13.3	38.8	B
2023	9.24		1勝	シモズル	牝	3	良	1:25.3	12.1	13.2	38.5	B
2023	9.30		1勝	ヤマイチエスポ	牝	4	良	1:25.2	12.1	12.8	37.8	A
2023	9.30	ヤマボウシ賞	1勝	サトノフェニックス	牡	2	良	1:25.8	12.7	13.1	38.9	B
2023	10.01		2勝	マイネルプロンプト	セ	11	重	1:23.9	12.3	13.3	38.9	C
2023	12.03	ギャラクシーS	OP	マルモリスペシャル	牡	4	良	1:23.7	12.3	12.8	37.9	A
2023	12.09		1勝	トモジャケーヤ	牡	3	良	1:25.0	12.3	12.9	38.1	B
2023	12.10	夙川特別	2勝	ケイアイアニラ	牡	3	良	1:24.6	11.9	12.6	37.1	B
2023	12.17		2勝	スマートアンバー	牝	3	稍	1:25.4	12.8	14.0	40.8	C
2023	12.17	御影S	3勝	エンペラーワケア	牡	3	稍	1:23.4	12.0	12.9	37.8	A
2023	12.23		2勝	ペプチドタイガー	牡	3	良	1:24.3	12.3	12.7	37.7	A
2023	12.28		1勝	スピリットワールド	牡	4	良	1:25.1	12.1	12.9	37.9	A

★阪神ダート1800m

年	日付	レース	条件	勝ち馬	性	齢	馬場	走破時計	L2F	L1F	純正3F	レベル
2023	2.11		1勝	パトリオットラン	牡	4	良	1:53.9	12.8	13.6	40.0	C
2023	2.12	茨木S	3勝	ペルアア	牝	4	良	1:52.8	12.2	12.6	37.4	A
2023	2.18		1勝	オーロイプラータ	牡	3	良	1:54.2	12.8	13.2	39.2	B
2023	2.19	川西特別	2勝	ジャスパーグレイト	牡	4	稍	1:52.8	12.5	13.3	39.1	B
2023	2.19		1勝	ルイナールカズマ	牡	4	稍	1:54.0	12.3	12.5	37.3	A
2023	2.25		1勝	エナハツホ	牝	4	稍	1:53.6	12.4	13.3	39.0	C
2023	2.25	伊丹S	3勝	キングズソード	牡	5	稍	1:51.1	12.2	12.5	37.2	A
2023	2.26		1勝	カネトシブルーム	牡	4	稍	1:53.3	12.4	12.5	37.4	A
2023	2.26		2勝	スミ	牝	4	稍	1:54.2	12.2	13.2	38.6	B
2023	3.04		1勝	テーオーサンドニ	牡	4	良	1:53.3	12.3	14.0	40.3	C

年	日付	レース	条件	勝ち馬	性	齢	馬場	走破時計	L2F	L1F	純正3F	レベル
2023	3.04		1勝	ベンダバリラビア	牡	3	良	1:54.5	12.5	13.1	38.7	B
2023	3.05		2勝	マリオロード	牡	4	良	1:54.3	12.2	13.2	38.6	B
2023	3.12		1勝	サウザンドスマイル	牝	6	良	1:56.1	13.2	13.7	40.6	C
2023	3.12		1勝	ミステリーボックス	セ	4	良	1:55.3	12.4	13.6	39.6	C
2023	3.18		1勝	キリンジ	牡	3	不	1:52.4	12.0	12.8	37.6	A
2023	3.19		2勝	エナハツホ	牝	4	重	1:52.1	12.9	13.3	39.5	C
2023	3.25		1勝	シュガーコルト	セ	4	重	1:54.0	12.7	13.2	39.1	C
2023	3.26		1勝	ワンダフルトゥデイ	牡	4	不	1:52.8	11.9	13.3	38.5	B
2023	4.01		1勝	マテンロウガイ	牡	3	良	1:53.7	12.8	14.0	40.8	C
2023	4.01		2勝	マルブツプライド	牡	4	良	1:53.2	12.0	13.5	39.0	B
2023	4.02		2勝	エルソール	牝	5	良	1:55.5	12.5	13.5	39.5	C
2023	4.02		1勝	テイエムシニスター	牡	4	良	1:54.5	12.4	13.8	40.0	C
2023	4.08		1勝	フォーランマリア	牝	4	不	1:52.5	12.5	13.1	38.7	B
2023	4.08		1勝	アウトレンジ	牡	3	不	1:51.9	12.4	13.6	39.6	C
2023	4.09	吹田特別	2勝	シゲルバクハツ	牡	5	稍	1:53.0	11.9	12.7	37.3	A
2023	4.09	梅田S	3勝	テイエムベンチャー	牡	5	稍	1:52.1	12.1	12.6	37.3	A
2023	4.15		1勝	アスクドゥラメンテ	牡	4	不	1:52.0	12.3	12.8	37.9	B
2023	4.16		1勝	メイショウオーロラ	牝	3	不	1:51.8	12.8	13.2	39.2	C
2023	4.16	アンタレスS	GⅢ	プロミストウォリア	牡	6	重	1:49.5	12.5	13.3	39.1	C
2023	6.03		1勝	コロンビアテソーロ	牝	3	重	1:52.1	12.7	13.1	38.9	B
2023	6.04	加古川特別	2勝	ラインオブソウル	牡	4	良	1:51.4	11.8	12.4	36.6	A
2023	6.10		2勝	ライオットガール	牝	3	稍	1:53.1	11.8	12.4	36.6	A
2023	6.10		1勝	オーサムリザルト	牝	3	稍	1:51.2	12.0	12.4	36.8	A
2023	6.11	三宮S	OP	キングズソード	牡	4	重	1:49.9	12.1	12.2	36.5	A
2023	6.17		1勝	プラーヴィ	牡	3	良	1:53.0	12.6	13.2	39.0	B
2023	6.18		2勝	テーオーリカード	牡	3	良	1:52.3	12.0	12.9	37.8	A
2023	6.18	灘S	3勝	トウセツ	牡	4	良	1:51.9	12.7	12.9	38.5	B
2023	6.24		1勝	ミスティックロア	牡	3	稍	1:52.5	12.5	12.9	38.3	B
2023	6.25		1勝	ノボリクレバー	牝	3	良	1:53.8	12.5	12.8	38.1	B
2023	9.09		1勝	エルゲルージ	牡	4	良	1:53.9	12.0	13.2	38.4	B
2023	9.09	出石特別	2勝	グーデンドラーク	牡	4	良	1:53.1	12.4	13.3	39.0	B
2023	9.10		1勝	アオイイーグル	牡	3	良	1:54.0	12.7	12.9	38.5	B
2023	9.16	鳥取特別	2勝	スマートサニー	牡	3	良	1:53.4	12.8	13.8	40.4	C
2023	9.17		1勝	オラヴェリタス	牡	4	良	1:54.4	13.3	14.3	41.9	C
2023	9.18		1勝	ヴォードヴィル	牝	3	良	1:54.4	12.7	13.2	39.1	B
2023	9.18		1勝	タイガースパーク	牡	3	良	1:53.7	12.8	13.6	40.0	C
2023	9.18	アニバーサリーS	3勝	セラフィックコール	牡	3	良	1:52.4	12.6	13.1	38.8	B
2023	9.23		1勝	ホウオウカブキ	牡	3	稍	1:52.8	12.1	13.1	38.3	B
2023	9.23		2勝	オーサムリザルト	牝	3	稍	1:52.6	12.5	13.4	39.3	C
2023	9.24		1勝	バリアントバイオ	牡	3	良	1:52.6	12.2	12.9	38.0	B
2023	9.30		1勝	ガウラ	牝	3	良	1:54.4	12.3	12.9	38.1	B
2023	10.01		1勝	カレンマックナイト	牡	4	不	1:51.5	12.5	14.1	40.7	C
2023	10.01	堺S	3勝	ホウオウルーレット	牡	4	重	1:51.3	12.3	12.5	37.3	A
2023	12.02		1勝	ダノンフロイデ	牡	4	良	1:54.1	12.5	13.3	39.1	B
2023	12.03	豊中特別	2勝	ロードアヴニール	牡	3	良	1:54.1	12.8	13.0	38.8	B
2023	12.09	赤穂特別	2勝	サンライズジャスト	牡	4	良	1:53.8	12.7	13.1	38.9	B
2023	12.10		1勝	マーブルロック	牡	3	良	1:54.2	12.1	12.3	36.7	A

年	日付	レース	条件	勝ち馬	性	齢	馬場	走破時計	L2F	L1F	純正3F	レベル
2023	12.17		1勝	チュウワハート	牡	3	稍	1:53.7	12.4	13.2	38.8	B
2023	12.23	摩耶S	3勝	ラインオブソウル	牡	4	良	1:52.2	12.4	13.2	38.8	B
2023	12.23		1勝	アンジュフィールド	牝	3	良	1:53.7	12.3	13.4	39.9	C
2023	12.24		1勝	サンマルパトロール	牡	3	良	1:54.6	12.6	13.4	39.4	B
2023	12.24	Xマスエルフ賞	2勝	ダイシンピスケス	牡	5	良	1:53.5	12.6	13.3	39.2	B
2023	12.28	春待月賞	2勝	ショウナンライシン	牡	3	良	1:53.5	13.1	13.7	40.5	C
2023	12.28		1勝	バロンドール	牡	2	良	1:54.5	12.6	12.7	38.0	B
2023	12.28	ベテルギウスS	OP	ペプチドナイル	牡	5	良	1:52.1	12.5	12.5	37.5	A
2024	2.24	伊丹S	3勝	サンデーファンデー	牡	4	稍	1:51.9	11.9	12.5	36.9	A
2024	2.24		1勝	プレッジ	牝	4	稍	1:52.7	12.6	12.9	38.4	B
2024	2.25		2勝	ヘニータイフーン	牝	4	不	1:52.0	12.0	12.3	36.6	A
2024	2.25		1勝	ネッケツシャチョウ	牡	4	不	1:51.8	12.5	12.9	38.3	B

★阪神ダート2000m

年	日付	レース	条件	勝ち馬	性	齢	馬場	走破時計	L2F	L1F	純正3F	レベル
2023	2.11		2勝	ジューンアマデウス	牡	4	良	2:08.7	11.9	12.5	36.9	A
2023	2.25	仁川S	OP	メイショウフンジン	牡	5	稍	2:04.5	12.5	13.4	39.3	C
2023	3.05		1勝	エメヴィベール	牡	4	良	2:09.4	12.4	13.3	39.0	B
2023	3.11		2勝	オブジェダート	牡	4	良	2:07.9	12.5	13.3	39.1	B
2023	3.12	甲南S	3勝	ハイエンド	牡	4	良	2:06.7	13.1	13.1	39.3	B
2023	3.18		1勝	ソリダリティ	牡	4	不	2:05.6	12.0	12.8	37.6	A
2023	4.08		1勝	シャンバラ	牡	4	不	2:05.6	13.2	13.8	40.8	C
2023	4.15		2勝	リチュアル	セ	4	不	2:04.6	11.8	12.9	37.6	A
2023	6.11		1勝	レッドプロフェシー	牡	3	重	2:03.5	12.1	12.3	36.7	A
2023	6.24	鷹取特別	2勝	オーロイプラータ	牡	3	稍	2:05.0	13.5	13.0	39.5	C
2023	9.16		1勝	ダディーズウォリア	牡	3	良	2:05.6	12.8	13.7	40.2	C
2023	9.30	シリウスS	GⅢ	ハギノアレグリアス	牡	6	良	2:04.4	12.3	13.0	38.3	B
2023	10.01		2勝	オーイーグル	牡	4	良	2:04.3	12.4	13.1	38.6	B
2023	12.10	竹田城S	3勝	リチュアル	セ	4	良	2:05.4	12.7	13.2	39.1	B
2023	12.16	境港特別	2勝	ダディーズウォリア	牡	3	稍	2:05.7	12.5	13.3	39.1	B
2024	2.24	仁川S	OP	ダイシンピスケス	牡	6	稍	2:04.8	12.6	13.4	39.4	C

中京競馬場

★中京芝1200m

年	日付	レース	条件	勝ち馬	性	齢	馬場	走破時計	L2F	L1F	純正3F	レベル
2023	1.07		1勝	プロトポロス	牡	3	良	1:08.3	11.1	11.3	33.7	A
2023	1.08		2勝	ドグマ	牡	4	良	1:08.7	11.5	11.9	35.3	B
2023	1.09	淀短距離S	OP	ホープフルサイン	牡	7	良	1:07.5	11.4	11.6	34.6	B
2023	1.29	シルクロードS	GⅢ	ナムラクレア	牝	4	良	1:07.3	10.8	11.6	34.0	A
2023	2.05		2勝	リーゼントフラム	牡	6	良	1:08.2	11.0	12.0	35.0	B
2023	3.26	高松宮記念	GⅠ	ファストフォース	牡	7	不	1:11.5	11.9	12.4	36.7	C
2023	3.26		1勝	ヤマニンアンフィル	牝	4	不	1:12.3	12.3	12.2	36.7	C
2023	7.01	知多特別	2勝	タイセイブリオ	牡	4	重	1:08.7	11.7	12.2	36.1	C
2023	7.02	CBC賞	GⅢ	ジャスパークローネ	牡	4	良	1:07.2	11.0	11.7	34.4	B
2023	7.02		1勝	アドマイヤラヴィ	牝	4	良	1:08.1	11.2	11.7	34.6	B
2023	7.16		1勝	ウォータールグラン	牝	4	良	1:08.3	11.6	12.6	36.8	C
2023	12.09		1勝	ラヴォルタ	牝	5	良	1:08.0	11.6	11.6	34.8	B

年	日付	レース	条件	勝ち馬	性	齢	馬場	走破時計	L2F	L1F	純正3F	レベル
2023	12.10	知立S	3勝	ドロップオブライト	牝	4	良	1:07.6	11.4	11.9	35.2	B
2023	12.16	中京2歳S	OP	クリスアーサー	牡	2	稍	1:08.6	11.3	12.3	35.9	C
2023	12.17	桑名特別	2勝	タウゼントシェーン	牝	5	良	1:08.9	11.4	11.8	35.0	B

★中京芝1400m

年	日付	レース	条件	勝ち馬	性	齢	馬場	走破時計	L2F	L1F	純正3F	レベル
2023	1.07		1勝	スコールユニバンス	牝	4	良	1:20.7	11.8	12.0	35.8	B
2023	1.08	新春S	3勝	ヒメノカリス	牝	6	良	1:20.1	11.5	12.0	35.5	B
2023	1.15	紅梅S	OP	ダルエスサラーム	牝	3	稍	1:21.8	11.7	12.2	36.1	B
2023	1.15		2勝	テーオーメアリー	牝	5	稍	1:22.2	11.6	12.1	35.8	B
2023	1.22		2勝	ボルザコフスキー	牡	4	良	1:20.4	11.6	12.4	36.4	C
2023	2.04	トリトンS	3勝	サトノラムセス	牡	4	良	1:19.8	11.7	12.1	35.9	A
2023	3.12	岡崎特別	2勝	スコールユニバンス	牝	4	良	1:21.3	11.7	12.2	36.1	C
2023	3.18	ファルコンS	GⅢ	タマモブラックタイ	牡	3	重	1:22.6	11.8	12.3	36.4	B
2023	3.18		1勝	メイショウソラフネ	牡	3	重	1:22.4	11.5	12.4	36.3	B
2023	3.19	熱田特別	2勝	ヒルノローザンヌ	牝	4	稍	1:21.9	11.2	11.8	34.8	A
2023	7.09	タイランドC	1勝	スズハローム	牡	3	稍	1:20.2	11.7	11.9	35.6	B
2023	7.16	中京スポニチ賞	2勝	サトノペルセウス	セ	5	良	1:20.4	11.1	12.0	35.1	B
2023	7.22	豊明S	3勝	サマートゥリスト	牝	5	良	1:20.8	11.7	12.4	36.5	C
2023	7.23		1勝	ペイシャフラワー	牝	4	良	1:20.7	11.7	12.4	36.5	C
2023	12.02	浜松S	3勝	バルサムノート	牡	3	良	1:20.0	11.4	12.0	35.4	B
2023	12.03		1勝	ショウナンナダル	牝	3	良	1:21.2	12.0	11.8	35.6	B
2023	12.09	つわぶき賞	1勝	バウンシーステップ	牝	2	良	1:20.9	11.1	11.5	34.1	A
2023	12.16		1勝	リュミエールノワル	牡	4	稍	1:21.6	11.5	11.8	35.1	B

★中京芝1600m

年	日付	レース	条件	勝ち馬	性	齢	馬場	走破時計	L2F	L1F	純正3F	レベル
2023	1.05		2勝	カワキタレブリー	牡	4	良	1:34.1	11.3	11.9	35.1	B
2023	1.05	京都金杯	GⅢ	イルーシヴパンサー	牡	5	良	1:32.7	11.8	11.9	35.6	B
2023	1.08	シンザン記念	GⅢ	ライトクオンタム	牝	3	良	1:33.7	11.9	12.2	36.3	C
2023	1.14		1勝	アスクコンナモンダ	牡	4	重	1:36.1	11.8	11.7	35.2	A
2023	1.21	睦月S	OP	キングエルメス	牡	4	良	1:34.1	11.1	11.6	34.3	A
2023	1.22	長篠S	3勝	ルージュスティリア	牝	4	良	1:33.5	11.2	11.8	34.8	A
2023	1.28	白梅賞	1勝	カルロヴェローチェ	牡	3	良	1:33.3	11.1	11.7	34.5	A
2023	1.28		1勝	カルタゴ	牝	3	良	1:34.6	11.1	11.9	34.9	A
2023	1.29		2勝	セルバーグ	牡	4	良	1:32.9	11.1	11.8	34.7	A
2023	2.04	エルフィンS	OP	ユリーシャ	牝	3	良	1:34.2	11.1	11.9	34.9	B
2023	3.11		1勝	インテグリフォリア	牝	5	良	1:35.3	11.4	12.1	35.6	B
2023	3.18	豊橋S	3勝	アヴェラーレ	牝	5	重	1:37.2	11.3	11.6	34.5	A
2023	3.19		1勝	ダノンソフィア	牝	4	稍	1:35.8	11.5	11.7	34.9	A
2023	3.19	Fウォーク賞	1勝	ティニア	牡	3	稍	1:36.2	11.0	11.8	34.6	A
2023	7.01	白川郷S	3勝	アスクコンナモンダ	牡	4	重	1:34.1	11.7	12.4	36.5	C
2023	7.02		1勝	システムリブート	牡	3	良	1:33.9	11.1	12.2	35.5	B
2023	7.08		1勝	メテオリート	牝	3	良	1:33.2	12.0	12.1	36.2	C
2023	7.09	シンガポールTC	2勝	ヴェールアンレーヴ	牝	4	稍	1:34.6	11.4	12.3	36.0	C
2023	7.15	鞍ケ池特別	1勝	コンクシェル	牝	3	良	1:32.3	11.0	11.7	34.4	A
2023	7.23	有松特別	2勝	ショウナンアレクサ	牡	3	良	1:33.4	11.8	12.2	36.2	C
2023	7.23	中京記念	GⅢ	セルバーグ	牡	4	良	1:33.0	11.8	12.4	36.6	C

年	日付	レース	条件	勝ち馬	性	齢	馬場	走破時計	L2F	L1F	純正3F	レベル
2023	12.02		1勝	フェイト	牡	3	良	1:33.2	11.6	12.1	35.8	B
2023	12.02	中京日経賞	2勝	エアミアーニ	セ	5	良	1:33.8	11.2	11.9	35.0	B
2023	12.03	こうやまき賞	1勝	ジューンテイク	牡	2	良	1:34.0	11.2	11.7	34.6	A
2023	12.10		1勝	アサカラキング	牡	3	良	1:33.7	11.5	12.1	35.7	B
2023	12.17		1勝	タシット	牡	4	良	1:34.4	11.3	11.7	34.7	A
2023	12.17		1勝	ステラバルセロナ	牝	3	良	1:34.5	11.6	12.4	36.4	C

★中京芝2000m

年	日付	レース	条件	勝ち馬	性	齢	馬場	走破時計	L2F	L1F	純正3F	レベル
2023	1.05		1勝	フリームファクシ	牡	3	良	2:00.2	11.8	12.0	35.8	B
2023	1.07	寿S	3勝	ヤマニンサルバム	牡	4	良	2:00.2	11.4	11.8	35.0	B
2023	1.09		1勝	マッハモンルード	牝	5	良	2:02.0	11.5	11.9	35.3	B
2023	1.14	愛知杯	GⅢ	アートハウス	牝	4	重	2:03.1	11.2	11.7	34.6	A
2023	1.14	渥美特別	2勝	シェルビーズアイ	牡	4	重	2:03.5	12.4	12.8	38.0	C
2023	1.21	若駒S	OP	マイネルラウレア	牡	3	良	2:02.9	11.3	11.7	34.7	A
2023	1.22	西尾特別	2勝	エイカイステラ	牝	5	良	2:01.2	11.5	11.6	34.7	A
2023	2.04		2勝	アップデート	牡	4	良	2:00.1	11.3	12.0	35.3	B
2023	2.05	きさらぎ賞	GⅢ	フリームファクシ	牡	3	良	1:59.7	11.1	11.9	34.9	A
2023	2.05		1勝	オオキニ	牡	4	良	2:01.0	11.1	12.3	35.7	B
2023	3.11	恋路ケ浜特別	2勝	エスコバル	セ	5	良	2:01.0	11.2	12.0	35.2	B
2023	3.12		1勝	ベリーヴィーナス	牝	4	良	2:00.9	11.4	12.1	35.6	B
2023	3.12	金鯱賞	GⅡ	プログノーシス	牡	5	良	1:59.8	11.6	11.8	35.2	B
2023	3.19		1勝	テーオーソラネル	牡	4	稍	2:00.3	11.4	12.2	35.8	B
2023	3.25	金山特別	1勝	クリオミニーズ	牡	4	重	2:03.8	11.5	12.3	36.1	B
2023	7.01	御在所特別	1勝	ウィズユアドリーム	牡	3	重	2:01.7	11.6	11.8	35.2	A
2023	7.08		1勝	スタティスティクス	牝	4	良	1:59.9	11.4	12.2	35.8	B
2023	7.15		1勝	ダンツエスプリ	牡	4	良	2:00.5	11.2	12.2	34.6	A
2023	7.15	関ケ原S	3勝	ファユエン	牝	5	良	2:01.4	10.9	11.6	34.1	A
2023	7.16	長久手特別	2勝	サンライズロナウド	牡	3	良	1:58.7	12.6	13.0	38.6	C
2023	7.22	香嵐渓特別	1勝	スマートファントム	牡	3	良	2:02.3	11.5	12.1	35.7	C
2023	12.02		1勝	ホールネス	牝	3	良	2:00.0	11.5	12.1	35.7	B
2023	12.09	中日新聞杯	GⅢ	ヤマニンサルバム	牡	4	良	1:58.8	11.5	12.0	35.5	A
2023	12.09		1勝	ロジシルバー	牝	3	良	2:00.8	11.2	11.7	34.6	A
2023	12.10		1勝	ラレーヌデリス	牝	3	良	1:58.8	11.8	11.8	35.4	B
2023	12.10	名古屋日刊スポ杯	2勝	パールデュヴァン	牡	3	良	1:59.0	11.3	11.9	35.1	B

★中京芝2200m

年	日付	レース	条件	勝ち馬	性	齢	馬場	走破時計	L2F	L1F	純正3F	レベル
2023	1.07	長良川特別	2勝	チャックネイト	牡	5	良	2:12.9	11.6	11.8	35.2	B
2023	1.14		1勝	ショウナンバシット	牡	3	重	2:16.7	11.4	12.3	36.0	B
2023	1.15	日経新春杯	GⅡ	ヴェルトライゼンデ	牡	6	稍	2:14.2	11.5	12.4	36.3	B
2023	1.21		1勝	エンドウノハナ	牡	4	良	2:12.4	11.8	12.0	35.8	B
2023	1.28	茶臼山高原特別	2勝	レベランス	牡	4	良	2:14.4	11.2	12.0	35.2	B
2023	1.29	美濃S	3勝	セファーラジエル	牡	5	良	2:12.9	11.6	12.2	36.0	C
2023	3.11		1勝	ブルーゲート	牝	4	良	2:14.2	11.4	12.2	35.8	B
2023	3.25	熊野特別	2勝	レッドバリエンテ	牡	4	重	2:15.2	11.6	12.3	36.2	B
2023	3.26		1勝	ウェイオブライト	セ	5	不	2:20.1	12.0	12.7	37.4	B
2023	3.26	大寒桜賞	1勝	ヨリマル	牡	3	不	2:21.1	11.9	12.7	37.3	B

年	日付	レース	条件	勝ち馬	性	齢	馬場	走破時計	L2F	L1F	純正3F	レベル
2023	7.02	木曽川特別	2勝	サスツルギ	牡	3	良	2:12.2	12.1	12.5	37.1	C
2023	7.08	マカオJCT	1勝	ブライトジュエリー	牝	3	良	2:11.5	12.0	12.0	36.0	C
2023	7.22		1勝	アイザックバローズ	牡	3	良	2:14.4	11.8	12.4	36.6	C
2023	12.03	栄特別	1勝	ブラニスフェリオ	牡	3	良	2:14.6	11.2	11.5	34.2	A
2023	12.16	高山特別	1勝	コスモフリーゲン	牡	3	稍	2:14.1	11.4	11.8	35.0	B
2023	12.17	尾張特別	2勝	マイネルエンペラー	牡	3	良	2:15.1	11.2	11.5	34.2	A

★中京芝3000m

年	日付	レース	条件	勝ち馬	性	齢	馬場	走破時計	L2F	L1F	純正3F	レベル
2023	1.05	万葉S	OP	ミクソロジー	牡	4	良	3:03.4	12.0	12.6	37.2	C

★中京ダート1200m

年	日付	レース	条件	勝ち馬	性	齢	馬場	走破時計	L2F	L1F	純正3F	レベル
2023	1.05		2勝	タイセイグラシア	牝	5	良	1:12.4	12.2	13.0	38.2	C
2023	1.08		1勝	ティントリップ	牝	4	良	1:12.8	12.5	13.2	38.9	C
2023	1.14		1勝	ナムラフランク	牡	4	重	1:11.9	11.7	12.2	36.1	A
2023	1.15		1勝	アームズレイン	牡	3	稍	1:11.8	11.7	12.6	36.9	B
2023	1.15		2勝	サンライズオーク	セ	4	稍	1:11.8	11.9	12.0	35.9	A
2023	1.22		1勝	メイショウオウギ	牝	7	良	1:13.1	12.4	13.0	38.4	C
2023	1.28	伊賀S	3勝	サンライズホーク	セ	4	良	1:11.4	12.4	12.6	37.6	B
2023	1.28		2勝	ストームゾーン	牡	4	良	1:12.0	12.4	13.1	38.6	C
2023	1.29		1勝	エレガントムーン	牝	3	良	1:12.7	12.9	12.8	38.5	C
2023	2.04		1勝	オステリア	牡	4	良	1:12.9	12.3	13.2	38.7	C
2023	2.05	令月S	OP	ケイアイターコイズ	牡	7	良	1:11.7	11.7	12.8	37.3	B
2023	3.11	伊良湖特別	2勝	ウナギノボリ	牡	4	良	1:11.7	12.0	13.1	38.2	C
2023	3.12		1勝	エリザベスミノル	牝	4	良	1:12.6	12.0	13.0	38.0	C
2023	3.19		1勝	クリーンジーニアス	牝	4	稍	1:11.5	12.1	12.6	37.3	B
2023	3.25		1勝	ニシノラーナ	牝	4	不	1:10.7	11.6	12.5	36.6	B
2023	7.02		1勝	テイエムフェロー	牡	4	稍	1:11.7	12.3	12.7	37.7	B
2023	7.15		1勝	メタマックス	牡	3	良	1:11.7	11.9	12.3	36.5	A
2023	7.22	清洲特別	2勝	アームズレイン	牡	3	良	1:10.4	11.7	12.4	36.5	A
2023	7.23	桶狭間S	3勝	アルファマム	牝	4	良	1:10.5	12.1	12.4	36.9	A
2023	12.02		1勝	サイレンスゴールド	牡	3	良	1:12.0	12.2	13.5	39.2	C
2023	12.03		1勝	マヴォロンテ	牝	3	良	1:12.0	11.8	12.7	37.2	C
2023	12.09	豊川特別	2勝	ドラゴンゴクウ	牡	4	良	1:11.5	12.2	12.4	37.0	B
2023	12.09		1勝	ストリンジェンド	牝	3	良	1:12.4	12.6	13.2	39.0	C
2023	12.10		1勝	クルールデュヴァン	牝	4	良	1:12.7	12.2	12.5	37.2	B
2023	12.16		1勝	タイキエクセロン	牡	4	重	1:10.6	11.7	12.4	36.5	B

★中京ダート1400m

年	日付	レース	条件	勝ち馬	性	齢	馬場	走破時計	L2F	L1F	純正3F	レベル
2023	1.05	門松S	3勝	ヴァルキュリア	牝	6	良	1:24.5	11.8	12.6	37.0	B
2023	1.07	すばるS	OP	バトルクライ	牡	4	良	1:23.8	12.4	13.0	38.4	C
2023	1.09		1勝	タガノトランキーロ	牡	6	良	1:25.2	13.3	13.3	39.4	C
2023	1.09	鳥羽特別	2勝	フォーチュンテラー	牡	4	良	1:24.5	13.0	13.2	39.4	C
2023	1.14	遠江S	3勝	ドンフランキー	牡	4	重	1:23.0	11.8	12.5	36.8	A
2023	1.15		1勝	サトノルフィアン	牡	4	稍	1:25.6	12.4	12.7	37.8	B
2023	1.21		2勝	タイミングナウ	セ	7	良	1:25.5	12.5	13.4	39.3	C
2023	1.21		1勝	ゼットリアン	牡	3	良	1:25.4	12.4	12.4	37.2	B

年	日付	レース	条件	勝ち馬	性	齢	馬場	走破時計	L2F	L1F	純正3F	レベル
2023	1.28		1勝	ハンベルジャイト	牝	3	良	1:25.9	12.3	12.9	38.1	C
2023	1.29		1勝	レッドラマンシュ	牡	4	良	1:25.5	12.3	13.8	39.9	C
2023	2.04		2勝	カズプレスト	牡	4	良	1:24.5	12.0	13.3	38.6	C
2023	3.11	中京スポーツ杯	3勝	テイエムアトム	牡	5	良	1:23.9	11.9	12.5	36.9	A
2023	3.12		1勝	コンクエスト	牡	4	良	1:24.8	12.0	12.8	37.6	B
2023	3.12	昇竜S	OP	グレートサンドシー	牡	3	良	1:24.0	12.3	13.1	38.5	C
2023	3.18		1勝	ダンディジャック	牡	4	不	1:23.6	12.1	12.4	36.9	B
2023	3.25		1勝	アーレンダール	牝	4	不	1:24.4	12.0	12.5	37.0	B
2023	3.26	四日市特別	2勝	エルバリオ	牡	4	不	1:23.8	12.0	12.3	36.6	A
2023	3.26		1勝	マイレッドスター	牡	4	不	1:25.2	12.1	12.5	37.1	B
2023	7.08	インディアT	2勝	サンライズフレイム	牡	3	良	1:24.1	12.6	12.8	38.2	C
2023	7.08		1勝	エンペラーワケア	牡	3	良	1:23.9	12.5	12.9	38.3	C
2023	7.09	プロキオンS	GⅢ	ドンフランキー	牡	4	稍	1:23.0	12.5	12.8	38.1	C
2023	7.16		1勝	トウシンカーリン	牝	3	良	1:24.7	12.3	13.1	38.5	C
2023	7.23		1勝	ゴッドブルービー	牡	3	良	1:24.3	12.8	12.5	37.8	B
2023	12.02		1勝	スマートアンバー	牝	3	良	1:25.2	12.6	12.6	37.8	B
2023	12.03		1勝	ローズバルサム	牝	3	良	1:24.7	12.3	12.4	37.1	A
2023	12.03	鳴海特別	2勝	ロードアウォード	セ	3	良	1:24.1	12.3	12.6	37.5	B
2023	12.09		1勝	ライツフォル	牡	3	良	1:25.3	12.6	12.5	37.6	B
2023	12.10		1勝	フミサウンド	牡	3	良	1:25.0	12.8	12.8	38.4	C
2023	12.16		1勝	ジョヴィアン	牡	3	重	1:24.2	12.2	12.8	37.8	B
2023	12.17		1勝	ジュンウィンダム	牡	3	稍	1:24.9	12.5	13.2	38.9	C
2023	12.17	寒椿賞	1勝	ラムジェット	牡	2	稍	1:26.0	12.2	12.4	37.0	A
2023	12.17	コールドムーンS	OP	フルム	牡	4	良	1:24.1	12.8	13.0	38.8	C

★中京ダート1800m

年	日付	レース	条件	勝ち馬	性	齢	馬場	走破時計	L2F	L1F	純正3F	レベル
2023	1.05		1勝	レイクリエイター	牡	5	良	1:55.0	12.7	12.7	38.1	B
2023	1.07		2勝	キングスフィリア	牝	5	良	1:54.4	12.6	12.5	37.6	B
2023	1.07		1勝	マジックスピーチ	セ	6	良	1:53.9	12.6	13.5	39.6	C
2023	1.08	濃尾特別	2勝	ジロー	牡	6	良	1:54.0	12.8	13.4	39.6	C
2023	1.09		1勝	エレガントチャーム	牝	6	良	1:55.1	12.0	13.2	38.4	B
2023	1.09		1勝	カレンアルカンタラ	牡	3	良	1:54.4	12.1	12.6	37.3	B
2023	1.09	雅S	3勝	オディロン	牡	4	良	1:52.9	12.7	12.8	38.3	B
2023	1.14		1勝	デルマグレムリン	牡	4	重	1:53.3	12.3	13.2	38.7	C
2023	1.15	天竜川特別	2勝	ペルアア	牝	4	稍	1:54.0	11.9	12.2	36.3	A
2023	1.21	遠州灘S	3勝	アーテルアストレア	牝	4	良	1:54.4	12.5	12.9	38.3	B
2023	1.22		1勝	エクロジャイト	牡	3	良	1:55.4	12.4	12.6	37.6	B
2023	1.22	東海S	GⅡ	プロミストウォリア	牡	6	良	1:51.2	11.9	12.4	36.7	A
2023	1.28		1勝	テイエムフォンテ	牡	4	良	1:55.5	12.6	12.9	38.4	B
2023	1.29		1勝	グレナデンシロップ	牝	4	良	1:55.9	12.7	13.4	39.5	C
2023	1.29	刈谷特別	2勝	サンライズアリオン	牡	4	良	1:53.8	12.0	12.3	36.6	A
2023	2.05		1勝	ヴィンテージボンド	牡	4	良	1:53.7	12.5	13.4	39.3	C
2023	2.05		1勝	フルングニル	牡	3	良	1:54.6	12.2	12.3	36.8	A
2023	3.11		1勝	ソッコータルマカ	牡	3	良	1:53.6	12.1	12.9	37.9	B
2023	3.12		1勝	マルブツプライド	牡	4	良	1:52.9	12.6	13.5	39.6	C
2023	3.18	弥富特別	2勝	ラルフ	牡	5	不	1:50.2	11.9	12.8	37.5	B
2023	3.18		1勝	アレマーナ	牝	4	不	1:51.6	11.8	12.3	36.4	A

年	日付	レース	条件	勝ち馬	性	齢	馬場	走破時計	L2F	L1F	純正3F	レベル
2023	3.19	名古屋城S	OP	ルコルセール	牡	5	稍	1:50.2	12.2	12.2	36.6	A
2023	3.19		1勝	グーデンダラーク	牡	4	重	1:51.4	11.4	12.6	36.6	A
2023	3.25		1勝	ハギノロックオン	牡	4	不	1:50.4	11.8	12.1	36.0	A
2023	3.26		1勝	ブロードリーチ	牝	4	不	1:53.1	12.7	13.3	39.3	C
2023	7.01		1勝	タガノアレハンドラ	牝	3	不	1:51.4	12.4	13.2	38.8	B
2023	7.02	日進特別	2勝	マルカアトラス	牡	4	稍	1:52.6	13.1	13.3	39.7	C
2023	7.08	マレーシアC	3勝	サンマルレジェンド	牡	5	良	1:53.1	12.0	12.0	36.0	A
2023	7.09	フィリピンT	2勝	フォレストキャット	牝	5	稍	1:53.1	13.1	13.3	39.7	C
2023	7.09		1勝	ルーカスミノル	牡	3	稍	1:53.8	12.8	13.2	39.2	C
2023	7.15	大府特別	2勝	ゼットリアン	牡	3	良	1:52.9	12.1	12.7	37.5	A
2023	7.15		1勝	テーオーレガシー	牡	3	稍	1:54.2	12.4	13.5	39.4	C
2023	7.16	名鉄杯	OP	アーテルアストレア	牝	4	良	1:51.7	12.1	12.7	37.5	A
2023	7.22		1勝	エアメテオラ	牡	3	良	1:53.0	12.4	12.5	37.4	A
2023	7.23		1勝	サーマルソアリング	牝	3	良	1:51.8	12.1	13.7	39.5	C
2023	12.02		1勝	ピエナパイロ	牝	3	良	1:54.7	12.4	13.4	39.2	C
2023	12.02		1勝	スマラグドス	牡	3	良	1:54.6	11.9	11.8	35.5	S
2023	12.03		1勝	シャドウアイル	セ	4	稍	1:54.4	13.1	14.1	41.3	C
2023	12.03	チャンピオンズC	GI	レモンポップ	牡	5	良	1:50.6	12.1	12.6	37.3	A
2023	12.09		1勝	メイショウコガシラ	牡	3	良	1:52.3	12.5	13.1	38.7	B
2023	12.09		1勝	メテオールライト	牝	3	良	1:54.9	12.7	13.2	39.1	C
2023	12.10	大須特別	2勝	フレンチギフト	牝	4	良	1:53.3	12.4	12.6	37.6	B
2023	12.10		1勝	ミヤジシャルマン	牡	3	良	1:54.4	12.9	13.1	39.1	C
2023	12.16	尾頭橋S	3勝	スマートサニー	牡	3	重	1:50.3	12.0	12.8	37.6	B
2023	12.16		1勝	ジルバーン	牡	4	重	1:52.1	12.3	13.0	38.3	C
2023	12.16		1勝	ルナビス	牝	3	重	1:53.8	11.8	12.1	36.0	A
2023	12.17		1勝	ヴォーグマチネ	牡	5	稍	1:54.4	13.2	13.6	40.4	C

★中京ダート1900m

年	日付	レース	条件	勝ち馬	性	齢	馬場	走破時計	L2F	L1F	純正3F	レベル
2023	1.05		2勝	バハルダール	牡	4	良	2:00.0	12.7	13.0	38.7	B
2023	1.08		1勝	ウインザナドゥ	牡	5	良	2:01.2	12.4	12.7	37.8	B
2023	1.21		2勝	レッドファーロ	牡	4	良	2:00.4	12.6	12.8	38.2	B
2023	1.22		1勝	ショウサンキズナ	牡	4	良	2:02.3	13.0	13.6	40.2	C
2023	2.04		1勝	イシュタルゲート	牡	7	良	2:01.0	12.6	13.1	38.8	B
2023	2.04	アルデバランS	OP	メイショウフンジン	牡	6	良	1:59.7	12.2	12.8	37.8	B
2023	2.05	瀬戸S	3勝	メイショウユズルハ	牡	4	良	2:00.0	12.5	13.1	38.7	B
2023	3.11		1勝	ジョーコモド	牡	4	良	2:01.2	12.5	13.1	38.7	B
2023	3.18		1勝	インテンスフレイム	牡	5	不	1:57.4	11.7	12.5	36.7	B
2023	3.25	鈴鹿S	3勝	マリオロード	牡	4	不	1:57.4	11.5	12.4	36.3	A
2023	3.26	天白川特別	2勝	セブンスレター	牡	4	不	1:58.3	12.1	12.6	37.3	B
2023	7.01		1勝	ルクスフロンティア	牡	3	不	1:58.2	12.2	12.8	37.8	B
2023	7.16		1勝	スタボーンイメル	牡	3	良	2:00.1	13.0	12.9	38.8	B
2023	12.02	犬山特別	2勝	アースライザー	セ	6	良	2:00.1	12.2	12.9	38.0	B
2023	12.02		1勝	フミヤングフェイス	牡	3	良	2:00.9	13.0	13.3	39.6	C
2023	12.10		1勝	ディープリボーン	牡	3	良	2:00.9	12.4	12.5	37.4	A
2023	12.17		1勝	カフェカルマ	牡	4	稍	2:01.5	13.3	13.4	40.1	C

年	日付	レース	条件	勝ち馬	性	齢	馬場	走破時計	L2F	L1F	純正3F	レベル
				新潟競馬場								

★新潟芝1000m

年	日付	レース	条件	勝ち馬	性	齢	馬場	走破時計	L2F	L1F	純正3F	レベル
2023	4.30	邁進特別	2勝	クムシラコ	牡	5	重	57.7	11.9	12.4	36.7	C
2023	5.06		1勝	ロサロッサーナ	牝	4	稍	56.4	10.9	12.0	34.9	B
2023	5.07	駿風S	3勝	ジャスパークローネ	牡	4	不	56.9	11.1	12.6	36.3	C
2023	5.13	はやぶさ賞	1勝	トレンディスター	牝	3	良	55.3	11.0	11.7	34.4	A
2023	5.20	飛竜特別	1勝	バオバブスピリット	牝	4	良	55.6	11.0	11.4	33.8	A
2023	5.21	韋駄天S	OP	メディーヴァル	牡	5	良	56.5	11.1	12.3	35.7	C
2023	7.29		1勝	ダンシングニードル	牝	3	良	53.9	10.6	11.6	33.8	A
2023	7.30	アイビスSD	GⅢ	オールアットワンス	牝	6	良	54.9	11.0	11.8	34.5	B
2023	8.06	驀進特別	2勝	トレンディスター	牝	3	良	54.3	10.5	11.8	34.1	B
2023	8.12	稲妻S	3勝	マイヨアポア	牝	5	良	54.7	10.9	11.8	34.5	B
2023	8.20	閃光特別	1勝	セイウンダマシイ	牡	3	良	54.4	10.5	11.7	33.9	A
2023	9.03	雷光特別	1勝	フラッシュアーク	牝	4	良	54.9	10.8	11.5	33.8	A
2023	10.14	飛翼特別	2勝	アジアノジュンシン	牝	5	良	54.9	11.0	11.6	34.2	B
2023	10.15		1勝	フォルテース	牡	3	稍	56.5	11.4	11.8	35.0	B
2023	10.22		1勝	エコロレジーナ	牝	3	稍	55.9	11.1	11.4	33.9	S
2023	10.28		1勝	テンジュイン	牝	6	重	56.6	11.4	11.8	35.0	A
2023	10.29	ルミエールAD	OP	カイザーメランジェ	牡	8	不	57.3	11.7	12.0	35.7	C

★新潟芝1200m

年	日付	レース	条件	勝ち馬	性	齢	馬場	走破時計	L2F	L1F	純正3F	レベル
2023	4.29	ゆきつばき賞	1勝	タツダイヤモンド	牡	3	良	1:09.3	11.8	12.3	36.4	C
2023	4.30		1勝	タウゼントシェーン	牝	5	重	1:10.3	11.4	12.4	36.2	B
2023	5.14		1勝	テンメジャーガール	牝	4	良	1:09.4	11.4	12.4	36.2	C
2023	5.20	大日岳特別	2勝	マイネルレノン	牝	4	良	1:09.9	11.4	11.9	35.2	B
2023	8.26		1勝	ステイトダイアデム	牝	4	良	1:09.7	12.0	11.4	34.8	A
2023	10.14	十日町特別	1勝	エールレヴリー	牝	3	良	1:08.8	11.4	11.9	35.2	B
2023	10.21	北陸S	3勝	オタルエバー	牡	4	重	1:09.4	12.0	12.2	36.4	B
2023	10.28	清津峡特別	2勝	アメトリーチェ	牝	4	重	1:10.3	12.2	12.4	37.0	B

★新潟芝1400m

年	日付	レース	条件	勝ち馬	性	齢	馬場	走破時計	L2F	L1F	純正3F	レベル
2023	5.07		1勝	バルタザール	牡	4	不	1:25.7	12.7	13.5	39.7	C
2023	5.21		1勝	カールスモーキー	牡	4	良	1:22.2	11.8	12.7	37.2	C
2023	8.05	新潟日報賞	3勝	アルーリングウェイ	牝	4	良	1:20.1	11.8	11.8	35.4	B
2023	8.06	ダリア賞	OP	コラソンビート	牝	2	良	1:21.2	11.4	11.6	34.6	A
2023	8.12	新発田城特別	2勝	インテグリフォリア	牝	5	良	1:20.5	11.3	11.9	35.1	B
2023	8.13		1勝	オメガキャプテン	牡	3	良	1:21.2	12.0	11.4	34.8	A
2023	8.27	朱鷺S	OP	テンハッピーローズ	牝	5	良	1:20.8	11.3	11.6	34.5	A
2023	9.03	飯豊特別	2勝	ラスール	牝	4	良	1:21.2	11.6	11.5	34.6	A
2023	10.15	信越S	OP	サーマルウインド	牝	5	稍	1:20.6	11.4	11.9	35.2	B
2023	10.21		1勝	ミッキーチャレンジ	牡	4	重	1:22.1	11.8	12.4	36.6	B
2023	10.29		1勝	ベガリス	牝	3	不	1:22.9	12.0	11.8	35.6	A

★新潟芝1600m

年	日付	レース	条件	勝ち馬	性	齢	馬場	走破時計	L2F	L1F	純正3F	レベル
2023	4.29		1勝	オメガオリーブ	牝	4	良	1:34.5	11.3	12.4	36.1	C

年	日付	レース	条件	勝ち馬	性	齢	馬場	走破時計	L2F	L1F	純正3F	レベル
2023	4.30	谷川岳S	OP	ピースオブエイト	牡	4	重	1:35.4	11.4	12.6	36.6	C
2023	5.13	三国特別	1勝	スタニングスター	牝	4	良	1:35.1	10.8	12.0	34.8	B
2023	7.30	豊栄特別	2勝	ミシシッピテソーロ	牝	3	良	1:33.6	10.8	11.5	33.8	A
2023	8.06		1勝	アイオブザストーム	牝	3	良	1:32.7	11.1	11.8	34.7	B
2023	8.13	関屋記念	GⅢ	アヴェラーレ	牝	5	良	1:32.1	11.1	11.6	34.3	A
2023	8.26	長岡S	3勝	オヌール	牝	5	良	1:32.3	11.2	11.6	34.4	A
2023	8.27	五頭連峰特別	2勝	テーオーグランビル	牡	3	良	1:33.2	10.8	11.6	34.0	A
2023	8.27	新潟2歳S	GⅢ	アスコリピチェーノ	牝	2	良	1:33.8	11.2	11.5	34.2	A
2023	9.02		1勝	ラッジオ	牝	3	良	1:34.3	10.9	11.9	34.7	B
2023	10.22	柏崎特別	1勝	ウインエーデル	牝	3	稍	1:36.2	11.0	12.1	35.2	B

★新潟芝1800m

年	日付	レース	条件	勝ち馬	性	齢	馬場	走破時計	L2F	L1F	純正3F	レベル
2023	4.29	胎内川特別	2勝	グランスラムアスク	牝	4	良	1:46.6	11.4	12.0	35.4	B
2023	4.30		1勝	ケイアイセナ	牡	4	重	1:50.6	11.3	12.3	35.9	B
2023	5.06		1勝	レッドベルアーム	牡	4	稍	1:50.1	11.1	12.4	35.9	B
2023	5.13		1勝	ルージュアルル	牝	4	良	1:47.7	11.1	11.9	34.9	B
2023	5.14	弥彦S	3勝	グランスラムアスク	牝	4	良	1:45.9	11.2	12.7	36.6	C
2023	5.21	石打特別	1勝	ショショローザ	牝	4	良	1:48.3	10.8	12.4	35.6	C
2023	7.29	出雲崎特別	1勝	トーホウガレオン	牡	3	良	1:45.4	10.9	11.8	34.5	A
2023	7.29	関越S	OP	ストーリア	牡	4	良	1:44.4	11.0	11.6	34.2	A
2023	7.30	佐渡S	3勝	トゥデイイズザデイ	牡	3	良	1:45.0	11.0	11.7	34.4	A
2023	8.13	三面川特別	2勝	エピプランセス	牝	3	良	1:46.8	11.0	11.5	34.0	A
2023	8.19		1勝	メインクーン	牝	3	良	1:46.2	11.1	11.8	34.7	B
2023	8.27		1勝	マイネルケレリウス	牡	3	良	1:46.5	11.1	11.4	33.9	A
2023	10.15	粟島特別	1勝	フェミナフォルテ	牝	3	稍	1:46.6	11.4	12.5	36.4	B
2023	10.22		1勝	アリーチェ	牝	3	稍	1:48.5	11.6	12.0	35.6	B
2023	10.29	聖籠特別	1勝	ウィステリアリヴァ	牡	3	不	1:50.9	11.6	12.3	36.2	B

★新潟芝2000m

年	日付	レース	条件	勝ち馬	性	齢	馬場	走破時計	L2F	L1F	純正3F	レベル
2023	5.07	新潟大賞典	GⅢ	カラテ	牡	7	不	2:03.8	11.9	12.7	37.3	C
2023	5.13	信濃川特別	2勝	セレブレイトガイズ	牡	4	良	2:01.7	10.6	12.2	35.0	B
2023	5.14	尖閣湾特別	1勝	サンライズロナウド	牡	4	良	2:00.3	11.2	12.5	36.2	C
2023	5.20	二王子特別	1勝	ブリングトゥライフ	牝	5	良	2:00.8	11.0	12.4	35.8	A
2023	8.05	月岡温泉特別	2勝	コスモサガルマータ	牡	3	良	1:59.9	10.8	11.2	33.2	S
2023	8.12	湯沢特別	1勝	オクタヴィアヌス	牡	3	良	1:57.6	11.0	11.7	34.4	A
2023	9.02	赤倉特別	2勝	ロードデルレイ	牡	3	良	1:59.1	10.7	11.6	33.9	A
2023	9.03	新潟記念	GⅢ	ノッキングポイント	牡	3	良	1:59.0	11.2	11.8	34.8	B
2023	10.14	松浜特別	1勝	ヴァイルマティ	牝	3	良	1:59.1	11.7	12.0	35.7	B
2023	10.14		1勝	シュホ	牝	4	良	1:59.8	11.4	12.0	35.4	B
2023	10.21	村上特別	2勝	モズロックンロール	牡	3	重	2:01.1	11.6	12.4	36.4	B
2023	10.28	魚沼S	3勝	ホウオウリアリティ	牡	5	不	2:03.6	11.7	12.8	37.3	C

★新潟芝2200m

年	日付	レース	条件	勝ち馬	性	齢	馬場	走破時計	L2F	L1F	純正3F	レベル
2023	5.06	荒川峡特別	1勝	ファンタジア	牝	4	稍	2:18.7	11.4	11.5	34.4	A
2023	8.06		1勝	マコトヴェリーキー	牡	3	良	2:11.7	11.9	11.6	35.1	B
2023	8.19	日本海S	3勝	ドゥレッツァ	牡	3	良	2:11.4	11.7	11.9	35.5	B

年	日付	レース	条件	勝ち馬	性	齢	馬場	走破時計	L2F	L1F	純正3F	レベル
2023	8.20	阿賀野川特別	2勝	リビアングラス	牡	3	良	2:11.3	11.6	11.8	35.2	B
2023	9.02	瓢湖特別	1勝	ピンキープロミス	牡	3	良	2:14.3	12.1	12.2	36.5	C
2023	10.21	岩船特別	1勝	アームブランシュ	牡	3	重	2:15.7	11.6	12.1	35.8	B
2023	10.22	新潟牝馬S	OP	メモリーレゾン	牝	4	稍	2:14.8	11.9	11.8	35.5	B

★新潟芝2400m

年	日付	レース	条件	勝ち馬	性	齢	馬場	走破時計	L2F	L1F	純正3F	レベル
2023	8.19		1勝	シルバープリペット	牡	3	良	2:27.2	11.7	12.4	36.5	C
2023	10.28	萬代橋特別	1勝	ビレッジイーグル	牡	6	重	2:31.3	11.8	12.1	36.0	B

★新潟ダート1200m

年	日付	レース	条件	勝ち馬	性	齢	馬場	走破時計	L2F	L1F	純正3F	レベル
2023	4.29		1勝	フラップシグナス	牡	4	良	1:12.5	12.5	12.7	37.9	B
2023	4.30		1勝	ミラビリス	牝	4	重	1:11.8	12.3	13.9	40.1	C
2023	5.06	越後S	OP	スワーヴシャルル	牡	7	稍	1:10.8	12.1	12.9	37.9	B
2023	5.07		1勝	スキャッターシード	牝	5	不	1:11.9	12.1	12.8	37.7	B
2023	5.07		1勝	オーガスタスカイ	牝	4	不	1:11.4	12.0	12.5	37.0	B
2023	5.13		1勝	ロックユアハート	牝	4	良	1:12.2	12.3	13.0	38.3	B
2023	5.14		1勝	ネオレインボウ	セ	7	良	1:11.9	12.2	13.2	38.6	C
2023	5.20		1勝	ドラゴンゴクウ	牡	4	良	1:12.4	11.9	12.7	37.3	B
2023	5.21		1勝	クインズブリーズ	牝	4	良	1:11.5	12.2	13.4	39.0	C
2023	5.21	火打山特別	2勝	タイセイブレイズ	牡	5	良	1:11.5	12.5	13.2	38.9	C
2023	5.21	火打山特別	2勝	メイショウフジタカ	牡	5	良	1:11.5	12.5	13.2	38.9	C
2023	7.29		1勝	スペシャルナンバー	牡	4	良	1:11.8	12.3	12.4	37.1	A
2023	7.30		2勝	ミレヴィーナス	牝	4	良	1:10.8	11.9	13.1	38.1	B
2023	8.05		1勝	ロードラディウス	牡	4	良	1:11.5	12.3	12.9	38.1	B
2023	8.12		1勝	キュートヘスティア	牝	4	良	1:11.1	11.8	12.5	36.8	B
2023	8.13	浦佐特別	2勝	メイショウミツヤス	牡	5	良	1:11.3	12.4	12.5	37.4	B
2023	8.19	上越S	3勝	アームズレイン	牡	4	良	1:10.5	12.4	12.5	37.4	B
2023	8.20		1勝	ダークンストーミー	牡	3	良	1:12.8	12.5	12.3	37.1	A
2023	8.20	NST賞	OP	アルファマム	牝	4	良	1:11.2	12.3	12.4	37.1	A
2023	8.26	岩室温泉特別	2勝	メタマックス	牡	4	良	1:11.6	12.3	12.9	38.1	B
2023	8.27		1勝	ロイヤルソウル	牝	4	良	1:12.8	12.3	12.3	36.9	A
2023	9.02		1勝	カンパニョーラ	牝	4	良	1:12.0	12.5	13.1	38.7	C
2023	10.14		1勝	シラキヌ	牝	4	良	1:10.2	11.7	12.3	36.3	A
2023	10.15		1勝	フィーカ	牝	4	稍	1:10.6	11.8	12.3	36.4	B
2023	10.15		1勝	シャドウレディー	牝	3	重	1:11.3	12.2	12.9	38.0	B
2023	10.21		1勝	ビップシュプリーム	牝	4	重	1:10.8	11.8	12.7	37.2	C
2023	10.21		1勝	エランティス	牝	3	重	1:10.6	12.3	12.1	36.5	A
2023	10.22		1勝	ワイアウ	牝	3	重	1:10.7	12.3	13.0	38.3	C
2023	10.22	妙高特別	2勝	フィーカ	牝	4	稍	1:10.6	12.1	12.8	37.7	B
2023	10.28		1勝	バンドールロゼ	牡	4	稍	1:11.7	12.0	12.4	36.8	B
2023	10.28		1勝	メイショウナナクサ	牝	3	重	1:10.3	12.1	12.0	36.1	A
2023	10.29		1勝	ブラーヴ	牡	3	不	1:10.2	11.7	12.5	36.7	B
2023	10.29		1勝	カゲマル	牡	3	不	1:10.6	11.8	12.3	36.4	B

5.21 火打山特別は1着同着

★新潟ダート1800m

年	日付	レース	条件	勝ち馬	性	齢	馬場	走破時計	L2F	L1F	純正3F	レベル
2023	4.29	三条S	3勝	エナハツホ	牝	4	良	1:52.7	12.5	13.1	38.7	C
2023	4.29		1勝	アルムブラーヴ	牡	4	良	1:53.5	12.8	13.3	39.4	C
2023	4.30	五泉特別	2勝	ワールドタキオン	牡	5	重	1:52.2	12.0	12.2	36.4	A
2023	4.30		1勝	クーシフォン	牝	4	重	1:53.6	12.9	13.5	39.9	C
2023	5.06		1勝	サムハンター	牡	5	稍	1:56.5	11.7	12.1	35.9	A
2023	5.06	わらび賞	1勝	ジャスパーバローズ	牡	3	稍	1:53.8	13.2	12.8	38.8	C
2023	5.07	咲花特別	2勝	ラブリーエンジェル	牝	6	不	1:50.7	12.3	12.3	36.9	B
2023	5.07		1勝	モネータドーロ	牝	4	不	1:52.6	12.4	12.9	38.2	C
2023	5.13		1勝	レッドバロッサ	セ	4	良	1:53.6	12.7	13.3	39.3	C
2023	5.14		1勝	エルザストラウム	牝	4	良	1:54.8	12.4	13.1	38.6	C
2023	5.14	中ノ岳特別	2勝	アルムブラーヴ	牡	4	良	1:52.5	12.4	12.6	37.6	B
2023	5.20		1勝	ウインメイフラワー	牝	4	良	1:53.3	13.0	13.5	40.0	C
2023	5.21		1勝	ヴィブラツィオーネ	牝	4	良	1:54.0	12.0	13.1	38.2	B
2023	7.29	麒麟山特別	2勝	エメヴィベール	牡	4	良	1:52.4	12.5	12.6	37.7	B
2023	7.30		1勝	フライヤートゥルー	牡	3	良	1:51.8	12.2	12.8	37.8	B
2023	8.05		1勝	ティルドーン	牡	3	良	1:52.5	12.3	12.8	37.9	B
2023	8.05	柳都S	3勝	アスクドゥラメンテ	牡	4	良	1:52.1	12.5	12.9	38.3	B
2023	8.06	レパードS	GⅢ	ライオットガール	牝	3	良	1:50.8	12.0	12.4	36.8	A
2023	8.06	苗場特別	2勝	レッドバロッサ	セ	4	良	1:53.0	12.1	12.0	36.1	A
2023	8.12		1勝	モルチャン	牝	3	良	1:53.3	12.5	13.0	38.5	C
2023	8.13		1勝	オールマイデイズ	牡	3	良	1:52.3	13.0	12.9	38.8	C
2023	8.19	瀬波温泉特別	2勝	ゴールドバランサー	牡	3	良	1:52.5	12.8	12.7	38.2	B
2023	8.20		1勝	アルファウェーブ	セ	6	良	1:53.9	12.8	12.9	38.6	C
2023	8.26		1勝	キープスマイリング	牝	3	良	1:53.1	12.7	12.8	38.3	C
2023	8.26	BSN賞	OP	アイコンテーラー	牝	5	良	1:50.8	12.1	12.5	37.1	A
2023	8.27		1勝	サイモンソーラン	牡	4	良	1:53.6	12.7	12.5	37.7	B
2023	9.02	古町S	3勝	ラブリークイーン	牝	5	良	1:52.1	12.3	12.8	37.9	B
2023	9.03	両津湾特別	2勝	タイセイエピソード	牡	4	良	1:52.4	12.8	13.2	39.2	C
2023	9.03		1勝	キタサンドーシン	牡	4	良	1:53.0	12.5	12.6	37.7	B
2023	10.14		1勝	グレノークス	牝	3	良	1:53.8	12.7	12.7	38.1	B
2023	10.14		1勝	メイトースイ	牡	3	良	1:52.4	13.0	12.3	37.6	B
2023	10.15		1勝	リチャ	牡	3	良	1:54.2	12.6	13.0	38.6	C
2023	10.15	菅名岳特別	2勝	ルクスフロンティア	牡	3	稍	1:51.5	12.2	12.7	37.6	B
2023	10.21		1勝	ヒノデテイオー	牡	4	重	1:52.3	12.6	12.6	37.8	C
2023	10.22		1勝	フロンタルクリス	牡	5	重	1:53.0	13.0	13.2	39.4	C
2023	10.22		1勝	ファンジオ	牡	4	稍	1:53.8	11.8	12.0	35.8	A
2023	10.28		1勝	テレパシー	牝	3	重	1:53.3	12.5	12.9	38.3	C
2023	10.28		1勝	ワイルドベティ	牝	4	稍	1:53.6	12.5	13.0	38.5	C
2023	10.29		1勝	マイネルシトラス	牡	4	不	1:52.6	12.0	12.4	36.8	B
2023	10.29	鳥屋野特別	2勝	ハッスルダンク	牡	3	不	1:49.5	12.7	12.7	38.1	C

★新潟ダート2500m

年	日付	レース	条件	勝ち馬	性	齢	馬場	走破時計	L2F	L1F	純正3F	レベル
2023	10.15		1勝	コルデアニル	牝	3	良	2:44.8	12.4	12.8	38.0	B

年	日付	レース	条件	勝ち馬	性	齢	馬場	走破時計	L2F	L1F	純正3F	レベル

福島競馬場

★福島芝1200m

年	日付	レース	条件	勝ち馬	性	齢	馬場	走破時計	L2F	L1F	純正3F	レベル
2023	4.08		1勝	ショウナンハクラク	牡	4	良	1:08.5	11.2	12.0	35.2	B
2023	4.08	花見山特別	2勝	オードゥメール	牝	4	良	1:09.0	11.8	12.4	36.6	C
2023	4.09		1勝	ナバロン	牡	4	良	1:09.8	11.6	12.0	35.6	B
2023	4.09	モルガナイトS	OP	ヴィズサクセス	牡	6	良	1:09.4	11.4	11.8	35.0	B
2023	4.15	雪うさぎ賞	1勝	リトルウインディー	牝	3	稍	1:09.3	11.9	12.6	37.1	B
2023	4.16	医王寺特別	1勝	アドヴァイス	牝	4	稍	1:10.0	11.6	12.6	36.8	B
2023	4.16		1勝	ロゼクラン	牝	5	稍	1:10.7	11.8	12.9	37.6	C
2023	4.22	浄土平特別	1勝	テーオースパロー	牡	4	良	1:10.0	11.7	11.8	35.3	A
2023	4.23	福島中央テレビ杯	2勝	ショウナンハクラク	牡	4	良	1:08.8	11.4	11.8	35.0	A
2023	7.02		1勝	プレジャークルーズ	牝	3	良	1:08.6	11.6	12.1	35.8	B
2023	7.08	須賀川特別	1勝	ダレモテメラレナイ	牝	4	良	1:09.0	11.3	12.4	36.1	C
2023	7.09	彦星賞	2勝	サンティーテソーロ	牝	3	良	1:08.4	11.4	12.0	35.4	A
2023	7.15		1勝	サウンドクレア	牝	4	稍	1:11.0	11.9	12.0	35.9	B
2023	7.15	バーデンバーデンC	3勝	デュガ	牡	4	稍	1:10.2	12.0	12.4	36.8	C
2023	7.16	福島テレビOP	OP	スマートリアン	牝	6	良	1:09.4	11.6	12.0	35.6	B
2023	7.22	郡山特別	2勝	ブーケファロス	牡	4	良	1:09.1	11.9	11.7	35.3	A
2023	7.23		1勝	スムースベルベット	牝	4	良	1:09.2	11.9	12.1	36.1	B
2023	11.04		1勝	メイケイバートン	牡	4	良	1:09.8	11.7	12.3	36.3	B
2023	11.04		1勝	グランツベリー	牝	3	良	1:08.6	11.4	12.5	36.4	B
2023	11.05		1勝	マメコ	牝	4	良	1:10.4	12.0	12.7	37.4	C
2023	11.05	みちのくS	OP	グレイトゲイナー	牡	6	良	1:09.6	11.8	12.4	36.6	B
2023	11.11	飯坂温泉特別	2勝	ウインモナーク	牡	4	良	1:09.7	12.0	12.8	37.6	C
2023	11.11		1勝	ビッグボーンリタ	牝	4	良	1:10.0	11.9	12.5	36.9	B
2023	11.11		1勝	プリモカリーナ	牝	3	良	1:09.9	11.8	12.3	36.4	B
2023	11.12		1勝	スカブラリオ	牡	3	良	1:10.6	12.0	12.2	36.4	B
2023	11.12	福島2歳S	OP	エトヴプレ	牝	2	良	1:10.4	11.9	12.8	37.5	C
2023	11.18		1勝	ヴィントミューレ	セ	5	稍	1:10.1	12.0	11.9	35.8	A
2023	11.18	キビタキS	3勝	ファイアダンサー	牝	5	稍	1:10.1	12.0	12.9	37.8	C
2023	11.19		1勝	マルプリ	牝	3	良	1:10.6	11.9	12.3	36.5	B

★福島芝1800m

年	日付	レース	条件	勝ち馬	性	齢	馬場	走破時計	L2F	L1F	純正3F	レベル
2023	4.15		1勝	バレエマスター	牡	4	稍	1:48.7	11.9	12.5	36.9	C
2023	4.22		1勝	リュクスフレンド	牝	5	良	1:48.5	13.0	12.8	38.6	C
2023	4.22	福島牝馬S	GⅢ	ステラリア	牝	5	良	1:47.9	11.6	11.8	35.2	B
2023	7.01	松島特別	2勝	ソレイユヴィータ	牝	3	稍	1:48.3	11.5	12.0	35.5	B
2023	7.02	ラジオNIKKEI賞	GⅢ	エルトンバローズ	牡	3	良	1:46.9	11.5	12.1	35.7	B
2023	7.08	阿武隈S	3勝	シンボ	牡	6	良	1:48.0	12.0	12.6	37.2	C
2023	7.09		1勝	フィールザオーラ	牡	4	良	1:48.3	11.7	12.3	36.3	B
2023	7.09	織姫賞	1勝	ラファドゥラ	牝	4	良	1:48.4	11.8	12.4	36.6	B
2023	7.22	伊達特別	1勝	フルール	牝	3	良	1:49.5	12.1	12.0	36.1	B
2023	7.23	白河特別	2勝	セイウンプラチナ	牡	4	良	1:49.1	11.9	12.1	36.1	B
2023	11.04	土湯温泉特別	1勝	エクロール	牝	4	良	1:48.0	12.0	12.6	37.2	C
2023	11.04		1勝	ニューノーマル	牝	4	良	1:47.6	12.2	11.8	35.8	A

年	日付	レース	条件	勝ち馬	性	齢	馬場	走破時計	L2F	L1F	純正3F	レベル
2023	11.12		1勝	ダイバリオン	牡	4	良	1:49.7	12.3	12.2	36.7	B
2023	11.18	高湯温泉特別	1勝	テイデ	セ	5	稍	1:49.2	12.3	13.1	38.5	C
2023	11.19	五色沼特別	2勝	ニューノーマル	牝	4	良	1:49.8	11.9	12.1	36.1	B

★福島芝2000m

年	日付	レース	条件	勝ち馬	性	齢	馬場	走破時計	L2F	L1F	純正3F	レベル
2023	4.08	ひめさゆり賞	1勝	ソレイユヴィータ	牝	3	良	2:01.0	11.9	12.5	36.9	C
2023	4.09		1勝	ヤマニンループ	牡	4	良	2:01.5	12.2	12.7	37.6	C
2023	4.15	桑折特別	1勝	カヨウネンカ	牝	4	稍	2:03.1	11.9	12.3	36.5	B
2023	4.16	福島民報杯	OP	カレンルシェルブル	牡	5	稍	2:01.6	11.6	12.2	36.0	B
2023	4.23	飯盛山特別	1勝	ウェイオブライト	セ	4	良	2:01.3	11.5	11.8	35.1	A
2023	7.08	猪苗代特別	2勝	バレエマスター	牡	4	良	2:01.1	11.9	12.4	36.7	B
2023	7.09	七夕賞	GⅢ	セイウンハーデス	牡	4	良	1:59.8	11.4	12.0	35.4	B
2023	7.15	南相馬特別	1勝	エイトキングゴッド	牡	3	稍	2:04.1	12.2	12.7	37.6	C
2023	11.05	三春駒特別	1勝	グランドゴールド	牡	4	良	2:02.4	12.0	12.1	36.2	B
2023	11.11	二本松特別	1勝	ホウオウスーペリア	牡	3	良	2:01.0	12.1	12.3	36.7	B
2023	11.12	福島記念	GⅢ	ホウオウエミーズ	牝	6	良	2:00.9	12.2	12.4	37.0	B
2023	11.18		1勝	ボーンイングランデ	牡	3	稍	2:03.7	12.5	12.5	37.5	B
2023	11.19		1勝	コイニョウボウ	牝	3	良	2:01.6	12.2	12.2	36.6	B

★福島芝2600m

年	日付	レース	条件	勝ち馬	性	齢	馬場	走破時計	L2F	L1F	純正3F	レベル
2023	4.09		1勝	エリカヴァレリア	牝	5	良	2:43.8	11.8	12.1	36.0	B
2023	4.16	奥の細道特別	2勝	ウインエアフォルク	牡	6	稍	2:44.4	12.6	12.9	38.4	C
2023	4.23	燧ヶ岳特別	1勝	タガノバルコス	牡	4	良	2:41.0	11.7	12.0	35.7	A
2023	7.01	開成山特別	1勝	ヒシシュシュ	牝	3	稍	2:41.8	11.8	12.4	36.6	B
2023	7.16	信夫山特別	2勝	サヴォーナ	牡	3	良	2:41.9	12.0	12.2	36.4	B
2023	7.23		1勝	シルバーティムール	牡	3	良	2:43.1	12.7	12.2	37.1	B
2023	11.04	三陸特別	2勝	ダイム	牝	3	良	2:39.8	12.4	13.0	38.4	C
2023	11.05		1勝	ヴェルミセル	牝	3	良	2:42.9	12.2	12.4	37.0	B
2023	11.11		1勝	サイブレーカー	牡	3	良	2:44.7	12.2	12.6	37.4	C
2023	11.19	磐梯山特別	1勝	シリンガバルガリス	セ	3	良	2:44.9	12.0	12.2	36.4	B

★福島ダート1150m

年	日付	レース	条件	勝ち馬	性	齢	馬場	走破時計	L2F	L1F	純正3F	レベル
2023	4.08		1勝	キングクー	牡	4	良	1:08.2	12.4	13.3	39.0	C
2023	4.09	やまびこS	3勝	エリモグリッター	セ	6	良	1:08.1	12.7	12.7	38.1	B
2023	4.15		1勝	ペイシャカレン	牝	4	良	1:07.9	12.1	13.5	39.1	C
2023	4.15	ラジオ福島賞	2勝	マルモリスペシャル	牡	4	稍	1:07.6	12.4	12.5	37.4	B
2023	4.16		1勝	サノノヒーロー	セ	5	稍	1:09.7	12.6	12.8	38.2	C
2023	4.22		1勝	ドクターマンボウ	牡	4	良	1:08.5	12.8	12.2	37.2	A
2023	7.01		1勝	リラックス	牡	3	重	1:08.0	12.2	12.7	37.6	B
2023	7.02	さくらんぼ特別	2勝	ドンアミティエ	牡	3	良	1:08.2	12.3	13.0	38.3	C
2023	7.08		1勝	クリノアルバトロス	牡	3	良	1:08.8	12.5	13.1	38.7	C
2023	7.15	米沢特別	2勝	エコロアイ	牝	3	稍	1:08.6	12.7	12.8	38.3	C
2023	7.15		1勝	ビップアクア	牝	4	稍	1:09.4	12.3	12.8	37.9	B
2023	7.16	会津S	3勝	パウオレ	牝	4	良	1:07.7	12.3	13.1	38.5	C
2023	7.22		1勝	シアージスト	牡	4	良	1:08.3	12.6	12.9	38.4	C
2023	7.23	安達太良S	OP	チェイスザドリーム	牝	4	良	1:07.2	12.3	12.7	37.7	B

年	日付	レース	条件	勝ち馬	性	齢	馬場	走破時計	L2F	L1F	純正3F	レベル
2023	11.04	フルーツラインC	3勝	イスラアネーロ	牡	4	良	1:07.4	12.0	12.2	36.4	A
2023	11.04		1勝	フクノワカバ	牝	3	良	1:09.1	12.4	13.4	39.2	C
2023	11.05		1勝	アイファースキャン	牡	3	良	1:08.8	12.2	12.5	37.2	A
2023	11.11		1勝	バスドラムガール	牝	3	良	1:09.2	12.5	12.8	38.1	C
2023	11.12		1勝	リーゼントミニー	牝	3	良	1:08.1	12.2	13.0	38.2	C
2023	11.18	西郷特別	2勝	アイファーシアトル	牝	3	重	1:07.4	12.3	12.7	37.7	B
2023	11.18		1勝	シュガーフロート	牝	4	不	1:07.6	11.9	12.4	36.7	B
2023	11.19		1勝	ヒビキ	牡	3	重	1:08.3	12.4	13.0	38.4	C

★福島ダート1700m

年	日付	レース	条件	勝ち馬	性	齢	馬場	走破時計	L2F	L1F	純正3F	レベル
2023	4.08		1勝	ワールドタキオン	牡	5	良	1:45.9	12.4	12.6	37.6	A
2023	4.08	吾妻小富士S	OP	ブラックアーメット	牡	5	良	1:44.6	12.6	12.8	38.2	B
2023	4.09		1勝	トゥーサン	牝	4	稍	1:46.1	13.1	13.4	39.9	C
2023	4.09	喜多方特別	2勝	テーオードレフォン	牡	4	良	1:45.1	12.5	12.7	37.9	C
2023	4.15		1勝	ダノンマジック	牡	4	稍	1:45.2	12.5	12.8	38.1	C
2023	4.16		1勝	トリプルスリル	牡	4	稍	1:47.0	13.4	13.6	40.0	C
2023	4.22		1勝	トーホウテンリュウ	牡	4	良	1:46.8	12.5	13.3	39.1	C
2023	4.22	尾瀬特別	2勝	ヴィブラフォン	牝	4	良	1:45.8	12.5	13.4	39.3	C
2023	4.23		1勝	レリジールダモーレ	牝	4	良	1:46.9	13.0	13.2	39.4	C
2023	4.23		1勝	マサカウマザンマイ	牡	5	良	1:45.8	13.2	13.0	39.2	C
2023	7.01		1勝	ゴールドバランサー	牡	3	重	1:43.9	12.5	12.7	37.9	B
2023	7.01	鶴ヶ城S	3勝	リリーミニスター	セ	6	重	1:43.7	12.1	12.8	37.7	B
2023	7.02		1勝	メイショウコバト	牝	3	稍	1:45.4	12.4	12.5	37.4	B
2023	7.02	いわき特別	2勝	プリンスミノル	牡	4	稍	1:45.6	12.8	12.9	38.6	C
2023	7.08		1勝	ヤマニンエンディマ	牡	3	良	1:47.3	12.6	12.9	38.4	A
2023	7.09	天の川賞	2勝	アシタガアルサ	牡	5	良	1:45.9	12.7	12.8	38.3	B
2023	7.16		1勝	フィンガークリック	牝	3	良	1:47.8	13.2	13.0	39.2	C
2023	7.16		1勝	タマモバンケット	牝	3	良	1:46.4	13.2	12.5	38.2	B
2023	7.22		1勝	レイズカイザー	牡	3	良	1:46.2	12.7	13.0	38.7	B
2023	7.22	TUF杯	3勝	キャリックアリード	牡	4	良	1:45.7	13.2	12.8	38.8	B
2023	7.23	横手特別	2勝	ロードバルドル	牡	4	良	1:45.1	12.6	12.3	37.2	A
2023	11.04		1勝	プメハナ	牝	3	良	1:45.6	12.6	13.3	39.2	C
2023	11.05		1勝	タロファイター	牡	4	良	1:46.7	13.4	13.4	40.2	C
2023	11.05	河北新報杯	2勝	レリジールダモーレ	牝	4	良	1:46.8	12.2	12.4	37.0	A
2023	11.11		1勝	ショウナンライシン	牡	3	稍	1:44.9	13.4	13.2	39.8	C
2023	11.11	奥羽S	3勝	ヴィブラフォン	牝	4	良	1:44.7	12.2	12.6	37.4	A
2023	11.12		1勝	オースミリン	牝	4	良	1:47.6	12.3	12.8	37.9	B
2023	11.12	福島放送賞	2勝	メイクザビート	牡	3	良	1:45.2	12.6	12.9	38.4	B
2023	11.18		1勝	タロントゥーズ	牡	3	重	1:44.5	12.4	12.7	37.8	B
2023	11.19		1勝	ベイパーコーン	セ	4	重	1:44.9	12.2	12.6	37.4	B
2023	11.19	福島民友C	OP	ワールドタキオン	牡	5	稍	1:42.6	12.2	13.1	38.4	C
2023	11.19		1勝	ランスオブサターン	牝	3	重	1:45.0	13.0	12.7	38.4	C

★福島ダート2400m

年	日付	レース	条件	勝ち馬	性	齢	馬場	走破時計	L2F	L1F	純正3F	レベル
2023	11.04		1勝	ペイシャモノノフ	牡	3	良	2:34.1	12.9	13.1	39.1	C
2023	11.12		1勝	マコトヴィクラント	牡	3	良	2:37.1	12.5	12.8	38.1	B

小倉競馬場

★小倉芝1200m

年	日付	レース	条件	勝ち馬	性	齢	馬場	走破時計	L2F	L1F	純正3F	レベル
2023	1.14		1勝	ブランデーロック	牡	4	重	1:09.3	11.5	12.1	35.7	B
2023	1.15		1勝	ヒノクニ	牝	4	稍	1:09.0	11.7	12.3	36.3	C
2023	1.15	小郡特別	2勝	バンデルオーラ	牡	4	稍	1:09.1	11.9	12.3	36.5	C
2023	1.21	萌黄賞	1勝	ルーフ	牝	3	稍	1:08.7	11.5	12.3	36.1	B
2023	1.21		1勝	ロードラスター	牡	5	稍	1:09.0	11.3	12.1	35.5	B
2023	1.22	八幡特別	1勝	ビップシュプリーム	牝	4	良	1:08.8	11.7	12.2	36.1	C
2023	1.28	周防灘特別	2勝	エナジーグラン	牡	4	重	1:09.2	11.8	12.2	36.2	B
2023	1.28		1勝	ショウナンアメリア	牝	4	重	1:09.7	11.9	12.0	35.9	B
2023	1.29	巌流島S	3勝	スンリ	牝	5	重	1:09.1	11.8	12.2	36.2	B
2023	1.29		1勝	コーリングユー	牝	4	重	1:09.6	11.8	12.0	35.8	B
2023	2.04		1勝	メイショウグラニー	牝	4	良	1:08.7	11.2	11.7	34.6	A
2023	2.04	かささぎ賞	1勝	トールキン	牡	3	良	1:08.3	11.6	11.7	35.0	B
2023	2.05	合馬特別	1勝	タイセイブリリオ	牡	4	良	1:08.1	11.4	12.0	35.4	B
2023	2.11	大濠特別	2勝	ドロップオブライト	牝	4	重	1:08.3	11.6	11.6	34.8	S
2023	2.12		1勝	インプロバイザー	牡	4	稍	1:08.2	11.5	11.8	35.1	A
2023	2.12	北九州短距離S	OP	ヴァトレニ	セ	5	稍	1:08.2	11.8	11.8	35.4	B
2023	2.18	紫川特別	2勝	メイショウゲンセン	牝	6	稍	1:08.4	11.7	12.0	35.7	B
2023	2.19		1勝	ダノンカオス	セ	6	重	1:10.3	12.1	12.7	37.5	C
2023	2.19		1勝	グッドグロウス	牡	4	重	1:10.3	12.1	12.3	36.7	B
2023	2.25	あざみ賞	1勝	タマモブラックタイ	牡	3	稍	1:09.7	11.9	12.3	36.5	B
2023	2.25		1勝	ハピネスアゲン	牝	4	稍	1:09.3	11.3	12.0	35.3	B
2023	2.26	下関S	3勝	エナジーグラン	牡	4	良	1:09.0	11.7	11.6	34.9	A
2023	2.26		1勝	スーリールダンジュ	牝	4	良	1:09.6	11.6	12.3	36.2	C
2023	8.12		1勝	アンフィニドール	牝	5	良	1:07.7	11.3	12.3	35.9	B
2023	8.13	フェニックス賞	OP	シカゴスティング	牝	2	良	1:10.3	11.2	11.9	35.0	B
2023	8.19	佐世保S	3勝	メイショウゲンセン	牝	6	良	1:07.1	11.3	11.8	34.9	A
2023	8.20	北九州記念	GⅢ	ジャスパークローネ	牡	4	良	1:07.3	11.3	11.9	35.1	B
2023	8.20		1勝	レッドヒルシューズ	牝	3	良	1:07.7	11.3	12.0	35.3	B
2023	8.20	西部スポニチ賞	2勝	アドマイヤラヴィ	牝	4	良	1:08.3	11.4	12.1	35.6	B
2023	8.26		1勝	ハクサンパイオニア	牡	3	良	1:08.2	11.5	11.9	35.3	B
2023	8.26	ひまわり賞	OP	テイエムチュララン	牝	2	良	1:09.3	11.6	12.5	36.6	C
2023	9.02	テレQ杯	3勝	バンデルオーラ	牡	4	稍	1:08.2	11.7	12.3	36.3	C
2023	9.02		1勝	バースクライ	牝	3	稍	1:08.4	11.4	11.8	35.0	B
2023	9.03		1勝	トーホウフランゴ	牝	3	良	1:08.2	11.6	12.0	35.6	B
2023	9.03	小倉2歳S	GⅢ	アスクワンタイム	牡	2	良	1:08.6	11.7	11.9	35.5	B
2023	9.03	西日本新聞杯	2勝	ロードラスター	牡	5	良	1:08.2	11.5	12.0	35.5	B
2024	1.13	小郡特別	2勝	ダンツイノーバ	牝	7	良	1:08.2	11.8	11.8	35.4	B
2024	1.13		1勝	キャニオニング	牝	6	良	1:08.7	11.2	11.8	34.8	A
2024	1.14		1勝	ニシノコウダイ	牡	4	良	1:07.9	11.7	12.0	35.7	B
2024	1.20	萌黄賞	1勝	ビッグドリーム	牡	3	稍	1:09.9	11.8	12.5	36.8	C
2024	1.20		1勝	オックスリップ	牝	4	稍	1:09.2	11.8	12.2	36.2	C
2024	1.21	八幡特別	1勝	トーセンエスクード	牡	4	稍	1:10.3	11.6	11.2	34.0	S
2024	1.27		1勝	サトノグレイト	セ	4	良	1:09.0	11.7	11.7	35.1	B
2024	1.27	周防灘特別	2勝	カンチェンジュンガ	牡	4	良	1:08.6	11.5	11.7	34.9	B

年	日付	レース	条件	勝ち馬	性	齢	馬場	走破時計	L2F	L1F	純正3F	レベル
2024	1.28		1勝	コナブラック	牡	5	良	1:09.0	11.7	11.8	35.3	B
2024	1.28	巌流島S	3勝	ヤクシマ	牡	4	稍	1:09.0	11.9	12.0	35.9	B
2024	2.03	かささぎ賞	1勝	ペアポルックス	牡	3	良	1:08.7	12.1	11.5	35.1	B
2024	2.04		1勝	バラードインミラノ	牡	6	重	1:09.5	12.2	12.2	36.6	C
2024	2.10	大濠特別	2勝	サニーオーシャン	セ	6	良	1:08.6	11.5	12.0	35.5	B
2024	2.10		1勝	リシャールケリー	牡	4	良	1:07.7	11.4	11.6	34.6	A
2024	2.11	北九州短距離S	OP	ヨシノイースター	牡	6	良	1:08.0	11.4	11.5	34.4	A
2024	2.17		1勝	シャウビンダー	牝	5	良	1:08.0	11.7	11.9	35.5	B
2024	2.18	唐戸特別	2勝	アルーリングビュー	牝	4	良	1:07.8	11.6	11.9	35.4	B
2024	2.18		1勝	トリップトゥムーン	牡	5	良	1:08.0	11.6	11.8	35.2	B
2024	2.24		1勝	マテンロウボンド	牡	5	稍	1:09.3	11.7	12.0	35.7	B
2024	2.24	秋吉台特別	1勝	レッドアヴァンティ	牡	5	稍	1:09.2	11.5	11.5	34.5	A
2024	2.25	下関S	3勝	カンチェンジュンガ	牡	4	稍	1:09.0	12.0	11.8	35.6	B

★小倉芝1800m

年	日付	レース	条件	勝ち馬	性	齢	馬場	走破時計	L2F	L1F	純正3F	レベル
2023	1.14	壇之浦S	3勝	ウインピクシス	牝	4	重	1:47.3	11.9	12.1	36.1	B
2023	1.14		1勝	ジャスティンエース	牡	4	重	1:48.6	11.4	12.0	35.4	A
2023	1.15	玄海特別	2勝	テーオーシリウス	牡	5	稍	1:48.4	12.6	13.1	38.8	C
2023	1.22		1勝	ゴールドエクリプス	牝	4	稍	1:48.5	12.4	12.6	37.6	C
2023	1.28	日田特別	1勝	レヴォリオ	牡	5	重	1:50.1	11.8	12.8	37.4	C
2023	2.04	別府特別	2勝	ダークエクリプス	牡	4	良	1:47.2	11.5	11.5	34.5	A
2023	2.05		1勝	モズゴールドバレル	牝	4	良	1:47.0	11.6	12.1	35.8	B
2023	2.12	太宰府特別	2勝	ヒヅルジョウ	牝	4	稍	1:49.5	11.6	11.6	34.8	A
2023	2.18		1勝	ヒルノエドワード	牡	6	稍	1:48.8	12.4	12.5	37.4	C
2023	2.18		1勝	ロムネヤ	牝	4	稍	1:49.4	12.1	12.1	36.3	B
2023	2.19	小倉大賞典	GⅢ	ヒンドゥタイムズ	セ	7	重	1:49.7	12.0	12.5	37.0	C
2023	2.26	高千穂特別	1勝	オウケンボルト	牡	4	良	1:50.0	11.9	12.0	35.9	B
2023	8.12	筑紫特別	1勝	マイネルメモリー	牡	3	良	1:45.6	12.1	11.8	35.7	B
2023	8.13	博多S	3勝	ダンテスヴュー	牡	4	良	1:46.7	12.1	12.5	37.1	C
2023	8.19	不知火特別	2勝	コンクシェル	牝	3	良	1:46.6	11.5	12.0	35.5	A
2023	8.19		1勝	ニホンピロキーフ	牡	3	良	1:46.9	12.2	12.3	36.8	B
2023	8.27	小倉日経OP	OP	カントル	牡	7	良	1:45.9	12.1	12.3	36.7	B
2023	8.27	英彦山特別	1勝	サクセスドレーク	牡	4	良	1:48.3	11.8	12.1	36.0	B
2023	9.02	筑後川特別	2勝	マテンロウアレス	セ	5	稍	1:48.9	12.5	12.6	37.7	C
2024	1.13		1勝	レッドバレンティア	牡	4	良	1:46.7	12.2	11.6	35.4	A
2024	1.14	壇之浦S	3勝	ハーランズハーツ	牡	7	良	1:46.5	11.7	12.6	36.9	B
2024	1.21		1勝	パルティクラール	牝	4	稍	1:49.3	12.2	11.7	35.6	B
2024	1.28	日田特別	1勝	ピンクジン	牝	4	稍	1:49.9	12.2	12.3	36.8	B
2024	2.03	別府特別	2勝	ヴァモスロード	牡	5	稍	1:49.7	11.8	12.7	37.2	C
2024	2.04	合馬特別	1勝	ロードマンハイム	牡	4	重	1:50.0	12.3	12.5	37.3	C
2024	2.11		1勝	アストロフィライト	牝	5	良	1:49.1	12.4	12.4	37.2	C
2024	2.11	太宰府特別	2勝	アルジーヌ	牝	5	良	1:48.1	12.1	11.7	35.5	A
2024	2.17		1勝	ポルカリズム	牝	4	良	1:48.1	12.0	12.0	36.0	B
2024	2.18	小倉大賞典	GⅢ	エピファニー	牡	5	良	1:45.1	12.4	12.5	37.4	C
2024	2.24		1勝	トーアライデン	牡	4	重	1:49.1	12.2	12.3	36.8	B
2024	2.25		1勝	ユイ	牝	5	稍	1:51.3	11.5	11.3	34.1	S

★小倉芝2000m

年	日付	レース	条件	勝ち馬	性	齢	馬場	走破時計	L2F	L1F	純正3F	レベル
2023	1.15		1勝	エバーシャドネー	牝	4	稍	2:01.6	12.0	12.6	37.2	C
2023	1.21	戸畑特別	1勝	テーオーソロス	牡	5	稍	2:00.2	12.0	12.3	36.6	B
2023	1.29		1勝	テリオスマナ	牝	5	重	2:02.9	12.1	12.2	36.5	B
2023	2.04		1勝	モカフラワー	牝	4	良	2:00.0	11.5	11.6	34.7	A
2023	2.05	関門橋S	OP	ディープモンスター	牡	5	良	1:57.9	12.6	11.9	36.4	B
2023	2.11		1勝	エレフセリア	牝	5	良	2:01.7	12.1	11.9	35.9	B
2023	2.11	唐戸特別	1勝	カイザー	牡	4	重	2:02.0	11.7	12.1	35.9	B
2023	2.12	あすなろ賞	1勝	アイスグリーン	牡	3	稍	2:00.8	11.9	11.8	35.5	A
2023	2.19	国東特別	1勝	セレブレイトガイズ	牡	4	重	2:04.6	12.1	12.2	36.5	B
2023	2.26	八代特別	2勝	ハーランズハーツ	牡	6	良	2:01.5	12.0	12.2	36.4	B
2023	2.26		1勝	サトノゼノビア	牝	4	良	2:02.6	12.1	12.6	37.3	C
2023	8.12	西部日刊スポ杯	2勝	ウィズユアドリーム	牡	3	良	1:59.9	11.0	11.5	34.0	S
2023	8.13	小倉記念	GⅢ	エヒト	牡	6	良	1:57.8	11.6	11.8	35.2	B
2023	8.20		1勝	アスクドゥポルテ	牡	3	良	1:59.7	12.2	12.2	36.6	B
2023	8.26	西海賞	2勝	ピピオラ	牝	3	良	2:01.0	12.1	12.5	37.1	C
2023	8.27		1勝	フォーチュンコード	牝	5	良	1:59.2	11.7	12.1	35.9	B
2023	9.02		1勝	ブリンク	牝	5	稍	2:01.0	12.0	12.7	37.4	C
2024	1.13	愛知杯	GⅢ	ミッキーゴージャス	牝	4	良	1:57.9	11.6	12.0	35.6	B
2024	1.14	玄海特別	2勝	ウインシュクラン	セ	6	良	1:59.7	11.6	11.7	35.0	A
2024	1.20		1勝	フォレスタ	牝	6	稍	2:02.1	12.8	13.0	38.8	C
2024	1.20	戸畑特別	1勝	シランケド	牝	4	稍	2:01.6	12.0	12.0	36.0	B
2024	1.28		1勝	ヴィンセドリス	牡	4	稍	2:01.9	12.5	12.4	37.3	C
2024	2.03		1勝	マリネロ	牝	4	稍	2:02.8	12.9	12.7	38.3	C
2024	2.04	小倉日経OP	OP	ダンディズム	セ	8	稍	2:04.1	12.5	12.8	38.1	C
2024	2.10		1勝	タイキラフター	牡	4	良	2:01.3	11.8	12.0	35.8	B
2024	2.11	あすなろ賞	1勝	サトノシュトラーセ	牡	3	良	2:02.2	11.6	11.4	34.4	A
2024	2.17	筑紫特別	1勝	メイショウウネビ	牡	4	良	1:59.3	12.6	12.0	36.6	B
2024	2.18		1勝	エリダヌス	牝	4	良	2:01.1	11.9	11.6	35.1	A
2024	2.24	八代特別	2勝	マリネロ	牝	5	稍	2:02.2	12.1	12.3	36.7	B
2024	2.25	国東特別	1勝	シャドウソニック	牡	4	稍	2:02.4	11.9	12.1	36.1	B

★小倉芝2600m

年	日付	レース	条件	勝ち馬	性	齢	馬場	走破時計	L2F	L1F	純正3F	レベル
2023	1.14	帆柱山特別	1勝	フィレンツェ	牡	4	重	2:40.4	11.6	12.8	37.2	B
2023	1.21		1勝	ホウオウユニコーン	牡	4	稍	2:41.1	11.4	12.1	35.6	A
2023	1.22	海の中道特別	2勝	メイショウブレゲ	牡	4	良	2:41.6	11.9	12.1	36.1	B
2023	1.29	足立山特別	1勝	エヴィダンシア	牡	4	重	2:42.1	12.1	12.9	37.9	C
2023	2.12		1勝	セツメンノトビウオ	牡	6	稍	2:41.6	12.4	12.6	37.6	C
2023	2.18	皿倉山特別	2勝	ジャンカズマ	牡	4	稍	2:41.3	12.5	12.6	37.7	C
2023	2.25	脊振山特別	1勝	アスカノミライ	牡	5	稍	2:42.2	12.7	12.7	38.1	A
2023	9.03		1勝	ジューンレインボー	牝	4	良	2:40.0	12.2	12.5	37.2	B
2024	1.13		1勝	カナオールウェイズ	牡	4	良	2:38.9	12.1	11.6	35.3	A
2024	1.21	海の中道特別	2勝	スマートファントム	牡	4	稍	2:41.9	12.4	12.3	37.0	B
2024	1.27	足立山特別	1勝	トロピカルライト	牝	4	良	2:40.2	12.3	12.5	37.3	B
2024	2.03		1勝	ヴェルミセル	牝	4	良	2:41.7	12.4	12.1	36.6	B
2024	2.10	帆柱山特別	1勝	シリアルノヴェル	牡	4	良	2:41.3	12.1	11.7	35.5	A

年	日付	レース	条件	勝ち馬	性	齢	馬場	走破時計	L2F	L1F	純正3F	レベル
2024	2.17	皿倉山特別	2勝	サトノクローク	牡	4	良	2:39.5	11.9	12.1	36.1	B
2024	2.25		1勝	リニュー	牡	5	稍	2:43.2	12.1	12.5	37.1	B

★小倉ダート1000m

年	日付	レース	条件	勝ち馬	性	齢	馬場	走破時計	L2F	L1F	純正3F	レベル
2023	1.15		1勝	プリティインピンク	牝	5	重	57.7	11.8	12.2	36.2	B
2023	1.22		1勝	ララシャンドン	牡	5	稍	58.3	11.9	12.8	37.5	C
2023	1.28		1勝	ゲンパチレオニダス	牡	4	不	58.1	11.4	12.4	36.2	B
2023	2.04	有田特別	2勝	ララシャンドン	牡	5	稍	58.9	12.0	12.7	37.4	C
2023	2.05		1勝	デルマシルフ	牝	4	良	58.5	11.8	13.0	37.8	C
2023	2.11		1勝	デルマカミーラ	牝	4	不	57.2	11.6	12.2	36.0	B
2023	2.19		1勝	テイエムヒマラヤ	牡	4	不	58.6	11.9	12.2	36.3	B
2023	2.19	伊万里特別	2勝	アルバミノル	牡	5	不	57.6	11.9	12.2	36.3	B
2023	2.25		1勝	ナツイロノオトメ	牝	4	稍	58.2	11.6	12.4	36.4	B
2023	8.13		1勝	ダノンセシボン	牝	3	良	58.0	11.8	12.7	37.2	C
2023	8.19	雲仙特別	2勝	ロックユアハート	牝	4	良	57.2	11.7	12.1	35.9	A
2023	8.26	釜山S	3勝	アッティーヴォ	牝	9	稍	57.0	11.7	12.5	36.7	B
2023	8.27		1勝	フォルティーナ	牝	3	良	57.9	11.9	12.3	36.5	B
2023	9.03		1勝	メイショウカゼマチ	牡	3	良	57.8	12.0	12.3	36.6	B
2024	1.14		1勝	ルクスメテオール	牡	4	良	59.0	12.2	12.6	37.4	C
2024	1.21		1勝	コウソクカレン	牝	6	重	57.6	11.7	12.1	35.9	A
2024	1.28		1勝	マキアージュ	牝	5	良	58.1	11.9	12.3	36.5	B
2024	2.03	有田特別	2勝	ユウグロスファクタ	牝	5	良	57.5	11.6	12.7	37.0	C
2024	2.04		1勝	フェイマスドクター	牡	4	重	58.1	11.8	12.3	36.4	B
2024	2.11		1勝	マリブパイン	牝	5	良	58.4	11.6	12.8	37.2	C
2024	2.18		1勝	クロンヌドラレーヌ	牝	5	良	59.1	12.4	12.8	38.0	C
2024	2.18	伊万里特別	2勝	オーロベルディ	牝	5	良	58.5	12.0	12.9	37.8	C
2024	2.25		1勝	ジューンアース	牝	4	重	57.5	11.6	12.2	36.0	B

★小倉ダート1700m

年	日付	レース	条件	勝ち馬	性	齢	馬場	走破時計	L2F	L1F	純正3F	レベル
2023	1.14	響灘特別	2勝	メタルゴッド	牝	4	不	1:43.7	11.8	12.8	37.4	B
2023	1.14		1勝	クインズジュピタ	牝	4	不	1:43.9	12.2	12.8	37.8	B
2023	1.15	門司S	OP	ロッシュローブ	牡	6	重	1:42.0	11.9	12.4	36.7	A
2023	1.15		1勝	サンライズジャスト	牡	4	重	1:43.2	12.2	12.6	37.4	B
2023	1.21	小倉城特別	2勝	メイクアリープ	牡	4	稍	1:43.8	12.0	12.0	36.0	A
2023	1.21		1勝	ヴィブラフォン	牝	4	稍	1:45.1	12.3	12.7	37.7	B
2023	1.22		1勝	サトノスライヴ	牡	6	稍	1:45.7	12.3	12.6	37.5	B
2023	1.22	豊前S	3勝	ラヴィータエベラ	牡	6	稍	1:43.8	12.1	12.6	37.3	B
2023	1.28	平尾台特別	2勝	コンスタンティン	牝	4	不	1:44.3	12.3	12.5	37.3	B
2023	1.28		1勝	トップスターサン	牡	5	不	1:44.2	12.3	12.6	37.5	B
2023	1.29		1勝	ブランアルディ	牝	4	重	1:45.6	12.2	12.6	37.4	B
2023	1.29	くすのき賞	1勝	ツウカイリアル	牡	3	重	1:44.4	12.4	13.1	38.6	C
2023	2.04		1勝	サトミノマロン	牡	5	稍	1:46.1	12.7	12.9	38.5	C
2023	2.05	由布院特別	2勝	イチネンエーグミ	牡	4	良	1:45.8	12.8	13.0	38.8	C
2023	2.11		1勝	タガノリバイバー	牝	5	不	1:44.2	12.5	12.9	38.3	B
2023	2.11	和布刈特別	2勝	メイショウジブリ	牡	4	不	1:42.5	12.6	12.4	37.4	B
2023	2.12		1勝	ミキノプリンス	牡	4	重	1:44.5	12.7	13.2	39.1	C
2023	2.12		1勝	シルバーブレッド	牡	4	重	1:43.9	12.5	12.9	38.3	B

年	日付	レース	条件	勝ち馬	性	齢	馬場	走破時計	L2F	L1F	純正3F	レベル
2023	2.18	秋吉台特別	1勝	ガラパゴス	牡	4	稍	1:45.3	12.2	13.0	38.2	B
2023	2.19		1勝	クリノニキータ	牝	6	不	1:44.9	12.5	12.6	37.7	B
2023	2.25		1勝	ラニカイ	牝	4	稍	1:44.4	12.4	12.9	38.2	B
2023	2.25	早鞆特別	2勝	ブランアルディ	牝	4	稍	1:44.5	11.9	12.6	37.1	B
2023	2.26		1勝	アイファーテイオー	牡	3	稍	1:45.1	12.6	12.8	38.2	B
2023	2.26		1勝	エルバリオ	牡	4	稍	1:45.5	12.6	12.7	38.0	B
2023	8.12		1勝	メイショウモズ	牡	3	良	1:44.0	12.8	12.9	38.6	C
2023	8.12	阿蘇S	OP	キングズソード	牡	4	良	1:42.0	12.1	12.7	37.5	B
2023	8.13	RKB賞	2勝	ルーカスミノル	牡	3	良	1:44.4	12.5	12.1	36.7	A
2023	8.19		1勝	タイセイウォリアー	牡	3	良	1:45.3	13.3	13.4	40.1	C
2023	8.20		1勝	ドゥラリアル	牡	3	良	1:44.8	12.8	12.5	37.8	B
2023	8.20	薩摩S	3勝	フルヴォート	牡	5	良	1:43.2	12.6	12.4	37.4	A
2023	8.26		1勝	スマートカリス	牝	3	稍	1:44.9	12.7	12.9	38.5	B
2023	8.27		1勝	マルベリーシチー	牡	3	良	1:45.4	12.4	12.6	37.6	B
2023	8.27	九州スポーツ杯	2勝	グラストンベリー	牝	4	良	1:43.9	13.0	13.9	40.8	C
2023	9.02	天草特別	2勝	ビオグラフィア	牡	5	稍	1:44.9	13.0	12.6	38.2	B
2023	9.02		1勝	サイモンザナドゥ	牡	3	稍	1:44.9	13.0	13.3	39.6	C
2023	9.03	宮崎S	3勝	リキサントライ	牡	4	良	1:44.8	12.7	12.8	38.3	B
2024	1.13		1勝	ヴァンドゥラン	牡	4	良	1:47.4	12.9	12.7	38.3	B
2024	1.13	響灘特別	2勝	ラニカイ	牝	5	良	1:45.6	12.8	12.9	38.6	B
2024	1.14		1勝	メイショウコボケ	牝	4	良	1:47.0	13.0	13.0	39.0	C
2024	1.14	門司S	OP	スレイマン	牡	6	良	1:44.2	12.8	12.5	37.8	B
2024	1.20	和布刈特別	2勝	ゴッドブルービー	牡	4	稍	1:42.9	12.2	12.5	37.2	B
2024	1.21	豊前S	3勝	サンライズアリオン	牡	5	重	1:42.2	12.3	12.3	36.9	A
2024	1.21		1勝	ガンウルフ	牡	4	重	1:43.6	13.0	13.3	39.6	C
2024	1.27		1勝	マイネルカーライル	牡	4	良	1:44.3	12.3	12.3	36.9	A
2024	1.27	平尾台特別	2勝	メイショウオーロラ	牝	4	良	1:45.8	13.1	12.7	38.5	C
2024	1.28	くすのき賞	1勝	シークレットキー	牡	3	良	1:47.0	12.6	12.7	38.0	C
2024	1.28		1勝	オシゲ	牝	4	良	1:47.0	12.9	12.9	38.7	C
2024	2.03		1勝	モディカ	牝	5	良	1:45.0	12.4	12.7	37.8	B
2024	2.04		1勝	アルタビスタ	牝	4	重	1:45.7	12.8	13.5	39.8	C
2024	2.04	由布院特別	2勝	サンライズグルーヴ	牡	4	重	1:44.6	13.1	13.7	40.5	C
2024	2.10	紫川特別	2勝	ドゥラレジリエント	牡	4	良	1:44.3	12.7	12.5	37.7	B
2024	2.10		1勝	ブーバー	牝	4	稍	1:47.2	12.6	12.4	37.4	B
2024	2.11		1勝	ダノンボレロ	牡	4	良	1:45.3	12.0	13.1	38.2	C
2024	2.11		1勝	サパテアール	セ	5	良	1:44.7	12.5	12.3	37.1	A
2024	2.17	小倉城S	3勝	プリンスミノル	牡	4	良	1:44.7	13.0	13.0	39.0	C
2024	2.17		1勝	バックトゥザライト	牡	4	良	1:46.6	13.3	13.5	40.3	C
2024	2.24		1勝	エールミネルヴァ	牝	4	重	1:44.9	12.4	12.9	38.2	B
2024	2.24	筑後川特別	2勝	マイネルカーライル	牡	4	重	1:43.4	12.6	12.9	38.4	B
2024	2.25	ネモフィラ賞	1勝	エートラックス	牡	3	稍	1:44.9	12.6	13.0	38.6	C
2024	2.25		1勝	タマモヴェナトル	牡	4	稍	1:44.2	12.3	13.0	38.3	B

★小倉ダート2400m

年	日付	レース	条件	勝ち馬	性	齢	馬場	走破時計	L2F	L1F	純正3F	レベル
2023	2.05		1勝	ケリーズノベル	セ	4	良	2:35.4	12.8	13.1	39.0	C
2023	2.18		1勝	イーサンバーニング	牡	4	稍	2:34.2	12.7	13.3	39.3	C
2024	1.20		1勝	ダノンボレロ	牡	4	稍	2:32.2	12.4	12.6	37.6	B

年	日付	レース	条件	勝ち馬	性	齢	馬場	走破時計	L2F	L1F	純正3F	レベル
2024	2.18		1勝	ムジェロ	牡	4	良	2:35.4	12.8	13.3	39.4	C

札幌競馬場

★札幌芝1200m

年	日付	レース	条件	勝ち馬	性	齢	馬場	走破時計	L2F	L1F	純正3F	レベル
2023	7.22		1勝	デルマヤクシ	牡	5	良	1:08.1	11.4	11.6	34.6	B
2023	7.22	TVh賞	3勝	エクセトラ	牡	4	良	1:07.5	11.3	11.6	34.5	B
2023	7.23	HBC賞	2勝	エイシンフェンサー	牝	3	良	1:08.2	11.4	11.7	34.8	B
2023	7.23	しらかばS	OP	シュバルツカイザー	セ	5	良	1:07.4	11.0	11.6	34.2	A
2023	7.30		1勝	スクルプトーリス	牝	3	良	1:09.3	11.4	11.8	35.0	B
2023	8.06		1勝	タリア	牝	3	重	1:10.7	11.8	12.4	36.6	B
2023	8.06	札幌スポニチ賞	2勝	シャークスポット	牡	5	重	1:10.7	12.0	13.0	38.0	C
2023	8.12		1勝	ドーバーホーク	牡	3	良	1:09.3	11.6	11.9	35.4	B
2023	8.13	UHB賞	OP	シナモンスティック	牝	4	良	1:08.2	11.1	11.3	33.7	S
2023	8.20	手稲山特別	2勝	ワックスフラワー	牝	3	稍	1:10.5	11.9	12.3	36.5	B
2023	8.26	WASJ第1戦	2勝	ドーバーホーク	牡	3	良	1:09.2	12.2	12.7	37.6	C
2023	8.27	キーンランドC	GⅢ	ナムラクレア	牝	4	重	1:09.9	11.8	12.3	36.4	B
2023	8.27	勝馬投票100周年	1勝	イイヒニナル	牝	3	重	1:11.4	12.1	12.4	36.9	B
2023	9.02	知床特別	2勝	クールムーア	牡	3	稍	1:10.1	11.6	12.5	36.6	B
2023	9.03	すずらん賞	OP	ドナベティ	牝	2	良	1:10.4	12.0	12.8	37.6	C
2023	9.03		1勝	トーセントラム	牡	3	良	1:09.6	11.8	11.6	35.0	A

★札幌芝1500m

年	日付	レース	条件	勝ち馬	性	齢	馬場	走破時計	L2F	L1F	純正3F	レベル
2023	7.23		1勝	セフィロ	牝	3	良	1:28.5	11.6	11.9	35.4	B
2023	7.29	摩周湖特別	2勝	コレペティトール	牡	3	良	1:28.5	11.3	11.4	34.1	A
2023	8.05		1勝	ディヴァージオン	牝	3	稍	1:30.9	11.5	11.5	34.5	A
2023	8.12	羊ヶ丘特別	2勝	レイベリング	牡	3	良	1:28.1	11.7	12.3	36.3	C
2023	8.13		1勝	ルクスドヌーヴ	牝	3	良	1:28.5	11.6	12.3	36.2	C
2023	8.19	千歳特別	1勝	ビジュノワール	牝	4	良	1:29.3	11.7	12.2	36.1	C
2023	8.20	クローバー賞	OP	コスモディナー	牝	2	稍	1:32.8	12.1	12.5	37.1	B
2023	8.27		1勝	セーヌドゥレーヴ	牝	3	重	1:31.0	12.2	12.6	37.4	B
2023	9.02	日高S	3勝	セッタレダスト	牡	4	稍	1:29.8	12.4	13.1	38.6	C

★札幌芝1800m

年	日付	レース	条件	勝ち馬	性	齢	馬場	走破時計	L2F	L1F	純正3F	レベル
2023	7.22	北辰特別	1勝	レイベリング	牡	3	良	1:47.4	11.3	11.7	34.7	B
2023	7.30	クイーンS	GⅢ	ドゥーラ	牝	3	良	1:46.7	11.7	11.7	35.1	B
2023	7.30		1勝	ココナッツブラウン	牝	3	良	1:47.6	11.7	11.4	34.5	A
2023	8.05		1勝	ゴッドファーザー	牡	3	良	1:49.2	11.6	11.8	35.2	B
2023	8.06	HTB賞	2勝	レイトカンセイオー	牡	3	重	1:51.5	11.9	12.3	36.5	B
2023	8.12	石狩特別	1勝	キングロコマイカイ	牡	4	良	1:49.8	11.3	12.3	35.9	C
2023	8.13	コスモス賞	OP	エコロヴァルツ	牡	2	良	1:48.8	11.7	11.8	35.3	B
2023	8.26		1勝	マンクスホップ	牝	4	良	1:48.4	11.7	12.3	36.3	C
2023	8.27	WASJ第4戦	2勝	フェステスバント	牝	3	重	1:51.5	12.2	12.5	37.2	B
2023	9.02	札幌2歳S	GⅢ	セットアップ	牡	2	稍	1:50.5	12.0	12.9	37.8	C
2023	9.03		1勝	ゲンパチムサシ	牡	5	良	1:50.2	11.7	11.9	35.5	A

年	日付	レース	条件	勝ち馬	性	齢	馬場	走破時計	L2F	L1F	純正3F	レベル

★札幌芝2000m

年	日付	レース	条件	勝ち馬	性	齢	馬場	走破時計	L2F	L1F	純正3F	レベル
2023	7.22	ライラック賞	2勝	インザオベーション	牝	4	良	2:00.4	11.2	11.8	34.8	B
2023	7.23		1勝	クレバーテースト	セ	4	良	1:59.8	11.3	11.8	34.9	B
2023	7.29	STV賞	3勝	サンストックトン	牡	4	良	1:59.2	11.6	11.9	35.4	B
2023	7.29		1勝	フレーヴァード	牡	3	良	1:59.4	11.7	11.9	35.5	B
2023	8.05	利尻特別	1勝	フェアエールング	牝	3	稍	2:01.9	12.5	12.0	36.5	C
2023	8.13	藻岩山特別	2勝	ハウゼ	牡	3	良	2:02.1	11.1	11.9	34.9	B
2023	8.19	富良野特別	1勝	ウインスノーライト	牡	3	良	2:01.8	11.5	12.1	35.7	B
2023	8.20		1勝	ワレハウミノコ	牝	3	稍	2:04.3	12.3	12.6	37.5	C
2023	8.20	札幌記念	GⅡ	プログノーシス	牡	5	良	2:01.5	12.0	12.4	36.8	B
2023	8.26	WASJ第2戦	3勝	マイネルクリソーラ	牡	4	良	2:00.7	12.0	12.3	36.6	B
2023	9.02		1勝	シェイクユアハート	牡	3	稍	2:01.7	12.3	12.7	37.7	C
2023	9.03	釧路湿原特別	2勝	フェアエールング	牝	3	良	2:02.5	11.9	12.6	37.1	C

★札幌芝2600m

年	日付	レース	条件	勝ち馬	性	齢	馬場	走破時計	L2F	L1F	純正3F	レベル
2023	7.29	積丹特別	1勝	ゴールデンスナップ	牝	3	良	2:40.8	11.9	12.1	36.1	C
2023	7.30	阿寒湖特別	2勝	ナイトインロンドン	牡	3	良	2:39.4	11.7	11.8	35.3	A
2023	8.05	札幌日経OP	OP	ブローザホーン	牡	4	稍	2:42.0	11.6	11.8	35.2	A
2023	8.12		1勝	ヴィルトブリーゼ	牝	4	良	2:41.8	12.2	13.0	38.2	C
2023	8.19	札幌日刊スポ杯	2勝	ミステリーウェイ	セ	5	良	2:46.0	11.5	11.5	34.5	A
2023	8.26	ルスツ特別	1勝	ニシノファンフェア	牡	3	良	2:42.9	11.9	12.6	37.1	B
2023	9.03	丹頂S	OP	ジャンカズマ	牡	5	良	2:41.8	12.0	13.4	38.8	C

★札幌ダート1000m

年	日付	レース	条件	勝ち馬	性	齢	馬場	走破時計	L2F	L1F	純正3F	レベル
2023	7.23		1勝	ルクスランページ	牡	4	良	59.7	11.6	12.4	36.4	B
2023	7.29		1勝	メイショウオトギ	牝	3	良	59.0	11.6	12.6	36.8	C
2023	7.29		2勝	ユスティニアン	牡	5	良	59.1	11.7	12.5	36.7	C
2023	8.06		1勝	サンダビューク	牡	4	不	59.3	12.0	12.4	36.8	C
2023	8.12		1勝	バサラ	牝	3	良	59.4	12.0	12.6	37.2	C
2023	8.13	おおぞら特別	2勝	メルシー	牝	4	良	58.8	11.5	12.1	35.7	A
2023	8.19		1勝	クリーデンス	牝	3	良	58.9	11.4	12.2	35.8	A
2023	8.27		1勝	グットフォーチュン	牝	4	良	59.6	11.7	12.6	36.9	C
2023	9.02		1勝	ダラムキャッスル	牝	3	稍	59.4	11.4	12.9	37.2	C

★札幌ダート1700m

年	日付	レース	条件	勝ち馬	性	齢	馬場	走破時計	L2F	L1F	純正3F	レベル
2023	7.22		1勝	フォーワンセルフ	牡	4	良	1:46.3	13.0	13.2	39.4	C
2023	7.22		1勝	マテンロウアイ	牝	4	良	1:46.5	12.0	12.8	37.6	B
2023	7.23	大倉山特別	2勝	シルバーブレッド	牡	4	良	1:46.7	12.4	12.5	37.4	B
2023	7.29		1勝	サンテックス	牡	3	良	1:45.8	11.7	12.5	36.7	A
2023	7.30	ポプラS	3勝	カラフルキューブ	牝	4	良	1:45.4	12.2	12.3	36.8	A
2023	7.30		2勝	プレミアムスマイル	牝	3	良	1:46.5	12.2	12.2	36.6	A
2023	7.30		1勝	サンライズグルーヴ	牡	3	良	1:45.3	12.5	12.7	37.9	B
2023	8.05	桑園特別	2勝	ローズスター	牡	3	重	1:44.4	12.2	12.4	37.0	B
2023	8.05		1勝	スカンジナビア	牝	4	不	1:44.5	12.2	12.5	37.2	B
2023	8.06		1勝	ナチュラルハイ	牡	3	不	1:45.5	13.1	12.5	38.1	C
2023	8.06	エルムS	GⅢ	セキフウ	牡	4	不	1:42.8	11.9	12.2	36.3	A

年	日付	レース	条件	勝ち馬	性	齢	馬場	走破時計	L2F	L1F	純正3F	レベル
2023	8.12	報知杯大雪HC	3勝	ライラボンド	牡	4	良	1:45.1	12.9	12.9	38.7	C
2023	8.13		1勝	ドゥラレジリエント	牡	3	良	1:46.9	12.0	12.7	37.4	B
2023	8.13		1勝	ダブルジョーク	牡	3	良	1:47.0	12.5	12.9	38.3	C
2023	8.19		1勝	ウィンターダフネ	牝	3	良	1:46.6	12.8	13.2	39.2	C
2023	8.20		1勝	メイショウシナノ	牡	3	稍	1:47.7	12.3	12.6	37.5	B
2023	8.20	大通公園特別	2勝	ミラクルティアラ	牝	3	稍	1:47.1	11.9	12.9	37.7	C
2023	8.26		1勝	タマモタップダンス	牝	4	良	1:45.4	12.3	13.1	38.5	C
2023	8.26	ニセコ特別	1勝	メイクザビート	牡	3	良	1:46.0	12.4	13.1	38.6	C
2023	8.27	WASJ第3戦	2勝	ナチュラルハイ	牡	3	重	1:44.2	11.9	12.5	36.9	B
2023	9.02		1勝	トゥーテイルズ	牝	3	稍	1:46.7	12.7	13.4	39.5	C
2023	9.02		1勝	オウギノカナメ	牡	3	稍	1:46.6	12.8	12.7	38.2	C
2023	9.03		1勝	トウキチロウ	牡	3	良	1:46.0	12.5	12.8	38.1	C
2023	9.03		2勝	スマートムーラン	牝	4	良	1:46.5	12.4	13.1	38.6	C

★札幌ダート2400m

年	日付	レース	条件	勝ち馬	性	齢	馬場	走破時計	L2F	L1F	純正3F	レベル
2023	8.20		1勝	コルサファターレ	牡	3	稍	2:37.5	12.5	12.9	38.3	B

函館競馬場

★函館芝1200m

年	日付	レース	条件	勝ち馬	性	齢	馬場	走破時計	L2F	L1F	純正3F	レベル
2023	6.10	函館日刊スポ杯	2勝	モリノドリーム	牝	4	良	1:08.5	11.8	12.4	36.6	C
2023	6.11	函館スプリントS	GⅢ	キミワクイーン	牝	4	良	1:08.2	11.7	12.0	35.7	B
2023	6.11		1勝	スリーアイランド	牝	3	良	1:09.0	11.7	12.1	35.9	B
2023	6.17	STV杯	2勝	アップリバー	牝	5	良	1:08.6	11.4	11.7	34.8	A
2023	6.17	下北半島特別	1勝	ジューンオレンジ	牝	4	良	1:08.7	11.4	11.6	34.6	A
2023	6.18		1勝	プルスウルトラ	牡	5	良	1:10.2	12.0	12.8	37.6	C
2023	6.18		1勝	エイシンフェンサー	牝	3	良	1:09.7	11.5	11.8	35.1	B
2023	6.18	UHB杯	3勝	シュバルツカイザー	セ	5	良	1:09.1	11.4	11.6	34.6	A
2023	6.24	青函S	OP	ゾンニッヒ	牡	5	稍	1:09.3	11.2	11.8	34.8	A
2023	6.24		1勝	スズノナデシコ	牝	5	稍	1:09.8	11.6	11.8	35.2	B
2023	6.25		1勝	シロン	牝	4	良	1:09.0	11.4	12.2	35.8	B
2023	6.25	HTB杯	2勝	メイショウエニシア	牝	4	良	1:09.0	11.5	12.4	36.3	C
2023	6.25	HTB杯	2勝	エイシンエイト	牝	4	良	1:09.0	11.5	12.4	36.3	C
2023	7.01	長万部特別	1勝	アスクエピソード	牡	3	良	1:10.3	11.5	11.7	34.9	A
2023	7.01	TVh杯	3勝	モリノドリーム	牝	4	良	1:09.3	11.6	12.0	35.6	B
2023	7.02	立待岬特別	2勝	スリーアイランド	牝	3	良	1:09.5	11.2	12.1	35.4	B
2023	7.08	潮騒特別	2勝	ラキエータ	牝	4	良	1:08.7	11.4	11.6	34.6	A
2023	7.08		1勝	ナリタローゼ	牝	5	良	1:08.3	11.2	11.8	34.8	A
2023	7.09		1勝	ポルタフォルトゥナ	牝	4	良	1:09.0	11.3	11.6	34.5	A
2023	7.15	函館2歳S	GⅢ	ゼルトザーム	牡	2	重	1:11.7	12.3	12.7	37.7	C
2023	7.15		1勝	ラウラーナ	牝	3	重	1:11.2	11.4	12.4	36.2	B
2023	7.16	湯の川温泉特別	2勝	スズノナデシコ	牝	5	稍	1:11.4	11.3	12.1	35.5	A
2023	7.16		1勝	クールムーア	牡	3	稍	1:10.2	11.6	12.3	36.2	B

年	日付	レース	条件	勝ち馬	性	齢	馬場	走破時計	L2F	L1F	純正3F	レベル

★函館芝1800m

年	日付	レース	条件	勝ち馬	性	齢	馬場	走破時計	L2F	L1F	純正3F	レベル
2023	6.10	松前特別	2勝	ジャスティンエース	牡	4	良	1:50.3	11.3	11.4	34.1	A
2023	6.11	遊楽部特別	1勝	アルジーヌ	牝	3	良	1:47.8	11.7	12.1	35.9	B
2023	6.18	八雲特別	1勝	アップストローク	セ	4	良	1:48.9	11.5	11.4	34.3	A
2023	6.24	恵山特別	1勝	フェステスバント	牝	3	稍	1:49.7	11.5	12.2	35.9	B
2023	7.01	洞爺湖特別	2勝	マイネルクリソーラ	牡	4	良	1:49.8	11.4	12.0	35.4	B
2023	7.02	巴賞	OP	アラタ	牡	6	良	1:48.0	11.5	12.2	35.9	B
2023	7.02		1勝	ミヤビ	牝	3	良	1:49.4	12.0	11.8	35.6	B
2023	7.09	五稜郭S	3勝	アケルナルスター	牡	4	良	1:47.1	11.8	11.7	35.2	A
2023	7.15	かもめ島特別	2勝	カヨウネンカ	牝	4	重	1:51.3	11.9	12.7	37.3	C
2023	7.16	臥牛山特別	1勝	バールデュヴァン	牡	3	稍	1:51.0	12.2	12.1	36.4	B

★函館芝2000m

年	日付	レース	条件	勝ち馬	性	齢	馬場	走破時計	L2F	L1F	純正3F	レベル
2023	6.10		1勝	カトルショセット	牝	5	稍	2:03.0	11.7	11.8	35.3	B
2023	6.17	奥尻特別	1勝	コスモフロイデ	牡	3	良	1:59.8	11.5	11.9	35.3	B
2023	6.25	北海ハンデC	2勝	エーデルブルーメ	牝	4	良	2:02.0	11.4	11.7	34.8	A
2023	7.01		1勝	アマイ	牝	3	稍	2:02.3	11.8	11.9	35.6	B
2023	7.08	北斗特別	1勝	ディープレイヤー	牝	3	良	2:00.8	11.5	11.9	35.3	B
2023	7.09		1勝	イトカワサクラ	牝	3	良	2:01.5	11.5	11.8	35.1	B
2023	7.16	函館記念	GⅢ	ローシャムパーク	牡	4	稍	2:01.4	12.2	12.4	37.0	B

★函館芝2600m

年	日付	レース	条件	勝ち馬	性	齢	馬場	走破時計	L2F	L1F	純正3F	レベル
2023	6.10	駒ケ岳特別	1勝	ダノンジャッカル	牡	4	良	2:42.4	11.6	12.2	36.0	B
2023	6.25		1勝	サトノミスチーフ	牡	3	良	2:41.9	12.7	13.4	39.5	C
2023	7.09	横津岳特別	2勝	マテンロウマジック	牡	4	良	2:44.3	11.4	11.4	34.0	A
2023	7.15		1勝	ラウルピドゥ	牡	4	重	2:46.9	12.5	13.1	38.7	B

★函館ダート1000m

年	日付	レース	条件	勝ち馬	性	齢	馬場	走破時計	L2F	L1F	純正3F	レベル
2023	6.10		1勝	コパノバークレー	牝	3	重	57.9	11.7	12.2	36.1	B
2023	6.11		1勝	コパノエルパソ	牡	3	稍	59.1	12.1	12.4	36.9	B
2023	6.17		1勝	アルムラトゥール	牝	3	良	59.0	11.7	12.5	36.7	B
2023	6.24		1勝	テイエムスイスイ	牝	3	重	58.3	11.7	12.3	36.3	B
2023	7.02		1勝	フェズカズマ	牡	4	稍	59.1	12.0	12.6	37.2	C
2023	7.08		1勝	ルヴェルジェ	牝	4	良	59.0	11.9	12.8	37.5	C
2023	7.09	噴火湾特別	2勝	クローリスノキセキ	牝	5	良	58.5	12.0	12.8	37.6	C
2023	7.15		1勝	シンリンゲンカイ	牝	3	不	58.5	11.6	11.9	35.4	B

★函館ダート1700m

年	日付	レース	条件	勝ち馬	性	齢	馬場	走破時計	L2F	L1F	純正3F	レベル
2023	6.10		1勝	ディサイド	牡	4	重	1:43.8	12.5	12.6	37.7	C
2023	6.11		1勝	メイショウポペット	牝	3	稍	1:45.0	12.7	12.8	38.3	C
2023	6.11	津軽海峡特別	2勝	フームスムート	牡	6	稍	1:44.8	12.9	12.6	38.1	C
2023	6.17		1勝	スマートサニー	牝	3	良	1:45.2	12.3	11.9	36.1	S
2023	6.18		1勝	バレストラ	牝	4	良	1:46.6	12.3	12.5	37.3	B
2023	6.18	檜山特別	2勝	ハイエストポイント	牡	5	良	1:45.1	12.4	12.4	37.2	B
2023	6.24		1勝	マリアナトレンチ	牡	3	重	1:44.0	12.6	12.6	37.8	C

年	日付	レース	条件	勝ち馬	性	齢	馬場	走破時計	L2F	L1F	純正3F	レベル
2023	6.24	竜飛崎特別	2勝	レッドエランドール	セ	6	重	1:45.0	11.9	12.1	36.1	A
2023	6.25	大沼S	OP	ペプチドナイル	牡	5	稍	1:43.1	12.0	12.4	36.8	B
2023	6.25		1勝	ローズスター	牡	3	稍	1:45.0	12.7	12.8	38.3	C
2023	7.01		1勝	モンネトワ	牝	3	重	1:44.5	12.3	12.6	37.5	B
2023	7.02		1勝	ロイガヴェーグル	牡	3	稍	1:44.6	12.5	13.1	38.7	C
2023	7.02	渡島特別	2勝	マナウス	牝	4	稍	1:44.9	12.0	12.6	37.2	B
2023	7.08	マリーンS	OP	ペプチドナイル	牡	5	良	1:43.0	11.6	12.0	35.6	S
2023	7.08		1勝	グラシアス	牡	3	良	1:46.3	12.5	13.0	38.5	C
2023	7.09		1勝	ニットウライジン	牡	3	良	1:47.2	12.2	12.4	37.0	A
2023	7.15	湯浜特別	1勝	オセアフラッグ	牡	3	不	1:44.7	12.6	12.6	37.8	C
2023	7.16		1勝	エンプレスペイ	牝	3	重	1:45.0	12.1	12.2	36.5	B
2023	7.16	駒場特別	2勝	レイクリエイター	牡	5	重	1:43.5	12.2	12.4	37.0	B

★函館ダート2400m

2023	7.01		1勝	メジェド	牡	3	重	2:33.8	12.3	12.7	37.7	B

「推定前半・後半3ハロン」「ハイブリッド指数」など満載！

サイト「ハイブリッド競馬新聞」ガイド

本書掲載の出馬表（馬柱）は、著者・久保和功がサイト（https://cyber-mm.jp）上で発行しているオリジナル競馬新聞の「ハイブリッド競馬新聞」です。本書中では、紙幅の関係から縮小、一部項目もカットしているので、ここで改めて解説させていただきます。

他にも同サイトでは「推定3ハロン分析シート」、「HBビューワ」、「コース勝ち馬一覧」等、さまざまなコンテンツがご利用になれます。

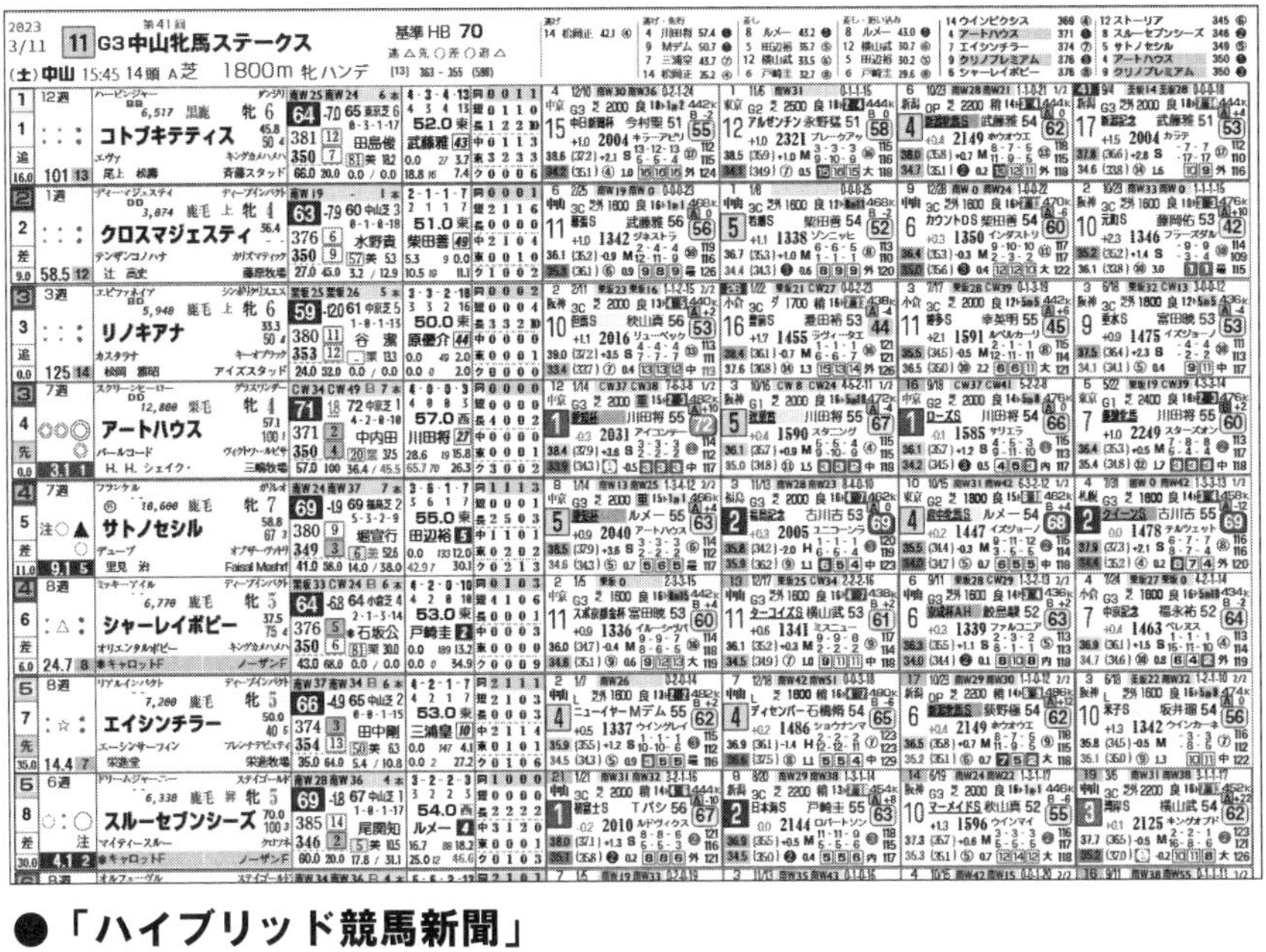
2023 3/11 11 第41回 G3 中山牝馬ステークス 基準HB 70
(土) 中山 15:45 14頭 A芝 1800m 牝ハンデ
1 コトブキテティス
2 クロスマジェスティ
3 リノキアナ
4 アートハウス
5 サトノセシル
6 シャーレイポピー
7 エイシンチラー
8 スルーセブンシーズ

●「ハイブリッド競馬新聞」

「ハイブリッド指数」「推定前半・後半3ハロン」を始め、一般のスポーツ紙＆専門紙にはないオリジナルデータを掲載。巻頭のスルーセブンシーズの中山牝馬Sの馬柱の通り、「レースラップのラスト3ハロン」のデータも掲載。カラー版＆白黒版、タテ版＆ヨコ版の選択が自由自在。お好きな用紙のサイズに合わせて印刷も可能。

①「推定3ハロン分析シート」

今走の前半3ハロン、後半3ハロンの数値を予想した「推定前半・後半3ハロン」の上位5頭ずつをランキング化して表示したもの。2009 年からサンケイスポーツにも掲載中。

11 75	15	ユニコーンライオン	35.9	69	14	62.3	73	21	5	イクイノックス	34.1	79	1	1.7	42 71
宝塚記念	17	ドゥラエレーデ	35.9	67	11	42.5	80	20	6	スルーセブンシーズ	34.3	74	8	33.5	27 63
芝 2200	12	アスクビクターモア	36.0	71	5	22.2	81	45	8	ヴェラアズール	34.4	75	6	22.4	0 85
阪神 15:40 17頭	3	ダノンザキッド	36.1	74	7	28.8	56	43	9	ジャスティンパレス	34.5	78	2	5.7	80 60
	10	ディープボンド	36.1	74	4	12.5	72	31	11	ジェラルディーナ	34.6	72	3	10.0	21 78

②「HBビューワ」

「ハイブリッド競馬新聞」のオリジナルデータの分析ツール。並び替え機能、絞り込み機能が充実しており、知りたいデータが簡単に分析可能。

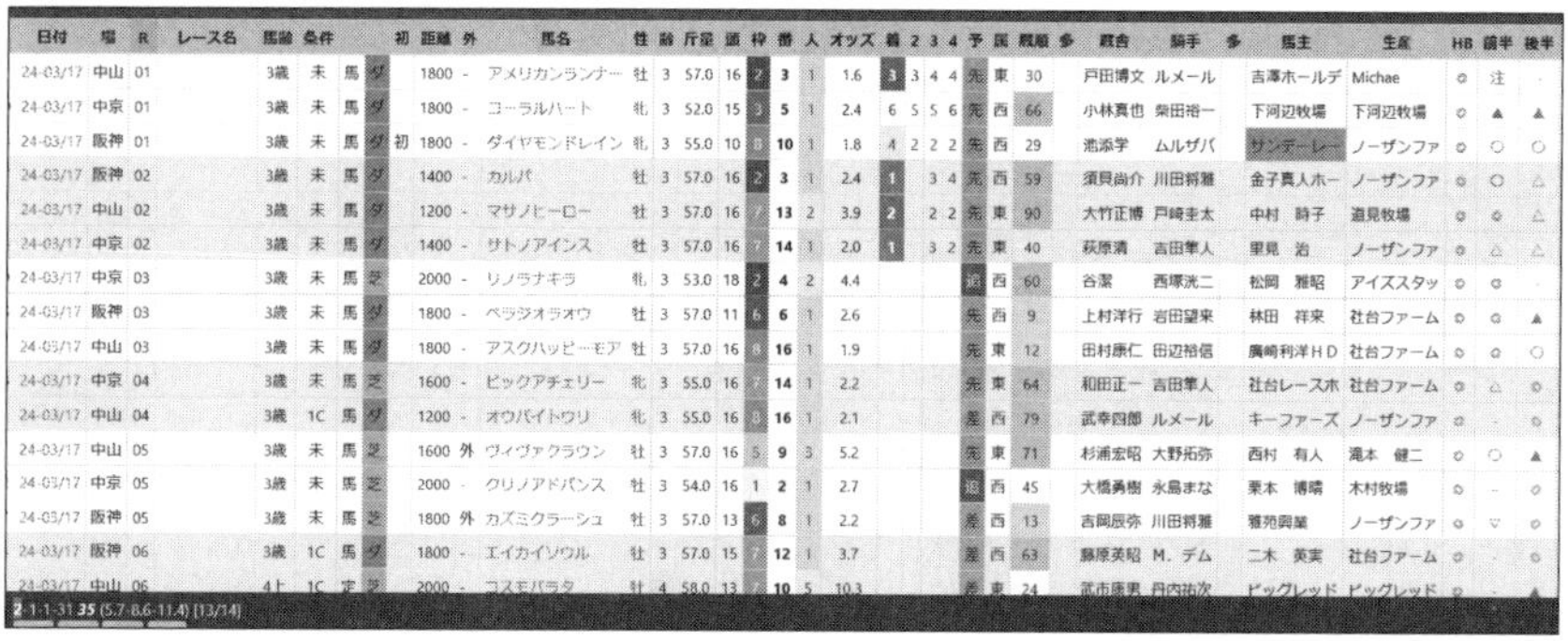

日付	場	R	レース名	馬齢	条件			初	距離	外	馬名	性	齢	斤量	頭	枠	番	人	オッズ	着	2	3	4	予	厩	順	多	厩舎	騎手	多	馬主	生産	HB	前半	後半
24-03/17	中山	01		3歳	未	馬	ダ		1800	-	アメリカンランナー	牡	3	57.0	16	2	3	1	1.6	3	3	4	4	先	東	30		戸田博文	ルメール		吉澤ホールデ	Michae	◎	注	·
24-03/17	中京	01		3歳	未	馬	ダ		1800	-	コーラルハート	牝	3	52.0	15	3	5	1	2.4	6	5	5	6	先	西	66		小林真也	柴田裕一		下河辺牧場	下河辺牧場	◎	▲	▲
24-03/17	阪神	01		3歳	未	馬	ダ	初	1800	-	ダイヤモンドレイン	牝	3	55.0	10	8	10	1	1.8	4	2	2	2	先	西	29		池添学	ムルザバ		サンデーレー	ノーザンファ	◎	○	○
24-03/17	阪神	02		3歳	未	馬	ダ		1400	-	カルパ	牡	3	57.0	16	2	3	1	2.4	1		3	4	先	西	59		須貝尚介	川田将雅		金子真人ホー	ノーザンファ	◎	○	△
24-03/17	中山	02		3歳	未	馬	ダ		1200	-	マサノヒーロー	牡	3	57.0	16	7	13	2	3.9	2		2	2	先	東	90		大竹正博	戸崎圭太		中村 時子	道見牧場	◎	◎	△
24-03/17	中京	02		3歳	未	馬	ダ		1400	-	サトノアインス	牡	3	57.0	16	7	14	1	2.0	1		3	2	先	東	40		萩原清	吉田隼人		里見 治	ノーザンファ	◎	△	△
24-03/17	中京	03		3歳	未	馬	芝		2000	-	リノラナキラ	牝	3	53.0	18	2	4	2	4.4					追	西	60		谷潔	西塚洸二		松岡 雅昭	アイススタッ	◎	◎	·
24-03/17	阪神	03		3歳	未	馬	ダ		1800	-	ペラジオラオウ	牡	3	57.0	11	6	6	1	2.6					先	西	9		上村洋行	岩田望来		林田 祥来	社台ファーム	◎	◎	▲
24-03/17	中山	03		3歳	未	馬	ダ		1800	-	アスクハッピーモア	牡	3	57.0	16	8	16	1	1.9					先	東	12		田村康仁	田辺裕信		廣崎利洋HD	社台ファーム	◎	◎	○
24-03/17	中京	04		3歳	未	馬	芝		1600	-	ビックアチェリー	牝	3	55.0	16	7	14	1	2.2					先	東	64		和田正一	吉田隼人		社台レースホ	社台ファーム	◎	△	◎
24-03/17	中山	04		3歳	1C	馬	ダ		1200	-	オウバイトウリ	牝	3	55.0	16	8	16	1	2.1					差	西	79		武幸四郎	ルメール		キーファーズ	ノーザンファ	◎	·	◎
24-03/17	中山	05		3歳	未	馬	芝		1600	外	ヴィヴァクラウン	牡	3	57.0	16	5	9	3	5.2					先	東	71		杉浦宏昭	大野拓弥		西村 有人	滝本 健二	◎	○	▲
24-03/17	中京	05		3歳	未	馬	芝		2000	-	クリノアドバンス	牡	3	54.0	16	1	2	1	2.7					追	西	45		大橋勇樹	永島まな		栗本 博晴	木村牧場	◎	-	◎
24-03/17	阪神	05		3歳	未	馬	芝		1800	外	カズミクラーシュ	牡	3	57.0	13	6	8	1	2.2					差	西	13		吉岡辰弥	川田将雅		雅苑興業	ノーザンファ	◎	▽	◎
24-03/17	阪神	06		3歳	1C	馬	ダ		1800	-	エイカイソウル	牡	3	57.0	15	7	12	1	3.7					差	西	63		藤原英昭	M．デム		二木 英実	社台ファーム	◎	·	◎
24-03/17	中山	06		4上	1C	定	芝		2000	-	コスモパラタ	牡	4	58.0	13	7	10	5	10.3					差	東	24		武市康男	丹内祐次		ビッグレッド	ビッグレッド	◎	·	▲

2-1-1-31 35 (5.7-8.6-11.4) [13/14]

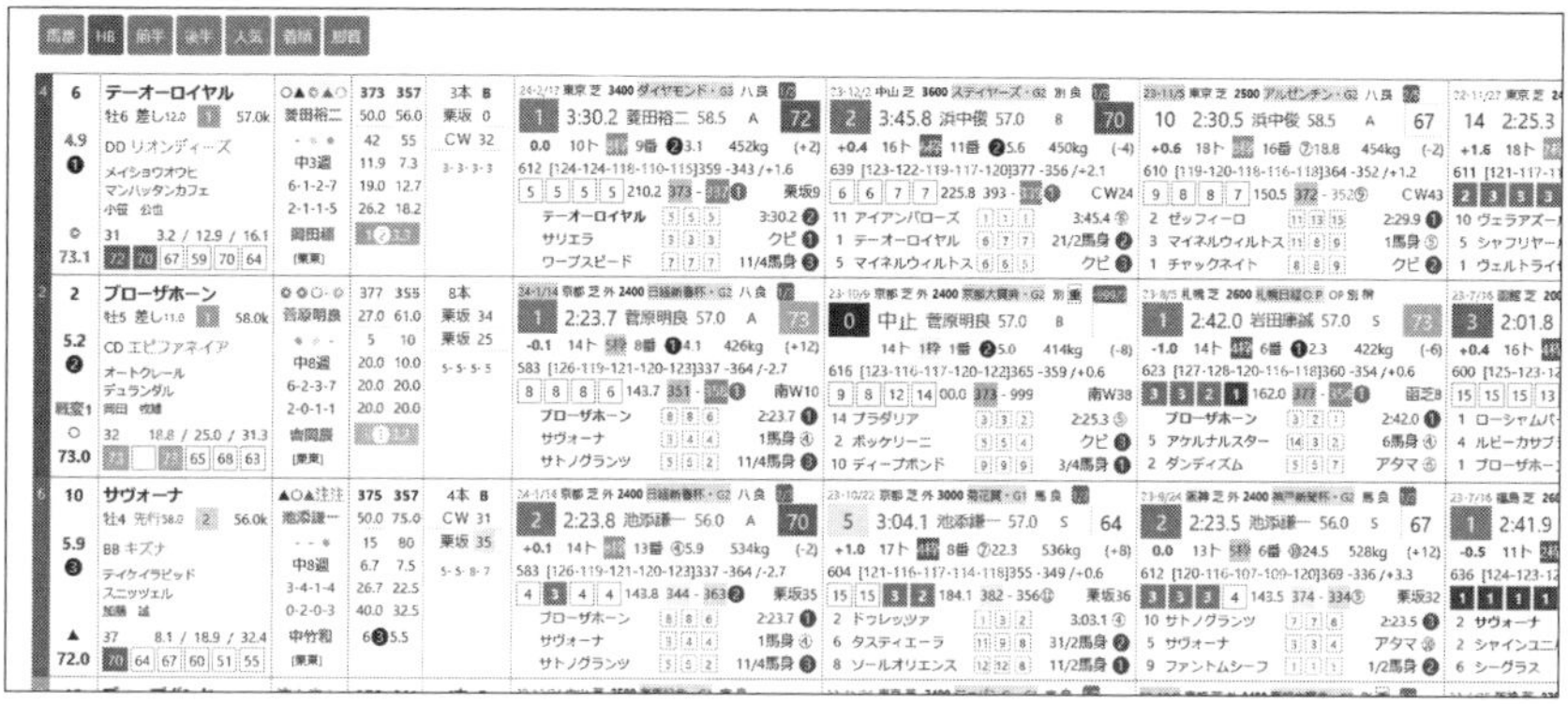

③「騎手・厩舎・種牡馬・馬主成績」

騎手、厩舎、種牡馬、馬主のランキングページが充実。「HBビューワ」と同様、勝ち数順、勝率順、回収率順など、自由に並び替えが可能。

ハイブリッド競馬　厩舎成績　Blog　ハイブリッド競馬新聞　騎手一覧　種牡馬一覧

順	調教師名	属	1着	2着	3着	4着	5着	着外	勝率	連率	複率	単回	複回	G1	G2	G3	芝1	2着	3着	着外	勝率	連率	複率	単回	複回	ダ1	2着	3着	着外	勝率	連率	複率	単回	複回
1	友道　康夫	西	14	4	7	5	6	26	22.6	29.0	40.3	135	82	0	0	1	13	4	6	35	22.4	29.3	39.7	136	81	1	0	1	2	25.0	25.0	50.0	127	97
2	野中　賢二	西	13	1	2	1	7	26	26.0	28.0	32.0	293	78	0	0	0	3	0	0	15	16.7	16.7	16.7	77	30	10	1	2	19	31.3	34.4	40.6	415	105
3	矢作　芳人	西	11	8	9	5	7	61	10.8	18.6	27.5	88	75	0	0	0	6	3	5	40	10.9	16.4	25.5	136	85	5	5	4	33	10.6	21.3	29.8	31	64
4	中内田　充正	西	11	7	7	7	5	19	19.3	31.6	43.9	55	65	0	1	1	8	3	2	26	20.0	27.5	32.5	56	49	2	4	2	5	15.4	46.2	61.5	46	94
5	木村　哲也	東	11	4	6	3	2	19	24.4	33.3	46.7	65	87	0	0	0	7	2	6	20	20.0	25.7	42.9	44	86	4	2	0	3	44.4	66.7	66.7	152	100
6	大久保　龍志	西	11	3	6	7	3	27	19.3	24.6	35.1	85	73	0	0	0	3	1	2	15	14.3	19.0	28.6	44	49	7	2	4	21	20.6	26.5	38.2	110	89
7	杉山　晴紀	西	10	11	3	6	4	37	14.1	29.6	33.8	36	61	0	0	2	4	6	2	27	10.3	25.6	30.8	29	53	5	5	1	19	16.7	33.3	36.7	42	72
8	須貝　尚介	西	10	8	9	5	9	37	12.7	22.8	34.2	104	92	0	0	0	6	5	2	32	13.0	23.9	28.3	145	100	4	3	7	19	12.1	21.2	42.4	47	81
9	清水　久詞	西	10	8	7	11	6	58	9.9	17.8	24.8	81	60	0	0	1	7	6	5	51	10.1	18.8	26.1	98	70	1	2	1	21	3.8	11.5	15.4	12	28
10	西園　正都	西	10	8	6	4	3	38	14.5	26.1	34.8	77	83	0	0	0	4	3	2	18	14.8	25.9	33.3	77	80	6	5	4	27	14.3	26.2	35.7	77	85
11	堀　宣行	東	10	4	8	6	3	32	15.9	22.2	34.9	113	109	0	1	1	6	1	6	21	17.6	20.6	38.2	168	157	4	3	2	20	13.8	24.1	31.0	50	53
12	上村　洋行	西	9	10	8	1	4	22	16.7	35.2	50.0	100	93	0	1	0	3	8	4	16	9.7	35.5	48.4	103	97	6	2	4	11	26.1	34.8	52.2	96	87
13	新谷　功一	西	9	8	10	6	7	37	11.5	21.8	34.6	89	127	0	0	0	5	2	4	19	16.1	22.6	35.5	133	158	4	6	6	30	8.7	21.7	34.8	61	110
14	鹿戸　雄一	東	9	7	1	7	7	26	15.8	28.1	29.8	171	75	0	0	0	8	7	0	28	18.6	34.9	34.9	195	89	1	0	1	11	7.7	7.7	15.4	107	36
15	加藤　士津八	東	9	7	1	3	6	44	12.9	22.9	24.3	464	115	0	1	0	2	2	1	16	9.5	19.0	23.8	180	187	7	4	0	35	15.2	23.9	23.9	624	87

ハイブリッド競馬　種牡馬成績　Blog　ハイブリッド競馬新聞　騎手一覧　厩舎一覧

順	馬名	1着	2着	3着	4着	5着	着外	勝率	連率	複率	単回	複回	G1	G2	G3	生年	父名	父父名	芝1	2着	3着	着外	勝率	連率	複率	単回	複回	ダ1	2着	3着	着外
1	ロードカナロア	44	33	27	20	23	200	12.6	22.1	29.8	81	89	0	0	1	2008	キングカメハメハ	キングマンボ	27	23	16	135	13.4	24.8	32.7	83	99	17	8	11	106
2	キズナ	41	33	22	28	22	178	12.6	22.7	29.4	68	70	0	1	3	2010	ディープインパクト	サンデーサイレンス	28	19	14	138	14.0	23.5	30.5	91	72	8	11	8	80
3	ドゥラメンテ	26	33	22	18	22	155	9.3	21.0	28.8	81	64	0	0	2	2012	キングカメハメハ	キングマンボ	15	20	10	116	9.1	21.2	27.3	44	63	10	13	10	78
4	エピファネイア	24	26	29	31	19	157	8.4	17.4	27.5	43	69	0	1	4	2010	シンボリクリスエス	クリスエス	19	18	22	143	9.4	18.2	29.1	48	72	5	8	6	59
5	ドレフォン	23	21	28	27	16	145	8.8	16.9	27.6	50	79	0	0	0	2013	ジオポンティ	テイルオヴザキャット	0	7	9	51	.0	10.4	23.9	0	98	23	14	19	134
6	ルーラーシップ	18	20	16	17	22	158	7.1	15.0	21.3	94	105	0	0	0	2007	キングカメハメハ	キングマンボ	11	10	7	110	7.9	15.1	20.1	50	118	6	7	8	79
7	ハーツクライ	18	14	22	18	16	122	8.6	15.2	25.7	70	62	0	1	1	2001	サンデーサイレンス	ヘイロー	13	9	15	99	9.6	16.2	27.2	90	57	5	5	7	49
8	ハービンジャー	17	16	12	26	10	100	9.3	18.1	24.7	37	56	0	0	0	2006	ダンジリ	デインヒル	12	11	11	111	8.3	15.9	23.4	30	52	2	4	1	18
9	リアルスティール	17	14	10	9	8	91	11.4	20.8	27.5	201	112	0	0	0	2012	ディープインパクト	サンデーサイレンス	8	8	6	54	10.5	21.1	28.9	320	145	9	6	4	54
10	キタサンブラック	17	13	12	7	9	87	11.7	20.7	29.0	63	77	0	0	0	2012	ブラックタイド	サンデーサイレンス	11	11	9	73	10.6	21.2	29.8	60	86	6	1	3	28
11	シニスターミニスター	16	16	13	6	14	82	10.7	21.5	30.2	51	102	0	0	0	2003	オールドトリエステ	エーピーインディ	0	0	0	0	.0	.0	.0	0	0	15	16	13	100
12	モーリス	15	14	25	25	14	151	6.0	11.6	21.6	45	47	0	1	1	2011	スクリーンヒーロー	グラスワンダー	12	7	15	130	7.3	11.5	20.6	55	48	3	7	9	57
13	ヘニーヒューズ	15	12	15	20	7	104	8.7	15.6	24.3	79	81	0	0	0	2003	ヘネシー	ストームキャット	0	1	0	5	.0	16.7	16.7	0	108	15	11	15	126
14	ダイワメジャー	14	16	13	17	21	120	7.0	14.9	21.4	63	58	0	0	0	2001	サンデーサイレンス	ヘイロー	7	7	8	95	6.0	12.0	18.8	66	56	7	6	2	51
15	ゴールドシップ	14	13	11	14	13	128	7.1	13.8	19.4	29	48	0	0	0	2009	ステイゴールド	サンデーサイレンス	11	11	11	130	6.6	13.3	19.9	30	51	2	2	0	20

---

④コース別勝ち馬一覧

競馬場、距離ごとにレースの勝ち馬、勝ち時計＆上がり3ハロン、レースラップなどを一覧表示。勝ち時計、レースレベルの優劣の判断に非常に便利。

上位10レース詳細　上位10HBリスト

	日付	回	日	馬齢	条件			タイム	HB	レース名	馬場Lv	前3F	後3F	前後差	1000m	ペ	番	馬名	父名	1C	2C	3C	4C	上り	順	後差	詰脚	ラップ
1	24-2/18	1	8	3歳	1C	D	良	1:35.7	53		○稍速	36.2	34.0	2.2	61.7	S	10	ポッドテオ	ジャングルポケット	-	-	6	4	33.7	2	-0.3	0.4	127-113-122-126-129-116-111-113
2	24-2/17	1	7	3歳	未	D	良	1:34.4	42		○稍速	35.4	34.5	0.9	59.9	M	2	シュネルラウフェン	ドゥラメンテ	-	-	7	8	33.7	1	-0.8	0.8	127-110-117-121-124-116-114-115
3	24-2/11	1	6	4上	2C	D	良	1:34.4	60		○稍速	36.3	33.8	2.5	60.6	S	1	ディープリッチ	ディープブリランテ	-	-	4	3	33.4	1	-0.4	0.5	130-114-119-122-121-110-114-114
4	24-2/10	1	5	3歳	G3	D	良	1:33.1	58	クイーンC	○稍速	35.4	34.4	1.0	58.7	M	13	クイーンズウォーク	キズナ	-	-	11	11	33.4	1	-1.0	1.1	126-112-116-117-116-111-116-117
5	24-2/4	1	4	4上	G3	D	良	1:32.1	71	東京新聞杯	◎高速	34.4	34.3	0.1	57.8	M	1	サクラトゥジュール	ネオユニヴァース	-	-	6	6	33.5	5	-0.8	1.0	120-110-114-117-117-114-113-116
6	24-2/4	1	4	3歳	未	D	良	1:33.9	46		◎高速	35.3	34.7	0.6	59.2	M	3	テウメッサ	ハービンジャー	-	-	3	3	34.5	3	-0.2	0.6	126-112-115-117-122-117-115-115
7	24-2/3	1	3	4上	1C	D	良	1:32.8	58		◎高速	35.0	33.9	1.1	58.9	S	7	ベリファーニア	モーリス	-	-	3	3	33.5	3	-0.4	0.5	123-108-119-117-122-116-108-115
8	24-2/3	1	3	3歳	新	D	良	1:35.8	45		◎高速	36.6	33.5	3.1	62.3	S	12	セイロンジェムズ	レイデオロ	-	-	3	2	33.3	1	-0.2	0.6	129-113-124-126-131-115-109-111
9	24-1/28	1	2	4上	3C	D	良	1:32.5	65	節分S	◎高速	35.1	33.9	1.2	58.6	S	14	クルゼイロドスル	ファインニードル	-	-	5	5	33.4	2	-0.5	0.6	125-110-116-117-118-111-113-115
10	24-1/28	1	2	3歳	未	D	良	1:33.6	44		◎高速	35.3	34.6	0.7	59.0	M	1	エコロライジン	バゴ	-	-	4	4	34.1	1	-0.5	0.6	125-111-117-117-120-114-115-117
11	24-1/27	1	1	3歳	新	D	良	1:34.7	38		◎高速	35.1	35.1	0.0	59.6	M	10	リメリック	ダノンバラード	-	-	2	2	35.0	9	-0.1	0.2	128-108-115-121-124-119-115-117
12	23-11/26	5	8	2歳	1C	C	良	1:37.0	51	ベゴニア賞	○稍速	37.7	33.5	4.2	63.5	S	7	オーサムストローク	エピファネイア	-	-	2	2	33.3	3	-0.2	0.3	129-122-126-129-129-116-107-112
13	23-11/26	5	8	2歳	未	C	良	1:35.1	39		○稍速	36.0	34.3	1.7	60.8	S	2	ツルマウカタチ	ヤングマンパワー	-	-	5	6	33.7	2	-0.6	0.6	126-114-120-124-124-115-113-115
14	23-11/25	5	7	3上	2C	C	良	1:32.4	61		○稍速	33.9	35.1	-1.2	57.3	H	1	レッドロワ	ディープインパクト	-	-	9	8	33.5	2	-1.6	1.6	124-106-109-117-117-119-117-115
15	23-11/25	5	7	3上	OP	C	良	1:33.3	70	キャピタルS	○稍速	35.9	33.2	2.7	60.1	S	[illegible]	ドーブネ	ディープインパクト	-	-	1	1	33.2	4	0.2	0.4	128-115-116-121-121-112-109-111

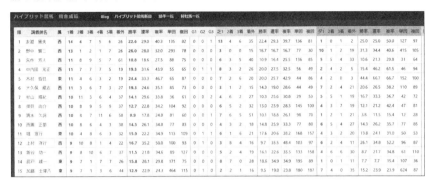

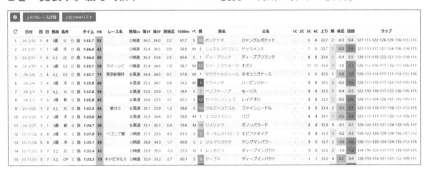

⑤「当週馬場傾向」

枠番別＆馬番別、4角先頭＆上がり最速馬の成績を表示。レース当日、レース終了 10 分ほどでリアルタイムに更新。

東京1回7日

芝レース数5 良

4角先頭

1-1-1-2 20%-40%-60%

上がり3F1位

3-0-1-3 42%-42%-57%

枠	1着	2着	3着	着外	勝率	連対率	複勝率
1	2	1	0	4	28	42	42
2	0	0	1	6	0	0	14
3	0	0	0	7	0	0	0
4	0	0	0	7	0	0	0
5	1	1	2	3	14	28	57
6	0	1	1	6	0	12	25
7	0	2	1	7	0	18	27
8	2	0	0	9	18	18	18

R	距離		2		4		6		8		10		12		14		16		18
05	2400	-	1	-	-	8	-	-	-	3	2	5	4	7	6	-	-	9	-
06	1600	2	1	3	5	-	6	-	4	-	9	-	8	7	0	-	-		
08	1800	-	4	5	9	1	3	-	6	2	8	7							
09	2000	9	8	7	5	-	2	6	3	1	4								
11	3400	6	-	5	8	3	7	4	2	1	9								

ダートレース数7 良

4角先頭

4-1-0-2 57%-71%-71%

上がり3F1位

2-3-2-3 20%-50%-70%

枠	1着	2着	3着	着外	勝率	連対率	複勝率
1	2	2	0	9	15	30	30
2	2	0	0	10	15	15	15
3	0	1	2	9	0	7	23
4	1	0	1	12	7	7	14
5	0	2	1	11	0	14	21
6	2	1	1	10	14	21	28
7	0	0	0	14	0	0	0
8	0	1	2	11	0	7	21

R	距離		2		4		6		8		10		12		14		16		18
01	1400	2	-	0	1	3	0	-	-	8	-	5	9	6	-	4	7		
02	1400	8	5	1	-	-	3	9	-	2	7	-	4	-	-	6	-		
03	1600	2	-	8	4	-	7	-	-	4	6	-	1	9	-	3	-		
04	1600	-	1	-	8	2	-	-	5	-	9	-	3	4	7	-	6		
07	1400	5	6	-	7	-	-	1	3	4	-	-	2	-	-	9	8		

⑥「ハイブリッド競馬新聞（ライト版）」

「ハイブリッド競馬新聞」の主要なデータのみを抽出して、文字サイズを大きくするなど、見やすさ＆使いやすさを重視したもの。本書に掲載しているのは、この「ハイブリッド競馬新聞（ライト版）」。

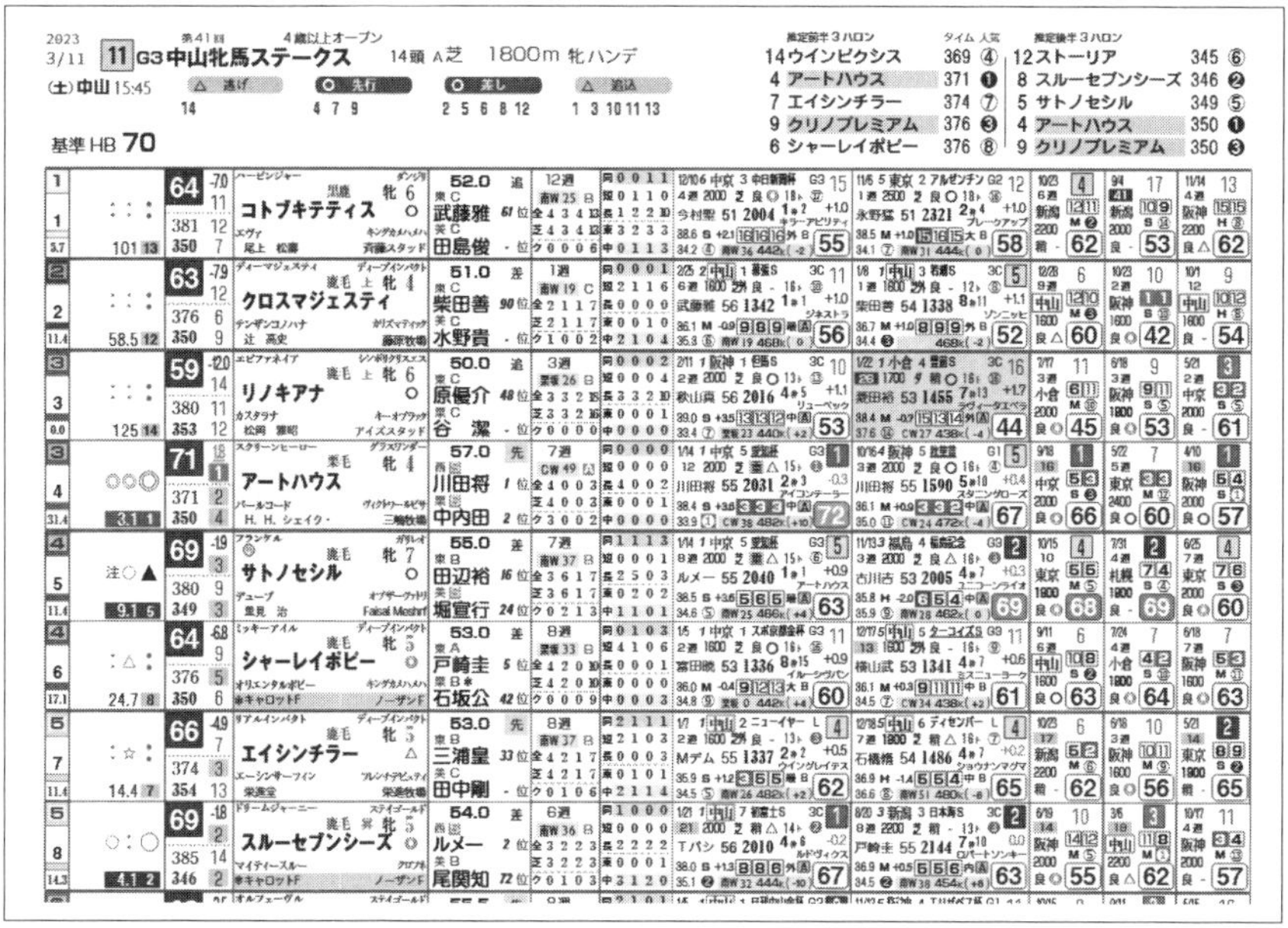

---

⑦「ＨＢリスト」（ライト版）

「ハイブリッド指数」順に左から並べたシート。１日の全場・全レースが１枚で印刷＆閲覧可能。

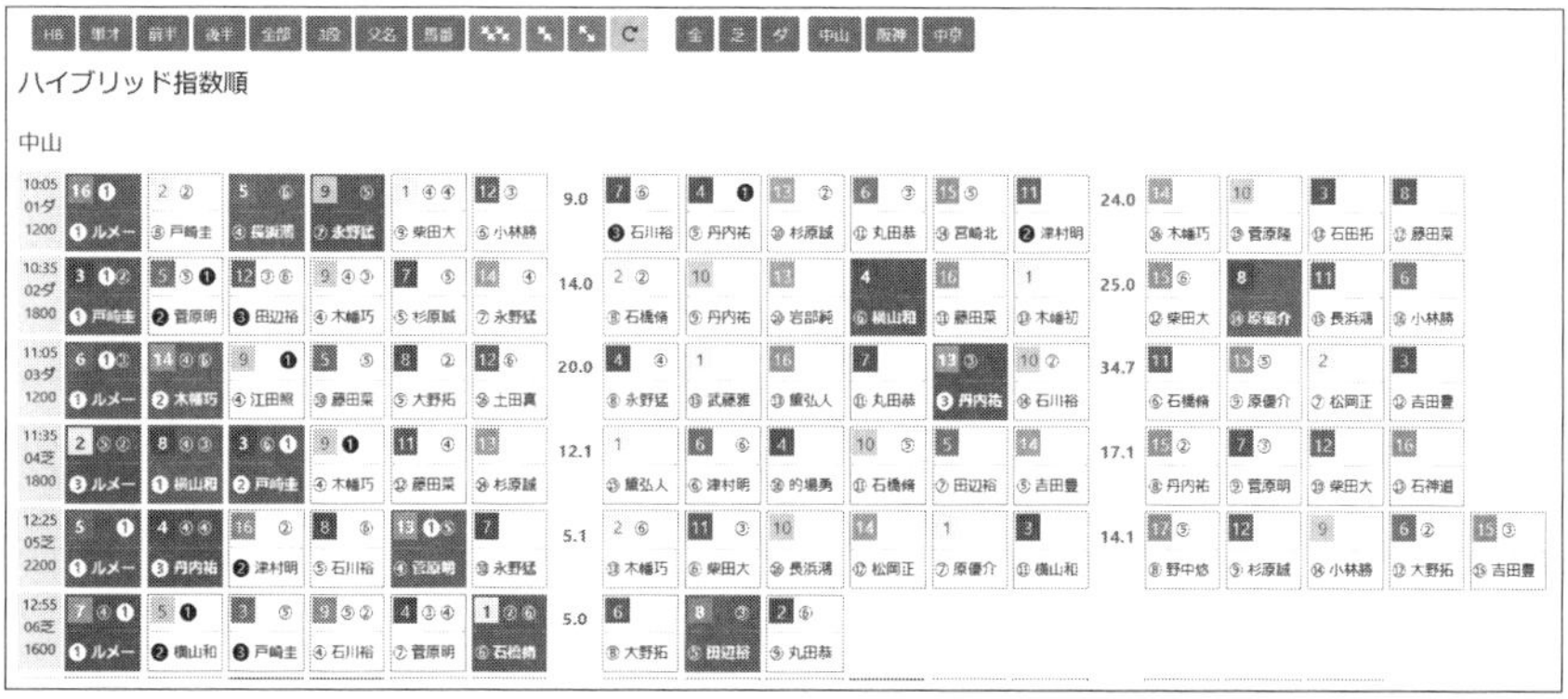

●著者紹介

久保　和功(くぼ　かずのり)

京都大学卒、京都大学大学院中退。著書は「京大式 最強の馬券セミナー」(ベストセラーズ)、「京大式 印の打ち方」(秀和システム)など多数。インターネット競馬新聞「ハイブリッド競馬新聞」をサイト(https://cyber-mm.jp)にて発行。土曜＆日曜版のサンケイスポーツにて、2009年9月からコラム「推定3ハロン」を10年以上も連載中。

京《きょう》大《だい》式《しき》純《じゅん》正《せい》3ハロン

発行日　2024年4月25日　第1版第1刷

著　者　久《く》保《ぼ》　和功《かずのり》

発行者　斉藤　和邦

発行所　株式会社　秀和システム
〒135－0016
東京都江東区東陽2-4-2　新宮ビル2F
Tel 03-6264-3105 (販売)　Fax 03-6264-3094

印刷所　三松堂印刷株式会社　Printed in Japan

ISBN978-4-7980-7247-0 C0075